Allegria

Die Autorin

Darsho Marlies Willing studierte Architektur, Kunst und künstlerische Photographie. Es folgten eine Ausbildung in Rebalancing-Körpertherapie und eine langjährige Ausbildung zur Aura-Soma-Beraterin und -Lehrerin bei Mike Booth. Sie lebt und arbeitet als Heilpraktikerin, Körpertherapeutin und Aura-Soma-Lehrerin in Köln.

Von der Autorin sind in unserem Hause erschienen:

Aura-Soma
Aura-Soma in der Partnerschaft
Aura-Soma-Therapie für Frau, Mann und Kind

DARSHO M. WILLING

Aura-Soma in der Partnerschaft

Das Farbgeheimnis in unseren Beziehungen

Ullstein

Besuchen Sie uns im Internet:
www.ullstein-taschenbuch.de

Allegria im Ullstein Taschenbuch
Herausgegeben von Michael Görden

Umwelthinweis:
Dieses Buch wurde auf chlor- und säurefreiem Papier gedruckt.

Ullstein ist ein Verlag der Ullstein Buchverlage GmbH,
Berlin.
Deutsche Erstausgabe
1. Auflage Februar 2008

Umschlaggestaltung: FranklDesign, München
Titelabbildung: Darsho M. Willing
Gesetzt aus der Baskerville
Satz: Keller & Keller GbR
Druck und Bindearbeiten: GGP Media GmbH, Pößneck
Printed in Germany
ISBN 978-3-548-74400-1

INHALT

Anhang

Der Liebe gewidmet

Obwohl die Liebenden fallen –
die Liebe fällt nicht;
und so bleibt dem Tod keine Herrschaft

Dylan Thomas

Ich lerne von der Erde, vom Wasser, vom Feuer und der Luft:
den vier heiligen Elementen.

Ich bin hier, um den erleuchtenden Geist zu tanzen.
Das Feuer lehrt mich Leidenschaft und Kreativität.
Mit dem Feuer lerne ich vom Blitz,
von den Sternen und von der Sonne über
unendliche Erneuerung und Transformation.
Ich lerne zusammenzubrechen, um wieder neu aufzubauen.

Mit der Luft lerne ich meine Seele kennen und ich lerne den Austausch mit anderen. Ich liebe es, neuen Gedanken und Gefühlen in mir Ausdruck zu geben.

Mit dem Wasser lerne ich meine Emotionen, mein Blut und meine Tränen kennen. Ich liebe es, emotional zu sein.

Mit der Erde lerne ich meinen Körper bewusst zu nähren. Ich finde, was mein Körper braucht und wie ich gut in ihm leben kann. Ich liebe es, der Körper zu sein.

Ich genieße es, meine Urwüchsigkeit, Natürlichkeit und Echtheit zu leben.

Vorwort

»*Aura-Soma in der Partnerschaft. Baum des Lebens*« ist das zweite Buch von Darsho Marlies Willing über Aura-Soma.

Es ist 15 Jahren her, dass Darsho an den ersten Aura-Soma-Berater/innen-Ausbildungskursen teilnahm, um mehr über Farben zu lernen. Im April 2000 vollendete sie dann ihre Ausbildung als Lehrerin. Von da an hat sie Farben und Aura-Soma unterrichtet und weiterführend mit Farben gearbeitet, auch indem sie sich tiefer mit der Kabbala beschäftigte – besonders mit dem Baum des Lebens. Dies war ein Prozess, der ihr Wissen und ihr Verständnis beachtlich vertiefte.

Ihr erstes Buch schrieb Darsho, um sich in intuitiver Weise selbst zu finden. Während sie das tat, eröffnete sich die Freiheit ihrer inneren weiblichen Seite, ließ aber ihre männliche Seite unbeachtet. Hier, in diesem Buch, hat Darsho nun ein weiteres Mal intuitiv in ihr Inneres geschaut und gefunden, dass sie dabei zum Baum des Lebens gebracht wurde. Diese Begegnung inspirierte sie dazu, sich die Farbkombinationen und Themen der Equilibrium-Flaschen im Zusammenhang von Liebe und der Anziehung, die zwischen dem männlichen und dem weiblichen Pol herrscht, anzuschauen.

Wie vielleicht manchen bekannt ist, wurde Aura-Soma durch Vicky Wall ins Sein gebracht. Vicky Walls Vater war ein Meister der Kabbala. In ihrer Kindheit lehrte er sie alles über Pflanzen und die Natur. Die Kabbala und den Baum des Lebens ließ er aus, weil sein Glauben diese Lehren den Töchtern vorenthielt.

Darsho wurde durch die Aura-Soma-Equilibrium-Flaschen inspiriert, sich selbst in einer neuen Weise zu verstehen und anzunehmen. Die Innenschau und die Einsichten, die Darsho in diesem Prozess gewonnen hat, hat sie mit ihrem Verständnis von Farben, Liebe, Partnerschaft und dem Baum des Lebens zusammengebracht. Sie zeigt, wie diese Werkzeuge angewandt werden können, um sich selbst näher und genauer betrachten zu können und das Verständnis für sich selbst von innen her zu vertiefen. All das unterstützt uns dabei, in einer positiveren, liebevolleren und einfühlsameren Art und Weise für uns selbst zu sorgen. Und während wir das tun, helfen wir uns selbst ebenso wie anderen, sich auf viele verschiedene Arten und Weisen weiterzuentwickeln.

Genießt diese Reise und alles, was ihr dabei erfahrt und erlebt.

Mike Booth

Direktor der Art und Science
International Academy of Colour
Therapeutics, Dev Aura
Little London, Tetford
Lincolnshire, England

Einleitung

Wir alle sehnen uns nach einer erfüllten Beziehung. Doch Liebesbeziehungen, die innerlich zufrieden und glücklich machen und von Dauer sind, sind heute selten. Die Zahl der Scheidungen steigt an. Mehr und mehr Menschen sind ohne Partner und leben allein. Trotzdem sucht jeder nach Liebe.

Dieses Buch ist mein zweites über Aura-Soma. Mein erstes Buch »Aura-Soma. Der Weg des Herzens« beinhaltet die Beschreibung der Lebensthemen der einzelnen Aura-Soma-Flaschen aus der weiblichen Sicht. Im zweiten Buch geht es mir nun um die in der Beziehung zum Mann in Aktion tretende weibliche Seite. Es ist entstanden aus meiner eigenen Suche nach einem tieferen Blick in meinen eigenen Koffer voll alter Sachen, und um das zu erkennen, was ich in den Kontakt zu dem Menschen, den ich zu lieben glaube, mit hineinbringe.

Jeder von uns trägt frühere Kindheitserfahrungen in sich, die sich um Liebe drehen. Sie prägen bis heute den Umgang mit dem Menschen, den wir lieben. Ich möchte den Lesern dieses Buches, die sich nach einer aufrichtigen Beziehung, nach Nähe und Liebe sehnen, Möglichkeiten aufzeigen, sich das bewusst zu machen, was wir tun, um das zu verhindern, was wir uns eigentlich wünschen. Dabei lenke ich zunächst die Aufmerksamkeit auf verletzte Gefühlsbereiche. Dahin, wo die eigene Lebendigkeit aus den verschiedensten Gründen eingeschränkt wurde. Das sind die Punkte, wo wir auf der Hut sind, auf Distanz gehen und kein Vertrauen mehr aufbringen.

Nähe hat jedoch etwas damit zu tun, sich selbst zu vertrauen. Unser »Inneres Kind« kann sich erst dann wieder zeigen, wenn ein Raum voller Respekt und Ehrlichkeit geschaffen ist. Dann wird es möglich, sich zu öffnen und zu lernen, mehr Gefühle zuzulassen, ohne sich dabei in der Nähe zu verlieren.

Es gibt Bereiche hinter unseren Schutzschichten oder Masken, die behutsam erforscht und über das Fühlen aufgelöst werden können. Dabei geht es darum, sich selbst auf die Schliche zu kommen, sich zu fragen: Was passiert da mit mir im Alltag? Und: Wie will ich das anders machen? Jeder hat das Recht, eigene Bedürfnisse zu haben und sie sich immer wieder klar zu machen. Wenn man die eigenen Bedürfnisse kennt, wird es wieder möglich, Grenzen zu setzen.

Zu den Themen einer jeden Beziehung gehören Selbstliebe, Scham und Angst vor Abhängigkeit, Intimität oder vor dem Verlassenwerden. Wenn versteckte Anteile und Gefühle wieder bewusst werden dürfen, verwurzelt man sich ganz neu in sich selbst. Im Kontakt mit dem Gegenüber entstehen dann Sensibilität, Lebendigkeit und Freude.

Mit meinen Texten zu den einzelnen Aura-Soma-Flaschen möchte ich Impulse vermitteln, die helfen können, die große Palette der Probleme anzugehen, die darum kreisen, sich zu fühlen, sich zu zeigen, sich auszudrücken, anzunehmen und neue Wege der Begegnung in Wertschätzung und Respekt wahrzunehmen. Je mehr man sich zeigt, desto mehr Nähe und Intimität können entstehen. Es ist heilsam, gesehen und gehört zu werden, als Individuum mit natürlichen Grenzen in einer Beziehung bewusst zu wachsen und auch Sexualität liebevoller, bewusster und erfüllender zu erfahren.

Man kann mit den in diesem Buch enthaltenen Anweisungen – mit den Aura-Soma-Flaschen, Pomandern, Quintessenzen und ArchAngeloi-Essenzen – an sich arbeiten. Das ist unabhängig davon, ob man gerade eine Liebesbeziehung hat oder nicht. Es geht darum, Verschlossenes wieder zu öffnen, Verletztes heilen zu lassen, und durch einen neuen Kontakt zu sich selbst ein neues Bewusstsein von Freude und Glück zu kreieren, um Erfüllung im Kontakt anzustreben. Sprachlich wende ich mich in den Texten zu den Aura-Soma-Flaschen dabei als Ich an ein geliebtes Gegenüber: den Mann. Mir geht es darum, den Partner in Liebe zu finden. So, wie einen verlorenen Freund – jemanden, den man vielleicht lange im wahrsten Sinne des Wortes »nicht sehen konnte«, weil die eigene Sicht verstellt war. Die Einengung liegt dabei immer in jedem selbst – nicht im anderen.

Zum Thema Liebe und Partnerschaft habe ich mich intensiv mit der Form »Baum des Lebens« auseinander gesetzt, einer alten Weisheitslehre der Kabbala. Dabei hatte ich immer das Bedürfnis, das Verständnis des Ganzen einfach zu halten und es der jetzigen Zeit entsprechend zu gestalten. Ich werde es in den folgenden Abschnitten, »Die Tradition vom ›Baum des Lebens‹«, »Die Kabbala«, »Die Funktionen vom ›Baum des Lebens‹«, »Umgang mit den Aura-Soma-Flaschen und dem Baum des Lebens« und »Der Geliebte« weiter erklären.

Traditionell war das Erlernen und Lehren der Weisheit der Kabbala eine reine Männerdomäne. Vicky Wall, die Gründerin von Aura-Soma, brach mit dieser Tradition. Gemeinsam mit Mike Booth, dem heutigen Direktor von Aura-Soma, hat sie in den letzten Jahren ihres Lebens jeder einzelnen Aura-Soma-Flasche einen bestimmten Platz im Lebensbaum gegeben. Da das Wissen um den Baum des Lebens und die Kabbala von jüdischen Vätern traditionell nur an die Söhne der Familie weitergegeben wird, ist es mir ein Bedürfnis, die Überbetonung der männlich verstandesorientierten Auffassung in ein liebevolles, fühlendes und praktisches weibliches Verstehen zu verwandeln. Dabei wurde für mich der Baum des Lebens zu einem Apfelbaum, von dem ich die Frucht der Liebe in Form der Weisheit um die Verletzlichkeit der Herzensgefühle als Frau selbst pflücke und diesen reifen, runden, rotgrünen, sinnlichen Apfel ihm, dem Mann, meinem Partner, dem Geliebten, anbiete und ihn mit ihm teile. Der Tradition entsprechend war der Apfel einst Evas Frucht der Verführung, und hier bin ich, die Frau! Ich koste wieder meine Weisheit, die Weisheit meines Herzens, die Weisheit der Verletzlichkeit der Liebe, um den Mann meines Herzens in Liebe daran teilhaben zu lassen. Der »Garten der Liebe« oder das »Paradies«

findet sich dabei mitten im Alltag, in jedem Mann und jeder Frau. Das Paradies ist nichts Statisches, sondern entsteht immer wieder neu in den Momenten gelebter Liebe.

Die Tradition vom ›Baum des Lebens‹

Der Baum gilt in vielen Traditionen als Archetypus des Lebens. Mit seinen Wurzeln im Urgrund allen Seins scheint der Baum des Lebens aus der Ewigkeit zu wachsen. Als das ewig Gestaltlose, das im Urlaut und im Urlicht die schweigende Nacht durchbricht, werden die Natur, Kraft und Leben der zuvor unmanifestierten Kräfte entfesselt, in Licht, Farbe, Form und Bewegung.

Die Kabbala und mit ihr der Baum des Lebens entstand aus der jüdischen Tradition, jener Tradition, aus der auch Christus kam.

Ich persönlich glaube, am Anfang war nicht »das Wort«, sondern die Liebe. Es ist nicht möglich, ein einziges Wort ohne Gefühle auszusprechen. Sogar wenn Emotionen wie Wut oder Ärger ausgedrückt werden, ist darin immer noch die Liebe enthalten. Sie ist die treibende Kraft zu aller Entfaltung, hin zu allem, das sich enthüllen möchte.

Liebe ist die lebendigste Lebenskraft, in jedem Menschen und innerhalb der Entwicklung des großen Ganzen, das uns umgibt. Aus Liebe ist jeder Mensch gemacht. Liebe hat jeden Menschen in die Welt gebracht. Sie ist jene Kraft, die das Leben anzieht, und der Stoff, aus dem die Schöpfung gewebt ist. Ich glaube ebenso, dass Berührung die erste Sprache für das Neugeborene ist – lange bevor wir sprechen lernen und über Worte kommunizieren. Nur über das Fühlen von Wärme und Liebe erlangen wir Urvertrauen in der materiellen Welt.

Das Göttliche in der Liebe ist es, aus der alles neue Leben entsteht. Das Göttliche in der Liebe ist die lenkende und leitende Kraft des Kosmos. Es erschafft, erhält, löst auf, zeugt, gebiert und richtet. Liebe und Mitgefühl sind die höchsten Formen der Göttlichkeit.

Es gibt ein männliches göttliches Prinzip und ein weibliches göttliches Prinzip: zwei miteinander und gegeneinander arbeitende Kräfte, die zusammen Schöpfung bewirken. Jeden Augenblick in unserem Leben.
In der Kabbala, der alten jüdischen Weisheitslehre, ist die Rede von »Adam Kadmon« als dem kosmischen Urmenschen. Das mag dazu geführt haben, dass in der Bibel von Adam die Rede ist, aus dessen Rippe Eva entstanden sein soll – und mit ihr die männliche Idee der Unterwerfung der Frau. Lilith dagegen, als erste Frau Adams, verkörpert die dunkle Verführungskraft und Unabhängigkeit des Weiblichen. Lilith wurde aus Schlamm und Dreck erschaffen, sie war dunkel, wild und schön. Als Adam mit ihr schlafen wollte und von ihr verlangte, dass sie sich unter ihn lege, weigerte sich Lilith. Sie wies Adam ab. In ihren Augen gab es keinen Grund für Unterlegenheit, da sie ja beide aus der gleichen Hand, aus dem gleichen Stoff geschaffen worden waren. Es gab Streit, und Lilith verließ Adam.

Der Name Eva (hebr.: Chawwah) bedeutet »lebend«. Eva ist Adams zweite Frau. Sie entspricht dem alten, überholten Bild der Frau als die dem Mann unterworfene Ehefrau, denn sie wurde der Geschichte nach aus einer Rippe von Adam geformt.

Evas Greifen nach den Früchten am »Baum der Erkenntnis von Gut und Böse« versinnbildlicht die Identifikation mit der Vergänglichkeit der materiellen Welt und auch das Gewahrsein der Trennung des Ich und Du. Es versinnbildlicht den »Fall aus der Ureinheit der Dinge« und die darauf folgende Vertreibung aus dem Paradies. Für mich steht der Baum des Lebens im Paradies des Göttlichen, da, wo es alle Liebenden hinzieht.

Avalon, die für praktizierte weibliche Spiritualität bekannte Insel früherer Zeiten im Süden Englands, dem Land, in dem die Gründerin von Aura-Soma lebte und wo heute noch alle Aura-Soma-Produkte hergestellt werden, bedeutet die »Insel der Äpfel«, eine Frucht, die der dunklen Göttin geweiht ist. Keltische Könige empfingen die magischen Äpfel der Unsterblichkeit von der Göttin. Ein Apfel wurde den Königen von Britannien gegeben, um ihre heilige Hochzeit mit der Göttin und dem Land zu feiern. Jener Apfel, den Eva Adam reichte, war die heilige Frucht der Göttin des ewigen Lebens. Wenn man einen Apfel aufschneidet, enthüllt sich das magische fünfzackige Pentakel des Kerngehäuses. Dieser fünfzackige Stern in einem Kreis war die ägyptische Hieroglyphe für die Gebärmutter der Unterwelt, die dunkle jungfräuliche Göttin, die der Transformation, also der Verwandlung, der Dinge diente.

Dieser Tradition folgend findet sich in meinen Texten zu den Aura-Soma-Flaschen die Sage von König Artus und den Frauen des alten Avalon wieder, wie auch Geschichten von anderen Göttinnen, deren Weisheit und Wirken bis in die heutige Zeit hinein überliefert ist.

Die Kabbala

Die Kabbala (hebr.: »empfangen«) ist eine alte, aber lebendige Tradition. In ihrer orthodoxen Form wurde sie durch das Judentum erhalten, aber in ihrer kontinuierlichen Weiterentwicklung hat sie sich immer auch auf die jeweilige Zeit bezogen, um sich auf die Bedürfnisse der Menschen zu beziehen.

Nach seinem Fall und seiner Vertreibung aus dem Paradies flehte Adam um Trost und Einblick in sein Schicksal. Da erschien der Engel Raziel und übergab ihm ein kostbares Buch. Dieses Buch enthielt den Schlüssel, mit dem Adam und Eva ihre Erlösung und die Rückkehr ins innere und damit auch äußere Paradies finden konnten, also jenen Ort, wo Liebe in Bewusstheit gelebt wird und zu Erfüllung und Frieden führt.

Der Baum des Lebens kann also eine wundervolle »Landkarte des Bewusstseins« sein, eine Anleitung, die das Wissen für eine praktizierbare Anleitung offenbart und das Verständnis von Liebe und dem Bewusstwerdungsprozess, der unweigerlich mit der Liebe einhergeht, weckt. Der Schwerpunkt in diesem Buch liegt dabei auf der Liebe zwischen Mann und Frau, die in Achtsamkeit, Respekt und Gewahrsein gelebt wird.

Die Funktionen vom »Baum des Lebens«

Die Herausforderungen des Lebens und der Liebe sind dazu da, uns allerlei Aufgaben zu stellen, durch die wir wachsen, uns entfalten und uns entwickeln können. So ist der Baum des Lebens das lebendige Symbol des vollkommenen Menschen in seiner inneren und äußeren Größe. Der Baum des Lebens ist aus zehn Kreisen und zweiundzwanzig sie verbindenden Pfaden aufgebaut.

Die zehn Kreise oder Sphären verkörpern die zehn Urkräfte, also verschiedene Grundaspekte von Liebe und Bewusstsein. Jede Sphäre besitzt einen ganz genauen, definierbaren Aspekt. Die Sphären sind durch Pfade miteinander vernetzt. Sie beeinflussen und beeinträchtigen sich gegenseitig, verstärken sich und befinden sich schließlich im Idealfall miteinander in Harmonie.

Die Sphären sind für mich die Äpfel des Baumes des Lebens. Die Pfade bilden in der Mitte den Stamm und die Äste des Baumes. Wie Stamm und Äste verbinden also die 22 Pfade (sie entsprechen den 22 Tarot Karten des Großen Arkana) die einzelnen Sphären (die Früchte des Bewusstseins, die »Äpfel«) miteinander. Die Pfade spiegeln verschiedene grundsätzliche oder archetypische innere Erfahrungen in der Liebe.

Der Baum des Lebens ist also eine Landkarte der Seele, und dient in diesem Buch als Wegweiser und Orientierungsbild für die eigene Suche nach dem höchsten Ziel von Liebe, Nähe, Partnerschaft und Bewusstheit. Stille und Dunkelheit sind der Hintergrund, auf dem der Baum existiert.

Die Energien im Baum des Lebens sind sehr lebendig. Durch das eigene Wählen und Anwenden der entsprechenden Aura-Soma-Flaschen, Pomander, Quintessenzen und ArchAngeloi-Essenzen wird die schlummernde Bewusstseinskraft erweckt. Sie hebt sich Pfad um Pfad und Sphäre um Sphäre energetisch – dem Körper entsprechend – von den eigenen Füßen bis zur Krone des Kopfes empor. Durch diesen Aufstieg der Energie werden die einzelnen Chakren, also die feistofflichen Energiezentren, im Körper aktiviert, energetisiert und harmonisiert, was im Bild des Baumes dem Entzünden der so genannten »zehn Lichter« entspricht. Die erwachende Energie kann aber auch wie ein zündender Blitz aus dem »Nichts« von oben nach unten gehen!

Als Landkarte der Seele ist der Lebensbaum der Spiegel des Menschen. Der Mensch ist ein Abbild des Baumes des Lebens, wie in der Abbildung in diesem Buch dargestellt.

Über den Umgang mit diesem Buch, den Aura-Soma-Flaschen und dem »Baum des Lebens«

Der Lebensbaum dient uns als Spiegel. Er hilft uns erkennen, worauf wir unsere Achtsamkeit und Liebe lenken können. Die Aura-Soma-Flaschen sind dabei Werkzeuge für unser Bewusstsein. Jede Flasche hat eine Position in einer bestimmten Sphäre oder auf einem bestimmten Pfad im Baum des Lebens.

Die zehn Sphären des Lebensbaumes ordne ich hier den sieben Chakren zu, den Hauptenergiezentren des Menschen, entsprechend ihrer Lage im Körper und ihren geistig-seelischen Funktionsbereichen. Ihre Lage im Körper ist in den einzelnen Sphären beschrieben. So kann man direkt über ein aktuelles oder länger bestehendes körperliches Problem in den Baum des Lebens einsteigen. In den Abbildungen wird deutlich, welche Sphäre oder Pfad dort liegt, wo die Beschwerden sind. Bestimmen Sie den Pfad oder die Sphäre und arbeiten Sie weiter, wie es später beschrieben wird. Man kann auch einen bestimmten Themenbereich einer Sphäre oder eines Pfades aussuchen, in dem die wichtigsten Probleme liegen, und intuitiv die der momentanen Lebenssituation entsprechende Flasche oder Flaschen mit ihrer speziellen Farbkombination auswählen. Es können eine oder mehrere oder alle vier Flaschen einer Sphäre sein. Manchmal gibt es auch acht Flaschen in einer Sphäre.

Doch zuerst ist es sinnvoll, die zu der Sphäre oder zu dem Pfad beschriebenen Möglichkeiten über »Harmonie« oder »Disharmonie« durchzulesen.

Diese Hinweise sollen helfen, die generelle Situation in jedem Einzelnen und seiner Beziehung zu beurteilen. Es ist gut, sich darüber Notizen zu machen, die Fragen und Antworten aufzuschreiben und die fünf Fragen in der Sphäre so ehrlich wie möglich zu beantworten. Dann gilt es die Aussagen in dem entsprechenden Text zu der Aura-Soma-Flasche mit der ersten eigenen Einschätzung zu vergleichen. Bestätigen die Aussagen im Text die eigenen Aussagen oder weisen sie auf mögliche blinde Flekken hin? Danach wird die selbst gewählte Flasche entsprechend angewendet und auf den Körper aufgetragen. In einem späteren Kapitel sind die Anwendungsmöglichkeiten beschrieben.

Wichtig ist nur, zu schauen, was passiert, und zu erlauben, dass das, was hochkommen will, auch hochkommen kann. So wird ein neues Gleichgewicht entstehen. Die Kombination mit und Anwendung von Pomandern und Quintessenzen ergänzen und vertiefen die Wirkungsweisen der einzelnen Flaschen. Andere Wege zur Auswahl und Anwendung werden später beschrieben.

Wenn man eine bestimmte Flasche aus einer Sphäre wählt, kann man auch die entsprechende ArchAngeloi-Essenz der Sphäre dazu anwenden oder sie entsprechend ihres Wirkungsbereiches auswählen – so, wie es zum Thema passt.

Wenn Sie ein Tarotspiel besitzen, nehmen Sie die 22 Karten des Großen Arkana (0 bis 21) und legen sie mit der Rückseite nach oben in einem Fächer aus. Überlegen Sie dann, welche Frage Sie zu dem Beziehungsthema haben.

Ziehen Sie danach eine Karte.

Wenn es z. B. die 7 ist, lesen Sie das Thema unter »Pfad 7« in diesem Buch nach. Wenn Sie das für sich annehmen können und die entsprechende Aura-Soma-Flasche zur Frage und zum Beziehungsthema anwenden möchten, nehmen Sie zuerst die erstgenannte Flasche auf diesem Pfad. Wenn sie aufgebraucht ist, nehmen Sie die als zweite für diesen Pfad genannte Flasche. Wenn es noch eine dritte gibt, nehmen Sie sie danach.

Schauen Sie dann, welche Sphären dieser Pfad miteinander verbindet. Das sind Themenbereiche, die Sie indirekt mit der Frage zu Ihrem Beziehungsthema berühren. Wenn Sie weiterforschen wollen, lesen Sie das Thema dieser Sphären durch. Vielleicht wird dabei etwas deutlich, und Sie möchten nach einer Zeit mit diesen Themenbereichen für sich weiterarbeiten und Flaschen aus den Sphären hinzunehmen.

Achten Sie auch auf die körperlichen Zusammenhänge, die in den Pfaden und Sphären genannt sind. Sind das Bereiche, die Ihnen oft Beschwerden verursachen? Ob es so ist oder nicht, die genannten Aura-Soma-Flaschen stärken diese Körperbereiche, so dass bei regelmäßiger Anwendung die natürlichen Selbstheilungskräfte wieder angeregt werden.

Wenn Sie Flaschen aus den verschiedenen Themenbereichen der Sphären gewählt haben, schauen Sie in den Abbildungen nach, welcher Pfad sie miteinander verbindet, wenn es eine direkte Verbindung gibt.

Dies sind einige Hinweise für die Nutzung der »Landkarte des Lebensbaumes«. Es ist, als würden Sie sich in einem Brettspiel, z. B. »Mensch ärgere dich nicht«, bewegen. Gewinner ist das innere Gleichgewicht, das sich wiederherstellt, wenn man den angeregten Bewusstseinsprozessen genügend Raum gibt. Das kann auch unbewusst über Träume geschehen. Sie können im Baum »herauf« oder »herunter« wandern und dabei immer den entsprechenden Körperbereichen besondere Aufmerksamkeit schenken.

Benutzen Sie die Texte zu den Sphären, den Pfaden oder den Aura-Soma-Flaschen immer mit der Absicht, das Verständnis für die Wirklichkeit und die Haltung zu sich selbst und zu einem

Partner oder gewünschten Partner zu vertiefen. Sie weisen auf Bereiche hin, in denen Sie mit sich selbst oder mit dem Partner zusammen etwas bearbeiten sollten. Oder sie zeigen besondere Stärken an, sowie neue Möglichkeiten, um eine Situation zu betrachten. Und sie verhelfen zu einem besseren Kontakt zu den eigenen Gefühlen und bewirken damit, dass man mehr zu sich selbst kommt.

Wenn Sie gemeinsam mit einem Partner nach der gemeinsamen Beziehungsflasche schauen, kann es vorkommen, dass auf einer bestimmten Ebene die besondere Stärke des einen Partners mit einer Schwäche oder einem wunden Punkt des anderen zusammenfällt. Das wird natürlich besonders beim gemeinsamen Anwenden dieser Flasche auftauchen. Untersuchen Sie dann gemeinsam näher, inwieweit der eine energetisch »auf Kosten« des anderen lebt oder ob dies einen Bereich zeigt, wo Sie in besonderer Weise voneinander lernen können.

Lassen Sie sich auch von den Kapiteln über »Einzelberatung«, »Klärung einer Beziehungsfrage«, »Paarberatung«, »Sexuelle Probleme und Partnermassage« inspirieren. Anregungen, wo am Körper die Öle aufgetragen werden, gibt es in jeder Sphäre, in jedem Pfad ebenso wie in dem Teil, wo die Körperzonen den Farben entsprechend aufgeführt sind. An erster Stelle steht dabei immer die *eigene Intuition,* das *eigene Gefühl.* Wo Sie *selbst* das Öl auftragen möchten – das ist entscheidend.

Man kann sich, zusätzlich zur Wahl von Aura-Soma-Flaschen, und ihrem Platz innerhalb einer Sphäre oder einem Pfad, auch durch Meditation über die einzelnen individuell berührten Lebensthemen der Sphären oder Pfade verbinden, den dazugehörigen Erzengel der jeweiligen Sphäre anrufen. Zusätzlich ist es möglich, sich mit den Energien und Kräften der zugeordneten Planeten der Sphären auseinander zu setzen.

So, wie der Baum nicht endet
An der Spitze seiner Wurzeln
Oder seiner Zweige,
So, wie der Vogel nicht endet
An seinen Federn und seinem Flug,
So, wie die Erde nicht endet
An ihrem höchsten Berg:
So ende auch ich nicht
An meinem Arm, meinem Fuß, meiner Haut,
Sondern greife unentwegt nach außen
Hinein in allen Raum und alle Zeit
Mit meiner Stimme und meinen Gedanken,

Denn meine Seele
Ist das Universum.

Herman H. Russel
Cherokee-Indianer

Der Geliebte

Nur das Herz kann den Lebenspartner finden. Nur das Herz kann diesen Menschen anziehen. Der Verstand wird immer die am einfachsten zu handhabende Person aussuchen, eine, mit der es sich leicht und bequem leben lässt. Aber das Herz, die Stimme der Seele, wird die Person auswählen, die die größte Hilfe darstellt, um das Göttliche in uns selbst zu verwirklichen. Der Verstand sucht eine einfache Beziehung. Das Herz sucht einen spirituellen Partner. Es mag viele geben, die mit ihrem vollkommenen spirituellen Partner zusammen oder verheiratet sind und es dennoch nicht erkennen, denn ihr Verstand und ihre Bedürfnisse verlangen nach einer bequemeren und schmerzlosen Beziehung. Häufig sind gerade die Schwierigkeit mit einem Partner der Auslöser zur Weiterentwicklung. Man kann mit einem vollkommenen Partner zusammen sein und sich gegenseitig in hohem Maße ablehnen und damit eine der wichtigsten Prüfungen des Lebens nicht bestehen.

Liebe verlangt Vertrautheit und nur wenn man sich zutiefst mit dem anderen vertraut macht, wird er zum Spiegel. Je reiner die Liebe, je höher die Ebene, desto getreulicher und klarer die Widerspiegelung. Aber Liebe auf höherer Ebene verlangt Offenheit. Sie verlangt Verletzbarkeit. Man muss seinen Schutzpanzer ablegen, und das tut weh. Alles berechnende Denken muss aufgegeben werden. Risiken sind notwendig. Das Leben wird gefährlich. Der andere kann uns wehtun. Der andere kann uns zurückweisen – das ist die Angst, die Liebe mit sich bringt.

Aber dadurch, dass wir einen Bogen um den Spiegel machen, werden wir nicht schön. Dadurch, dass wir Situationen vermeiden, werden wir nicht reifer. Es gilt Herausforderungen anzunehmen und sich der Liebe zu stellen. Wer nicht müde wird, sich und seinen Liebsten zu suchen und zu erforschen, wer stets neue Wege des Beisammenseins entdeckt und findet, dessen Wesen wird vom anderen bereichert. Liebe ist wie ein natürliches Gebet, sie ist angeboren.

Die Sphären

Sphäre 1

Gefühl für das Einssein

Fragen an sich selbst

1. Welche meiner negativen Verhaltensmuster treten in meinen Beziehungen immer wieder auf?
2. Welche Einstellungen meines Partners rauben mir meine Macht?
3. Welche meiner Überzeugungen führen dazu, dass ich die Handlungen meines Partners negativ interpretiere?
4. Bin ich kritiksüchtig? Wenn ja, welche Situationen in meiner Beziehung bringt diese Neigung in mir für gewöhnlich zum Vorschein? Was ist das, was ich abspalte und bekämpfe mit meiner Kritik? Bin ich bereit, meine Verletzung dahinter zu heilen?
5. Kann ich mich an Vorfälle erinnern, bei denen ich mich einer tieferen Ebene von Wahrheit gegenübersah als der, an die ich gewöhnt bin?

Harmonie in der Partnerschaft

Gewissheit von kosmischer Verbundenheit, Durchlässigkeit, Offenheit für die universelle Liebe und Intelligenz, Erfahrung von All-eins-Sein, Einklang mit den kosmischen Energien und Kräften, spirituelles Erwachen und Einssein miteinander, dem Raum und der Zeit enthoben, gemeinsam erlebte Glückseligkeit

Disharmonie in der Partnerschaft

Mangelnde Durchlässigkeit und Empfänglichkeit, Erfahrung

innerer Dunkelheit und Hoffnungslosigkeit, bewusste und unbewusste Verschlossenheit gegenüber kosmischen Energien und Kräften, sich abgetrennt fühlen, Einsamkeit, die spirituelle Krise und Notwendigkeit der Hingabe, die dunkle »Nacht« aushalten

Herausforderung - Lernaufgabe
Gemeinsame spirituelle Quelle miteinander entdecken

Erzengel
Metatron

Die ArchAngeloi-Essenz Metatron hilft, auch mit den schwierigeren Seiten Kontakt aufzunehmen oder den unbewussten Anteilen im Selbst Aufmerksamkeit zu schenken, die eine Partnerschaft oder Liebe schwierig machen. Dorthin bringt er Licht, also Bewusstheit. Metatron bedeutet »nahe dem Thron«, also der Quelle des Lichts. Er stärkt Talente, Qualitäten und innere Potentiale in dir selbst. Das Licht und die Dunkelheit ebenso wie die Anwesenheit und die Abwesenheit von Liebe sind Aspekte des Ganzen. Die Quelle des einen ist im anderen.

Das Unbekannte, das, was unvertraut ist, wird gern als gefährlich, als beängstigend, als fremd und als Feind betrachtet. Doch der vermeintliche Feind ist in jedem selbst. Gesteht man sich seine Projektionen auf den Partner und die Erwartungen an den Partner ein, setzt seine Urteile außer Kraft und öffnet sich immer mehr dem Urvertrauen, dann kann sich das Gefühl, abgetrennt zu sein, auflösen – man nimmt sich in seiner Gesamtheit wahr. Jedes Ereignis kann ein Spiegel dessen sein, was man ist. Er kann uns zu dem führen, was hinter dem Spiegel des eigenen Selbst liegt.

Die ArchAngeloi-Essenz Metatron hilft bei der Erinnerung an die Gesetze der Natur der Liebe, an das Rad des Lebens und an das Prinzip von Ursache und Wirkung. Jeder Moment birgt Myriaden von Regenbogenreflexionen!

Die ArchAngeloi-Essenz Metatron stärkt auch die eigene Verbindung mit den Energiemustern der Erde, den planetaren Gitterstrukturen. Es ist das Bewusstsein, an den richtigen Ort, zur richtigen Zeit, zum richtigen Menschen, in die richtigen Umstände geführt zu werden!

Anwendung

Bilde mit deinen Armen eine empfangende Geste, wie eine Schale. Sprühe dann aus deiner rechten Hand mit der ArchAngeloi-Essenz über deine linke Schulter, über deinen Kopf und über deine rechte Schulter. Bewege dann deine beiden Hände und Arme wie Engelsflügel durch dein Energiefeld und verweile mit gekreuzten Handgelenken vor dem Herzen, bevor du weiter den Körper hinuntergehst. Sitz dann eine Weile einfach still und erlaube der Essenz von deinem Energiefeld ganz aufgenommen und integriert zu werden.

Der Planet, dessen Kraft hier wirkt – Neptun
Neptun unterstützt die Qualitäten unseres mystischen und emotionalen Sehnens nach Einssein, so, wie ein Tropfen mit dem Ozean verschmilzt.

B 36 Violett/Rosa
B 64 Smaragdgrün/Klar
B 50 Hellblau/Hellblau
B 78 Violett/Tiefmagenta

Körperregion zum Auftragen
Um den Haaransatz herum

Entspricht dem *Kronen-Chakra* am höchsten Punkt des Kopfes, vom Scheitel bis oberhalb des Kopfes.

B 36 Violett/Rosa
Nächstenliebe

Geliebter!
Feiern ist der Duft jenes Lichtes und jener Liebe, die den Gott und die Göttin inspiriert! Ich bin hier auf die Erde gebracht worden, um mit meinem ganzen Lebensfeuer den Tanz der Schöpfung zu tanzen. In jedem Moment, in dem ich mich daran erinnere, verschmelze ich einfach mit der Göttin, beginne zu tanzen und bin verbunden mit meiner höchsten Bestimmung.

Ich bin die Geliebte und Liebende der ganzen Schöpfung! Ich trage den Duft der Göttin und teile meine Dankbarkeit mit den Blumen, Bäumen, Tieren, Vögeln und Fischen.

Mein Liebster! Ich lade das Licht und die Liebe der Göttin in mein Herz ein, und werde gleichzeitig hinaufgehoben. Dieses berauschende Gefühl lässt mich tanzen, singen und lachen in derselben Art wie die Vögel. Ich bin nicht hierher auf die Erde gebracht worden, um mich in endlosen Kreisen von Verzweiflung zu bewegen.

Als Anbetende der Göttin und um näher mit der Natur verbunden zu sein, legten in früheren Zeiten viele Hexen ihre Kleider ab. Sie tanzten im »Himmelskleid«, als Zeichen ihrer Freiheit bei Vollmond nackt. »Singe, feiere, tanze, musiziere und liebe – nur mir zu Ehren«, sagt die Göttin. Nackt ist Kraft am leichtesten zu transportieren, weil der menschliche Körper selbst heilig ist.

Die Kunst in der Liebe liegt darin, nicht zwischen Faszination und Frustration zu wählen, sondern beides hinter sich zu lassen!

Mein Liebster! In jedem Augenblick des Lebens ist die Liebe am Werk, sie ist unermüdlich. Ich erkenne das fruchtbringende Feuer der Liebe in den Gesten und Berührungen der Hände von Männern und Frauen, in ihren Blicken und in ihren Worten. Ein Freudenfeuer entbrennt, und jedem Herzen wird warm. Aus der Liebe und der sexuellen Energie der Liebe kommt alles Leben, durch sie erblühen die Blumen, durch sie singen alle Vögel.

Mein Liebster! Kleide mich in Liebe, denn ich bin nackt.

Umhülle mich mit Freude, ich wurde nicht geboren, um traurig zu sein. Ich will wieder lieben, den salzigen Geschmack der Tränen vergessen. Mein Körper muss dich schon immer geliebt, schon immer begehrt haben. Er entblößt sich, offenbart seine Geheimnisse wie eine Höhle, die auf dich gewartet hat, sich aufzutun für dein Lächeln, für die Kostbarkeit deines mir Naheseins, für dich, der du den verborgenen Schlüssel schon länger hast als die Erinnerung. Dieses Beben unserer Körper, wie der Weltenanfang, wie die Sprache des Tastens, der Berührung. Unsere Liebe und die Liebe unserer Körper lässt uns in Kontakt kommen mit der höchsten Wirklichkeit. Das Feuer der Liebe ist wie ein innerer Drang, zum Ursprung zu gelangen, eine kosmische Erfahrung, eine Erfahrung von Zeitlosigkeit und Meditation.

Mein Liebster! Je mehr wir lieben, umso länger können wir den Liebesakt ausdehnen. Wir können stundenlang Liebe machen und in der Vereinigung verweilen. Du verschmilzt mit mir, der Frau, und ich mit dir, mit dem Mann; wir entspannen uns in das Wesen des anderen hinein. Es ist ganz sanft, weil kein Gedanke sich regt. Die Zeit bleibt stehen. In dir und in mir ist das Göttliche plötzlich anwesend.

Die Lanze der Erlösung ruht in der heiligen inneren Kammer. Wir ruhen ineinander und sind eins. Ein Tal-Orgasmus mag geschehen, in dem nichts gezeugt wird. Wir sind reines Sein und Aufmerksamkeit. Ich mache alles in mir auf und weiß auf einmal, was es heißt, eine blendende Sonne im Leib zu spüren!

Die ersten Tantrika – ihre Namen sind verloren gegangen, und es muss Tausende von Jahren her sein –, diese ersten Menschen, die im Liebesakt so tief gingen, dass sie durch ihn zum Licht gelangten, haben es beobachtet und erkannt: Der Liebesakt ist nur der körperliche Auslöser für einen Vorgang, der auch ohne Sexualität ausgelöst werden kann: nur durch Meditation. Dieser Schlüssel wurde durch das Experimentieren mit der sexuellen Vereinigung gefunden.

»Liebet einander«, sagte der Mann auf dem Platz. Es war Jesus. Der groß gewachsene Mann wiederholte die Worte mit vertrauensvollem Blick, und aus seinem Mund klangen sie wie ein Gesetz.

B 64 Smaragdgrün/Klar
Djwal Khul
Meister-Flasche

Geliebter!
Was ist die Wahrheit der Liebe?

Alle Menschen suchen danach, aber jeder Mensch kann sie nur im eigenen Herzen finden und sie dann mit einem anderen Menschen teilen.

Mein Liebster! Der Platz des Göttlichen ist im Herzen. Es ist ein Funken Licht, der direkt im Herzzentrum liegt und aus dem Herzen heraus strahlt. Schenke ich diesem Lichtfunken, dem Smaragd meines Herzens, Aufmerksamkeit, so wächst er. Er leuchtet und strahlt von meinem Herzen aus und wird zu einer Aura von Liebe, die mich umgibt. Dieser Lichtfunken ist in jeder Art empfänglich und stellt keine Forderungen. Er wartet auf mich, ihn zu entdecken. Er wartet Ewigkeiten lang. Seine Geduld wird nicht weniger.

Wissend darum, habe ich Geduld. Ich weiß, dass das Göttliche in meinem Herzen wohnt und dass du, der Mann, Gott bist, der sich selbst in mir, der Frau, sucht, genauso wie das Göttliche sich selbst immer wieder durch seine Schöpfung sucht. Aber dein Platz und Gottes Ursprung liegen in meinem, dem weiblichen Herzen. In diesem Ruhezustand ist Gott nicht bekannt. Er ist nur bekannt durch seine Schöpfung. Aber ich als Frau weiß das. Das ist das Geheimnis meiner Geduld und Liebe.

Mein Liebster! Es gibt viele verschiedene Möglichkeiten, einander zu begegnen auf dem Planeten im Herz dieser Zeit. Alles, was ich in dir sehe, Geliebter, ist ein Spiegel für mich. Ich begebe mich sogar jenseits des Spiegels, um die Wahrheit zu suchen, die jenseits des Spiegels liegt, bis sie in Form von unvergossenen Tränen in mir überfließt. Ich muss die Verweigerung in mir überwinden und mich für meinen Weg hier auf der Erde wieder öffnen. Nur so finde ich mein Herz und deins!

Mein Liebster! Wie viel Zeit, Anspruch und Abstand lege ich vor das Entsetzen des Satzes »Ich liebe dich«! Ein Satz, wie eine Schlange, nähert sich geräuschlos, kreist ein, wird abgewiesen, einmal, zwei, drei, viele Male verjagt wie ein böser Gedanke, eine Schwäche, ein Fehltritt, etwas, das wir uns nicht erlauben können.

Mein Geliebter! Mit einem Donnerschlag fiel ein blendender, heißer Strahl Licht wie ein Sternenstreif zur Erde. Noch rauchend wurde er davongeschleppt und zur Waffe eines Königs geformt, zerbrochen und wieder neu zu einer blattförmigen langen Klinge geschmiedet, dann in Feuer und Blut gehärtet und gehämmert. Ein dreimal geschmiedetes Schwert, das dem Leib der Erde noch nie entrissen wurde, und somit doppelt heilig ist, »Excalibur«. Es wurde aus einem Metall geschmiedet, das in grauen Zeiten vom Himmel fiel, dem Eisen der gefallenen Sterne.

In seine Scheide ist alle weibliche Magie mit goldenen Symbolen und Zeichen hineingewoben. Excalibur verbindet Himmel und Erde und hat die Aufgabe, allen Menschen und allen Göttern Schutz und Gerechtigkeit widerfahren zu lassen, denn alle Menschen sind eins, und alle Götter sind ein Gott.

Das Schwert trägt eine Inschrift, die vor großem Kummer warnt, falls ein Unwürdiger es zieht. Nicht die Abenteuerlust sollte siegen, sondern glasklare Einsicht, die sich mit Liebe und Mitgefühl verbindet. Nur der Richtige darf das Schwert ziehen.

Geliebter! Wenn wir das Schwert unserer Klarheit benutzen, um Recht zu behalten und den anderen zu verurteilen, dann wird es zu einem Instrument der Vernichtung. Wir dürfen unsere Klarheit nicht einsetzen, um einander in Schwächen und Fehlern bloßzustellen und sie zu unserem eigenen Vorteil zu nutzen. Es geht darum, die Macht des Herzens in die Welt zu bringen.

Mein Geliebter! Es scheint mir eine Frage davon zu sein, ob ich die Kontrolle behalten will oder dir die Hand entgegenstrecke.

Mein Liebster! Du bist der Umwandler meines Herzens. Deine Liebe bewirkt in mir das Wachstum aus den Saaten vergangener Lieben. Mit dir ist Liebe eine Erfahrung davon, wie viel Kraft in meiner Verletzlichkeit liegt. Ein endloses Fallen in Abgründe, wenn die Dinge nicht so mit dir sind, wie ich sie mir wünsche. Es ist eine konzentrierte Erfahrung des mit dir Teilens, dessen, wie ich mich mit dir fühle, dessen, was du in mir auslöst, und das Lernen von Geduld, Dauerhaftigkeit und Hilfsbereitschaft. Manchmal ist die Wahrheit auch etwas, das weniger aus dem Denken oder Fühlen kommt, sondern spontan und aus sehr großer Tiefe aufsteigt, aus einem Ort der Reinheit. Der Smaragd meines Herzens ist wie der ruhende Punkt im Zentrum einer Spirale. Er zeigt mir alle Möglichkeiten. Ich kann die vielen Aspekte einer Situation zwischen uns klarer sehen, meine Gefühle werden deutlich, und ich kann meine Liebe zu dir in konkreten Handlungen ausdrücken. Die Dunkelheit, die Umwölkung, meine Unwissenheit und meine Zweifel schwinden. Der Himmel öffnet sich, und geistige Klarheit materialisiert sich. Ich finde dich, Zauberer, mit der gleichen Sehnsucht in den Fingerspitzen, den Zauber zu zerbrechen, mit dem wir uns belegten, und die Zeit, die wir zerstörten – uns nicht zu sehen, um uns fern zu wähnen. Du sagst, kein Stern wäre außer Reichweite.

B 50 Hellblau/Hellblau

El Morya

Meister-Flasche

Geliebter!

Gott und Göttin, ist all das, was ist. Ich selbst bin das Auge, der Mund, die Nase, die Ohren, die Hände und der Körper der Göttin. Ich sehe durch ihren Geist, ich fühle mit ihrem Herzen. Ich ehre die Göttin und ich spreche mit der großen Mutter, der Herrin der Welt. Die Göttin ist in mir und überall um mich herum. Gott und Göttin sind der Geist, der alles umfasst, die Kraft, die zwischen den Räumen und Zeiten wirkt und alles zusammenhält. In diesem Geist träumt die Göttin ihren Traum und erschafft der Gott die Welten. Dieser Geist ist die Lebenskraft.

Aus dem gewaltigen Quell der Liebe und des Lichtes strömt die Energie, die unser Universum am Leben erhält und stabilisiert. Sie füllt den Kelch, den heiligen Gral, und erzeugt sein Licht. Sie ist die Liebe zwischen dir, dem Mann, und mir, der Frau, zwischen Kindern und Eltern, zwischen Freunden. Sie ist die helfende Kraft bei Geburt und Tod. Sie ist unser Lebensplan.

Der Kelch des Grals ruht im Baum des Lebens. Sein Stamm bildet den Stiel. Er wächst aus der Erde und verbindet die Erde mit dem Himmel.

Mein Liebster! All das, worum ich in Liebe weine, weil ich es verloren glaube, meine Traurigkeit, meine verletzten Gefühle, aus denen sich in mir Hoffnungslosigkeit, Müdigkeit und Einsamkeit entwickelt haben, lasse ich los und gebe sie frei. Ich schöpfe neues Vertrauen in eine friedvolle Kommunikation zwischen dir und mir. Keine Kraft darf über einer anderen stehen, darf stärker sein als die andere. Dein autoritärer und analytischer männlicher Aspekt manipuliert nicht mehr meine weibliche hingebungsvolle und nährende Energie. Nicht das Scheitern, sondern die Sehnsucht ist unser Schicksal und der Frieden ist unvermeidlich.

Geliebter! Wir erinnern uns, wer wir gewesen sind. Wir wissen, was uns auf der Erde erwartet, als wäre dieses Wissen in unseren Geist geschrieben. Wir sind Teil der Lösung, Teil des Großen Plans. Ich bin selbst der Kelch, durch den göttliche Liebe fließt. Ich bin ein Kanal für die liebende Fülle des Universums.

Zum ersten Mal erfahre ich das tiefe Glück des Alleinseins. Das umfassende Gefühl des Bei-mir-Seins. Im Alleinsein feiere ich mich voller Würde, Demut und tiefer Dankbarkeit. Ich begegne mir so, wie ich dir begegne, mein Geliebter. In diesen stillen Tagen erfahre ich, was Glück ist. Glück ist Bei-sich-Sein. Ich bin Hüterin der heiligen Quelle.

Ich habe mich ergeben. Die Zeit der Täuschungen ist vorbei.

In tiefer Hingabe bin ich mir selbst hingegeben. So, wie ich meinem Alleinsein nicht mehr als Feindin begegne, begegne ich in der gleichen Art dir, Geliebter. Nicht mehr als etwas, vor dem ich wegrennen müsste. Ich bin da wie ein Partner, so, wie du da bist als Partner. Ich lege nichts mehr darüber, decke meine Gefühle nicht mehr zu und töte sie nicht.

Mein Liebster! Ich schmecke den frischen Morgen. Ich liebe dich. Ich weiß von dir. Ich habe dich erträumt, ich kenne dein Herz. Ich singe und du hörst mich. Ich bin hier. Die Lilien neigen sich vor dir, die Gräser spielen um deine Füße, der Wind ergreift dein Haar. Ich habe ein Lager für dich bereitet. Ich habe ein Mahl bereitet, und der Festwein steht bereit. Meine Arme sind offen, ich strecke sie nach dir aus. Es ist mir eine Ehre. Komm heim, Geliebter!

Wir schauen in die aufgehende Sonne, wir blinzeln, wir lachen, weil der Wind unsere Lippen berührt. Ich kenne dich. Und in meiner Liebe, meiner Wildheit, Anmut und Verwundbarkeit erträumte ich dich liebevoll, wild, anmutig und verwundbar – so, wie die Tiere und Pflanzen.

Mein Liebster! Ich sammle Frauen um mich, von denen ich weiß, dass sie die Kraft der Großen Muttergöttin in sich tragen. Es sind Frauen, die der Führung bedürfen, damit sie die Kraft, die sie im Inneren haben, auch anwenden können. Ich führe sie auf Reisen in ihr Inneres, damit sie dort ihre Kraft finden und hervorbringen können.

Mein Liebster! Ich teile mit dir die weiblichen Geheimnisse meines Herzens, die weiblichen Mysterien und Wahrheiten, und die Harmonie zwischen uns gibt mir den Mut weiterzumachen. Manchmal schaue ich dich lange an – mitten im Gespräch, im Liebesspiel, oder wenn wir uns etwas Wichtiges erzählen. Ich sehe dich so lange an, bis ich hinter deiner Erscheinung die wahre Gestalt deines Wesens sehe. Du beginnst zu mir zu sprechen. Und immer wenn dieses wahre Gesicht, diese wahre Gestalt in dir sichtbar wird, ist dies für mich ein Augenblick großen Entzückens, großen Verstehens, großer Nähe und Liebe. Für mich bist du sowohl eine Form, eine Gestalt, als auch ein Tor in eine andere Wirklichkeit!

Mein Geliebter! Unsere Liebe ist die Heimkehr zum Blauen Planeten mit all seiner Schönheit und seinen Wundern. Mag meine Liebe zu dir mir helfen, mehr die zu sein, die ich wirklich bin.

Gott und Göttin können uns nicht das Gebet der Meere und der Wälder und der Berge lehren. Aber wir, die wir aus den Bergen und den Wäldern und den Meeren geboren sind, können ihr Gebet in unserem Herzen finden. Und wenn wir in der Stille der Nacht hinhören, werden wir es hören: Es ist ihr Wille in uns, der will. Es ist ihr Wunsch in uns, der wünscht. Es ist ihr Drängen in uns, das unsere Nächte, die ihre sind, in Tage verwandelt, die auch die ihrigen sind. Wir können sie um nichts bitten, denn sie kennen unsere Bedürfnisse, ehe sie in uns geboren werden.

B 78 Violett/Tiefmagenta

Kronen – »Erste-Hilfe«

Geliebter!
Ich weiß, dass ich viele Male sterben muss, körperlich und seelisch, und mich doch immer wieder zu neuem Leben erhebe. Aus diesen Tiefen bringe ich mein Wissen um den Sinn meines Daseins mit.

Mein Liebster! Wenn ich für eine Blume tiefe Liebe empfinde, dann liebe ich sie auch, wenn sie verwelkt. Das Alter ist nichts, was von außen kommt – es kommt von innen! Nun ist mein schönes Gesicht voller Runzeln, mein Liebster! Liebst du nun auch diese Runzeln, weil sie dazugehören? Wenn du für mich, als deine Frau, tiefe Liebe empfindest, liebst du mich dann auch, wenn ich altere? Und wenn es so weit ist, wirst du mich auch lieben, wenn ich sterbe?

Wenn ich dich als meinen Mann liebe, so, wie ich mich für dich entschieden habe, und dein Haar ist ganz weiß geworden, dann liebe ich auch dein Haar. Es ist nicht von außen passiert wie ein Unfall. Leben bedeutet Entwicklung. Das schwarze Haar verschwindet, und stattdessen kommt graues Haar. Ich lehne es nicht ab, ich liebe es, denn es gehört dazu. Und wenn du, mein Mann, alt und schwach geworden bist, liebe ich dich auch so. Und wenn du eines Tages nicht mehr da bist, werde ich auch das lieben. Liebe liebt alles. Liebe kennt nichts als Liebe.

Mein Liebster! Wir kommen nackt und mit leeren Händen auf die Erde und gehen nackt und mit leeren Händen von dieser Erde. Wie wichtig ist es zu erkennen: Jeder Mensch, jedes Tier, jede Pflanze ist Teil eines großen Ganzen. Durch das Herz, das in meiner Brust schlägt, bin ich verbunden mit dem großen Herz des Lebens.

Mein Liebster! Bist du bereit, mich konsequent zu lieben, oder ziehst du dich lieber in deine eigene Welt zurück? Bin ich mir deiner und meiner sicher? Kann ich mit meinem eigenen Herzen in Einklang leben – und mit deinem zugleich?

Unsere Zeit ist gekommen. Mit dir darf alles heilen. So sicher habe ich mich noch nie im Leben gefühlt. Ich habe genau den Mann gefunden, den ich wollte. Und mehr noch: Du bist der Mann, den ich brauche. Du bist da, wenn mir etwas wichtig ist. Du interessierst dich für meine Gefühle und Bedürfnisse. Obwohl wir eine verantwortungsvolle Arbeit und viele Verpflichtungen haben, sind wir füreinander da. Du unterstützt meine Sachen! Ich habe das Gefühl, dass unsere Beziehung irgendwo hinführt. Es ist uns ernst miteinander. Die körperliche Vereinigung, die du zu mir suchst, wenn wir uns uneins waren und wieder eins miteinander geworden sind, ist eine gelebte Sexualität, die mich immer wieder spüren lässt, wie sehr du zu mir stehst.

Ich richte meine weit geöffneten Augen voller Liebe und Vertrauen auf dich, mein Gefährte. Ich habe von weit her meinen Weg zu dir gefunden, und gemeinsam werden wir noch viel weiter gehen. Wir haben beide lange aufeinander gewartet.

Liebster! Und doch: Ein einziger Blitz könnte von einem Augenblick auf den anderen unseren ganzen Lebenstraum zerstören. Es gibt im Leben keine Garantien. Wir müssen unser Bestes geben und füreinander da sein. Komme, was wolle. Wenn wir Angst haben, es zu verlieren, wissen wir, dass etwas Bedeutung für uns hat.

Mein Herzensliebster! Die Göttin, als das Leben selbst, führt jeden Tod zu einer neuen Geburt, jedes Vergehen in ein Werden, jedes Ende in einen Neuanfang. Alle Menschen, die von einer Frau geboren werden, erreichen eines Tages das Ende ihres Lebens. Ich werde durch einen langen, dunklen Tunnel gehen, so wie einst, als ich mich aus dem Mutterleib zwängte. Es ist eine Reise meiner Geburt im Geiste, und am Ende werde ich nicht ins Tageslicht, sondern in jenes Strahlen eintauchen, welches die wahre Quelle der Sonne und des Lichtes ist.

Mein Geliebter! Im Tod siehst du meine Schönheit, die Feiernden, meine wahre Gestalt, die kristalline in allen Farben blitzende Natur, die Tore meiner Kraft, das Licht meines Sterns, Glanz in meinen Augen und auf meinen Lippen. Was heißt nicht mehr zu atmen anderes, als den Atem von seinen rastlosen Gezeiten zu befreien, damit er emporsteigt, sich entfaltet und ungehindert das Göttliche suchen kann?

Zu feiern ist die Befreiung von Leiden, eine Rückkehr in die Einheit! Nichts wird jemals geboren, und nichts stirbt!

Welche Wahrheit ich auch immer gelebt habe, sie wird sich im Moment meines Todes enthüllen.

Mein Geliebter! Im Tibetischen ist das Wort für Körper »Lü«. Es bezeichnet *etwas, was man zurücklässt.* Die Welt um mich herum verblasst, es wird Zeit, zum Licht zu gehen. Ich gleite durch den kühlen, dunklen Raum zwischen den Welten. Die silbernen Schleier ringsum werden dünner und fegen im Funkenschwarm eines leuchtenden Regenbogens hinweg. Überall ist Licht, Licht ringsum, Licht, das alle Worte übertrifft, die ich habe, um das Sehen zu beschreiben.

Mein Liebster! Das Ende meiner Suche wird sein, dort anzukommen, wo ich angefangen habe, um diesen Ort zum ersten Mal zu erkennen.

Sphäre 2

Gemeinsames Wachstum im Bewusstwerden

Fragen an sich selbst

1. An welche Überzeugungen klammere ich mich, obwohl ich weiß, dass sie nicht der Wahrheit entsprechen?
2. Bin ich kritiksüchtig? Wenn ja, welche Situationen in meiner Beziehung bringen diese Neigungen meistens zum Vorschein?
3. Welche meiner Einstellungen und Überzeugungen würde ich gern verändern? Bin ich bereit, mich diesen Veränderungen zu verpflichten?
4. Machen mir Veränderungen Angst, die in meinem Leben auftreten könnten, wenn ich mich stärker einem Wissen jenseits von Worten öffne?
5. Bin ich bereit, alte Denkmuster hinter mir zu lassen, mich zu öffnen und einfach zu schauen, was ist?

Harmonie in der Partnerschaft

Bewusstwerden gegenüber Glaubenssätzen, geistige Verbundenheit und Gemeinsamkeit mit dem anderen, konstruktive Kraft, erkennende Klarheit, alte Formen aufbrechen, Wissen jenseits von Worten, Bewusstheit, Verständnis für den Sinn kosmischer Fügungen, Entscheidungsfreiheit, gemeinsame Meditationen

Disharmonie in der Partnerschaft

Gefühl der Sinnlosigkeit, zerstörerische Kräfte, mangelnder Sinn für die Wahrnehmung, die »hinter den Dingen« liegt, nicht fähig sein, das eigene Leben und Liebe aus höherer Warte zu betrachten, Befangenheit in egozentrischen Bestrebungen, Distanziertheit, dichtmachen

Herausforderung – Lernaufgabe

Das »Innere Kind«, den eigenen inneren väterlichen Anteil lieben

Erzengel
Raziel

Raziel ist der Engel, der Adam nach der Vertreibung aus dem Paradies ein Buch gab, in dem alle Heilkräuter aufgeführt waren, die jede nur erdenkliche Krankheit heilen konnten. Raziel vermittelt Wissen, Fürsorge und Gesundheit.

Bisher gibt es noch keine ArchAngeloi-Essenz Raziel

Der Planet, dessen Kraft hier wirkt - Uranus
Seine Wirkeigenschaften sind Impulsivität, Zerstörung von althergebrachten Formen, Reformwille, Freiheit, Unabhängigkeit, aber auch Unberechenbarkeit und Exzentrik.

B 35 Rosa/Violett
B 63 Smaragdgrün/Hellgrün
B 49 Türkis/Violett
B 77 Klar/Magenta
B 25 Purpur/Magenta
B 53 Hellgrün/Hellgrün
B 39 Violett/Gold
B 67 Magenta/Magenta

Körperregion zum Auftragen
Schläfen, Stirn und ringförmig um den ganzen Haaransatz herum

Entspricht einem der beiden Pole des *Dritten Auges*, das in der Stirnmitte liegt.

B 35 Rosa/Violett

Freundlichkeit

Geliebter!
In meiner Meditation gehe ich nach innen. Ich suche mein Inneres auf, mit dem Bestreben, Dinge in mir ganz werden zu lassen. In meiner Meditation brauche ich keinen Spiegel – ich gehe einfach nach innen und finde dort mich selbst.

In meiner Liebe zu dir gehe ich nach außen. Ich suche dein Sein. In meiner Liebe wirst du zu meinem Spiegel, in dem ich mein eigenes Gesicht finde – mein ursprüngliches Gesicht.

Mein Liebster! Zuerst versuche ich zu erkennen, wer ich bin. Ich schaue in mein Inneres. Zuerst versuche ich mich selbst zu lieben. Ich gebe mir selbst Liebe. Meine erste Verantwortung ist gegenüber mir selbst. Ich transformiere meine Ängste, meine Verletzungen, ja mein eigenes weibliches Sein. Dann fangen die Dinge ganz von allein an zu passieren. Ich werde zu einem Licht der Liebe, und mein hell leuchtendes Licht wird zur Einladung für die Liebe zu mir kommen. Und da bist du, mein Geliebter!

Mein Geliebter! Die Herrschaft der Frau zeigt sich darin, dass sie es ist, die die Kinder bekommt. Heute hat sie die freie Entscheidung, ein Kind zu bekommen oder auch nicht. Eine Frau kann niemals ein Kind frei austragen, wenn sie nicht auch frei entscheiden kann, es abzutreiben. Ein Mann muss wissen, dass er atmet, weil seine Mutter sein Gesicht angesehen, es für gut befunden und sich frei entschieden hat, ihn zu nähren. Ein Mann muss wissen, ob seine Mutter ihn in ihrem Leib vielleicht schon verachtet hat, weil sie sich aus Zwang ihrem Mann hat hingeben müssen und wieder schwanger wurde.

Es ist die Frau, die durch ihre Sorgfalt oder Vernachlässigung entscheidet, ob ein Kind überlebt.

Mein Geliebter! Jede Frau hat diese einsame Macht, Leben zu geben oder zu nehmen. Und so hat jede Frau die Macht und Herrschaft der Großen Göttin, der All-Mutter, Leben zu geben oder zu nehmen.

Mein Liebster! Manchmal gibt es Dinge, über die du nicht mit mir sprichst, Dinge, die du in meinen Armen zu vergessen suchst und die ich wahrscheinlich nie erfahren werde.

Mein Geliebter! Du sollst wissen, wenn du besonders meiner Fürsorge und Liebe bedarfst, lasse ich dich ganz klein werden und platziere dich in meiner Gebärmutter und halte dich dort. Das tue ich so lange, bis ich dich verstehe, dich fühlen kann, und du mir, der Frau, die das Leben gibt und nimmt, wieder vertraust. Ich halte dich ganz fest in meinen Armen in dieser Nacht.

Mein Liebster! Ich weiß, dass jeder Mensch viele gute Seiten hat. Deswegen werde ich jeden, dem ich heute begegne, anschauen und im Stillen zu ihm sagen: »Ich mag dich«. Obwohl schweigend ausgesprochen, werden diese Worte in meinen Augen zu sehen sein, in meiner Stimme mitschwingen, sich in meinem Handeln ausdrücken und in meinem ganzen Wesen sichtbar sein. Ich erinnere mich, dass Geben in Wirklichkeit Bekommen ist. So kann ich im Anderen meine guten Seiten sehen.

Mein Liebster! Es ist wieder ein Neubau in Planung auf »Ground Zero«, dem Mahnmal für den 11. September 2001. Das Gebäude, der »Freedom Tower«, ist ein Turm, der alle Wolkenkratzer Manhattans überragen, und das höchste Gebäude der Welt sein wird. Verlust und Tod soll dieses Gebäude mit seiner tempelhaften, zur Kontemplation auffordernden Haltung ebenso ausdrücken wie Hoffnung. Der neue Turm soll ein angemessenes Mahnmal sein, ebenso aber auch Raum für Büros, ein Kutur- und ein Einkaufszentrum beherbergen. Die gewählte Gebäudehöhe von 1776 Feet (541 m) erinnert an die Jahreszahl der amerikanischen Unabhängigkeitserklärung – als Symbol, dass die amerikanische Freiheit durch nichts zerstört werden kann.

Mein Liebster! Die Architektur des Friedens ruht auf der gesamten Welt.

B 63 Smaragdgrün/Hellgrün

Djwal Khul/Hilarion

Meister-Flasche

Geliebter!

Während die Erde sich weiter und weiter entwickelt, entfalten sich auch die Menschen und all die anderen Geschöpfe auf der Erde.

Mein Liebster! Ich bin jetzt bereit, zu lieben, statt zu kämpfen. Ich halte meine Kampfesschwerter gekreuzt vor meiner Brust. Mein Wollen ist zur Ruhe gekommen, und mein Wille ist im Einklang mit dem Ganzen. Meine Pulsadern pochen auf meiner Brust, als wollten sie an die Türen meines Herzens klopfen und sie so öffnen. Ich schaue nach innen. Werde ich beginnen, zu lieben?

Mein Gefährte! Unsere Wege haben sich gekreuzt, und da bist du in meinem Leben. Hast du mich gerufen? Wer du auch warst, was immer du getan hast, es gehört der Vergangenheit an.

Mein Liebster! Ich möchte den Weg der Liebe in Freude gehen, ungeachtet dessen, was mir fehlt und wovor ich Angst habe. Ich habe Vertrauen zu mir selbst, zu dem, was für mich wahr ist, und dahin, wo ich anfange, mein Herz zu öffnen. Ob ich einen zögernden Fußtritt mache oder ob ich ihn mit vollem Selbstvertrauen und in aller Wachheit mache, es ist ganz allein mein individueller Weg der Liebe. Ich fürchte nicht die Herausforderungen und Hindernisse des Hier und Jetzt noch die der Zukunft.

Mein Liebster! Die Vergangenheit prägte uns durch Angst und Macht. Die Vergangenheit mit ihren Sorgen ums Überleben hat unsere Abhängigkeiten voneinander kreiert. Nun unternehmen wir die Reise zum Herzen. Zu lieben heißt Brücken bauen. Wir öffnen unsere Herzen, um Raum füreinander in unseren Herzen zu finden, weil wir nur im Herzen des anderen existieren und nicht in dessen Verstand. Wir sollten zusammenarbeiten, um gemeinsam die Herzenstüren zu öffnen, so dass wir, indem wir uns selbst finden, einander finden!

Mein Geliebter! Es geht um unser Lebensglück und die Erfüllung unserer Liebe. Wir kommen, um die Wahrheit zu konfrontieren. Erkennen wir nicht, dass wir füreinander da sind, solange wie möglich, solange wie wir es wagen? Oder folge ich dem üblichen Weg, ohne nachzudenken? Ich frage mich: Liebe ich genügend im jeweiligen Moment, um frei zu sein, so, wie es die Liebe ist? Ehre ich die Liebe mit allem, was ich bin, wenn sie da ist? Oder ist Furcht das Maß oder der Käfig meiner Liebe? Wenn meine Furcht verschwindet, weil ich die Vergangenheit zerschlage, bin ich dann real genug, jene Freiheit zu leben, die ich so lange ersehnt habe und die jetzt vor mir liegt? Verwirrung und Anziehung kommen zusammen und transformieren sich in die Energien des Herzens. Ich gebe meinen Ideen und Plänen dir gegenüber einen Ausdruck. Du verstehst mich. Wir erzählen uns, was wir erlebt haben in unserem Leben und wohin wir wollen. Es erfordert Mut, es zu tun, oder mehr Mut, es zu tun, als davonzulaufen.

Mein Gefährte! Ehrlichkeit allein erzeugt keine Liebe, auch die Wahrheit nicht. Liebe ist Liebe. Wenn der Mann sich der Liebe in Form der Frau stellt, und wenn er sich der Gewalt stellt, die die Frau, so auch mich, emotional gemacht hat und er dies aushält, dann entsteht seine Liebe!

Mein Gefährte! Wir sind Bruder und Schwester auf dem Weg. Halte mich nicht für eine andere, lass dich nicht täuschen. Kämpfe nicht gegen mich, halte mich nicht für eine andere, weil du von einer anderen getäuscht wurdest.

Vielleicht ist die Energie zwischen uns beiden erschöpft, und wir sind wegen deines oder meines Mangels unfähig, zu lieben oder uns der Wahrheit unserer Situation jetzt zu stellen. Wenn wir uns nun anderen Partnern zuwenden, besteht die Möglichkeit, dass jeder von uns eine neue Welt der Liebe entdeckt und wir nicht zueinander zurückkehren.

Wenn du dann zu mir zurückkommst oder ich zu dir, wird sich die Situation auf die eine oder andere Weise klären und sich die Realität unserer Liebe zeigen, wenn sie da ist. Wir werden uns trennen oder neue Kräfte in unserer Liebe und unserem gemeinsamen Leben entdecken.

Mein Liebster! Der Kopf kann nicht lieben, er kann nicht fühlen, und das Herz kann nicht rational sein. So liegen Kopf und Herz in ständigem Konflikt miteinander. So, wie wir beide manchmal streiten. Aber das Bewusstsein ist weder Kopf noch Herz. Und Liebe ist jene Hoffnung, die ewig währt.

B 49 Türkis/Violett
Neuer Bote

Geliebter!
Ist lieben nicht immer ein Wagnis! Wenn ich liebe, so, wie ich dich liebe, verändere ich viele Spielregeln, die Menschen aufgestellt haben und nach denen unsere Gesellschaft lebt. Ich habe das Gefühl, ich begebe mich intensiver in die Familie der Menschen hinein, und nehme mich aus den oberflächlichen Ordnungen heraus. Weil ich dich liebe, werde ich sichtbarer für mich, für dich, für andere, ja ich falle auf. Weil ich dich liebe, tut sich die Welt auf. Die Gesetze der Logik und des Verstandes beherrschen nicht mehr alles. Meine erfinderische Seite wird wieder wichtig. Weil ich dich liebe, bin ich verletzbar, denn wer nicht liebt, setzt sich nicht aus. Aus meiner Verletzbarkeit entsteht die Nähe, nach der du und auch andere Menschen in meinem Leben sich sehnen, weil sie sich in ihr geborgen fühlen.

Mein Liebster! Weil ich dich liebe, sind mir einfache Lösungen nicht mehr möglich. Ich ringe nach Worten, ich entwickle neue Einstellungen, ich begünstige Haltungen, die das Leben und unsere Liebe fördern, alles, weil die Liebe sich in mir ausbreitet. Weil ich dich liebe, mühe ich mich, die tieferen Zusammenhänge zu verstehen, um an die Wurzeln der Probleme zu gelangen. Ich lasse mich nicht mit billigen Antworten abspeisen, mit Sprüchen, die leer geworden sind, mit Theorien, die sich nicht leben lassen. Weil ich dich liebe, sehe ich mehr und mehr den Zusammenhang, in dem alles passiert. Nichts hat heute erst begonnen, alles hat eine Geschichte. Du hast eine Geschichte. Ich habe eine Geschichte. Ich höre, denke und fühle mich ein in das Geflecht deiner Gedanken. Ich setze alles in Beziehung zueinander. Die Tiefe meiner Liebe ist es, die mein Verstehen für mich selbst und für dich bestimmt.

Mein Liebster! Weil ich liebe, stehe ich auf der Seite des Lebens. Und das heißt für mich auf der Seite der Pflanzen, der Tiere und der Menschen. Weil ich liebe, ist es mein Bestreben, selbst echter zu werden. Zu lieben heißt für mich, mich nicht mehr zu verstellen, nicht mehr die Rolle zu spielen, die du oder andere von mir erwarten. Zu lieben heißt für mich, ein eigener Mensch zu werden, *Ich*, die, die ich wirklich bin, und dich zu lieben, der, der du bist, so dass wir uns nicht mehr verlieren in den Ansprüchen aneinander.

Mein Teuerster! Wollen wir uns mit unserer Echtheit beschenken, als Weg des Liebens, auch wenn es schmerzt und wir uns vielleicht manchmal kaum wiedererkennen? Liebe macht nicht blind, nein, sie macht sehend. Ich sehe tiefer als die äußeren Umstände. Ich lasse mich nicht blenden und werde nicht kurzsichtig, weder im Glück noch in der Katastrophe.

Mein Einziger! Wenn wir lieben, zerstören wir nicht weiter. Wir nehmen Teil am Leiden des anderen und finden Wege, neu zu hoffen, Schritt um Schritt. Weil ich dich liebe, nehme ich mich aus der Rolle der Opfers heraus, denn wenn ich dich liebe, dann handle ich. Wenn ich dich liebe, lebe ich. Ich nehme mein Leben in meine Hände und warte nicht auf Rettung durch dich. Weil ich dich liebe, greife ich gestaltend ein.

Mein Lieber! Und darum ist es so, dass meine Liebe auch mich trifft. Lieben heißt, immer wieder zu mir selbst zurückzukommen. Ich denke an mich. Ich entdecke mich. Ich höre meine tiefen Wünsche. Ich nehme meine Ahnungen ernst. Ich vernachlässige mich nicht mehr. Die Wege, die ich zu mir finde, sind auch die Wege, die zu dir führen.

Weil ich dich liebe, gewinne ich ein immer feineres Gespür für das, was noch unecht ist an meiner eigenen Liebe. Es ist schmerzhaft, wenn ich entdecke, dass Gerührtheit, Mitempfinden und Sympathie manchmal nur Vorformen der Liebe sind. Ich merke, wie ich hier am Anfang stehe. Weil ich liebe, erkenne ich. Ich bin noch nicht die große Liebende. Aber was ich liebe, wird verwandelt. Aus dem Frosch wird ein Prinz, aus dem Unscheinbaren wird etwas Wichtiges. Aus dem Aufgegebenen entsteht neues Leben. Aber am meisten verwandele ich mich selbst, wenn ich liebe.

Die Liebe, sanft gefangen der eine im anderen, mein Bester. Jeder des anderen Dach. Jeder Schirm, Unterschlupf des anderen!

Du bist jener Mann, den ich umarme, und der nichts ist als er selbst, der, den ich liebe, nicht der ideale, doch: der Geliebte.

B 77 Klar/Magenta
Der Kelch

Geliebter!
Liebe ist, was jeden Tag zu einem besonderen Tag macht. Du nimmst die Zeitspanne meiner Gedanken ein und die Zwischenräume meiner Gefühle. Meine Träume können sich hervorragend im Himmel und in den Sternen niederlassen, in meiner Arbeit und in meiner Liebe. Mein Opium finde ich in meiner Seele. Das Leben ist manchmal so grausam und traurig, und dann ist es wieder durchmischt mit köstlichen Träumen.

Mein Herz hat Heimweh.

Aber solange meine Liebe noch irgendetwas, sei es in mir selbst, in dir, oder in der Außenwelt, ausklammert, wird dieses Etwas mich von der allumfassenden Liebe, die mein Heimweh ausmacht, trennen und mir an Vollständigkeit fehlen. Diese Liebe, auch wenn ich sie bisher nur für wenige Momente erfahren habe, hat mich verwandelt und in jeder meiner Zellen das Wissen um die höchste Einheit hinterlassen.

Mein Liebster! Alles Leid in unserem persönlichen Leben und

in der ganzen Welt liegt an einem Mangel an Liebe! Wir haben Angst, unsere Liebe zu verlieren oder davor, dass sie zurückgewiesen wird. Und so leiden wir. Wir zweifeln an unserem Wert, an unserer Kraft und sogar am Sinn unseres Daseins. Wir zweifeln oder haben Angst! Wir glauben, wir wären getrennt von allem, und erwarten nur noch den Mangel an Liebe für uns. Wir glauben, es wäre immer zu wenig für uns da.

Im Grunde meines Herzens sehne ich mich nach einer Liebe, die mir täglich und in vielen kleinen Dingen schützende Geborgenheit gibt, so, wie ich dir Sorgfalt, Liebe und Schutz schenken möchte. Ich habe das Bedürfnis, in den Dingen des Alltags geliebt und umsorgt zu werden, zu lieben und zu umsorgen. Mein inneres Kind sucht danach! Ich wünschte, alle Kinder bekämen echte Herzensliebe geschenkt. Doch die meisten Menschen, auch ich, haben sie furchtbar vermisst und tragen deshalb einen großen Schmerz in sich. Ich weine immer, wenn ich das erkenne. Die Wahrheit ist, dass nicht viele Menschen als Kind bedingungslos und innig geliebt wurden.

Mein Liebster! Die Göttin ist die aktive, lebenspendende Kraft des Universums. Sie verströmt Vitalität und heilige, kosmische, orgasmische Göttinnen-Energie. Ich öffne mich, um ihre Energie zu sehen, zu fühlen oder zu spüren. Ist sie silbern und kühl wie Mondstrahlen? Oder still und unendlich wie die Grenzenlosigkeit des Universums selbst? Während ich einatme, lasse ich diese Energie der göttlichen Liebe von oben in mich hineinströmen und durch mich hindurchfließen! Mein ganzer Körper wird durchdrungen und ist erfüllt von der Freude dieses Einsseins. Möchtest du bei mir Schutz suchen, mein Liebster, deinen Kopf zwischen meine Brüste und meine Schulter legen und zugunsten der Liebe auf Macht verzichten?

Mein Geliebter! Es gibt kurzlebige Blumen der Liebe, die sechs Wochen in der Sonne blühen, doch danach ist ihre Blütezeit für immer vorbei. Aber es gibt ein paar Blumen der Liebe, die erst nach einer langen Zeit der Intimität erblühen, die Monate brauchen, bis sie zur Blüte kommen, ihren Kelch öffnen und ihren

Nektar darbieten. Andere brauchen sogar viele Jahre, bis sie erblühen und sich öffnen. Die Liebe ist keine Eintagsblume! Liebe erblüht nur zwischen Mann und Frau, wenn sie erlauben, dass sich ihre Seelen tief berühren und miteinander in Harmonie und Innigkeit schwingen.

Mein Liebster! Wir erheben unsere Kelche in Partnerschaft. Unsere Liebe bezieht sich aufeinander, erkennt und verehrt den anderen und hebt damit seine Würde, Schönheit und Göttlichkeit hervor.

Geliebter! Ich schenke dir meine ungeteilte, bedingungslose Liebe. Meine Liebe will sich verbinden, will Trennungen überbrücken, will verschmelzen und eins werden. Dennoch bleiben deine und meine Freiheit und Vollständigkeit unangetastet. Meine Liebe verschenkt sich aus purer Freude und empfängt deine Liebe im Bewusstsein kosmischer Fülle. Wenn ich in deine Augen schaue, ist es keine Überraschung, dort die Sanftheit des Mondes und das lichte Glitzern der Sterne zu finden. In deinen Augen sehe ich die Tiefe deiner Liebe. Liebe, von der ich spüre, dass du sie für mich empfindest.

Der Herbst kommt und der Sommer geht – ich sehe die vorübergegangenen Jahre in deinen Augen. Deine Augen: so weise, so warm, so wirklich.

Mein Liebster! Lass unsere Liebe ein stillschweigendes Versprechen sein – von Auge zu Auge, von Herz zu Herz, von Wesen zu Wesen. Wie der Duft von Magnolien. Wie Momente, in denen ich die ganze Welt umarmen kann!

B 25 Purpur/Magenta

Florence Nightingale

Rekonvaleszenz-Flasche

Geliebter!

Ich habe mich in der letzten Zeit oft müde gefühlt! Das Leben mit all seinen Anforderungen erschöpft mich. Ich gebe meine

Energie und meine Lebenskraft ständig nach außen. Ich muss dafür sorgen, dass ich mein Herz, meine Seele und meinen Körper immer wieder mit Energie auflade, um neue Kraft aufzunehmen. Ich möchte meine Liebe zu dir zum Ausdruck bringen, fühle mich dafür aber zu kraftlos!

Ich fliehe vor dem hektischen Leben. Ich möchte Kontakt zu meiner Ursprünglichkeit aufnehmen. Mein natürlicher Zustand ist es, entspannt zu sein!

Es ist die Suche nach meiner Seele und die Sorge für meine Seele, die mich beschäftigt. Es ist die unermüdliche Fürsorge für meine Wurzeln, die ich vergaß. Und so beginne ich herauszufinden, wo ich sie durch Vernachlässigung geschwächt habe. Ich gehe eine stärkere Verpflichtung mit mir selbst ein.

Mein Geliebter! Ich habe ein tiefes Verlangen nach Liebe, die mich so sieht, wie ich bin. Nach einer Liebe, die mich so lässt wie ich bin. Nach einem Liebsten, mit dem ich so sein kann, wie ich bin! Also prüfe ich meine wahren Gefühle. Ich achte auf die Botschaften meiner Träume und meines Unterbewusstseins. Ich erlaube mir, meinem Wunsch nach Liebe in Zusammenhang mit meiner Lebensgeschichte, meiner Gegenwart und meiner Zukunft bewusst zu werden. Dabei erhole ich mich und finde langsam zu mir selbst. Wenn ich negativ bin und mich in düstere und negative Gedanken und Gefühle hineinverwirke, kostet das viel Energie und mein Körper ist angestrengt, verspannt und wird vielleicht sogar krank! Sobald ich mich entspanne und etwas tue, was mir hilft, fließt alles wieder in seinen natürlichen Zustand. Dann lebe ich in einem unendlichen Meer von Energie, aus dem ich immer schöpfen kann. Ich berühre die Quelle am Grunde allen Seins, tanze durch alle Formen. Ich verbinde mich mit der Quelle, die mich belebt, die mich erneuert. Ich werde zur lebenspendenden Kraft, aktiviere und vervielfache. Ich bin der Honignektar süßer Wonne, der sich meine Wirbelsäule hinaufschlängelt!

Mein Geliebter! Liebe sollte leicht sein, sie sollte Spaß machen, und es sollte weit mehr Energie dabei herauskommen, als man hineinsteckt! Ich breite meine Arme aus und atme tief in mein Herz. Ich liebe die Liebe und die Liebe liebt mich!

Mein Liebster! Du bist wahrhaft ein stolzer Ritter, ein mutiger Kämpfer, stark und ungebrochen in deiner Kraft. Außergewöhnlich geschickt bist du. Man sagt dir nach, du könntest mit deinem Speer den Wind verletzen. Du lächelst, wenn du mich siehst, und mit diesem Lächeln gewinnst du mein Herz. Ich trete dir in den Weg. Hältst du mich für zu dreist? Wir wechseln ein paar Sätze miteinander, und als du fortgehst, schaue ich dir mit klopfendem Herzen nach. Mit deiner Fröhlichkeit und deiner tänzerischen Anmut gewinnst du mein Herz!

Ich weiß, dass ich bei dir sein will.

Mein Liebster! Purpurn leuchtet die Sonne, und deine Heimat ist da, wo das Leben kämpfend geführt wird. Doch es gibt genug Krieger auf der Welt. Deine Aufgabe ist es, weiter zu sehen. Befrage dein Gewissen, mein stolzer Ritter. Es wird dir antworten, ob es falsch ist, zu schwören, allen Menschen und Göttern Gerechtigkeit widerfahren zu lassen!

Mein Geliebter! Ich liebe die Schönheit deiner Männlichkeit. Sie ist heiß und feurig wie die Sonne. Du bist für mich der feurige, leidenschaftliche Liebhaber. Deine Liebe wärmt jenen Teil meines Herzens, der schon lange darauf gewartet hat. Ich glaube, du weißt, dass mir deine Berührung den höchsten Genuss bereitet.

Unsere Liebe ist ein Versprechen von Herz zu Herz. Wir sollten es noch nicht einmal in Worte fassen, denn wenn wir es in Worten ausdrücken, wird es profan. Es ist ein stillschweigendes Versprechen – von Auge zu Auge, von Herz zu Herz, von Wesen zu Wesen. Es wird von uns beiden verstanden, ohne ausgesprochen zu werden.

B 53 Hellgrün/Hellgrün
Hilarion
Meister-Flasche

Geliebter!
Sollten wir nicht Weggefährten sein?

Warum habe ich an so vielen Weggabelungen von dir Abschied nehmen müssen? Warum habe ich so viele Tränen geweint? Ich fürchte mich vor Trennung und Abschied. Wunden schmerzen bis in die Gegenwart. Mein Herz ist ganz schwer. Ich brauche Raum für Bewegung. Ich brauche Zeit, um mich zu sammeln, um wissender zu werden und weniger verwirrt.

Mein Gefährte! Ich versuche, ehrlich zu mir zu sein, und versuche, nicht etwas zu leben, was ich nicht bin. Ich muss ehrlich mit mir sein und mir anschauen, wovor ich Angst habe. Welches Ereignis hat mich innerlich erschüttert? Ich muss es finden und sagen, was es war, damit ich zu sehen beginne, was ich fürchte anzuschauen und wovor ich mich verstecke. Gleichzeitig beginne ich, mein Vertrauen in die Liebe, die Führung und die Unterstützung des Lebens wieder zu stärken.

Meine Vorstellungen, schwach und abhängig zu sein oder, wenn ich mich selbst behaupte, bestraft zu werden oder dass ich etwas Besonderes leisten muss, um anerkannt und geliebt zu werden, stammen aus alten Erfahrungen. Die Energie folgt den Gedanken! Alles ist eine Konsequenz, eine Folge dessen, wie ich denke. Also löse ich diese Muster auf, die ich einmal aus Angst angenommen habe. Sonst werde ich immer wieder Situationen herstellen, die meine mich einschränkenden Überzeugungen bestätigen und sie mir als unabänderliche Wirklichkeit erscheinen lassen.

Mein Gefährte! Losgelöst zu sein von dem, was ich nicht will, hilft mir klarer darüber zu werden, was ich will. Habe ich die alten Muster durchschaut, kann ich mich von ihnen trennen, mein Selbstbewusstsein neu entwickeln und mein Herz neu für die Liebe öffnen. So bleibe ich mir selbst treu.

Mein Liebster! Habe ich vielleicht Angst, mich an jemanden zu binden? Angst vor dem Verlust und dem Verlassenwerden, so dass ich mich scheue, eine enge Bindung einzugehen? Trennungen haben mir immer Schmerz bereitet! Meine Erfahrungen haben mich geformt, doch mein Ziel, zu lieben und geliebt zu werden, ist das gleiche geblieben. Geht es nicht auch um gegenseitige Ehrlichkeit? Wenn jeder von uns beiden seine eigene Wahrheit achtet und wir uns einander mitteilen und einander achten, dann besteht die Möglichkeit, in Harmonie zusammenzukommen. Wenn wir beide mit dem Herzen sehen und auf uns selbst vertrauen, ist es vielleicht gar nicht so schwer, Freunde zu sein – und Liebende! Ich glaube, dass der Mann, der mich trotz aller Unvollkommenheiten nicht lieben kann, die Gelegenheit verpasst, ein Liebender zu sein!

Und so durchstreift die Göttin unter der Haut, die sie anzog, als sie das Paradies verließ, die Welt auf der Suche nach Adam, der durch ihre Maskerade hindurchschauen und sie lieben kann!

Mein Liebster! Wir haben Geduld miteinander, sprechen über unsere innersten Gedanken und teilen unsere Gefühle miteinander. Liebe ist Empfindsamkeit, Einfühlungsvermögen, Gebenkönnen und innere und äußere Unabhängigkeit! In der Freiheit der Liebe gibt es keine einfachen Antworten, keine Patentlösungen. Ich muss tun, was ich tue; tun, was ich weiß.

Mein Gefährte! Es ist gut zu wissen, dass du immer für mich da bist. Du nimmst dir Zeit, du hast Interesse an mir und gibst mir jene Form von Zuwendung, die ich jetzt brauche. Ich liebe dein Verständnis, deine Herzenswärme und deine Lebensklugheit. Ich habe mich noch nie in meinem Leben so frei gefühlt. Danke, dass du mein Freund bist, und dass du bei mir bist. Je näher ich dir komme, umso besser lerne ich dich kennen und umso mehr wirst du zu einem Teil von mir.

B 39 Violett/Gold

Der Puppenspieler

II. Ägyptische Flasche

Geliebter!
Fast alle Staaten der UN stimmen heute gegen den Irakkrieg. Die Vetomächte Frankreich, Russland und China stellen klar, dass die von ihnen mitbeschlossenen Resolutionen keinen Automatismus zum Krieg beinhalten. Selbst wenn es eine Verletzung des Völkerrechtes darstellt, sagt der amerikanische Präsident Bush, werden sie auch ohne die Unterstützung der Vereinten Nationen, und im Zweifelsfall auch ohne England im Alleingang, Krieg gegen den Irak führen. Aus dem internationalen Gerichtshof in Den Haag sind sie ebenso ausgestiegen. Hat die USA uneingeschränkte Macht?

Liebster! Ein Puppenspieler ist jemand, der die Fäden zieht, an denen sich die Marionetten bewegen. Sind du und ich etwa selbst Marionetten, die von einem Puppenspieler bewegt werden? Alle Autoritätsgestalten, alles, was wir im Laufe unseres Lebens erlebt haben, zieht an den Fäden des Mannes und der Frau, die wir heute sind! Warum tue ich Dinge, die nicht mir entsprechen, sondern sich am Ende der Fäden festmachen lassen, die von anderen gezogen werden?

Mein Geliebter! Es ist Zeit für mich, Verantwortung für meine Sexualität, meine weibliche Form der Sexualität und meine sexuellen Bedürfnisse zu übernehmen. Ich ehre und achte den Mann, der du bist. Doch ich muss neu lernen, wie ich meine Sexualität leben will, und unterscheiden, was mir gut tut und was nicht.

Die Moral und die Verbote von Erziehung und Religion bewirken Verurteilung und Unterdrückung von Sexualität und Sinnlichkeit. Die verdrängte sexuelle Energie bahnt sich dann andere Wege: Sie wird zu Gewalt, Rassismus und Krieg. Oder sie schlägt in lebensverneinende Kräfte um und wird zu Bitterkeit, Lebensfeindlichkeit und Krankheit. Das hemmungslose Ausagieren aller Triebimpulse andererseits birgt die Gefahr, andere Menschen zu bloßen Objekten der Lustbefriedigung zu degradieren. Es geht nicht darum, die Puppen tanzen zu lassen!

Mein Liebster! Ich lasse nicht zu, über all die Fäden männlicher Macht von einem Mann manipuliert oder ignoriert zu werden! Ich muss in meine eigene Mitte kommen. Und ich muss meine Ängstlichkeit und meine Verwirrung, nicht zu wissen, was ich will, auflösen! Ja, ich bin ein liebenswerter Mensch, so, wie ich auch dich als liebenswerten Menschen schätze. Ich bin mit meinem Herzen und meinem Körper verbunden und bin mir meiner eigenen Werte als Frau bewusst und ihnen treu. Meine Leidenschaft, alle Sinne, alle Instinkte und Triebe sind durch dich angesprochen. Sie brauchen natürliche Ausdrucksmöglichkeiten. Allzu fasziniert betrachtest du, Mann, deine eigenen sexuellen Bedürfnisse, und magst die Liebe, das Fühlen und die Bedürfnisse deines Herzens darüber vergessen.

Es gibt manchmal Zeiten zwischen uns, in denen du niedergeschlagen bist und das Gefühl hast, unzulänglich für mich zu sein, und Angst davor hast, zu versagen. Oder du sagst mir: »Alles, was zwischen uns geschieht, wird nur geschehen, wenn du es willst.« Aber du sagst auch, dass du für mich nicht einfach ein Trost sein möchtest. Du möchtest in meiner Liebe gemeint sein.

Mein Geliebter! Ich bestehe darauf, dass du um mich wirbst, bis du gezeigt hast, dass du wirklich gern mit mir zusammen bist. Wenn du mich liebst, musst du mich annehmen, mit meinen Emotionen und allem anderen.

Und so kreieren wir beide nun einen Raum von gegenseitiger Liebe und Verständnis.

Ich nehme mir Raum, ich atme, alles darf sein, was ist. Meine Zartheit. Meine Kraft. Ich gehe mit dir zusammen in das Wagnis, mich auszuprobieren, mich zuzumuten, mich zu zeigen, mich einzulassen. Ich darf so sein, wie ich bin. Alles, was mich befreit, mich öffnet, mich in der Kraft der Liebe sein lässt, ist erlaubt. Lust gibt mir Energie. Mein Körper wird auf natürliche Weise lebendig und erwacht. Meine Liebe kann sich dann in der

Stille der Nähe zu dir durch Berührung ausdrücken. Ich lasse mich fallen, lasse die Kontrolle los, ich darf lustvoll sein, genießen und muss es nicht zurückhalten. Du trägst mich mit deiner liebenden Energie, und ich empfange dich liebevoll, während du in deine Stille und schöpferische Fülle hinabsteigst. Öffnungen und Vertiefungen entstehen zwischen uns – Bewegungen, die aus dem Unwillkürlichen kommen. Emotionen, die Teil meiner Geschichte sind, dürfen da sein, sie heilen in deiner Wachsamkeit, mein Liebster! Ich lasse mich so, wie ich bin, und bin angenommen. Während ich mich dir mit meinem Körper in meiner größten Öffnung und Verletzlichkeit zeige und ausdrücke, ist Sexualität eine reine Liebesenergie – die Stille und das Wunder des Lebens in mir, wo ich verweile und mich auflöse.

Mein Liebster! Es gibt einen Platz an meiner Seite. Niemand kann dort Platz nehmen, es sei denn, ein Ritter, der jener Mann ist, der an meiner Seite sein möchte und mit mir den Kelch der Liebe teilt. Jeder, der diesen Platz wollte, aber nicht der Richtige war, hat die Sonne verdunkelt und mir Leid gebracht. Ich habe mich dann gescholten, dass ich es überhaupt gestattet habe. Ich forsche nach deinem Herzen aus Gold, mit dem ich die Suche nach dem Gral der Liebe vollenden kann!

B 67 Magenta/Magenta
Göttliche Liebe

Geliebter!
Weil ich liebe, fühle ich zum ersten Mal, dass die Schöpfung göttlich ist: Alles, was es gibt, ist ein Segen! Ich mache die Liebe zu einer inneren Disziplin. Ich lasse sie keine leichtfertige Angelegenheit sein. Liebe darf nicht nur etwas sein, das meinen Verstand beschäftigt. Ich lasse sie auch nicht nur körperliche Befriedigung sein. Ich mache sie zur inneren Suche und betrachte dich, meinen Liebsten, darin als Hilfe, als einen Freund.

Mein Liebster! Haben nicht die weltlichen Menschen die Liebe gewählt und die überweltlichen Menschen die Bewusstheit? Eines von beiden zu wählen ist leicht, es erscheint einfacher, weniger kompliziert. Doch bei dem einen verarmt die Seele und bei dem anderen der Körper. Man kann Bewusstheit und Liebe nicht einfach trennen!

Geliebter! Nichts wiederholt sich jemals, alles ist jeden Tag neu. Nur meine Augen werden alt, meine Annahmen werden alt. Mein Spiegel setzt vielleicht Staub an, und ich verliere die Fähigkeit, dich, meinen Geliebten, widerzuspiegeln.

Mein Liebster! Schwingen wir nicht manchmal auf einer Frequenz, die Uneinigkeit, Zwietracht, Missklang einlädt, und sind beladen mit vergangenen Wunden, bereit, den anderen anzuklagen und abzuweisen? Wir finden uns inmitten einer Auseinandersetzung. In diesen Momenten hassen wir einander. Aber ich bin mehr als meine Emotionen! Ich bin mehr als mein Verstand! Ich bin mehr als mein Körper! Ich bin nicht hier auf die Erde gebracht worden, um mich in endlosen Kreisen von Verzweiflung zu drehen!

Mein Geliebter! Wenn ich mich in den körperlichen und psychologischen Unterschieden von dir und mir, Mann und Frau, bewege, gibt es so etwas wie Seelengefährten nicht. Dualität und Gegensatz beziehen sich auf Verstand und Körper. Aber wenn wir beide, du und ich, Ganzsein in unserem Körper und in unserem Wesen erfahren können, dann können wir in jene verborgene Wirklichkeit eintauchen, die an der Quelle unserer dualen Welt liegt.

Mein Liebster! Ich hatte vergessen, wie empfänglich ich sein kann. Ich habe nur gelernt, zu geben. Aber ich kann nicht hoffen, das zu geben, was ich nie erhalten habe. Wenn ich mich frage, wo keine Liebe ist, ist das die falsche Frage. Ich frage lieber, wo Liebe ist! Sie ist überall, denn ich kam aus dem Ganzen, lebe im Großen Ganze, und ich gehe in das Große Ganze zurück.

Und so halte ich nicht mehr an meinem Hass dir gegenüber fest. Er kann verschwinden, so, als ob er nie existiert hätte. Ich erlaube der Lebensenergie in unsere Verbindung hineinzufließen, um die Kanäle zu reinigen, sie zu öffnen und die Knoten unserer beider persönlichen Universen zu lösen. Es ist eine Einladung für die Segnung durch die Liebe. Denn es ist das Band der Liebe, das die Girlande des Lebens zusammenhält.

Mein Liebster! Wenn also Gegensätze sich treffen dürfen, lerne ich mit dir gemeinsam genau da die Essenz kennen, die uns beide gleichermaßen füllt. Wir lassen uns davon baden wie von einem Wasserfall und jede Zelle damit durchdringen. Dann können sich unsere Unterschiede in das Phänomen der einen Seele in zwei Körpern transformieren! Wir werden in eine andere Dimension gehoben, dahin, wo nur Liebe ist. Bald können wir uns nicht mehr erinnern, worum unser Streit eigentlich ging. Von diesem Moment an hat Zwietracht keine Macht mehr über uns, denn wir haben unsere Beziehung dem Göttlichen hingegeben. Wir sind verwandelt durch unsere Bereitschaft, offen und empfänglich zu sein – sogar bei Uneinigkeit.

Mein Liebster! Mein Blick war ungetrübt und das, was dunkel und mysteriös war, wird nun klar. Die Verwirrung der Vergangenheit war wie ein Traum. Mein Leben wird plötzlich sehr einfach und gewöhnlich. Alltägliche Verrichtungen nehmen eine Qualität von Genuss an.

Das Gehen ist eine wunderbare, sinnliche Freude. Die Sonne fühlen, wie sie mein Gesicht wärmt, ist die höchste Wahrheit. Die Vögel singen hören ist der tiefste Vers. Es gibt nichts zu erreichen und nirgendwohin zu gehen. Ich lege meine Aufmerksamkeit, Fürsorge und Liebe in alles, was ich sonst unbewusst tue oder was, wie ich meine, ohne Bedeutung für meine Lebensqualität sei. Wenn ich meine Liebe und Aufmerksamkeit auch den kleinen Dingen des Alltags widme, dem Einschütten des Tees in deine Teetasse, dem Reinigen der Räume, in denen wir uns aufhalten, dann wird alles zu einer Meditation, und ich werde gefüllt mit einer Liebe, die in allen Dingen enthalten ist.

Ich lasse los und bin einfach da. Darin liegt das Geheimnis.

Viele kleine Leute an vielen kleinen Orten, die viele kleine Dinge tun, können das Gesicht der Welt verändern!

Sphäre 3

Öffnen der Sinne und Wahrnehmungen

Fragen an sich selbst

1. Welche negativen Verhaltensmuster treten in meiner Beziehung zu einem Partner immer wieder auf?
2. Suche ich Entschuldigungen für mein negatives Verhalten?
3. Kann ich mich an Begebenheiten erinnern, in denen ich mich einer tieferen Ebene der Wahrheit gegenübersehe, als der, die ich gewohnt bin? Fand ich diese Erfahrung beängstigend?
4. Machen mir die Veränderungen Angst, die in meinem Leben auftreten könnten, sollte ich mich mehr für meine Sinne und Wahrnehmungen öffnen?
5. Bin ich bereit für eine Verbindung jenseits von Illusionen? Wenn ja, was sind meine Illusionen?

Harmonie in der Partnerschaft

Intuitives Wissen, Einfühlungsvermögen, Empfänglichkeit für die eigenen Empfindungen und Gedanken sowie Offensein für die Empfindungen und Gedanken des anderen, ein feines Empfinden für Recht und Stimmigkeit, alles »macht Sinn«, kluge Einschätzung der Situation miteinander, strukturieren, Ordnung schaffen, Lebendigsein in der Partnerschaft kreieren, gemeinsame Meditationen

Disharmonie in der Partnerschaft

Mangelndes Vertrauen in die eigene Wahrnehmung, Gefühl der Sinnlosigkeit, Empfinden in der Liebe, emotional ausgebeutet zu werden, Rechthaberei, Chaos, Verteidigungshaltung, Stagnation, Beschränkung und Missachtung der eigenen Spiritualität, sich nicht gut aufgehoben fühlen

Herausforderung - Lernaufgabe
Das Innere Kind und den eigenen inneren mütterlichen Anteil lieben

Erzengel
Tsaphkiel

Der Name Tsaphkiel bedeutet »Das Auge des Göttlichen« oder »Das Betrachtende des Göttlichen«. Tsaphkiel kennt Vergangenheit, Gegenwart und Zukunft. Wenn Tsaphkiels Intelligenz erreicht wird, kann man mit ihr das eigene Schicksal mit den Augen der Wahrheit sehen und so positiv Einfluss nehmen. Anstatt vorurteilsvoll, kritisierend und verzweifelt zu sein, hilft er dabei, Liebe, Hingabe und Dankbarkeit zu praktizieren.

Bisher gibt es noch keine ArchAngeloi-Essenz Tsaphkiel.

Der Planet, dessen Kraft hier wirkt - Saturn
Saturn ist »Der Herr des Schicksals«. Wenn Sie Verantwortung für sich selbst übernehmen und sich anschauen, was das Leben und die Liebe Ihnen an Herausforderungen und Begrenzungen spiegelt, finden Sie die Gelegenheit zum Wachsen und Lernen. Alle inneren Qualitäten werden bereichert und verfeinert!

Es geht darum, die Erfahrungen des Lebens und der Liebe zu sammeln, die Tradition zu wahren oder sie zu brechen und sich durchzusetzen. Wenn man sich selbst am Kreuz von Zeit und Raum erfährt, bedeutet das, nach jener Wahrheit zu suchen, die über das Persönliche hinausgeht.

B 34 Rosa/Türkis
B 62 Helltürkis/Helltürkis
B 48 Violett/Klar
B 76 Rosa/Gold
B 24 Violett/Türkis

B 52 Hellrosa/Hellrosa
B 38 Violett/Grün
B 66 Hellviolett/Hellrosa

Körperregion zum Auftragen
Schläfen, Stirn und ringförmig um den ganzen Haaransatz herum

Entspricht einem der beiden Pole *des Dritten Auges*, das in der Stirnmitte liegt.

B 34 Rosa/Türkis
Die Geburt der Venus

Geliebter!
Wenn dir Freiheit geschenkt wird, stürzt du dich nicht anfangs darauf wie ein Verrückter? Tust du nicht alle möglichen Dinge, die du schon immer tun wolltest, aber nie durftest?

Doch dann, wenn du plötzlich entdeckt hast, dass sich alle Frauen gleichen, so, wie alle Männer sich gleichen, legt sich das. Es mag Unterschiede geben, doch sie sind nur an der Oberfläche.

Wenn man viele Menschen kennen gelernt hat, dann kommt man zur Ruhe. Dann fängt man an, sich mit einem einzigen Menschen in einer intimeren Beziehung niederzulassen. Ich gehe jetzt auf eine völlig neue Art an die Liebe heran. Ich schaue nach innen, um mit meinen Gefühlen in Berührung zu bleiben. Ich stelle mir die Frage: »Was fühle ich dabei?« Ich denke darüber nach, wie die Dinge sind, damit meine Gefühle zu dir sich gut mit der bereits existierenden Wirklichkeit verbinden können. Und je tiefer ich mit dir vertraut werden will, umso mehr Zeit ist dafür notwendig. Viele verschiedene Situationen sind notwendig, um Zugang zueinander zu finden!

Die Mädchen-Göttin bringt die Blumen im Frühling an den Hängen zum Blühen, sie ist die jungfräuliche Göttin, und in Venus wird sie als schöne junge Frau aus dem Meer geboren. Zwischen Wellen und Himmel taucht sie als die urweibliche Energie auf. In Schaum gebadet entsteigt sie in Liebe, Harmonie, Fürsorge und Wärme einer Muschel aus dem Meer. Nachdem sie, die Göttin der Schönheit, aus dem Schaum des Meeres geboren war, verbarg sie sich in einem Myrtenbusch, um ihre Schönheit und Reinheit zu bewahren.

Als Frau bringt sie die Erde zum Grünen, sie gibt das Leben weiter. Wenn die Frauen nicht fruchtbar wären und Kinder zur Welt brächten, wären wir Menschen bald von der Erdoberfläche verschwunden! Wie unbegreiflich ist es, dass der Frühling immer wieder kommt und das Leben sich erneuert! Auf den Wiesen sangen wir im Frühling Hymnen für die Göttin und dankten ihr für die Fruchtbarkeit des Bodens.

Jeden Morgen ist die Venus der letzte Planet, der sichtbar bleibt, und am Abend ist die Venus der erste Planet, den wir am Himmel sehen können. Ja, es ist die Schönheit, die bei der Geburt jedes neuen Tages und zu Beginn jeder Nacht zum Vorschein kommt!

Mein Liebster! Ich weiß nicht weiter. Der erste Schritt fällt schwer. Doch will ich nicht allzu lange zurückblicken auf die Schatten und die Verletzungen der Vergangenheit, denn sonst verpasse ich das neue Leben, das die Kälte des zurückliegenden Winters hinter sich lässt.

Geliebter! Ein neuer Anfang ist möglich. Ich habe jetzt den Mut, meine eigene Wahrheit zu leben. Ich erkenne meine Möglichkeiten. Ich prüfe gründlich, ehe ich mich auf Liebe einlasse. Aber ich vertraue auch meinen spontanen Impulsen und folge ihnen: schönen Erfahrungen voller Lebendigkeit, Wärme und Überraschungen. Die Reinheit und die Unschuld meiner Absichten verleiten mich zu neuem Einfallsreichtum. Doch sind meine Entscheidungen auch wohlüberlegt. Ich komme dem Ziel einen Schritt näher. Kann ich es mit dir schaffen, Liebster? All die Dinge, die das alltägliche Leben an Liebe und Hingabe erfordert und an Verschiedenheiten und Konflikten zwischen uns bereithält!

Mein Liebster! Es ist nicht nur der Mangel an Langeweile, der unsere Liebe erhält. Es gibt auch eine Menge Ärger. Wenn ich wütend auf dich bin und dich anbrülle, versteckst du dich an einem sicheren Platz und wartest, bis der Sturm und die Blitze vorüber sind. Du denkst, dass man über ein Gewitter keine Kontrolle hat. Und dann scheint die Sonne wieder. Du behältst die Ruhe. Das ist großartig. Wenn du dich in meine Stimmungen hineinziehen lassen würdest, wäre das unser Ende.

Mein Herzensliebster! Was würde passieren, wenn ich mich, oder du dich, trotzdem in jemand anders verlieben würdest? Die Welt ist voller Möglichkeiten. Es würde ein anderes Leben bedeuten. Ich möchte es nicht. Ich will es nicht und brauche es nicht. Es ist etwas Besonderes, diese eine Möglichkeit, dich und das Leben mit dir, zu wählen! Ich möchte nicht alle Möglichkeiten ausleben. Ich weiß, dass es Grenzen gibt. Warum auch?

Mein Gefährte! Es gibt Tage, da füllen sich meine Arme mit Blumen und meine Haut riecht nach duftenden Kräutern. Ich zerzause mein Haar, ziehe meine Schuhe aus und denke, dass dies alles ganz verrückt ist – und es gefällt mir. Du kannst dir gar nicht vorstellen, wie es mir gefällt, Eva zu sein, dir meine Welt zu benennen und zu beobachten, wie dich du mit diesem seltsamen Ausdruck, als ob du mich um den Schlüssel bätest, gleich wieder zurückziehst in die Vernunft, um dann mit komplizierten Fäden zu knüpfen, was uns kitzelt! Und wie wir schließlich die Labyrinthe der Lebensrosen öffnen und zur Mitte des köstlichen Wahnsinns durchdringen, wo ein Kuss alle Weisheit des unerforschlichen Universums enthält!

Mein Liebster! Ich bin und bleibe für dich faszinierend fremd. Natürlich kennst du meine Verrücktheiten und Gewohnheiten. So, wie ich deine kenne. Aber bis zu einem gewissen Grad bleibe ich ein Geheimnis für dich. Es gibt Bereiche, wo du niemals wissen wirst, was ich denke oder wovon ich träume. Das liegt daran, dass ich eine Frau bin. Du bist immer noch – oder immer – wieder neugierig auf mich.

B 62 Helltürkis/Helltürkis

Maha Cohan

Meister-Flasche

Geliebter!

Was könnte es sein, das meinen Kummer bewirkt? Es hilft mir, wenn ich meine kummervollen Gefühle liebevoll annehme und mit dir darüber spreche.

Was ist zwischen uns getreten? Was hat unsere Rose der Liebe verletzt? Was habe ich verloren? Trauere ich etwa, weil ich das Paradies verloren habe?

Mein Liebster! Zu Anfang existierte auf der Erde nur ein großer Kontinent, der Mu oder Lemuria genannt wurde. Hier begann einst das Leben der Bäume und Blumen, der Gräser und Steine, der Kristalle und Tiere und mit der Zeit auch das Leben der Menschen. Vielleicht bildete sich hier das Grundmuster des menschlichen Lebens und der Gemeinschaft, so, wie sie immer gemeint war! Die Menschen lebten nicht von Pflanzen oder Tieren, sondern vom Prana der Luft. Die Menschheit existierte durch die Gnade des Göttlichen und sammelte Erfahrungen in der Welt, die das Göttliche für sie erschaffen hatte. Es muss eine wundersame Welt des Lichts und der Natur, der Schönheit und der Ehrfurcht gewesen sein. Die menschliche Form war noch leicht und energetisch. Erst mit der Zeit wurde das Zusammenspiel der Geschlechter weiter verdichtet.

Die große Landmasse der Erde wurde dann in die Kontinente aufgeteilt, und einer dieser Kontinente hieß Atlantis. Auf der ganzen Erde verbreitete sich das Leben, doch in Atlantis wurden Menschen manifestiert, die, wie das Göttliche entschieden hatte, durch ihr beispielhaftes Leben den Rest der Welt zu Harmonie, Frieden und spirituellem Wachstum führen sollten. Atlantis war ein wundervoller mystischer und magischer Ort, auserwählt dazu, Fokus für Liebe und Licht zu sein.

Mein Liebster! Zu Anfang wurden viele Gedichte und viele Lieder geschrieben, viele Visionen wahrgenommen. Aber es gab auch Menschen, die es schwierig fanden, mit dem Gefühl der Glückseligkeit zufrieden zu sein. Ihnen war der Prozess der Evolution zu langsam. Sie wollten schneller vorangehen. Sie begannen darüber nachzudenken, wer, was und warum das Göttliche war. Sie erschufen Möglichkeiten, Energien zu manipulieren, die nicht manipuliert werden mussten, die man aber teilen oder erwecken konnte. Die Atlanter begannen, Kräfte in unnatürlicher Weise miteinander zu kombinieren. Diese Erfindungen, diese Kreationen haben später den Respekt vor der Gesellschaftsstruktur zerstört. Sie wollten ihre manipulativen Kräfte über die ganze Erde verbreiten und den Plan korrumpieren, den das Göttliche für alle Wesen in Gang gesetzt hatte.

Mein Geliebter! Sind nicht die Menschen und das Göttliche eins? Wenn wir uns nur dem Göttlichen in dieser Welt hingeben könnten, wenn wir uns liebevoll mit unseren Brüdern und Schwestern verbinden würden, die in der Erde, im Himmel, in den Wassern und dem Feuer und der spirituellen Natur unseres Wesens leben, dann würden wir in Frieden leben, so, wie wir es einst getan haben! Doch die Atlanter waren der Ansicht, dass ihr größerer Plan so wichtig war, dass er vor allen Dingen Vorrang hatte! Wie viel lassen wir durch unsere offenen Herzen hinein, bevor wir sie vor der Destruktion verschließen!

Mein Liebster! Es ist das Muster der Männer, vorwärts zu gehen, zu forschen, herauszufinden und zu suchen, und es ist die Natur der Frauen, zurückzuhalten, zuzuhören, zu fühlen, zu empfangen. Durch unsere Empfänglichkeit waren wir Frauen immer von der Göttin geführt und wurden inspiriert, die Gesellschaft, in der wir lebten, unsere Männer und unsere Kinder herauszufordern. Vielleicht sind wir Frauen durch unsere schöpferische Kraft, Leben zu gebären, dem Göttlichen näher. Wir gehen den inneren Weg, wogegen ihr Männer eher im Äußeren euren

Fortschritt, eure Kraft und euer Wachstum messt. Wir Frauen werden oft als die Dämonen oder Werkzeuge der Dunkelheit bezeichnet, doch das liegt an unserer Fähigkeit, uns tief auf die Kräfte des Universums einzustimmen.

In Lemurien vibrierte das Leben noch, die Farben waren noch voll und stark. Die ganze Welt sang von Frische. Jetzt und heute, mein Schönster, bin ich jede Sekunde und jeden Moment lebendig, für jeden Sonnenaufgang und Sonnenuntergang, für den silbernen Mond, für die Berührung von Herbst und Winter auf meiner Haut. Und so mögen meine kummervollen Gefühle sich wieder in Frieden und Zuversicht verwandeln!

Mein Schönster! Nichts ist mir heiliger als die Reinheit meines Herzens. Ich spreche von den ungetrübten Augen. Sehe ich nicht in deinen Augen sofort, ob ein Gedanke oder ein Bild die Reinheit deines Herzens verletzt oder trübt! Ich versetze mich in dich hinein. Ich versuche dich zu verstehen. Ich frage dich so lange, bis ich es herausgefunden habe oder die Sache bereinigt ist. Ich gewinne dich wieder zurück! Ich weiß, wie leicht es möglich ist, den Pfad zu verlassen, und wie sehr man die Hilfe eines Freundes braucht, um zurückzufinden. Wir tragen einander nichts nach.

Mein Herz wurde zum Ozean, Geliebter, seit du deine Liebe hineinströmen ließest. Ist es nicht diese Liebe, diese ozeanische Liebe, die das Gewebe der Existenz ausmacht und uns alle miteinander verbindet!

B 48 Violett/Klar

Flügel der Heilung

Geliebter!

Ich träume, du fährst davon, und ich renne die ganze Nacht hinter dir her, um dich einzuholen! In meinen Träumen wie auch im Leben laufen die Menschen vor mir davon. Ich habe andere Beziehungen gehabt, jahrelang, doch die Männer haben mich auf Abstand gehalten. Sie waren nachlässig. Sie haben sich unverantwortlich und kurzsichtig verhalten und keine wirkliche Intimität zugelassen. Mit dir ist alles so natürlich, wie es nur eben sein kann.

Du sagst mir, was immer auch geschehen ist, ich soll wissen, dass du immer für mich da sein wirst. Ich liebe dich. Mein Liebster! Die Kelten glaubten, das Göttliche wohne in Gestalt der Naturgeister überall im Land. Quellen, Flüsse und Seen waren für sie die Wohnungen der Wassergeister. Viele Bäche und vor allem die Quellen galten als heilige Orte, die der Geist bewachte. Man schmückte die Brunnen mit Blumen, Perlen, Muscheln und anderen Schätzen der Natur. Die Quellen sind die »alterslosen Ältesten«, die Geister ewiger Jugend. Wer ein gebrochenes Herz hat, sollte hier Zuflucht suchen!

Mein Liebster! Ich fülle mit anderen Frauen gemeinsam an diesem heiligen Ort, der Quelle am Saum des Apfelgartens, da, wo das Wasser der Erde entspringt, meinen Kelch der ewigen Jugend der Liebe. Die leichten Flügel der Liebe sollen dich tragen und keine Mauer soll die Liebe behindern. Der Schutz des Apfelgartens ist der Schutz für meine Schönheit und Sinnlichkeit. Der Apfel, den ich mit dir teile, mein Liebster, führt als Geschenk an uns Menschen und an die Erde das Lied des Wassers in seiner Frucht mit sich. Lass uns das Geschenk des Baumes dankbar annehmen und beginnen, das Lied in unserem Wasser wieder klar zu singen. So werden wir uns verwandeln. Denn das Lied unseres Herzens erkennt seine wahre Melodie.

Ist es nicht das kristallene Licht des Sich-bewusst-Seins um das zarte, das verletzliche liebende Wesen im Inneren von jedem von uns, das so viel Nichtachtung, Verletzung und Verlassen-worden-Sein erlebt, erlitten, geduldet hat?

Mein Geliebter! Du schenkst mir etwas so Kostbares! Deine Liebe. Sie ist wie ein Angebot, ein Duft, eine Melodie, die du in den Raum stellst – ganz für mich. Wage ich es, dieses Geschenk nahe kommen zu lassen? Ja, wage ich es, es ganz still in mein Herz einziehen zu lassen, und ich stelle mich der Gefahr, mich darin zu verlieren. Nein, ich halte dein Geschenk nicht im sicheren Abstand, da, wo mich der Schmerz nicht zerfleischen kann, wenn ich dir mein ganzes Herz hingebe – wenn deine Angst, mir nahe zu sein, dir Anlass gäbe, mein offenes Inneres mit Nichtachtung zu strafen.

Ich erhebe meinen Kelch, mein Schönster, meinen Kelch der Liebe, gefüllt mit meinen Tränen der Vergangenheit, meinem Leid, meinen Emotionen und unerfüllten Sehnsüchten. Ich erhebe meinen Kelch ohne Bitterkeit. Ich tanze mit den Frauen, meinen Schwestern, an einem sicheren Ort für die Wandlung in meinem Bewusstsein um das, was Liebe und Einander-nahe-Sein meint, und was es braucht.

Ich lerne, Dinge bewusst zu vollenden und mein Vertrauen in das Leben zu nähren und mich für das Neue zu öffnen. Ich nehme Abschied von Vergangenheit und Zukunft und lande in der Gegenwart – in dem Moment, Jetzt!

Ich übernehme die Verantwortung für meine Verletzungen. Ich teile mich dir mit. Ich sage dir, was mich einmal verletzt hat. Ich teile mit dir, wovor ich Angst habe. Meine Flügel der Heilung entfalten sich um mein Leiden, das in meinem Inneren liegt, und schaffen einen sicheren Ort für Heilung in Liebe und für das Licht, das aus meinem Inneren hervortreten will. Die Erinnerung an die Einheit mit dir lässt die Erkenntnis nie vergehen, dass es die wahre Einheit gibt.

Mein Liebster! Ist nicht Liebe immer wieder ein Loslassen von egoistischen Interessen und ein Befreunden mit dem, was ist! In der Liebe stirbt mein Ego und mein Ich wird geboren!

Ja, ich fliege, – mit meinen Flügeln hebe ich mich empor, jenseits aller Vorstellungen, höher als die sanfteste Wolke und die weißeste Taube. Mein Schönster! Flieg mit mir im Wind der himmlischen Liebe, der Liebe des Himmels, jenseits aller Planeten und Sterne. Verlasse diese einsame Welt, mache dich davon mit den Sorgen und den Schmerzen dieser Welt und fliege wieder. Fliege, mein Süßester, nimm deine sanfte Freude, geh mit mir zusammen den Weg zur anderen Seite! Dein Herz ist rein, deine Seele ist frei. Der Mond wird aufgehen, die Sonne wird untergehen. Lass uns gemeinsam das Licht finden. Es scheint, als ob wir beide noch viel mehr voneinander erfahren müssten, als hätten wir eine Geschichte zu erzählen, eine Mission zu erfüllen.

B 76 Rosa/Gold
Vertrauen

Geliebter!
Die Liebe, die wir von Herzen zueinander empfinden, lehrt uns immer wieder, über alle Ängste und Begrenzungen hinauszuwachsen und zu unserem inneren Wesenskern zurückzufinden.

Ich baue mich auf, aus langsamen stillen Ereignissen wie diesem, dass du mein Leben betratest, um mich anzuschauen wie jemand, der zu begreifen beginnt, was das Herz kaum sammelt. In einem Garten, der das Rauschen einer Quelle bewahrt, bringst du mir das Lachen und die Liebe. Deine Liebe macht eine Geliebte der Liebe aus mir, wenn Liebe durch mein Haar rinnt, in der Luft weht, sich ausbreitet bis an alle die Horizonte, über die wir gemeinsam wandern, einander genießend – Haut an Haut. Deine Liebe macht auch eine Nonne der Liebe aus mir in den Tagen deiner Abwesenheit – tief und weit wie die Vielgestalt der Erde, wenn ich umhergehe und dich in den Augen der Menschen suche, im Gesang der Grillen, das meinen Körper umschließt.

Wenn ich auf mein Licht im Inneren konzentriert bleibe und mir selbst vertraue, dann kann ich in Liebe auch dir, Liebstem, und anderen vertrauen. Ich stelle mich meinen tiefsten Ängsten mit Liebe, denn Liebe heißt, die Angst loszulassen.

Mein Liebster! Weil ich wirklich zu lieben beginne, wird es mir möglich, die Ängste in meiner Tiefe loszulassen, mir selbst gewahr zu werden und meinem Inneren zu vertrauen. Ich gebe mir bewusst Liebe und Fürsorge, und achte darauf, was es ist, das ich brauche, um mich wertgeschätzt, geachtet und geliebt zu fühlen. Das ist nun meine feste Grundlage, von der aus sich alles entwickeln kann.

Ich lerne, mich bewusst selbst zu akzeptieren, und entwickle mehr und mehr Selbstvertrauen. Ich konzentriere mich auf mein Gefühl im Inneren, Liebe wert zu sein, Liebe verdient zu haben! Tatsächlich umgibt mich eine Fülle von Liebe, und sie ist bereit, mich in Liebe zu beschenken. Selbstbewusst frage ich nach Liebe, bitte liebevoll darum und empfange tiefe Freude. Ich vertraue mir selbst, und auf diese Weise kann ich auch dir vertrauen, Liebster!

Liebe ist etwas sehr Seltenes. Um dir in deinem Zentrum zu begegnen, muss ich selbst eine Revolution durchmachen, denn wenn ich dir in deinem Zentrum begegnen will, muss ich dir erlauben, auch in mein Zentrum zu kommen. Ich muss verletzlich werden, absolut verletzlich und offen. Das ist riskant. Dich in mein Zentrum zu lassen ist riskant, denn ich weiß nie, was du mir antun wirst. Wenn ich erst einmal alle meine Geheimnisse verraten habe, wenn meine verborgenen Seiten nicht mehr verborgen sind, wenn ich mich erst mal völlig bloßgestellt habe, kann ich nicht wissen, was du damit anstellen wirst! Diese Angst ist da.

Und aus Angst bleiben die meisten Menschen verschlossen. Aber nein. Ich entscheide mich für den Schritt nach vorne. Ich schaue meiner Angst ins Gesicht und durchdringe sie mit meinem festen Willen, mich zu lieben, dich zu lieben, die Liebe zu leben! Ich gehe auf dich zu und nehme dich an deiner Hand.

Ja, ich kehre wieder zurück, kehre wieder zurück, zurück in das Land meiner Seele. Ich werde das, was ich bin, ich werde diejenige, die ich bin, kehre dahin zurück wo ich bin, geboren und wiedergeboren, wie ich bin.

Ich gebe mich einfach hin, meinem Gefühl, meiner Sehnsucht, dass etwas tief in mir heil werden möchte, und zeige mich dir, frage nach dir.

Mein Liebster! So, wie die Raupe ihre alte Form loslässt und als Schmetterling erblüht, so ist es auch für mich wichtig, immer wieder loszulassen und bewusst zu riskieren, mich dem Leben, der Liebe, dir und dem Unbekannten hinzugeben. Auf diese Weise tauche ich immer wieder in neuer Form in den ewigen Kreislauf von Abschied und Neubeginn, von Sterben und Geborenwerden in Liebe, ein.

Mein Liebster! Ich glaube, Liebe und Logik begegnen sich nie, können sich niemals begegnen. Denn Logik ist die Reise in die Außenwelt, und Liebe ist die Reise in die Innenwelt. Logik bedeutet Sezieren, und Liebe bedeutet, die organische Einheit zu finden, und die Schönheit. Die Schönheit der Liebe ist etwas Inneres. Um die Schönheit einer Rose zu sehen, um die ganze Liebe einer Rose zu sehen, die sie verschenkt, braucht man ein schönes und liebevolles Herz.

Hier sind wir heute. In diese Minute passt das Weltall. Und das Weltall hängt an den Zacken eines Sterns, dessen Bahn wir nicht kennen.

B 24 Violett/Türkis
Neue Botschaft

Geliebter!
Ein uralter Mythos, der in vielen Ländern des Fernen Ostens anzutreffen ist, erzählt, dass Mann und Frau zusammen erschaffen wurden, nicht als zwei getrennte Wesen, sondern in einem gemeinsamen Körper. Aber dann wurde es schwierig.

Es gab so viele Konflikte und Probleme. Die Frau wollte nach Osten, aber der Mann wollte nicht. Oder der Mann wollte aktiv sein, und die Frau wollte sich ausruhen. Aber sie hingen zusammen, ihre Körper waren miteinander verbunden.

Also beschwerten sie sich, und so wurden ihre Körper auseinander geschnitten. Seit damals sucht nun jeder Mann seine Frau, und jede Frau sucht ihren Mann.

Bei dieser riesigen Masse von Menschen auf dem ganzen Erdball ist es jedoch sehr schwierig herauszufinden, wer der oder die Richtige für uns ist. Da geschieht viel Unglück, und man stolpert und tastet oft im Dunkeln herum. Es erscheint nahezu unmöglich, diesen einen Menschen zu finden.

Aber der Mythos besagt: Wenn man ihn findest, stimmt alles. Dann werden Mann und Frau wieder eins. Doch die andere Hälfte ist so schwer zu finden!

Dein Gesang, Geliebter, deine leichten Füße und dein Traum, oh, wenn ich mich dir nähern könnte, du Schlafender. Ich sehe dich im Licht des Rubins und Granats, aber du verbirgst dich. Dort lächelst du, ich kenne dich, du neigst dich mir zu, im Rauschen der Pappeln, im Surren der Libellen über dem Meer.

Geliebter, ich suchte vergeblich nach dem Abdruck deiner Füße, nach der Spur deiner Hände. So viele Leben habe ich geträumt, so viele Gezeiten erlebt, so viele Monde gingen auf und unter, und doch war alles so kurz wie die Berührung deiner Hand.

Als du mich anblicktest, sah ich die Welt, sah ich die Endlosigkeit der Bilder, der Gefühle, der Leben. Und ich wusste, du liegst in dir und schläfst sanft und träumst mich.

Bis ich wiederkehre in das Leben, mit dem ich begann.

Wenn ich die Lichter sehe in dieser kalten Welt, die blauen und silbernen, dann weiß ich, du bist da, hinter den Schleiern dieser Welt. Ich werde weitergehen und dich so lange rufen, bis ich dich finde.

Irgendwie bin ich in das Land der Wahrheit gelangt. Dorthin wandert nur die Seele, während der Körper zurückbleibt. Von dieser Reise habe ich keinen Traum zurückgebracht, nur eine Erinnerung.

Wenn ich dich in der Vergangenheit bereits geliebt habe, mein Geliebter, erklärt dies das außergewöhnliche Gefühl der Vertrautheit. Du scheinst mir kein Fremder zu sein. Du gehörst zu den Menschen, die ich kenne und immer gekannt hatte. Ich erinnere mich an deine Zärtlichkeit. Ja, so warst du schon immer. Haben wir wirklich diesem Land die Geheimnisse der versunkenen Weisheit gebracht, vor Generationen, als die jetzt entschwundenen Länder im westlichen Meer verschwanden?

Ich erinnere mich an das plötzliche Erwachen meines Körpers in deinen Armen, den Armen jenes Mannes, der ist, sein wird und einmal gewesen war.

B 52 Hellrosa/Hellrosa

Lady Nada

Meister-Flasche

Geliebter!
Über die Jahrhunderte ging den Menschen viel an Wahrheit verloren. Eine ist die Wahrheit von Sinnlichkeit und Freude.

Mein Liebster! Als Kind litt ich sehr an einem Mangel an Liebe. Meinen Eltern konnte ich es oft nicht recht machen, und so glaubte ich, auch für einen Mann nicht gut genug zu sein. Darum bestrafte ich mich schließlich mit Männern in kürzeren oder längeren Beziehungen, die mir das Gefühl gaben, nicht *die Richtige* zu sein. Ich ließ es zu. Inzwischen habe ich gelernt, wie ich mich für das, was ich wirklich bin, selbst lieben, ehren und achten kann.

Liebster! Maria Magdalena war die Leidenschaft des Mädchens und der Jungfrau, die sinnliche Freude der Mädchenjahre. Sie liebte Jesus als Mann. Jesus war zwar erleuchtet und dem Göttlichen gleich, doch er war auch ein Mann. Er war ins Leben gekommen, durch seinen Körper an die Erde gebunden und sollte ein letztes Mal als Mann gesehen und geliebt werden. So gab es jemanden, der sich um ihn sorgte, der sein Herz liebte. Maria Magdalena wusste, dass sein Leben mehr wert war als sein physischer Körper. Wenn er schlief, träumte sie, wie er sie beobachtete. Und als er gegangen war, ruhte sein Blick so leicht wie eine Feder auf ihr.

Mein Liebster! Die Erde ist nicht geschaffen, damit wir sie ignorieren oder sie – ohne ihre Erhabenheit bewundert zu haben – auf höhere Ebenen bringen sollen. Die Wahrheit ist, dass das Göttliche die Welt erschuf, damit wir atmenden menschlichen Wesen die Sinnlichkeit der sich verändernden Jahreszeiten, die Sinnlichkeit der Nahrung, die Sinnlichkeit unserer Körper und aller Dinge genießen, die wir durch unsere Fähigkeit fühlen, hören, schmecken, sehen und tasten.

Als es Abend wurde zu Beginn der Zeit hier auf der Erde und die Sonne über den nahen Bergen unterging, waren Göttin und Gott sehr müde, denn die Wünsche der Menschen wurden ihnen zu viel. Sie mussten und wollten sich verstecken. So trafen sie sich mit allen Freunden aus allen Gebieten dieser Erde. Obwohl sie gemeinsam nach einem Platz suchten, fanden sie keinen, wo sie unentdeckt geblieben wären. Und so waren sie alle ratlos. Doch plötzlich kam jemand auf eine Idee und sagte: »Ich weiß ein Versteck für euch. Versteckt euch doch einfach in jedem Kind, in jeder Frau, in jedem Mann. Darauf kommen die Menschen nie. Dort werden sie euch nicht suchen.«

Und so geschah es – Göttin und Gott versteckten sich in jedem Menschen.

Mein Freund! Komme in deinen Garten und esse deine edlen Früchte. Und du kommst, mein Bruder, lieber Bräutigam, in deinen Garten. Ich bringe Freude, Lachen und Liebe in dein Leben. Ich weiß, was sich gut anfühlt, was gut schmeckt und duftet. Ich lebe in der Welt der Sinne und kenne mich in den sinnlichen Bedürfnissen des Körpers aus. Ich lehre dich, wie du sinnliche Freude in dein Leben zurückbringen kannst. Ich verwöhne dich mit süßen Früchten oder pflücke Blumen, damit du ihren Duft einatmen und ihre Schönheit bewundern kannst. Ich halte dich so lange wach, bis du die Sterne funkeln siehst.

Mein Schönster! Unter dem Apfelbaum weckte ich dich! Ein Hauch, leicht und wild, kitzelt mich jetzt dort, unter dem weichen Flaum meines Haares. Körperlich lieben heißt für mich, Liebe zu empfangen. Und für dich, den Mann, wenn du Mann genug bist, heißt es, mich, die Frau, zu lieben – damit du dann vollendet und wirklich hier bist.

Jetzt erfahre ich endlich, was Leben zu zweit bedeutet. Ich trage die Liebe in jedem Moment meines Lebens bei mir: Fleisch im Fleisch, tief im Innern, dort, wo Körper und Seele sich nicht mehr unterscheiden, untrennbar sind, organisch und geistig verbunden.

Seitdem deine Sinne mit den meinen verschmolzen sind und unsere Seelen im gleichen Takt schlagen, haben sich meine Empfindungen verdoppelt, vervielfacht.

Diese Zweisamkeit erweitert mein Empfindungsvermögen in den kleinsten Dingen des Alltags und den harmlosesten Gesten, selbst dann, wenn ich Teller spüle. Nicht mehr allein zu handeln, allein zu denken, lässt mich die Einsamkeit ermessen, in der ich ohne dich gelebt habe. Es muss ein Zwischendasein gewesen sein, eine lange Wartezeit in Schwarz-Weiß und ohne Worte. Du bist meine einzig wahre Liebe, tief in meinem Herzen weiß ich, dass ich ein Teil von dir bin und du ein Teil meiner selbst. Wir sind Seelengefährten. Durch unser Zusammensein ist alles vollständig. Wenn wir in tiefer Entspannung zusammenkommen, sind wir wie Generatoren, die sich gegenseitig mit neuer Lebenskraft füllen, sich neu aufladen. Wir fühlen uns beide lebendiger, wie frisch aufgeladen, und wir verlieren keine Energie.

B 38 Violett/Grün

Tiefes Verständnis

II. Troubadourflasche

Geliebter!
Ist die Liebe nicht wie das Element Wasser ewig sprießend, ewig fließend aus der Erde in die Flut, ewig sprudelnd, ewig trudelnd, neu entstehend immerzu! Aber so oft sagt mein Herz das eine, und mein Kopf sagt etwas anderes. Doch möchte ich zu der Wahrheit finden, die in meinem Herzen wohnt! Dafür muss ich auf meine Gefühle achten und mein Denken meinen Gefühlen unterordnen. Aber mein Kopf muss auch verstehen, was die Wahrheit meines Herzens sagt. Ich lerne von der Unschuld der Kinder, die in ihrer Reinheit wissen, dass die Freude des Herzens

der Schlüssel zum Glücklichsein ist. Nicht Reichtümer und Ruhm sind es, sondern Lächeln und Liebe.

Mein Geliebter! Trägt nicht die ganze Natur mit all ihren Lebewesen zur Entfaltung der Schöpfung bei, und sind nicht sie alle es wert, gefeiert zu werden! Sie alle tragen zur Entfaltung der Menschheit bei. Durch die Vorstellungskraft und Inspiration der Liebe ist dieser schöne Ort Erde entstanden. Wir sollten anerkennen, wie unermüdlich der Schöpfergott und die Schöpfergöttin gearbeitet haben, um eine Welt von solcher Vollkommenheit für uns zu schaffen. Es wird gesagt, dass der Schöpfergott und die Schöpfergöttin beim Erschaffen jeder Blume gesungen und gelächelt haben. Jedes Ding, das auf der Erde geboren wurde, erschien zur großen Freude des Göttlichen!

Und so nehme ich mir die Zeit, die Schönheit der Erde und ihre Wunder zu sehen, und die Welt, in der ich lebe, zu fühlen und zu genießen. Ich genieße alles, was sie mir zu bieten hat, und erinnere mich beim Genießen daran, dass die Göttin in mir lebt.

Die Gestalt der Göttin spiegelt die Landschaft in ihrem jeweiligen Zustand wider. Im Winter erscheint sie als schmutzige, zerlumpte Hexe mit geflochtenem Haar, deren Arme und Beine wie nackte Bäume aussehen. Im Frühling und Sommer ist sie eine fruchtbare, strahlende Schönheit.

In vielen Sagen prüft die Göttin den künftigen König zunächst in ihrer abstoßenden Kraft. Das wichtigste Anliegen des Königs war das Land, und während der Krönung wurde er feierlich mit ihm vermählt. Die Göttin nahm ihre hässliche Gestalt an, wenn der König seine Pflichten nicht erfüllte oder verwundet war. Dann wurde das Land öde. Die Menschen mussten leiden, bis der König geheilt oder abgelöst wurde. Doch wenn die Göttin ihn für würdig erachtete, verwandelte sie sich in den blumengeschmückten Frühling. So wurde sie die Botin für das Neue.

Mein Liebster! Einerseits bin auch ich die hässliche Alte, die Hexe! Ich bin mit den Tiefen des Unbewussten, der Magie und Mystik in Kontakt. Für meine Gefühle gehe ich niemals Kompromisse ein! Ich schöpfe für mich selbst und andere aus der alten Weisheit und Heilkraft. Ich zeige offen, was ich denke und fühle. Dafür wurde ich in der Vergangenheit verfolgt. Andererseits erscheine ich anmutig und schön, rein und licht, als die Jungfrau, die Ankündigerin des wiederkehrenden Frühlings, die Botin für das Neue, die Trägerin des Grals!

Mein Liebster! So wirst du beide Seiten in mir lieben müssen, denn sie gehören beide unabwendbar zu mir.

Geliebter! Die Göttin ist in uns und überall um uns herum. Lass sie uns sehen und lass uns von ihr Kraft schöpfen. Wisse, dass sie uns liebt.

B 66 Hellviolett/Hellrosa

Die Schauspielerin

Geliebter!
Ich schaue zurück auf die Spur meines Lebens, folge dem Auf und Ab, den Biegungen und den Kreuzungen, und verweile bei Menschen und Ereignissen, die mich geprägt haben.

Wie bin ich hierher gekommen? Wer gab mir Kraft und Mut, Altes zu verlassen und Neues zu wagen, Schwierigkeiten zu überwinden, in der Wüste Wasser zu suchen, und im Dunkel auf das Licht zu hoffen?

Ihr seid es, Gott des Lichtes und Göttin der Dunkelheit, die ihr mich zum Leben gerufen habt. Ihr seid es, die mich führten und stärkten. Ihr habt mein Rufen gehört und mich aus der Tiefe geholt. Für Augenblicke verbargt ihr euer Antlitz, vergaßet mich scheinbar, ließet mich im Dunkeln allein. Doch nach jeder Nacht der Angst kam ein Morgen mit neuer Verheißung, und ihr schenktet mir neues Leben. Den mühsamen Weg durch die Wüste beende ich hier. Ich weiß jetzt: Eure Güte ist immer bei mir, ihr begleitet mich ein Leben lang. Nun verweile ich ein wenig in einer erquickenden Oase in einer fruchtbaren Umgebung. Habt Dank! Aus ganzem Herzen und mit all meinen Kräften.

Mein Geliebter! Dieser schöne Planet ist dazu erschaffen, uns zu ernähren, nicht nur spirituell, sondern auch physisch. So zäh und ausdauernd, wie ich sein kann, wenn es das ist, was von mir gebraucht wird, so kann ich auch zu anderen Zeiten ausruhen und mich mir selbst und meinen körperlichen Bedürfnissen widmen. Habe ich meinen Körper und mein Äußeres vernachlässigt? Ich gestatte es mir jetzt, mich selbst zu verwöhnen. Ich beginne, meiner Gesundheit und der Schönheit meines Körpers mehr liebevolle Aufmerksamkeit als bisher zu schenken.

Mein Liebster! Dieser schöne Ort, die Erde, ist durch die Liebe des Schöpfergottes und der Schöpfergöttin entstanden, und es geschieht aus Liebe, wenn wir Bedürfnisse unseres physischen Körpers erfüllen. Wenn ich Schönheit lebe, gute Nahrung zu mir nehme, meinen Körper labe und nähre mit den reinsten Früchten dieser Erde, den köstlichsten Düften und Aromen, den feinsten Ölen und Kleidern, den sanftesten Berührungen und Massagen, so ehre ich ihn als den Tempel meiner Seele! Ich beginne herauszufinden, welche Zuwendung mein Körper braucht, damit er meine innere Schönheit angemessen zum Ausdruck bringen kann und mich mit Lebenskraft, Lebensfreude und Gesundheit beschenkt. Durch diese Liebe erkenne ich die Liebe des Gottes und der Göttin zu mir an. Wie unermüdlich haben sie gearbeitet, um eine Welt von solcher Vollkommenheit für uns zu schaffen!

Liebster! Lass uns nicht die Welt ignorieren, in der wir leben, sondern sie genießen! Lass uns alles genießen, was sie uns zu bieten hat, und uns beim Genießen daran erinnern, dass Gott und Göttin uns lieben.

»Schöne, deine Augen haben nicht Raum genug in deinem Gesicht, nicht Raum genug auf der Erde. Länder gibt es, Flüsse gibt es in deinen Augen, mein Vaterland ist in deinen Augen, ich durchwandere sie, sie spenden Licht jener Welt, die ich durchwandere, du Schöne.«

»Schöner, dein Gesicht so strahlend! Deine Schultern erheben sich wie zwei Segel in den Himmel, so kraftvoll, so voller Mut und Freude.«

»Schöne, deine Brüste sind wie zwei Brote, aus Kornerde und Goldmohn gemacht, und deine Taille, sie wurde geformt von meinem Arm, wie von einem Fluss, der tausend Jahre lang deinen lieblichen Leib umströmte, du Schöne.«

»Schöner, deine Arme sind wie der Strand des Meeres, so warm, so weich, sie nehmen mich auf mit aller Süße der Liebe!«

»Nichts lässt sich vergleichen mit deinen Hüften. Vielleicht hat die Erde irgendwo an einem geheimen Ort die Wölbung und den Duft deines Körpers, irgendwo vielleicht! Deine Stimme, deine Haut, deine Nägel, Schöne, meine Schöne, dein Sein, dein Licht, dein Schatten, dies alles ist mein. Wenn du gehst oder ruhst, wenn du singst oder schläfst, wenn du leidest oder träumst – immer –, » wenn du nah bist oder fern, immer bist du mein, meine Schöne, immer.«

»Mein Schöner, da bist du, für mich, einfach da, um die Liebe zu kosten, die mich netzt mit dem Tau des Himmels!«

Sphäre 4

Gemeinsame Kommunikation

Fragen an sich selbst

1. Bin ich in der Lage, mich offen und ehrlich meinem Liebsten gegenüber auszudrücken? Wenn nicht, was sind meine Gründe?
2. Habe ich Schwierigkeiten damit, in einer Beziehung zu einem Partner konkret zu werden oder eine ganz bestimmte Form anzustreben? Wenn ja, woraus bestehen diese Schwierigkeiten?
3. Bin ich bereit, Verständnis und Mitgefühl für die Schwächen und das Ringen des anderen, seine Sorgen, Zweifel und Nöte, in eine Beziehung einzubringen?
4. Kann ich mich gemeinsam mit einem Partner an meinen und seinen Fortschritten, Errungenschaften, Entdeckungen freuen?

5. Fällt es mir schwer, offenherzig, weit und großmütig zu sein? Wenn ja, warum?

Harmonie in der Partnerschaft
Gegenseitiges Vertrauen, Anteilnahme aneinander, gegenseitige Inspiration, gegenseitige Hilfe durch Ansporn und Ermutigung, Herzenswärme, offene Kommunikation sowohl innerhalb der Beziehung als auch im Kontakt mit anderen Menschen, innere Festigkeit und Stärke, Verständnis füreinander, Teilen des inneren und äußeren Erlebens miteinander

Disharmonie in der Partnerschaft
Blockaden in der Kommunikation mit dem Partner als auch mit anderen Menschen, Kleinlichkeit, mangelndes Selbstvertrauen, Entmutigung durch Negativität, Geringschätzung und Missachtung des eigenen und des gemeinsamen kreativen Potentials, Gefühlskälte, chronische Missverständnisse, Rückzug, Isolation

Herausforderung - Lernaufgabe
Teile deine Verletzlichkeit

Erzengel
Tzadkiel

Die ArchAngeloi-Essenz Tzadkiel hilft, sich einer neuen Perspektive im Verständnis von Liebe zu öffnen – mit Herz und Verstand. Frustration, die aus Unterdrückung entstanden ist, und damit einhergehende Bitterkeit kann man durch eine neue Wertschätzung des Weiblichen in sich und in seinem Partner in Gefühle der Akzeptanz verwandeln. Liebe löst Barrieren von reaktivem Verhalten und Ärger, und sie gestattet der Hoffnung auf Frieden innerhalb jedes Einzelnen und in einer Beziehung aufzublühen. Es geht darum, die eigenen Wünsche präzise und unmissverständlich auszudrücken. Die ArchAngeloi-Essenz Tzadkiel hilft, sich von Verwirrung und Zynismus in der Liebe zu befreien und sich hin zu bewusstem Frieden und Vertrauen zu bewegen. Sie stärkt die eigenen Führungsqualitäten aus dem Herzen.

Anwendung

Bilde mit deinen Armen eine empfangende Geste, wie eine Schale. Sprühe dann aus deiner rechten Hand mit der ArchAngeloi-Essenz über deine linke Schulter, über deinen Kopf und über deine rechte Schulter. Bewege dann deine beiden Hände und Arme wie Engelsflügel durch dein Energiefeld und verweile mit gekreuzten Handgelenken vor dem Herzen, bevor du weiter den Körper hinuntergehst. Sitze dann eine Weile still und erlaube der Essenz vollständig von deinem Energiefeld aufgenommen und integriert zu werden.

Der Planet, dessen Kraft hier wirkt - Jupiter

Jupiter war der Götterkönig, das römische Äquivalent zum griechischen Zeus. Als Herrscher der Götter ist Jupiter der Repräsentant des Göttlichen. Er symbolisiert das Sinngebende in jedem Menschen. Unter seinem günstigen Einfluss wächst und gedeiht alles im Leben, in der Liebe und der Partnerschaft. Jupiter unterstützt jegliche Entfaltung und Entwicklung, persönliches Wachstum und Aufbau in der Liebe. In seiner Zerrform blendet er uns, wenn wir mehr scheinen wollen als zu sein .

B 33 Königsblau/Türkis
B 61 Hellrosa/Hellgelb
B 47 Königsblau/Zitronengelb
B 75 Magenta/Türkis

Körperregion zum Auftragen

Rechte Schulter, rechter oberer Brustbereich und rechter oberer Rücken

Entspricht dem *Hals-Chakra*, dem fünften Energiezentrum, an der Kehle hinter dem Kehlkopf.

B 33 Königsblau/Türkis

Delfin

Geliebter!
Mein lang erwarteter Freund, der du reisen musstest, um an diesem Fest der Liebe teilnehmen zu können. Du, der wie ich von den fernen göttlichen Ufern herstammt und in das blaue Atlantische Mysterium eingetaucht ist. Du, der aus sich selbst heraus gewachsen ist und der aus den Erfahrungen des Lebens sich selbst gelehrt hat. Willkommen! In dir bin ich für immer zu Hause. Kein Wind und keine Schwierigkeit des Lebens kann diese Liebe zum Einstürzen bringen. Ich wünschte, dass jeder diese Art von Liebe kennen lernt und von ihr geheilt werden könnte. Ich erwarte dich in meinem Rosengarten unter den Rosengirlanden! Ich grüße dich! Das Versprechen, das wir uns anfangs gaben, wird nun Wirklichkeit.

Mein Herz drängt und sucht die Entfaltung des Schönsten! Mein Herz brennt voller Liebe. Alle können diese Flamme sehen. Mein Herz pulsiert mit Leidenschaft wie Wellen eines Ozeans. In meinen Träumen, meiner Phantasie, trunken und versunken, sah ich deinen Blumengarten! Meines Liebsten Blumengarten! Ich sah mich selbst als die Quelle der Existenz. Ich war da am Anfang, und ich war der Geist der Liebe. Jetzt bin ich nüchtern, und es gibt nur noch die Erinnerung, die Überbleibsel von Liebe und den Kummer. Ich sehne mich nach Glück, ich frage danach. Ich möchte Erbarmen, Gnade.

Und du, mein Geliebter, triffst mich in meinem Rosengarten, und sagst: »Schau mich an und höre mich, weil ich nur dafür hier bin. Ich bin dein Blumengarten und ebenso dein Wasser. Ich bin diesen ganzen Weg gegangen, gespannt auf dich – ohne Schuhe, ohne Schal. Ich möchte, dass du lachst, all deine Zweifel tötest, damit ich dich lieben kann, damit ich dich nähren kann. Oh süße Bitternis, ich werde dich besänftigen, dich heilen, ich werde dir Rosen bringen. Ich bin ebenso bedeckt worden mit Dornen wie du!«

Du sagst, durch meine Liebe hättest du deine Überlegenheit verloren. Du seist berauscht von der Verrücktheit der Liebe. In diesem Nebel seiest du ein Fremder für dich selbst geworden. Du sagst, in meinem Garten siehst du nur mein Gesicht. Von Bäumen und Blüten atmetest du nur meinen Duft ein. Trunken von der Ekstase der Liebe könntest du nicht mehr den Unterschied bestimmen zwischen dir und dem Getränk, zwischen dir, dem Liebenden und der Geliebten. Oh mein Geliebter!

Mein Schönster! Du sagst mir, ein Liebender kennt nur die Liebe, denn er hat keine Wahl. Er stiehlt sich einfach in meine Gasse in der Nacht. Er hat keine Wahl, denn er verlangt danach, jede Haarlocke des Haares seiner Liebsten zu küssen. Ich solle mir keine Sorgen machen! In deiner phantasievollen Liebe für mich, deine Liebste, verlangst du danach, die Ketten deiner Gefangenschaft zu zerbrechen. Du sagst mir, du hast keine andere Wahl.

Mein Liebster! Eine Liebende fragte einst ihren Geliebten: »Liebst du dich selbst mehr, als du mich liebst?« Der Geliebte antwortete: »Ich bin mir selbst gegenüber gestorben und ich lebe für dich. Ich bin vor mir selbst verschwunden. Ich habe alle meine Sehnsüchte vergessen. Dafür, dich zu kennen, bin ich zum Schüler geworden. Ich habe alle meine Stärke verloren, aber durch deine Kraft bin ich gewachsen. Ich liebe mich selbst. Ich liebe dich.«

Mein Bester! Du sagst zu mir: »Ich bin dein Geliebter, komm an meine Seite. Lass dich nieder mit mir. Lass uns Nachbarn der Sterne sein. Du hast dich so lange versteckt, bist endlos getrieben in der See der Liebe. Trotzdem warst du immer verbunden mit mir.« Du sagst mir, ich wäre versiegelt gewesen für dich, verborgen im Unmanifesten, offenbar für dich im Gewussten. Vielleicht war ich in dieser Zeit die Gefangene eines kleinen Teiches? Nun kommst du, wie der Ozean und seine turbulente Flut! Ich verschmelze mit dir. Ich bin mit dir. Ich habe das Tor zu meiner Liebe geöffnet.

Mein Liebster! Ich begehre dich mehr als Essen oder Trinken. Mein Körper, meine Sinne, mein Verstand hungern nach deinem Geschmack. Ich kann deine Anwesenheit in meinem Herzen fühlen. Obwohl du der ganzen Welt gehörst, warte ich in meiner stillen Leidenschaft auf eine Geste, einen Blick von dir. Du bist ein solches Geheimnis, dass ich immer tiefer mit dir verschmelzen kann und doch nie an ein Ende komme.

Mein Liebster! Das Männliche und das Weibliche haben ihre eigene Schönheit. Doch sobald sich ihre Energien gleichberechtigt begegnen und eins werden, erwächst etwas ganz Neues: Tag und Nacht manifestieren zusammen eine volle Erdumrundung, endlos, untrennbar eins.

B 61 Hellrosa/Hellgelb

Sanat Kumara & Lady Venus Kumara
Meister Flasche

Geliebter!
Liebe bringt das Verborgene an die Oberfläche, den Teil von uns, der uns am wenigsten bewusst ist. Oh, mein Liebster! Ist nicht so vieles in uns, das an unerwiderter Liebe leidet, daran gebunden, dass wir von unseren Eltern nicht gefühlt worden sind! Oder keine Eltern hatten? Vater oder Mutter uns gefehlt haben? Im Grunde haben wir die Liebe, die echte Vaterliebe und Mutterliebe, vermisst. Wir sind nicht wirklich aufgeklärt worden über die Dinge des Lebens, der Liebe, der Sexualität.

Mein Liebster! Wird nicht jedes Kind zum Träger der Ambitionen und Wünsche der Eltern? All ihre Fehlschläge werden zu ihren Wünschen, dass das Kind das erfüllt, was sie selbst nicht erreichen konnten. In der Hoffnung, dass ein Teil von ihnen in ihrem Kind weiterlebt.

So wurde ich in meinen Tagträumen gestört oder in einer Phantasie abgeschnitten. Man machte sich über mich lustig. Meine feinen empfindsamen Lichtantennen um mich herum wurden Stück für Stück abgeknickt. Die Ambitionen und die Geschichte meiner Eltern wurden mir aufgezwungen. Ich durfte nicht ich selbst sein. Jetzt muss ich mich befreien! Ich muss es ihnen zurückgeben!

Mein Geliebter! Auch wenn Vater und Mutter uns vielleicht abgelehnt haben, so haben der Göttliche Vater, die Göttliche Mutter uns so gewollt, wie wir sind – sonst wären wir nicht hier.

Mein Liebster! Wenn ich mich dir anvertraue und du sagst: »Komm doch her, ich hör dir zu,« dann spürt das Innere Kind in mir ganz genau die Schwingung. Ich zeige mich dir nur dann, wenn es wirklich stimmig ist. Wenn du wirklich als ganzer Mensch da bist, entspannt und liebevoll, dann mache auch ich mich weit und entspanne mich. Wenn Liebe für mich da ist, kommt die Liebe, die du für mich hast, bei mir an, aber genauso kommen auch deine Disharmonien, die du vielleicht innerlich versteckst oder selber nicht wahrhaben willst, bei mir an. Ich nehme sie auch heute noch ganz genau wahr und reagiere darauf. Deshalb bin ich liebevoll und geduldig mit mir und gebe mir Zeit, mich weit zu öffnen für die Welt des kleinen Mädchens in mir, immer im Bewusstsein, dass alles, was geschieht, gleichzeitig geschieht.

Mein Gefährte! Das, was wir als Kinder an Liebe gebraucht haben, ist das, was wir auch noch heute brauchen. Deshalb verlangt die Art, wie wir uns begegnen, begleiten, halten, anschauen, zuhören, verstehen und berühren, große Sorgfalt. Es kann mein und dein Inneres Kind heilen, erlösen und nach Hause holen.

Da ist noch etwas, das ich mit dir teilen möchte: die Würdigung meines weiblichen Zyklus, denn ich schenke meinem ureigenen Zyklus Beachtung und feiere ihn als meine Kraft! Der Beginn meiner Mensis machte mich vom Mädchen zur Frau, fruchtbar und offen für das Leben, das du in mir zeugst. Ich gebe mir selbst Hingabe und Anerkennung. Ich habe mir nicht die patriarchale Ansicht zu Eigen gemacht, nach der die Blutung der

Frau einen Fluch darstellt, der sie unrein macht und deshalb versteckt werden muss. Der weibliche Zyklus erfüllt mich mit Selbstbewusstsein. Ich bin eine Frau, stolz darauf, eine Frau zu sein. Ich bin auch stolz darauf, dass ich nach den Wechseljahren mein »Blut der Weisheit« bei mir behalte. Ich spüre keine Angst davor und verbinde damit nicht die Vorstellung, alt und hässlich zu werden. Eine Frau jenseits der Menopause verliert nicht an Wert und Bedeutung, obwohl in unserer Kultur die ewige Jugend angebetet wird. Es ist die Zeit der weiblicher Kraft und der weiblichen Weisheit, eine Zeit, in der die weibliche Erfahrung wächst.

Deine Gesellschaft, mein Liebster, ist wunderbar, ich finde dich neben mir. Ich weiß, du bist an meiner Seite. Wir meistern das Leben zusammen. Wir lernen, uns einander mitzuteilen, selbst wenn unsere Eltern keine Vorbilder für uns waren und wir das Lieben nicht von ihnen gelernt haben. Ich sage dir alles, was ich denke und fühle, denn du nimmst dir Zeit dafür. Du möchtest meine Gedanken kennen lernen, du möchtest in meine Seele schauen, du möchtest deine Kontrolle verlieren, du möchtest, dass ich mein Inneres nach außen bringe.

Mein Geliebter! Dein Schicksal besteht darin, eine Geliebte zu finden – eine andere Frau als deine Mutter. Du wirst erst dann wirklich reifen, wenn du dich völlig von der Mutter gelöst hast. Dann ist die Nabelschnur endgültig durchtrennt.

Mein Schicksal besteht darin, einen Geliebten zu finden – einen anderen Mann als meinen Vater. So, wie ich erst dann wirklich reifen kann, wenn ich mich völlig von meinem Vater gelöst habe. Meine Angst, vom Mann dominiert und beherrscht zu werden, wandelt sich in die Freude des Ja. Ich werde von dir gesehen, geliebt und anerkannt!

Mein Liebster! Der Zweck unserer Liebe, der Liebe zwischen Mann und Frau ist, zu dem zurückzukehren, was du als Mann bist und ich als Frau bin. Unsere Liebe ist unsere gemeinsame Schöpfung.

B 47 Königsblau/Zitronengelb
Alte Seele

Geliebter!
Du kommst aus einer anderen Welt, jenseits der Sterne und der Unendlichkeit des Raumes, durchscheinend, pur, von unermesslicher Schönheit – und bringst die Essenz der Liebe mit dir.

In der frühen Morgendämmerung des Glücklichseins gabst du mir drei Küsse, so dass ich in diesen Moment der Liebe hinein aufwachte. Ich versuche mich in meinem Herzen daran zu erinnern, wovon ich in der Nacht träumte, bevor ich mir dieses neuen Morgens bewusst wurde. Zwar fand ich meine Träume wieder, aber der Mond nahm mich fort, erhob mich zum Firmament und setzte mich dort wieder ab. Ich sah, wie mein Herz deinem Weg folgte und ein Lied sang. Zwischen meiner Liebe und meinem Herzen geschahen Dinge, die langsam wieder alles hervorbrachten, so dass ich mich erinnern konnte.

Geliebter! Du erweckst und erregst mich mit deiner Berührung, obwohl ich deine Hände nicht sehe. Du küsst mich mit Lieblichkeit und Sanftmut, obwohl ich deine Lippen nicht sehe. Du bist mir verborgen – aber doch bist du es, der mich wach hält. Vielleicht wird die Zeit kommen, wenn du mir keine Küsse mehr geben wirst. Ich werde glücklich sein – nur mit meinem inneren Eindruck von dir. Ich bitte dich nur darum, mir etwas deiner Aufmerksamkeit zu geben.

Vom Beginn meines Lebens an habe ich nach deinem Gesicht gesucht, aber heute, ja heute, habe ich es gesehen. Heute habe ich den Charme, die Schönheit, die unsagbare Anmut des Gesichtes, nach dem ich gesucht habe, gesehen. Heute habe ich dich gefunden. Und jenen, die mich gestern noch auslachten und Witze über mich machten, tut es Leid, weil sie nicht mit den Augen schauten, mit denen ich schaute. Ich bin verwirrt von der Größe deiner Schönheit und möchte dich mit Hunderten von Augen ansehen. Mein Herz hat vor Leidenschaft gebrannt. Es hat bereits ewig nach dieser wundersamen Schönheit gesucht, die ich nun hier in meinen Armen halte. Ich schäme mich, diese Liebe menschlich zu nennen, und bin zu ängstlich vor dem Göttlichen, um sie göttlich zu nennen.

Mein Liebster! Die Legende vom Gral erzählt uns vom Fischerkönig. Er hat eine Wunde, die niemals heilen wird, und ein Königreich, das ein Ödland ist. Wird er geheilt, so wird auch sein Land geheilt, doch nur der Gral kann ihn heilen.

Die meisten glauben, dass es sich dabei um den Kelch handelt, den Jesus bei seinem letzten Abendmahl verwendete, als er die Worte der Kommunion sprach: »Dies ist mein Blut – trinkt es in Erinnerung an mich.« Im Ritus der Messe kann nur ein Priester das Gefäß halten. Denn nach der männlichen Überzeugung wurde nur der Mann nach dem Abbild Gottes geschaffen. Niemals eine Frau. Und doch, in der Gralslegende, ist es immer eine Frau, die das Gefäß hält, Symbol der heiligen Weiblichkeit – ein Mutterleib, der mit Blut gefüllt von dieser Welt verschwunden ist.

In Mythen und Träumen unserer kollektiven Erinnerung erinnern wir uns der Frauen als das, was sie waren und sein könnten: Trägerinnen der geheiligten Weiblichkeit. Wenn das Patriarchat geheilt werden kann und der Planet wiederhergestellt ist, könnte es sein, dass die Weisheit der Frau wieder gefragt ist.

Mein Geliebter! Stirb, stirb in unserer Liebe. Wenn du stirbst in dieser Liebe, wird sich deine Seele erneuern. Stirb dem gegenüber, was zeitlich ist, und du wirst zeitlos werden. Stirb, ja stirb und löse die Fesseln, die dich zum Gefangenen der Welt und ihrer Belange machen. Stirb in das Todlose hinein, und du wird ewig werden. Stirb, ja stirb und komm aus dieser Wolke heraus. Wenn du die Wolke verlässt, wirst du der nachsichtige Mond. In der Stille der Liebe wirst du den Funken des Lebens in dir finden.

Mein Schöner! Aus beidem, Licht und Schatten, bildet sich der Tanz der Liebe. Liebe hat keinen Sinn – sie ist eines der göttlichen Geheimnisse. Liebe und Lieben sind untrennbar und zeitlos. Und obwohl ich versuche, Liebe zu beschreiben, wenn ich sie erfahre, werde ich sprachlos. Obwohl ich versuche, über Liebe zu schreiben, staune ich nur. Mein Stift zerbricht, und das Papier entgleitet in die Anderswelt. Der Liebende, der liebt, und die Geliebte sind eins, und jeder Augenblick wird schön, ja großartig durch das Licht der Liebe.

Oh Gott, oh Göttin! Lasst alle Liebenden zufrieden und erfüllt sein. Lasst sie glücklich sein miteinander! Lasst ihre Leben Feste sein! Lasst ihre Herzen im Feuer der Liebe tanzen. Mein Liebling! Du hast das Feuer der Liebe in meinem Herzen entfacht. Deine Berührung füllt mich mit Verlangen. Ich bin nicht länger getrennt von dir. Dies sind Momente, die mir kostbar sind. Ich gehe dir schon ein wenig voraus. Lass mich nicht warten. Lass mich mit dir verschmelzen.

B 75 Magenta/Türkis

Mit dem Fluss gehen

Geliebter!
Statt einen Damm in den Fluss unserer Liebe zu bauen und alle Gefühle abzuwehren, die von dir zu mir fließen möchten, oder zu versuchen, den Fluss unserer Liebe zueinander zu beschleunigen, lasse ich die Dinge der Liebe in Wachsamkeit und Bedachtsamkeit so fließen, wie sie in den kleinen alltäglichen Dingen und Gesten zwischen uns fließen wollen.

Mein Geliebter! Du sagst, in der Liebe ist nichts ewig, außer meiner Liebe, süßen Wein zu trinken. Du sagst, es gäbe für dich keinen anderen Grund, mir dein Leben zu bringen, als es in Liebe zu verlieren. Du sagst, du möchtest mich nur kennen, um dich in mir und meiner Liebe aufzulösen. Ich sage dir: Mich zu kennen heißt, nicht zu sterben! Mich zu kennen heißt, zu leben!

Mein Liebster! Ich sage dir, der Himmel leuchtet von der Pracht des Mondes, so kraftvoll, dass es mir fast den Atem nimmt. Deine Liebe macht mich sicher, dass ich jedes oberflächliche Leben aufgeben möchte, um mich der Schönheit meines Wesens hinzugeben. Du kannst dich auf mich verlassen. Ich handle mit absoluter Integrität. Ich bleibe in meiner Festigkeit und Stärke. Alles ist an seinem Platz. Ich bin offen für Strukturen, die der Liebe zwischen uns und unserer individuellen Freiheit mehr Raum geben.

Mein Bester! Du sagst mir, deine Liebe zu mir mache dich ganz irrsinnig. Du würdest endlos zwischen Ruinen deines Lebens umherwandern, und dein ganzes Selbst sei ein Fremder für dich. Wegen meiner Liebe habest du mit deiner Vergangenheit gebrochen. Dein Verlangen nach mir und deine Leidenschaft, für die Liebe zu leben, gäbe dir Mut. Ja, du suchtest nach mir in deinem tiefsten Wesen. Ich liebe dich!

Ach, die Qual der Liebenden brennt mit dem Feuer der Leidenschaft lichterloh. Ich kann sehen, dass Liebende Spuren hinterlassen davon, wo sie waren. Das Jammern unserer gebrochenen Herzen ist das Tor zur Bewusstheit!

Mein Gefährte! Wenn ich versuche, dich zu dominieren, oder wenn ich dir Macht über mich gebe, verstoße ich damit gegen das Gesetz der Liebe und der Freiheit. Ich verhindere dann die Entfaltung deines oder meines menschlichen Potentials. Sehnsucht habe ich danach, dem Gefängnis meines Egos zu entfliehen und mich in den Bergen und den Wäldern zu verlieren. Die traurigen und einsamen Menschen machen mich müde. Ich habe Verlangen nach der betrunkenen Phantasie deiner Liebe, ich sehne mich nach deinen Armen, die mich halten, deinem Licht, das meine Sorgen und meine Traurigkeit vertreibt.

Mein Liebster! Wenn es kalt ist und Sorgen und Nöte zwischen uns sind, finde ich dich umso schöner, denn der Zwischenraum von Schwierigkeit bringt mich deinen Schlössern der Liebe umso näher. Liebe ist das innere Geheimnis, das, was niemals stirbt und nie geboren wird. Diesem Fluss des Lebens zu folgen gibt mir eine wachsame Frische. Du bist es, mit dem ich in Liebe zusammen bin – jetzt. Ich kann nicht erklären, was es ist, das mich von dir gehen lässt und zu dir kommen macht. Plötzlich schlüpft die Liebe in mich hinein, und ich bin wieder nirgendwo. Doch in mir fühle ich ihre stille Majestät, die mich aufrichtet!

Mein Bester! So, wie es Dinge in unserer Welt gibt, deren Festigkeit und Unveränderlichkeit sehr wünschenswert sind, so gibt es andere, die gerade in ihrer Vergänglichkeit Bedeutung erhalten, so, wie die Schönheit einer Rose.

Ebenso gibt es in unserem Leben Aspekte, die einer festumrissenen Struktur bedürfen, wie vereinbarte Dinge und Termine. Und es gibt andere, die in ständiger Veränderung und Entwicklung sein und bleiben sollten, wie die Formen unserer Liebe.

Mein Liebster. Hier das wunderschöne Gebet eines Liebenden:

»Wisset, dass meine Geliebte verborgen ist vor jedermann. Wisset, dass meine Geliebte jenseits allen Glaubens und aller Vorstellung ist. Wisset, dass sie in meinem Herzen mir genauso lieb und kostbar ist wie der Mond. Wisset, dass meine Geliebte das Leben in meinem Körper und meiner Seele ist.«

Mein Schönster! Wir sind der Spiegel, aber genauso auch das Gesicht im Spiegel, das wir sehen. Wir schmecken den Geschmack dieses Augenblicks. Wir atmen den Duft dieses Moments unseres Lebens. Wir hören und schauen. Wir fühlen die Berührung der Liebe in uns durch jede Bewegung unseres Körpers. Ja, wir sind das süße kühle Wasser und die Freude, der Segen der Existenz! Liebe wird mir offenbart durch dich. Mein Herz ist in Harmonie mit meinem Kopf. Meine Seele macht sich auf, wie ein Vogel in den blauen Himmel hinein. Die Essenz meines Lebens und meiner Liebe offenbart mir das Göttliche, das ich überall in mir und außerhalb von mir sehe und liebe.

Mein Liebster! Genau in der Mitte zwischen uns steht unsere Macht im Dienst der Liebe! Kein überflüssiger Zierrat schmückt sie.

Sphäre 5

Gemeinsame Kreativität

Fragen an sich selbst

1. Nehme ich meine innere Stimme wahr, also das, was ich wirklich will oder nicht will?
2. Was ist für mich positive Autorität, mein Wille, meine Entscheidung und meine Grenze in einer Beziehung?
3. Wo und wann höre ich auf, mir selbst treu zu sein? Was lässt mich die Kontrolle über meine Willenskraft verlieren? Warum?
4. Hadere ich mit Situationen in meiner Beziehung, in denen ich genau weiß, dass ich etwas verändern muss, obwohl ich es ständig wieder hinausschiebe? Kann ich solche Situationen identifizieren und die Gründe erkennen, die mich so handeln lassen?
5. Bin ich bereit, alle Konsequenzen meiner Entscheidungen und Handlungen in Bezug auf meinen Partner auf mich zukommen zu lassen und mit ihnen umzugehen? Gibt es etwas, wovor ich Angst habe? Warum?

Harmonie in der Partnerschaft

Entschlossenheit, Mut und Kraft, für sich selbst einzutreten, Bereitschaft, den Partner zu unterstützen und für ihn einzutreten, Entschlossenheit, die Herausforderungen der Liebe anzunehmen, handeln statt zu reden, miteinander ein Gleichgewicht schaffen, die eigene Würde behalten und die Würde des Partners respektieren, Gerechtigkeit miteinander, gemeinsames Wollen und Entscheiden

Disharmonie in der Partnerschaft

Härte, Ellbogenmanieren, Ambivalenz, Pendeln zwischen Kühle und unberechenbarer Hitzköpfigkeit, Streitsucht, Eigensucht, Rücksichtslosigkeit, Gedanken, Ideen oder Wünsche durchsetzen wollen, ohne den Partner in die eigenen Erwägungen und

Entscheidungen mit einzubeziehen, die eigenen Schwächen oder die des Partners werden niedergetrampelt, fehlender Mut für neue Lösungen

Herausforderung - Lernaufgabe
Schwierigkeiten gemeinsam bereinigen, Anteilnahme am Du, problemlösende Kreativität entwickeln

Erzengel
Kamael

Kamael bedeutet »Das göttliche Schwert« oder »Das verbrennende göttliche Feuer«. Dieser Erzengel ist eine Gestalt in einem Umhang aus scharlachrotem Feuer, mit einem Schwert in der erhobenen rechten Hand. Er greift in das Bewusstsein ein, wenn man gegen die kosmischen Gesetze des Göttlichen verstoßen hat. Im positiven Sinn trägt Kamael die unerschütterliche Entschlossenheit in das Bewusstsein der Menschen, sich ungerechte Übergriffe nicht gefallen zu lassen und für die eigene Wahrheit aktiv einzustehen.

Bisher gibt es noch keine ArchAngeloi-Essenz Kamael

Der Planet, dessen Kraft hier wirkt - Mars
Mars ist der Gott des Krieges. Er repräsentiert den Kampf für das Gerechte, Gute und Heilige der Liebe. Er unterstützt den eigenen Willen und den Mut, die für diesen Kampf um das Feuer der Liebe die besten Waffen sind. Durch Mars erlebt man in sich das Wollende und die Tatkraft – konstruktiv oder destruktiv. Er ist das aktiv vorwärts treibende Prinzip, das aus der Lust in die Tat treibt und die Welt verändern will. Er wirkt durch Unternehmungs- und Kampfgeist und Initiative. Qualitäten wie Tapferkeit, Mut und Bestimmtheit zeichnen ihn aus. Er bringt die Energie der Liebe in all ihren Wachstumsformen in die Verwirklichung.

B 32 Königsblau/Gold
B 60 Blau/Klar
B 46 Grün/Magenta
B 74 Hellgelb/Hellgrün
B 104 Irisierendes Rosa/Magenta

Körperregion zum Auftragen
Linke Schulter, linker oberer Brustbereich und linker oberer Rücken

Entspricht dem *Hals-Chakra*, dem fünften Energiezentrum, an der Kehle hinter dem Kehlkopf.

B 32 Königsblau/Gold
Sophia

Geliebter!
Unsere Liebe zueinander mag zuweilen hinter Schwierigkeiten verborgen sein. Wir brauchen Klarheit in dem, was wir in uns und voneinander wahrnehmen. Wir brauchen die Definition der eigenen Wertvorstellungen im Leben, und wir brauchen Weisheit.

Im Griechischen bedeutet »Sophia« Weisheit. Im Hebräischen dagegen bedeutet »Hohkma« Weisheit. Für die Gnostiker war Sophia die Mutter der gesamten Schöpfung, und Gott war ihr Gefährte und Gehilfe.

Mein Liebster! Ich frage mich, hat unsere Liebe zueinander ihre Klarheit verloren? Was sind unsere unerfüllten Sehnsüchte? Sind es unsere verborgenen Ängste, die uns bleiern machen? Wonach streben wir vergeblich? Haben wir uns etwa voneinander abgewandt, so, als wollten wir uns gegenseitig meiden? Kämpfe ich vielleicht nur aus egoistischen Motiven, um Recht zu behalten und meine Überlegenheit zu demonstrieren?

Mein Gefährte! Vielleicht gibt es einen Konflikt zwischen uns. Wenn ich ihn näher betrachte, zeigt sich mir, dass ich mit dir kooperieren könnte, denn wir streben beide danach, unser Potential zu verwirklichen. Durch das Geschenk unserer gemeinsamen Liebe zueinander geschieht etwas, das wir in unserem alltäglichen Leben immer wieder neu umsetzen müssen.

Ich unterlasse für eine Weile alle Versuche, die gegenwärtige Situation zu beherrschen. Ich spüre von außen nach innen, gehe vom Denken in mein Fühlen und entspanne mich in den Augenblick hinein. Ich steige aus, aus der Eile, und verweile im Nichttun. Ich öffne mich bewusst der Welt der Sinne und beginne wahrzunehmen, was ich fühle, schmecke, höre, rieche und sehe. Ich frage mich, was sind meine persönlichen Einstellungen und Erwartungen, Vorlieben und Abneigungen, Träume und Zweifel in meiner Liebe zu dir? Was ist es dabei in mir, das von mir in mir selbst nicht beachtet, vergessen und unterdrückt wird? Was ist mir wichtig, was möchte von mir beachtet werden? Ich nehme es wahr und finde wieder den Sinn in unserer Begegnung. Mein weibliches Selbst-Bild beginnt darin wieder neue Formen zu erhalten, und in meiner tiefen Selbstwertschätzung und Selbstakzeptanz erfährt es Heilung. Ich unterscheide zwischen den Werturteilen, die mich von außen, von der Verstandeswelt, in andere Schemata zwingen wollen, und der mit meiner eigenen, mit meinen eigenen Sinnen und meiner eigenen Weisheit verbundenen Wertschätzung meines ganz individuell geformten weiblichen Selbst-Bildes. So beginne ich, die inneren und äußeren Hindernisse zu erkennen und aus dem Weg zu räumen.

Mein Liebster! Es gibt diese Küsse, die wir unser ganzes Leben hindurch wollen, die Berührung des Geistes auf unserem Körper! So, wie das Seewasser die Perle bittet, die Schale der Auster zu öffnen und hervorzutreten. Und die Lilie – wie leidenschaftlich sehnt sie sich nach einem wilden Liebsten! Ich frage mich, was ist die Tür der Sprache, die dich, meinen Geliebten, zu öffnen vermag?

Mein Bester! Mein ganzes Leben lang ist alles, was ich erlebe, nur für mich selbst. All die verbrannten Finger, um die Hitze des

Feuers zu entdecken, all die schmerzhaften Stürze, wenn mein Griff den Halt verfehlte, all meine Erkundungsgänge in bekanntem und unbekanntem Gebiet der Liebe. All dies sind die Wege zur Göttin Sophia, zu meiner eigenen Lebenserfahrung, zu meinem persönlichen Wissen, zur Mitte in meinem Wesen!

Ich strebe danach zu wachsen, und ich bin sie. Das Weibliche in mir strebt nach Weisheit, Vollendung, nach Erfüllung der Liebe in allen Lebensbereichen. Das große Gesetz der Magie hilft mir dabei, das Skript meines Lebens zu transformieren. Es lehrt mich, zuerst glücklich zu sein. Alles andere wird folgen. Dann treffen die Dinge ganz von selbst ein.

Mein Liebster! Was auch immer wir weit draußen sehen, wenn wir nachts zur Milchstraße blicken, ist nur eine Widerspiegelung dessen, was in unserem Inneren ist – und umgekehrt. So ist es mit allen Dingen in dieser Welt. Es gibt ebenso einen Sternenhimmel in jedem von uns beiden, so, wie es ihn im Äußeren gibt. Es gibt eine Welt in jedem von uns beiden, so, wie es sie im Äußeren gibt. Sophia ist die Göttin des Himmels und der Sterne.

Mein Geliebter! Nach allem Widerstreit habe ich neues Leben in mich eingeatmet. Ebenso ist dein Atem wie eine Morgenbrise nach einer dunklen sternenklaren Nacht in die Stille unseres Gartens eingezogen. Meine Seele tanzt wieder in Glückseligkeit. Alles in meinem Wesen ist in Frieden und in Liebe mir dir.

B 60 Blau/Klar
Lao Tse & Kwan Yin
Meister-Flasche

Geliebter!
Wenn man sich verliebt, zeigt man sich zuerst von seiner besten Seite, aber nach und nach kommt auch die dunkle Seite hoch. Dann beginnen die schwierigen Zeiten, und man begibt sich auf stürmische See. Wenn man diese Stürme durchhalten kann, dann gelangt man zu dem, was weder gut noch schlecht ist – zu

seinem wahren Ich, das jenseits von gut und schlecht ist. Man gelangt zu dem, was man wirklich ist – zum Sein, das einfach *ist*.

Mein Liebster! Die tieferen Ebenen der Liebe beginnen erst wirksam zu werden, wenn wir lange zusammen sind. Wenn unser Zusammensein eine solche Tiefe erreicht hat, dass jeder von uns beiden die Gegenwart des anderen vergessen kann. Wenn wir in der Gegenwart des anderen so sein können, als wären wir allein – erst dann wird der innerste Kern unserer Liebe, der Urgrund, berührt. Vorher spielen wir nur an der Oberfläche herum, an der Peripherie.

Mein Bester! Wir müssen mit dem leben, was wir in der Vergangenheit gesät haben, denn das ernten wir in der Gegenwart. Wir ernten, was wir säen.

In unserem Zusammensein werden alte Wunden wieder angerührt und zum Bluten gebracht. Ich fühle den Schmerz. Sind uns Bewusstheit und Achtung füreinander abhanden gekommen? Fehlen uns neue Impulse? Ich fühle ein besonderes Schutzbedürfnis und prüfe die Ursachen meiner inneren Schwächen. Nur so können meine Wunden heilen.

Liebster! Ich spüre, dass mich dein Leid manchmal ärgerlich macht oder mich gleichgültig lässt. Was hält mich davon ab, mitzufühlen? Spüre ich nicht manchmal sogar den Wunsch, dich zu verletzen, weil du mich verletzt hast! Habe ich Angst davor, mein Herz für dein Unglück zu öffnen, weil es mir wehtun könnte? Mitgefühl zeigt sich in der Fähigkeit, wirklich zuzuhören. Es zeigt sich in der Bereitschaft, mir und dir den Raum zu geben, der gebraucht wird, um das zu erleben, was erlebt werden muss, und um die Gefühle zuzulassen, die sich ausdrücken wollen.

Und so frage ich dich nach deinen Sorgen, und du erzählst mir, was dir auf dem Herzen liegt. Ich höre dir sehr aufmerksam zu. Ich leihe dir mein Ohr, so dass du dich geliebt fühlen kannst, weil ich dir mit ungeteilter Aufmerksamkeit zuhöre und dich ansehe.

Mein Geliebter! Kwan Yin ist »die, die das Weinen der Welt hört«. Wegen ihres tiefen Mitfühlens, wegen ihres Verständnisses von Elend und Leid, wird sie »die Mitfühlende« oder »sie, deren

Name jedes Leiden mildert« genannt. Ein Aspekt der Persönlichkeit von Kwan Yin ist der nährende Aspekt der göttlichen Mutter. Sie kümmert sich um die Familie, das Heim und den Wohlstand, sie segnet alle menschlichen Dinge. Sie erreichte Erleuchtung, doch wechselte sie nicht in den Zustand ewiger Glückseligkeit, sie bewahrt menschliche Gestalt, bis alle Wesen Erleuchtung erlangen.

Mein Gefährte! Lao Tse sagt: »Die weichste Substanz der Welt durchdringt die härteste.« Denn Liebe ist wie Wasser: Es sucht immer eine Höhlung, in der es zur Ruhe kommen kann. Ich gehe an einem Baum vorüber, und wenn ich offen bin, wird mir plötzlich die Liebe des Baumes zuströmen. Es ist etwas Natürliches. Es ist kein Wunder. Liebe ist wie Wasser. Wenn man Wasser ausgießt, wird es an der tiefsten Stelle einer Höhlung zur Ruhe kommen. Liebe ist das Wasser des inneren Seins.

Mein Liebster! Bin ich mit mir selbst nachsichtig, auch wenn ich nicht so perfekt bin, wie ich das von mir erwarte? Der Ausweg aus meinem Leiden zeigt sich in tiefem Mitgefühl und tief empfundener Anteilnahme für mich selbst, für dich, meinen Liebsten und für andere Menschen.

Mein Gefährte! Der Jade-Herrscher, der Herrscher der Himmel, beauftragte einst im alten China Lao Tse damit, die Perle der Unsterblichkeit herzustellen. Die Perle ist das, was die Auster leiden macht. Es ist das kleine Körnchen Sand, das die Auster als einen schmerzenden Fremdkörper in ihrem Inneren mit einer weichen glänzenden Substanz umspinnt, bis aus diesem Fremdkörper eine Perle wird. Sie reflektiert den ganzen Regenbogen, das Symbol des reinen Lichtes. Die große Schönheit der Perle wird also geboren aus dem Leiden der Auster! Das Bild, welches Kwan Yin als Gemahlin von Lao Tse zeigt, zeigt sie, während sie eine Vase ausgießt. In dieser Vase befindet sich das Elixier des ewigen Lebens, das sie über die Perle der Unsterblichkeit ausgießt, bevor sie dem Jadeherrscher übergeben wurde.

Kwan Yin ist sowohl eigenständig als auch die Gefährtin von Lao Tse.

Mein Liebster! Ich riskiere mein All-eins-Sein und finde die Quelle in mir, die mich nährt. So werde ich zur Liebenden, die mit sich selbst und ihrer Liebe verbunden ist und aus einem inneren Reichtum heraus ihre Schätze teilt.

Im Verweilen des Seins erfahre ich die Fülle in der Leere.

Mein Bester! Wahre Liebende brauchen einander nichts zu sagen, und doch verstehen sie einander sogleich – sie verstehen intuitiv.

B 46 Grün/Magenta

Der Wanderer

Geliebter!
Ich bin eine Wanderin auf der Erde und tue, was ich gerade tue. Mein Zuhause ist da, wo mein Herz ist! Als Wanderin bin ich überall zu Hause, einfach dort, wo ich mich gerade befinde. Das vermittelt mir ein Empfinden von Richtigsein – am richtigen Ort zur richtigen Zeit das Rechte zu tun. Mit Liebe suche ich die Wahrheit tief in meinem Inneren. Ich versuche, nicht an bestimmten Gefühlen, gleich ob sie gut oder unangenehm für mich sind, festzuhalten. So empfinde ich eine Freiheit, die mit meiner Liebe und zugleich mit meiner Wachsamkeit und Aufmerksamkeit verknüpft ist.

Auf meinem Weg hänge ich mich nicht zu fest an Menschen, Dinge oder Orte. Wenn ich dich, meinen Liebsten, dazu meinen Platz und meine Haltung in all den wechselnden Situationen zwischen uns finde, und auch jenen Weg, auf dem mein Herz fortschreiten möchte, dann kann die Liebe, die mir jeden Moment geschenkt wird, wirklich fließen und sich ganz in mir ausbreiten – und immer da sein.

Mein Geliebter! Ist dein Herz wirklich frei für mich? Oder hängst du in Trauer einer verlorenen Liebe nach? Manchmal empfinde ich dich als ziellos umherwandernd, getrieben von Ängsten und ohne genauen Sinn für deine Richtung. Deine Zurückweisung enttäuscht mich und macht mir Kummer. Meine Träume und Hoffnungen auf eine Beziehung in Liebe mit dir scheinen sich nicht zu erfüllen. Ich fühle mich manchmal so verlassen, so einsam und ungerecht behandelt. Ich denke, ich muss meinen Verlust hinnehmen und mich auf das konzentrieren, was mir bleibt. Ich kann nicht alles haben!

Mein Liebster! Meine Erwartungen waren wohl allzu groß! Nun hat eine unbedachte Reaktion von dir sie urplötzlich zunichte gemacht. Diese zerstörerische Energie, die jetzt die Situation zwischen uns beherrscht, hat wahrscheinlich schon lange im Untergrund geschwelt. Ich habe sie übersehen, wollte sie nicht wahrhaben. Doch womit täusche ich mich selbst? Habe ich meine mahnende innere Stimme betäubt? Stehe ich jetzt ernüchtert vor den entlarvenden Tatsachen?

Mein Gefährte! Wenn ich einen halb vollen Becher vor mir habe, gibt es zwei Möglichkeiten: Entweder ich betrachte ihn als halb ausgeleert oder als halb gefüllt. Und so jammere ich nicht um das, was verloren ist, sondern schaue, was mir bleibt! Ich schaue auf die bestehenden, sich mir bietenden Möglichkeiten.

Ich wehre meine schmerzhaften und negativen Gefühle nicht ab und schiebe die Schuld dafür nicht dir zu. Eher frage ich mich, welche alten Wunden werden gegenwärtig in mir berührt? Liebevoll wende ich mich ihnen zu. Mutig und bedingungslos nehme ich das an, was ich in mir vorfinde. Ich weiche ihnen nicht aus und wende mich nicht von ihnen ab – ich täusche mich nicht wieder selbst.

Ich nehme mir Zeit an einem ungestörten Ort, atme tief und fühle in mich hinein. Fühle ich an manchen Stellen im Körper Druck, Spannung oder Schmerz? Ich gehe mit meiner Wahrnehmung ganz in meine Empfindungen hinein und beginne so zu erkennen, womit ich mich selbst täusche, wie ich meinen Schmerz betäube, wann und warum ich dir erlaube, mich zu täuschen und die Grenzen des Respekts zu umgehen.

Liebster! Du kommst zu mir und sagst mir, dass du beschämt darüber bist, wie du mich behandelt hast. Du bittest mich um

Verzeihung, und ich gewähre sie dir. Komm, ich bereite dir den Weg! Ich nehme die Schmerzen meiner Enttäuschung an. Ich drücke sie durch bedingungslose Liebe aus – ohne etwas von dir zu erwarten. Du schaust nach meinem Herzen – ich zeige es dir. Ich frage dich, wohin gehst du? Nach wem schaust du? Deine Liebste ist hier. Sie lebt ganz in deiner Nähe. Ja, ich bin verletzlich, und ich zeige dir meine Wunden, bestimme über mich selbst und behaupte mich mit der Kraft der Liebe selbst. Ich heile und befreie mich selbst. Die Liebe versteckt sich hinter dem Fluss und ruft nach dir, während du sie suchst und dich selbst in der Einsamkeit der Wüste verlierst.

Mein Liebster! Ich liebe dich von einem inneren Ort aus, der keine Zeit und keinen bestimmten Raum hat. Ich liebe dich wie mein Leben. Durch dich und mit dir ist es mir möglich, meine ganz eigene innere Kraft der Liebe zu entdecken. Ich verrate dir meine Wünsche und Träume auf meinem Weg. Du bist mein Freund. Du bist mein Weggefährte. Der Pfeil deiner Liebe ist im Zentrum meines Herzens angekommen. Dein Interesse an mir gibt mir neuen Mut. Ich sehe, du tust dein Bestes, um mich glücklich zu machen, und machst manchmal Fehler, die dir dann Leid tun.

B 74 Hellgelb/Hellgrün

Der Triumph

Geliebter!
Ich muss meine Zweifel und meine Ängste vor der unbändigen wilden und ungezähmten Natur der Liebe besiegen. Das will nicht unbedingt heißen, dass sie dann verschwinden. Doch ich möchte lernen, sie als das anzunehmen, was sie sind, und mit ihnen leben.

Mein Liebster! Es ist später Nachmittag, die Sonne geht unter. Wenn sie das nächste Mal aufgeht, mag meine Hoffnung und mit ihr Erlösung an die Stelle des Gefühls von Verlust und Verzweiflung treten. Dieser Tag erinnert mich wie kein anderer daran, dass das Leben mehr ist als das, was wir kennen, und manchmal sogar mehr, als wir ertragen können. Es kommt darauf an, was es ist, das wir tun, während die Sonne für uns scheint.

Mein geliebter Gefährte! Einmal pflanzten ein Gärtner und seine Frau einen Baum. Es dauerte nicht lange, da konnte man das erste Grün zart aus der Erde sprießen sehen, und der kleine Baum erblickte zum ersten Mal die Sonne. Er fühlte die Wärme ihrer Strahlen auf seinen Blättchen und streckte sich ihnen hoch entgegen. Er begrüßte sie und ließ sich glücklich bescheinen. Er fand es wunderschön, auf der Welt zu sein und zu wachsen. Jedes Mal, wenn der Gärtner und seine Frau nach ihm sahen und ihn einen schönen Baum nannten, fühlte er sich wohl. Da war jemand, der ihn mochte, ihn hegte, pflegte und beschützte. Man hatte ihn lieb. Er war nicht allein. Ja, er wollte leben und wachsen, lieben und geliebt werden.

Eines Tages fand der Baum es besonders schön, nach links zu wachsen, denn von dort schien die Sonne länger auf seine Blätter.

Als der Gärtner und seine Frau das sahen, waren sie entsetzt. Da sie meinten, Bäume sollten gerade wachsen, holten sie ihre Scheren und schnitten den Baum gerade. Der Baum weinte. Er konnte nicht sprechen und deshalb nicht fragen. Er konnte nicht begreifen. Aber er wuchs nun nicht mehr der Sonne entgehen. Langsam begann er zu verstehen. Wenn er machte, was ihm Spaß und Freude bereitete, dann war er wohl ein böser Baum. Also wuchs er jetzt strebsam in die Höhe und gab darauf Acht, nicht mehr schief zu wachsen.

Aber der Gärtner meinte, Bäume sollten langsam wachsen und bescheiden sein. Also stutzte er dem Baum die Äste. Der Baum weinte sehr lange, doch dann wurde er trotzig: er wuchs jetzt einfach in die Breite. Als der Gärtner das sah, war er empört, und wieder stutzte er ihn zurecht.

Der Baum konnte nun nicht mehr weinen, denn er hatte keine Tränen mehr. Er hörte auf zu wachsen. Als er ein erwachsener Baum war, blieb plötzlich ein kleines Mädchen vor ihm stehen.

Sie spürte, dass der Baum sehr traurig war. Zu ihrem Vater sagte sie: »Schau mal, wie ordentlich der gewachsen ist. Ich glaube, der wollte mal ganz anders werden, durfte es aber nicht. Bestimmt ist er deshalb so traurig.«

Das kleine Mädchen beschloss, am nächsten Tag zurückzukommen. Als sie niemanden in der Nähe entdeckte, strich sie zärtlich mit den Händen über die Rinde des Baumes und sagte leise: »Ich mag dich, Baum.« Der Baum hatte zunächst gar nicht bemerkt, dass ihn jemand berührte. Es war zu unwahrscheinlich, dass das Streicheln und die Worte ihm galten. Dann wurde er sehr still, während sich ein seltsames Gefühl in einem kleinen Ast regte.

Eines Tages bemerkten der Gärtner und seine Frau, die langsam älter geworden waren, dass manchmal ein kleines Mädchen mit dem Baum zu reden schien. Irgendwann fragten sie sie, was das denn solle. Das Mädchen erschrak zwar, erzählte aber doch, was sie tat. Der Gärtner und seine Frau wurden nachdenklich: »Meinst du, dass es falsch war, was wir getan haben? Wir haben es doch nur gut gemeint.« – »Ich weiß nur«, antwortete das Mädchen, »dass der Baum traurig ist.« Lange grübelten der Gärtner und seine Frau darüber nach, was sie getan hatten. Und eines Tages sahen auch sie, dass der Baum zu oft beschnitten worden war. Da beschlossen sie, ihn wachsen zu lassen, wie er es wollte.

So erlebten das Mädchen und die beiden alten Leute, wie der Baum ganz behutsam, zuerst ängstlich und zaghaft, dann fast übermütig und kraftvoll, zu wachsen begann. Voller Lebensfreude wuchs er schief, als wolle er zunächst einmal seine Glieder räkeln und strecken. Dann wuchs er in die Breite, als wolle er die ganze Welt in seine Arme schließen, und schließlich in die Höhe, um allen zu zeigen, wie glücklich er sich fühlte. Das Mädchen lobte den Baum für alles, was sich an ihm entfaltete.

Auch der Gärtner und seine Frau blühten auf. Sie wirkten lebendiger und jünger, fanden das Lachen und die Freude wieder. Eines Tages stellten sie fest, dass sie wohl manches im Leben falsch gemacht hatten.

Der Baum wurde jetzt oft von Vorübergehenden bewundert. Diesen Menschen blickte der Baum noch lange nach. Manchmal begann er dann tief in seinem Herzen glücklich zu lachen.

Mein Liebster! Bist nicht du dieser Baum! Bin nicht ich dieser Baum! Es scheint, dass wir uns durch schwierige Zeiten in unserem Leben hindurchmühen. Doch wir haben die Möglichkeit, selbst jene Dinge in die richtige Richtung zu bringen, die uns an der Entwicklung unseres Bewusstseins und unserer Liebe hindern. Sind wir nicht aufeinander zugegangen, um nicht wieder auseinander zu gehen. Anstatt zu zweifeln oder Angst zu haben, frage ich mich lieber: Was würde die Liebe sagen? Was würde die Liebe tun?

B 104 Irisierendes Rosa/Magenta
Erzengel Chamael

Geliebter!
Kompromisslos habe ich bisher meine weibliche Stärke aufrecht gehalten. Vieles ist an ihr zerbrochen, was von dir nicht aufrichtig in Liebe und Hingabe gemeint war, sondern hinter Gesten der Aufmerksamkeit und Ritterlichkeit manipulativ deinen Zwecken dienen sollte. Doch du bist es auch, der mit seiner Unvollkommenheit alle meine wunden Punkte berührt, mich mit meinen schwierigsten Themen konfrontiert und meine Gefühle in Aufruhr bringt.

Manchmal habe ich das Gefühl, durch dich ständige Verletzungen zu erfahren, die nicht geheilt werden. Die Frage danach, ob vielleicht jetzt genau die richtige Zeit für mich ist, meine Kraft zusammenzunehmen, meine Wunden zu lecken und weiterzuziehen, taucht in mir auf. Melancholie macht mein Herz schwer. Lieber möchte ich mich lösen vom Leiden, möchte nicht Gewalt gegen mich selbst ausüben, möchte mich nicht verurteilen, das Messer nicht gegen mich selbst richten und auch nicht gegen dich. Ich will in unserer Liebe keinen Krieg. In Wirklichkeit ist nichts da, was uns trennt.

Meine Höhle suche ich immer dann auf, wenn ich meine, zu sterben, und mein Herz vor Angst fast zerspringt, eine Höhle, gerade groß genug, damit ich mich hineinsetzen und fühlen kann. Aber die Göttin sitzt in ihrer Wut und Trauer in ihrem Tempel wie ein Stein, ungerührt von allem Leid und dem Flehen, der Erde das Leben wiederzugeben. Schuldig fühle ich mich und abgestorben. In Stein habe ich mich verwandelt.

Liebster! Ich vermisse meine Jugendlichkeit und mein Verspieltsein. Ernst bin ich geworden. Lange genug habe ich die helfende Mutter verkörpert, mich mit ihr identifiziert, und mich darüber selbst vernachlässigt. Ich werde älter und habe nicht mehr den gleichen Körper. Eine Menge anderer Dinge hat sich ebenfalls verändert. Versunken bin ich in den Anforderungen durch die alltägliche Arbeit, die immer stärker werden. Das, was ich vom Leben habe, ist etwas anderes als das, was ich vom Leben und von der Liebe wollte und erwartete.

Atmend ist er da, der Leib meiner Liebe, atmend auf der Erde. Sobald ich traurig bin oder verängstigt und leide, kann ich mich in meine Höhle hineinflüchten. In der Göttin wurden in der alten Zeit die animalischen und erdverbundenen Eigenschaften des Weiblichen geehrt. Teil der ursprünglichen Ordnung möchte ich werden, der schöpferischen Ordnung, der Ordnung der Liebe.

Zu ihm zurück gebe ich den Schmerz, der nicht mein eigener ist, sondern der meines Vaters, den er noch heute mit Willkür und aggressiver Dominanz an mich heftet, auf mich richtet. Suchen soll er seine Verletzungen in den Machthabern dieser Erde und in seiner Rolle, die ihm von seiner Mutter, seinem Vater und der Gesellschaft aufgezwungen wurde. Zurück gebe ich ihm seine Wut auf mich, weil es ihm nicht gelingt, mich zu belehren. Auch bin ich nicht die Mutter, die einen Mann vor sich selbst bewahrt, sich selbst zu finden.

Ich gehöre zu den Frauen! Ich bin eine Kraft, mit der man rechnen muss! Ich kann ebenso grausam wie freundlich sein. Es gibt diese Wirklichkeit außerhalb der Kontrolle, ein neues Licht, das wie Schlangen in alle Richtungen ausströmt. Alte, unterdrückende Muster der Frau gegenüber zerschellen an meiner Kühle und Unveränderbarkeit. Ja an der Unbestechlichkeit meiner Stärke in der Verletzlichkeit meines Herzens. Zugewandt bin ich nicht dir, Mann, sondern den erdverbundenen Eigenschaften des Weiblichen und der Kraft des Herzens, der Kraft des inneren Erwachens, wenn wahre Liebe geschieht.

Ich trete in Kontakt mit dem, was ich tatsächlich fühle. Hinter meinem Schmerz, dem Versteinertsein, wird meine Lust wieder lebendig und ich finde von Neuem Freude. Meine Hoffnungslosigkeit verwandelt sich zwar bedächtig, aber gewiss in wahre Hoffnung. In den Momenten, wenn es mir gelingt, die Sterbenskälte meiner Angst ganz zu durchdringen, gibt es schließlich das Gefühl von Wärme, von Sicherheit und Geborgenheit. Immer war für mich genau all das da, was ich brauchte, ob Lektion zum Lernen oder Erfüllung zum Genießen, und so wird es auch sein. Am Ende meiner Einsamkeit erwarten mich mit offenen Armen Liebe und Freundschaft. Hinter meinem Hass beginnt allmählich meine Fähigkeit, zu verstehen und zu lieben. Der stärkste Mensch ist offenbar nicht der, der die größten Muskeln besitzt, sondern der, der so zarte und dennoch so mächtige Gefühle wie Aufrichtigkeit, Friedfertigkeit und Liebe in seinem Herzen halten kann. Egal, was die äußeren Umstände mit sich bringen. Die Steingöttin erhebt sich und tanzt.

Mein Gefährte! Jene Wege, die ich zu mir finde, führen auch zu dir, wenn ich meine Liebe zu dir hin ausdehne. Immer wieder müssen wir beide uns darum bemühen, miteinander zu sprechen, die Besonderheiten des anderen zu akzeptieren und die eigene Verantwortung anzunehmen. Willst du dich darauf einlassen, die strittigen Kernpunkte zwischen uns anzuschauen und zu klären? Lass uns einander unsere Hoffnungen und Verletzlichkeiten preisgeben. Ich erweise dir und mir die Ehre. Mein Zusammentreffen mit dir verfolgt die Absicht, mit dir so zu sprechen und zu verhandeln, dass schließlich deine und meine Bedürfnisse verwirklicht werden können. Jeder von uns beiden soll gewinnen, damit es am Ende nur Gewinner gibt. Jeder von uns beiden nennt sein Bedürfnis, und wir beide versuchen, zu einer Vereinbarung zu kommen. Falls ein Bedürfnis von dir oder mir mit sehr starken Emotionen verknüpft ist, werden wir dies zuerst klären. Ich gebe mich aus tiefster Überzeugung hin und weiß ebenso, wie ich mich zurücknehmen kann. Es ist mir sehr wichtig, wirklich nach einer Lösung zu suchen und mich mit jedem Vorschlag ernsthaft auseinander zu setzen. Wahrscheinlich wird es auch Konflikte geben, über die wir länger sprechen müssen oder für die es nur einen Kompromiss geben kann, damit wir beide zufrieden sind. Nur wir können entscheiden, ob jeder von uns einer Lösung auch innerlich zustimmen kann. In manchen Fällen wird es nicht möglich sein. Nicht für jede Sachlage lässt sich ein Ergebnis erzielen, das jeden zum Gewinner macht. Es gibt auch Zeiten, in denen ich mehr gebe oder du, mein Liebster, mehr gibst. Unsere Liebe in Beziehung zueinander zu halten ist immer ein Balanceakt.

Sphäre 6

Verbundensein in Liebe

Fragen an sich selbst

1. Welche emotionalen Erinnerungen in der Liebe müssen bei mir heilen? Wo empfinde ich keine Freundschaft?
2. Kontrolliere ich meinen Partner oder Situationen in meiner Partnerschaft oder überhaupt Menschen mit Hilfe meiner verletzten Gefühle und emotionalen Wunden?
3. Wem muss ich vergeben? Was hält mich davon ab, den Schmerz, den ich mit diesem Menschen in Verbindung bringe, loszulassen?
4. Wofür brauche ich selbst von mir Vergebung? Arbeitet mein Partner gerade daran, mir zu vergeben?

5. Lasse ich es zu, von den Wunden in den Gefühlen eines anderen Menschen kontrolliert zu werden? Würde ich es wieder zulassen? Was unternehme ich? Was verstehe ich unter einer gesunden intimen Beziehung? Bin ich bereit, meine Wunden zu heilen, um mich einer Beziehung zu öffnen?

Harmonie in der Partnerschaft
Herzliche Zuneigung, Herzenswärme, Offenheit, Vertrauen und Hingabe, Liebe, die die Freiheit des anderen achtet, tiefe Verbundenheit ohne Besitzansprüche, Geborgenheit und innerer Friede, Selbstliebe, Stille, Glück und innere Harmonie, Rezeptivität und Verletzlichkeit, Verwirklichung einer Liebe, die den anderen in seinem eigenen Sein umfasst

Disharmonie in der Partnerschaft
Verschlossenes und gebrochenes Herz, zurückgewiesene Liebe, emotionale Verstrickung in Leid und Verletzungen, Angst und Misstrauen, Isolation hinter der Schutzmaske der eigenen äußeren Persönlichkeit, mangelnde Selbstliebe, Ruhelosigkeit, emotionale Kälte

Herausforderung – Lernaufgabe
Liebe teilen

Erzengel
Michael

Die ArchAngeloi-Essenz Michael hilft, im eigenen Herzen auf die Stimme der Wahrheit zu hören. Hier kann man spüren, was stimmig und was unstimmig, was recht und unrecht ist, und einen Sinn für Freundschaft und echtes inneres Verbundensein zum Partner entwickeln. Durch die Treue zu sich selbst wird das innere Gleichgewicht aufrechterhalten. Deutliche Selbstwahrnehmung und ein klares Unterscheidungsvermögen helfen, Gefühle, Gedanken und Energien zu steuern und intensive Ängste und Befürchtungen loszulassen. Michael bringt das Schwert der Einsicht ins Herz und kämpft gegen die Kräfte der Finsternis. Er unterstützt uns darin, der eigenen Wahrheit zu folgen. Je mehr man die Schatten erkennt und bereit ist, sein Leid und alte Bilder zu erkennen und anzunehmen, desto eher löst diese Identifikation. Es ist die Treue zum eigenen wahren Wesen und das Ruhen in sich selbst, das das Strahlen des inneren Wesens bewirkt. Dieses Strahlen fließt durch die Augen, die Hände, das ganze Denken, Fühlen und Tun. Man braucht Sicherheit nicht zu suchen, denn sie liegt in jedem selbst. Nur aus der Mitte des Herzens heraus können Gefühle der Liebe zu einem Liebsten und ins Leben fließen, um Frieden und Glück entstehen zu lassen.

Anwendung

Bilde mit deinen Armen eine empfangende Geste, wie eine Schale. Sprühe dann aus deiner rechten Hand mit der ArchAngeloi-Essenz über deine linke Schulter, über deinen Kopf und über deine rechte Schulter. Bewege dann deine Hände und Arme wie Engelsflügel durch dein Energiefeld und verweile mit gekreuzten Handgelenken vor dem Herzen, bevor du weiter den Körper hinuntergehst. Sitze danach eine Weile still und erlaube der Essenz von deinem Energiefeld ganz aufgenommen und integriert zu werden.

Der Planet, dessen Kraft hier wirkt – Sonne

Die Sonne, Zentrum unseres Planetensystems, scheint da, wo ich durch die lebendige Erfahrung lerne und wachse. Das Sonnenhafte in mir ist mein Ich, der Kern meines Charakters. Meine mich kennzeichnenden Eigenschaften scheinen wie Strahlen aus meinem inneren Wesen. Es drängt mich zu Freiheit und Autonomie. Die Sonne repräsentiert auch meinen Drang zur Macht, um in meiner Partnerschaft auch meine inneren archetypischen männlichen Energien vital und furchtlos durchs Herz zu leben.

B 31 Grün/Gold
B 59 Hellgelb/Hellrosa
B 45 Türkis/Magenta
B 73 Gold/Klar
B 23 Rosenpink/Rosa
B 51 Hellgelb/Hellgelb
B 37 Violett/Blau
B 65 Violett/Rot

Körperregion zum Auftragen
Herzbereich, Zwerchfell, oberer Bauchbereich, ringförmig um den Körper herum

Entspricht dem *Herz-Chakra*, dem vierten Energiezentrum in der Mitte der Brust, aber integriert auch das *Sonnengeflecht*, das dritte Energiezentrum, ein Geflecht des sympathischen Nervensystems in der Magengegend.

B 31 Grün/Gold
Die Fontäne

Geliebter!
Es ist etwas geschehen: meine Begegnung mit dir, einem Menschen, der mich ganz besonders berührt. Als wir zusammenkamen, war mir, als wäre die erwachende Erde in mir mit der strahlenden Macht der Sonne in dir erfüllt worden. Ganz so, wie die Sonne ihren goldenen Segen über das Land legt und die Erde sie in freudigem Überschwang willkommen heißt. In der alten Religion der Muttergöttin war die Vereinigung von Erde und Sonne dazu bestimmt, dem Land Leben zu schenken. Plötzlich öffnen sich in der Wärme und Zuversicht deiner Liebe all meine Türen, und ich werde wieder ganz lebendig. Nun beginne ich diesen inneren Kern von Liebe, von Schönheit und Harmonie, der so

lange in mir im Verborgenen lag, ganz behutsam zu berühren und auszuloten.

Mein Liebster! Mit deiner Liebe berührst du mein inneres Zentrum, mein ganz eigenes Wesen. So, wie jedes Geschöpf und jedes Ding, jeder Mensch und jedes Tier, jede Pflanze und jeder Engel durch die Eigenschaften gekennzeichnet ist, die sie voneinander unterscheiden und ihnen eine unverwechselbare Identität verleihen, sind auch wir voneinander verschieden. Und doch: Es ist da etwas, das zwischen uns verschmilzt und eins wird. Wir haben begonnen, unsere Liebe miteinander zu teilen –, das Glück in unserem Leben genauso wie das Leid. Wir verpflichten uns, uns gegenüber ehrlich und offen zu sein. Wir schaffen Raum für das Miteinander in unserem Leben. Wir meistern die emotionale Seite unseres Wesens. Wir erneuern Inneres und Äußeres, und wir fließen miteinander. In unserer Liebe ergänzen wir einander. Das erfüllt uns auf allen Ebenen mit einem erhabenen Gefühl von Stärke. Wir sind vereint in Liebe und stärken uns gegenseitig. Ich spüre ein sicheres und klares Gefühl von Glück in mir mit dir.

Mein Liebster! Wird deine Liebe dauerhaft sein? Was ist, wenn du mit der Zeit Schichten in mir berührst, die ich noch nie einem Menschen gezeigt habe? Bereiche in mir, die verletzend sind für einen anderen Menschen und die deinem Herzen alles Verständnis und Verzeihen abringen, zu dem du fähig bist? Werden wir genügend Sinn für unser inneres Verbundensein entwickeln und Dauerhaftigkeit und Tragfähigkeit in unserer Liebe erreichen?

Mein Liebster! Darf unsere Liebe sich frei entfalten? Darf der individuelle Charakter all unserer verschiedenen Wesenszüge und unserer Liebe seinen Ausdruck finden? Ich bin voller Zuversicht, denn in unserem Zentrum ruht das reine Wesen als etwas, das nichts und niemanden im Besonderen sucht und das sich nicht abmüht, den anderen zu erkennen oder ihn zu verstehen, sondern den anderen einfach in seinem eigenen Sein erfasst und liebt!

Mein Schönster! Diese Liebe ist ein Zustand des Ruhens in mir selbst, aus dem heraus ich dich erkenne.

Du und ich – wir suchen keine Sicherheit, sondern bergen die Sicherheit in uns.

Wir haben uns ineinander verliebt und sollten keinen Machtkampf daraus machen. Manche Kämpfe gewinnen wir, indem wir sie verlieren! Als Krieger des Bewusstseins sind wir auch dazu aufgefordert, unser Ego, unsere Trägheit ebenso wie unsere Feigheit, Selbstsucht und Negativität zu besiegen und klar zu unterscheiden, zu trennen und Grenzen zu setzen.

Ich mache meine Liebe zu einem tiefen Zugeständnis an dich, ich mache sie zu einer Einladung. Ich erlaube dir ohne irgendwelche Bedingungen, dich mir zu nähern, und mir deine Liebe zu geben. Und plötzlich verschwindest du, und das Göttliche ist da!

B 59 Hellgelb/Hellrosa

Lady Portia

Meister-Flasche

Geliebter!
So viele Menschen stolpern und stürzen sich Hals über Kopf in die Liebe. Sie konnten sich recht und schlecht auf den Beinen halten, aber nun können sie nicht länger allein stehen. Kaum haben Männer eine Frau, Frauen einen Mann gefunden, fallen sie um. Offensichtlich sind sie bereit, sich fallen zu lassen und auf allen vieren zu kriechen. Sie haben kein Rückgrat, keinen Halt, sie haben nicht die Integrität, um auf eigenen Füßen zu stehen.

Mein Liebster! In Beziehung zu treten bedeutet zu lieben, bedeutet zu teilen. Doch bevor ich teilen kann, muss ich haben. Und bevor ich lieben kann, muss ich von Liebe erfüllt sein und überfließen.

Es ist Teil unserer eigenen Geschichte, unserer Vergangenheit, dass wir immer noch dazu tendieren, uns durch Angst beherrschen zu lassen und dadurch im Ganzen ängstlich und furchtsam werden. Wir müssen beginnen, darin die Zusammenhänge mit Mustern von Abhängigkeit zu erkennen, und Verantwortung für uns selbst und unsere Handlungen übernehmen.

Mein Gefährte! Liegt nicht der Hass von uns Frauen gegen die Männer darin begründet, dass wir von Männern gerichtet und vernichtet wurden und werden? Ein Baby verhungern zu lassen, es zu ertränken oder seine Knochen zu brechen, nur weil es als Mädchen zur Welt gekommen ist, bedeutet, ein Menschenrecht zu verletzen. Eine Frau oder ein Mädchen als Sklavin zu verkaufen oder zur Prostitution zu zwingen bedeutet, ein Menschenrecht zu verletzen. Eine Frau mit Benzin zu übergießen und zu verbrennen, weil ihre Mitgift als unzureichend betrachtet wird, bedeutet, ein Menschenrecht zu verletzen. Eine Frau innerhalb der Gemeinde der Vergewaltigung preiszugeben, die Vergewaltigung tausender Frauen als Kriegstaktik einzusetzen oder Soldaten wehrlose Frauen als Trophäe zu überlassen bedeutet, ein Menschenrecht zu verletzen. Wenn zu den Todesursachen von Frauen zwischen 14 und 44 Jahren häufig Gewaltanwendung zählt, die ihnen zu Hause von ihren Verwandten angetan wird, bedeutet dies, dass ein Menschenrecht verletzt wird. Ein junges Mädchen der schmerzhaften und erniedrigenden Verstümmelung ihrer Genitalien auszusetzen bedeutet, ein Menschenrecht zu verletzen. Und dies schließt erzwungene Abtreibungen und Zwangssterilisationen ein. Menschenrechte sind Frauenrechte. Frauenrechte sind Menschenrechte.

Mein Gefährte! Wir leben in einem Zeitalter weiblicher Kraftentfaltung. Ich mag deine Herausforderung auf dem Weg sein, als eine einweihende Frau und als eine Botin der Veränderung.

Mein Liebster! Du als Mann magst Verhaltensweisen an dir haben, mit denen du mich verurteilst – und mit mir alle Frauen. Dahinter liegt deine tiefe Verwundung, die dir vielleicht von einer Frau zugefügt wurde, vielleicht von einem Mann. Ich als Frau mag Verhaltensweisen an mir haben, mit denen ich dich verurteile – und mit dir alle Männer. Dahinter liegt meine tiefe Verwundung, die mir vielleicht von einem Mann zugefügt wurde, vielleicht aber auch von einer Frau, die sich dem männlichen Machtverständnis gebeugt hat.

Mein Geliebter! Ich schenke mir selbst volle Aufmerksamkeit und Wertschätzung. Ich frage mich, was mich von dir trennt. Ich höre auf zu bewerten. Ich befreie lieber jene Lebensenergie, die eingefroren ist in meinem Hass, in der Negativität, in der Frustration. Ich schaffe spielerisch Distanz zu dir, vergebe dir, lache lieber mit dir und sage einfach: »Aha, so ist das.«

Immer wenn etwas Unangenehmes in meinem Leben auftritt, sage ich mir: »Gut, dass ich sehe, was da los ist. Gut, dass ich fühlen darf, was mich bremst. Gut, dass ich spüren darf, was mich so empfindsam sein lässt.« Ich lasse mich gnädig und mitfühlend sein mit den Schichten, die in mir auftauchen, und stülpe mir nicht den Mantel von Schuld und Scham über, wenn ich sie sehe.

Ich habe die Wahl. Wenn ich aus Angst und Macht handle, bekomme ich andere Ergebnisse, als wenn ich aus Freude handle, weil ich mehr Weisheit will. Die Antwort kommt aus meinem eigenen Inneren. Ich überwinde meine Wut, meinen Ärger und meine Frustration. Ich sage dir, was mich mit dir verbindet und was es ist, das mich trennt von dir. Ich sage dir, was ich mir wünsche, um dir nahe sein zu können. Ich gleiche aus. Ich suche Gerechtigkeit. Ich lerne, wie ich weniger selbstkritisch sein kann. Ich werde mir meines eigenen Wertes, aber auch meiner Grenzen bewusst. Und so gelingt mir eine gesunde und klare Selbstbehauptung. Ich lerne im Äußeren zu unterscheiden, was in einer Situation angebracht ist – und was nicht. Es geht darum, welche Qualität ich von mir in den Moment hineinbringe.

Mein Liebster! Als Frau sollte ich mich nicht bemühen, um deine Liebe und Aufmerksamkeit zu erringen. Ich zeige einfach für das, was du, der Mann, zu bieten hast, Interesse und bin empfänglich. Du scheinst dankbar für die Gelegenheit zu sein, mich kennen zu lernen. Ich genieße es, wenn du für mich aktiv bist! Meine Empfänglichkeit ist das Geschenk, das ich dir mache. Ich sehe, wie du aufblühst, wenn ich für deine Versuche, für mich interessant zu sein oder mich zu beeindrucken und mir Erfüllung zu schenken, offen und empfänglich bin. Ich habe eine offene Haltung und prüfe immer wieder neu, ob ich dich lieben kann.

B 45 Türkis/Magenta

Atem der Liebe

Geliebter!
Mit dir habe ich die Liebe entdeckt! Wie wunderbar, wie gut, wie schön das ist! Mein Körper ist warm von der Hitze dieser Liebe. Wie geheimnisvoll, wie tief und wunderbar. Ich gebe meine Verehrung den Sternen und dem Mond, allen meinen Brüdern und Schwestern. Ich gebe meine Verehrung dem Geist der Leidenschaft, der das Licht im Universum und all dem, das es enthält, entzündet hat.

Mein Liebster! Ich erhalte mir auch jetzt einfach dieses Gefühl, ein Kind zu sein! Ich mache es zu meiner Wirklichkeit. Ein Kind lebt im Augenblick. Aber manchmal ängstigt es mich auch, mich wie ein Kind zu fühlen, denn es macht mich so verletzlich, so offen, und jeder kann mir wehtun. Zuweilen werde ich wieder ganz hilflos, aber diese Hilflosigkeit hat etwas sehr Schönes. Es ist schön, verwundbar zu sein, und es ist auch schön, hin und wieder einmal verletzt zu sein. Denn nur um diese Verletzungen zu vermeiden, mache ich mich hart, schaffe mir eine harte Kruste, lege ich mir einen Panzer zu. Das ist zwar sicher, aber auch tödlich.

Mein Geliebter! Kennst du die Namen der Liebe? Sie heißen: Zuneigung und Wohlwollen, Wärme und Vertrauen, Freude und Genuss, Zartgefühl und Feinheit, verlässliche Geborgenheit, Einfühlsamkeit und Verzauberung und vieles mehr! Die Zärtlichkeiten der Liebe zu erfahren gibt mir Zuversicht. Ich spüre, hier ist jemand, der mich mag, bei dem ich willkommen bin, dem ich alles anvertrauen kann, der mit mir durchhält, sich mit mir freut, meine Ängste besänftigt und meine Tränen versteht.

Liebster! Mit geliebten Dingen gehe ich bedachtsam um: mit einem Brief, den ich wieder und wieder lese, mit einem Bild, das ich leise streichle, an die Wange halte und küsse, mit einer Blume, einem Stein, mit dem kleinsten, unscheinbaren Ding. Ich nehme sie oft in die Hand, dann lege ich sie behutsam wieder in die Schatulle. Behutsamkeit – auch das ist Liebe und Zärtlichkeit! Das Wunder der Liebe verlangt von mir Reife und Führung des Herzens. Ich lasse die Liebe nicht einfach aus Laune oder Leidenschaft gehen wie Wind oder Sturm. Ich bleibe in Bewegung und lasse mein Herz auf vielerlei Weise sprechen: durch kleine Gefälligkeiten, spontanes Bereitsein, ein herzerfrischendes Kompliment, durch die Fröhlichkeit in meinen Augen, im Lachen, im Wort, in jeder Geste.

Mein Schönster! Auch die Erde braucht Liebe und Zärtlichkeit. Ich gehe mit dem Wasser, den Blumen, den Bäumen, dem Wald und der Wiese liebevoll um, beglückt mich doch die Erde auf zärtlichste Weise mit ihren wundervollen Reizen.

Mein Geliebter! Meine Liebe ist auch wild, und sie brennt zuweilen wie die Freiheit. Sie kennt keine Zeit. Heute Nacht liebe ich dich und du mich mit Atemholen, lachend, unbegreiflich. Ein Sprung ins Wasser – prickelnde, aufregende Spannung vor dem tiefen Eintauchen, dem Verschwinden, dem Sichüberlassen. Weit zurück bleibt die Welt, die ich ohne dich kannte. Ein Nest entsteht aus Worten und Küssen, ein Nest, das vor Angst und Erwartung zittert, in dem ich manchmal lache und singe und manchmal erschrecke. In mir ist die Liebe erblüht. Sie entfaltet sich jetzt unter vielen leidenschaftlichen Tränen. Ich liebe dich nun in allem, was dir ähnlich ist: im nächtlichen runden Mond, in der ruhigen, glatten Haut der See, in allem, was solch wilde Kraft besitzt wie deine Küsse. Liebe rinnt durch mein Haar, weht in der Luft, breitet sich aus bis an alle die Horizonte, über die wir irgendwann wanderten. Mir ist heiß vom Umarmen, von den Tränen, von den Beteuerungen. Ich erlaube mir zu wollen, zu nehmen, zu geben und zu feiern. Ich vertraue mich dem Reichtum der Empfindungen meines Körpers und der Intelligenz meiner Sinne an. So, wie die Sonne sich dem Mond jede Nacht hingibt, und der Mond sich der Sonne jeden Morgen, so ist es mit Mann und Frau.

Mein Schöner! Eben noch spürte ich deinen Körper – warm und deine Umarmung nahe an meinem Traum. Ganz durchtränkt hat dein Atem mich und meinen Körper. Du grubst Zeichen in meine Haut, die nicht verwischen von Wind noch Wasser, außer mein Name verlöre seine Farbe und sein Leben. Mitten auf meinem Strand voll Muscheln und Schnecken bist du ein Fels. Von nun an tönen die Wellen neu. Sie rollen mit anmutigem Lied befriedigt auf meinen Körper.

Auf Wiedersehen sagen, bis gleich, mich in dir verlieren, so, wie du in mir schon verloren bist, mit deinen schweigenden, ruhig geschlossenen Augen. Schön bist du wie ein verlorenes, in allem unschuldiges Kind.

Mein Liebster! Während ich mich in der Liebe auflöse, werde ich vom universellen Atem des Lebens aufgenommen. Jetzt existiert nur noch das universelle Herz, das unendliche Liebe in mir atmet.

B 73 Gold/Klar

Chuang Tsu

Geliebter!
Was bedeutet Liebe für mich? Ich bin sicher: Was unseres ist, wird zu uns zurückkommen. Die Natur folgt einem Plan. Ein Weiser sagte einmal: In jeder Blume liegt ein Same, in jedem Samen liegt eine Blume. Und nur zwei Blumen können in Beziehung treten, denn sie sind offen. Sie können sich gegenseitig ihren Duft schenken, sie können unter derselben Sonne tanzen, unter demselben Mond und im gleichen Wind. Sie können im Zwiegespräch sein, können miteinander flüstern. Zwei Samenkörner können das nicht. Samenkörner sind verschlossen, fensterlos – wie könnten sie in Beziehung treten?

Mein Herzallerliebster! Was hält mich verschlossen? Was hält mich zurück, an meine eigene Schönheit, meine Entfaltung in Liebe zu glauben? Was hindert mich daran, diese Blume zu sein?

Viel lieber glaube ich an meine Unwürdigkeit. Habe ich Angst davor, geliebt zu werden? Oder setze ich mich mit aller Kraft für die Liebe ein und gerate in Panik, wenn sie in greifbare Nähe rückt? Offenbar kann ich mir Liebe nicht einfach zugestehen.

Mein Liebster! In mir sind tiefe Zweifel an meinen Qualitäten. Ich habe Angst davor, vor dir zu meinen eigenen Stärken zu stehen. Manchmal lasse ich mich eher gehen und klammere mich an deinen Körper, suche im Essen, im Geld und anderen äußeren Quellen Befriedigung. Ich werde träge, gierig und übermaterialistisch. Durch mein Beharren auf Sicherheit versuche ich dann, mich an eine routinierte und risikofreie Beziehung zu binden. Oder bist du es, der mich an einen Überfluss von Essen, Geld oder anderen Lebenskomfort kettet, der besitzergreifend und unterdrückend ist? Ja, ich fühle mich unsicher! Ich muss lernen, meiner Passivität zu widerstehen oder sogar selbst besitzergreifend und klammernd zu sein.

Oh, mein Bester! Ich werde lernen, klar zu sehen und zu unterscheiden, ohne zu verurteilen. Ich muss innere Botschaften, die mich an unbefriedigende Gewohnheiten und Verhaltensweisen binden, neu bewerten und neue Botschaften entwickeln! Ich werde die Sicherheit in mir selbst finden! Ich werde lernen, die grundlegenden Bedürfnisse meines Körpers zu erleben und zu erfüllen. Ich werde mir Entspannung erlauben und Hingabe an mein inneres Wesen üben, so dass ich meine Fähigkeit spüre, aufrichtig Wärme und Zuneigung zu geben und, dass ich es wert bin, sie auch zu erhalten.

Mein Liebster! Ich will verbinden und ausgleichen. Ich bin zu Risiken bereit, offen für wunderbare Überraschungen und plötzliche Veränderungen oder Erweiterungen in mir und in unserer Beziehung. Ich lasse mich jetzt auf die tiefen Dimensionen meiner Gefühle ein und werde die Schönheit des Glücks und der Leidenschaft in unserer Liebe neu erschaffen und genießen.

Liebe muss aus den inneren Tiefen erwachsen, aus dem Urgrund unserer Seele, aus dem Unbewussten, da, wo ahnende Instinktsicherheit die Gewohnheiten und Reaktionen bricht und

Gestaltungskraft an ihre Stelle tritt. Liebe braucht eine wirkungsvolle Kommunikation, und ich teile mit dir meine Ideen. Schwierigkeiten werde ich konstruktiv und mutig durchfechten. Schließlich wird die Liebe immer wieder durch Tatkraft, Vitalität, zielgerichtete Energie und Durchsetzungsfähigkeit geschaffen!

Mein Liebster! Ich beginne, an mich zu glauben und mich als die Frau anzuerkennen, die es auf allen Ebenen verdient hat, dass ein Mann sie liebt und zu ihr steht – beständig, treu und dauerhaft. Sonst bringe ich mich immer wieder selbst um die Geschenke der Liebe.

Mein Liebster! Eine dauerhafte Partnerschaft zu haben bedeutet Entfaltung im Miteinander – sanft und warmherzig, umgänglich und heiter. Sich für das Denken und Fühlen des anderen zu interessieren. Es ist eine Verantwortung, vor der sich niemand drücken darf, die man nie vergessen und der man nie ausweichen kann. Von der Partnerschaft kann man sich keinen einzigen Tag freimachen. Sie will immer wieder neu kreiert werden und neu überdacht sein. Unsere Liebe zueinander sollte immer wieder in neuen, vielleicht mit der Zeit reifer werdenden Formen erobert, gelebt und ausgedrückt werden. Sie ist keine Selbstverständlichkeit, die wir einfach annehmen oder hinnehmen können. Keiner von uns beiden kann aufgeben, es sich anders überlegen oder einfach nicht da sein. Wir sollten uns der Verantwortung bewusst sein und ihr gewachsen sein. Ja, es gilt ernsthaft zu überlegen, was man da auf sich nimmt: zwei Leben, die voneinander verschieden sind, im Alltag miteinander zu teilen!

B 23 Rosenpink/Rosa

Liebe und Licht

Geliebter!
Mein König! Verwundet bist du, geschlagen, deinem Herzen ist Schmerz zugefügt worden. Ich nehme ein Licht in deinem Herzen wahr, das Licht deines Schmerzes, deiner heiligen Wunde.

Oder ist es das Licht deiner wachsenden Bewusstheit, deines Willens, das Paradies des Mutterschoßes zu verlieren? Ist es das Licht erwachender Verantwortung deinen Verletzungen und deiner eigenen Geschichte und Herkunft gegenüber? Das Licht des Verzeihens und das Erkennen der Freiheit, die wahre Liebe schenkt, weil sie weiß, erkennt und sich freiwillig gibt?

Mein König! Besitze ich die Weisheit des Verstehens der Liebe, der Sanftheit, des Mitgefühls, der Intuition und der Wärme? Sind es nicht neue Kräfte der Liebe, die sich in mir öffnen, eine neue Unschuld, ein Losgelöstsein von meiner Vergangenheit? Teilen möchte ich mit dir mein Herz, meine Liebe, denn ich liebe dich!

Geschwächt, doch ungebrochen finde ich dich in deiner Herzenskraft. Wie eine Rose, deren Kraft im Frost kristallisiert.

Kleine Rose, manchmal winzig und nackt, als hättest du Platz in meiner Hand, als schlösse ich dich drin ein und führte dich zu meinem Mund, um dich zu küssen. Aber plötzlich berühren deine Füße die meinen und dein Mund berührt meine Lippen.

Du liebst mich wahrhaft, mein Geliebter, denn deine Liebe durchdringt die Schale meines Verstandes, meinen ganzen Körper, hin zu dem süßen weichen Teil, der von Liebe und Wahrheit lebt. Ich werde körperlich geliebt von einem Mann, der die Wahrheit hört, wie ich!

Mein Liebster! Die Schale des Verstandes um meinen Leib ist etwas, was ich angenommen und als Person erworben habe, um mich gegen den Liebesmangel der Welt und meine Verletzlichkeit zu schützen. Ich wurde mental stark, so dass ich zurechtkommen und mir den Anschein geben kann, zurechtzukommen. Aber diese Stärke erzeugt meine Angst vor Verletzlichkeit. Angst davor, mich der Liebe zu öffnen. Also schottete ich mich von dem rückhaltlosen Fluss der Liebe ab und trage so zur Lieblosigkeit der Welt bei. Aber ich fühle mich allein dabei und spüre plötzlich so etwas wie die Schrecklichkeit und Sinnlosigkeit des alltäglichen Daseins.

Und so merke ich manchmal, dass ich auf jemanden warte, der mich liebt. Das bringt mich dann schließlich zu dem widersprüchlichen Gefühl, nicht von einem anderen Menschen abhängig sein zu wollen.

Mein Liebster! Der Punkt ist, dass *ich* es tun muss. Der Punkt ist, dass *du* es tun musst. Ich muss mich psychisch für deine Liebe, die Liebe des Mannes, öffnen. Und du musst dich physisch für meine Liebe, die Liebe der Frau, öffnen. Jeder von uns muss sich dabei dem eigenen Gefängnis und der eigenen Angst stellen.

Mein König! Ich habe dabei das Gefühl, dass ich manchmal nicht weiß, wie ich das erreichen soll. Es ist so, als ob ich durch diesen psychischen Kreis hindurchbrechen muss, den ich um mich herum gezogen habe. Er erlaubt mir nicht, zur nächsten erfüllenden Phase meines Lebens weiterzugehen, bis ich mich stelle und durch rechtes Handeln an dem schrecklichen Wächter vorbei durch den unpassierbaren Ring hindurchgehe. Jetzt ist Handeln gefragt. Ich werde mich selbst nicht länger der Angst opfern. Ich muss meiner eigenen Verletzlichkeit treu sein. Ich muss verletzlich sein. Ich muss mich zur Verfügung halten, indem ich dir, dem Mann, die Arme entgegenstrecke, damit du mich liebst. Ich muss in Liebe nackt dastehen, ohne Furcht um mich. Das ist eine heilige innere Balance, eine Haltung, die zu dir, Liebstem, zur Welt des Mannes hinauslächelt.

Und mein Schutz? Bis jetzt war mein Schutz meine Angst. Nun verwandelt sich mein Schutz und wird zur Erfahrung. Denn ich weiß aus meiner Erfahrung als Frau, was ich nicht will. Der Schmerz, den ich durch falsch verstandene Liebe erfahren habe, hat mich abgelenkt, aber schließlich ist meine Konzentration darauf verschwunden. Ich habe begonnen, einfach wahrzunehmen und zu fühlen. Kein Mann kann sich mir je wieder aufzwingen. Kein Mann kann mir mit seinen süßen Worten, seinen Geschenken, seinem Charme etwas vormachen. Denn ich bin eine Frau der Liebe des Göttlichen, des Wissens vom Leben. Ich weiß, dass deine Liebe, die Liebe des Mannes ist. Ich erwarte nicht, dass du Gott oder ein Engel bist. Ich will nur, dass du der Liebe treu bist und so, wie ich, über Liebe und Wahrheit sprechen willst und dass du dabei deiner eigenen inneren Realität gegenüber verletzlich und aufrichtig bleibst. Damit können wir beide sorgfältig alle Einzelheiten unserer Launen, Ärger, Verweigerung, Groll, Schuldgefühle und Angst betrachten und allmählich überwinden.

Mein König! Das Gleichgewicht und die Harmonie der Liebe, der Sorgfalt und der Bewusstheit zwischen uns Liebenden, zwischen Mann und Frau, sie kommen nun wieder in neuer Form zusammen. Das Göttliche hat alles in der Hand, so, wie die Liebe.

B 51 Hellgelb/Hellgelb
Kuthumi
Meister-Flasche

Geliebter!
Zugvögel ziehen viele Tausende von Kilometern über Länder und Kontinente hinweg, um zu den Orten zurückzukehren, an denen sie geboren sind. Sobald die Jungen dann geboren sind, kehren sie in die wärmeren Regionen zurück. Sie lassen sich dabei von den Magnetfeldern der Erde leiten wie von einem Kompass. Sie kennen ihr Ziel genau. Ebenso wie die Jungvögel, die noch nie an diesem Zielort waren.

Wirst du dein Versprechen halten und zurückkommen? Komm zu mir!

Mein Geliebter! Muss ich die männlichen Sexvorstellungen bedienen? Muss ich aufreizend sein? Etwas weint in mir innerlich und schämt sich. Lasse ich etwa wie ein braves Kind alles mit mir machen? Muss ich in einem engen Kleid tanzen? Meinen schönen Mund mit einem hässlichen roten Lippenstift anmalen? Männer sind supernett, überfreundlich, alle schauen sie mich mit einem breiten Grinsen an. Sie zeigen ihre weißen Zähne. Ich bin gelähmt. Entscheidungsunfähig. Ich werde von oben nach unten angeschaut. Die Männer haben offenbar viel Spaß mit mir. Sie fassen mich überall an. Messen mich mit ihren Händen aus wie mit dem Maßband. Ich spüre ihre dreckigen Gedanken. Bin ich für die Befriedigung des Mannes verantwortlich?

Nein! Ich gewinne Klarheit. Es gibt nur endlose Verstrickungen, Verwirrungen und Grenzüberschreitungen, wenn Männer vorpreschen oder ich etwas in ihnen zu heilen versuche und die Mutterrolle übernehme. Nein, das gefällt mir nicht! Es ekelt mich an! Eher verschließe ich mich!

Nein – ich will um meiner selbst willen geliebt werden. Ich bin es ganz und gar wert, dass ein Mann mir sein Herz schenkt!

Mein Liebster! Aus purer Profitgier werden die Regenwälder gerodet. Die Erde ausgeraubt von ihren Schätzen. Die deutschen Flüsse treten in diesem Winter wieder über ihre Ufer, nachdem es ununterbrochen eine ganze Woche lang geregnet hat. Die Klimakatastrophe hat längst begonnen. Unwetter und Überschwemmungen in Brasilien. Rutschende Erd- und Wassermassen reißen mit ihrem Schlamm Häuser fort. In manchen Bereichen Brasiliens werden ganze Wohnviertel fortgeschwemmt oder verschwinden im Schlamm. Der Notstand ist ausgerufen. Die Population einiger Tierarten ist in nur zehn Jahren auf die Hälfte oder sogar auf ein Viertel und weniger geschrumpft. Manche Arten sind vom Aussterben bedroht. Das natürliche Gleichgewicht von Jagdtieren und Beutetieren verschiebt sich.

Mein Geliebter! Dadurch, dass der Intellekt vorangeht, ist er vom Weg abgewichen. Offenbar haben die Menschen vergessen, mit den Engeln, den Tieren und den Pflanzen in Liebe und Harmonie zu leben und mit ihnen zu kommunizieren. Sie sind Egoisten geworden.

Mein Liebster! Ich will einen Mann, der Reife besitzt und frei ist. Ein Mann, der mich will und die Dinge seines Lebens mit mir teilt. Ein Mann, der ehrlich ist mit sich selbst und mit dem ich eine gute Partnerschaft haben kann. Ein Mann, klar in seinen Grenzen, der weiß, dass er mich liebt und mit mir als Ziel die gegenseitige Liebe hat.

Mein Geliebter! Sollte der Mann nicht lernen, seine Macht in positiver Form zu nutzen? Nicht verletzend, nicht im fortlaufenden Bestreben, die Frau, alles Weibliche oder Mutter Erde besitzen, unterdrücken, dominieren zu wollen!

Ist nicht alles, was lebt, ein anhaltender Versuch, das unausdrückbare göttliche Ideal zu verwirklichen? Geht es nicht darum, persönliche Ignoranz aufzulösen? Das gibt den Zugang frei zu dem außerordentlichen Königreich – der Kraft hinter allen Dingen, dem perfekten Licht des Inneren.

Liebster! Inzwischen gibt es zahlreiche Umweltkatastrophen durch Tankerunglücke auf hoher See, Ölpesten, die Tausende von Kilometern mit der »schwarzen Flut« überziehen. Auch in diesem Winter gibt es wieder eine schwarze Flut an der spanischen Küste. Zigtausend Tiere verenden. Zehntausende von Küstenbewohnern und Fischern kämpfen um ihre Existenz.

Oh mein Geliebter! So kommt es, dass ich lerne, nicht danach zu verlangen, getröstet zu werden, sondern zu trösten. Und nicht zu erwarten, verstanden zu werden, sondern zu verstehen. Und statt zu erwarten, geliebt zu werden, liebe ich.

Vielleicht kann ich ein Werkzeug des Friedens sein, so, dass ich Liebe bringen kann, wo Hass ist. So, dass ich Versöhnung bringen kann, wo man sich kränkt. So, dass ich Einigkeit bringen kann, wo Zwietracht ist. So, dass ich die Wahrheit dahin bringen kann, wo Irrtum herrscht. So, dass ich den Glauben dahin bringen kann, wo der Zweifel quält. So, dass ich Hoffnung bringen mag, wo Verzweiflung droht. So, dass ich die Freude dahinbringe, wo Traurigkeit herrscht.

Ist nicht Buddha auch Adam, der zurückgekehrt ist, um den Garten Eden wieder zu betreten! Nun kommt er mit vollem Bewusstsein wieder, im absoluten Licht der Seligkeit. Er hat die Einheit in sich wiedergefunden. Nun kann sich der Kreis für alles schließen.

B 37 Violett/Blau

Der Schutzengel kommt auf die Erde

Geliebter!

Am Anfang, als alles noch ganz neu auf der Erde war, wanderten die Engel Seite an Seite mit den Menschen und lehrten sie praktische Dinge und spirituelle Wahrheiten. Mit der Zeit aber verloren die meisten Menschen die Engel aus den Augen, und nur ein paar wenige konnten noch hören, was die Engel ihnen zu sagen hatten.

Und so kam es, dass einige Engel die Möglichkeit bekamen, den Strom des Lebens zu überqueren und sich in einem menschlichen Körper zu inkarnieren. Unwissend und ohne nachzudenken wählten sie eine Form aus und traten durch ihren eigenen Willen in eine Welt ein, die ihnen fremd war. Sie fanden sich in einer Welt wieder, in der die Menschen sie nicht so liebten wie die Engel die Menschen. Die spontanen Emotionen, die jene Engel bedrängten, die die Grenze überschritten hatten, waren Angst und Frustration. Sie waren von der Schwerfälligkeit der Welt der Menschen überwältigt. Für ein Wesen, das aus Licht besteht, das so formbar ist wie Ton und so liebevoll wie das Göttliche, ist es schwierig, inkarniert zu sein. Das Gefühl von tiefer Einsamkeit schnitt nun jene Engel von dem Reich ab, in dem sie immer gelebt hatten.

Mein Geliebter! Manchmal scheinst du mir so abgekehrt, so verschlossen und abgewandt. Was ist es, das du verloren hast? Was hat dich verletzt? Ist es die Suche nach dem Ort auf dieser Welt und dem Menschen auf dieser Welt, mit dem du dich zu Hause fühlst? Engel leben durch Glauben und brauchen auch den Glauben anderer, um auf der Erde leben zu können.

Mein Liebster! Geben wir nicht beide unseren tiefen Gefühlen der Liebe Ausdruck! Auf den blauen Flügeln des Geistes unserer friedlichen Kommunikation heben wir unsere emotionalen Beziehungen in Liebe empor auf die Ebene des Austausches und des gegenseitigen Verstehens.

Mein Liebster! Die Angst vor dem Irakkrieg, aber auch vor einer neuen Weltordnung, einseitig dominiert durch die Amerikaner, beschäftigt in diesen Tagen die Menschen. Die USA sind seit dem Angriff und der Zerstörung der Zwillingstürme am 11. September 2001 verwundet und möchten ihre Macht wiederherstellen. Strategische Interessen hat eine Weltmacht heute im Zweifel einfach überall. Ihre Vorstellung besteht offensichtlich auch darin, die politische Landkarte im Nahen Osten neu zeichnen zu können.

Mein Liebster! Warum können wir nicht auf Krieg verzichten und die Gemeinsamkeiten mit unseren Mitmenschen herausfinden? Ohne eine friedliche Haltung und ein friedliches Miteinander gibt es keine wirkliche Veränderung! Warum liegt uns das Wohlergehen anderer so wenig am Herzen? Warum nähren und unterstützen wir Menschen einander so wenig? Halten wir an unseren Eitelkeiten fest?

Wenn man einem Engel begegnet, dann bringt er ein Empfinden für echten Frieden mit, das höher ist als alle Vernunft. Das Engelhafte in uns selbst wird berührt. Tragen wir nicht auch Flügel, mein Liebster? Sind unsere Flügel nicht die Schönheit unserer Seele?

Mein Geliebter! Engel empfinden alles durch das Herz, sie sehen alles aus der göttlichen Einheit heraus. Sie führen den göttlichen Willen aus und entfalten den göttlichen Plan, was aufgrund der Natur ihres Wesens unsichtbar geschieht, egal, ob sie sich im Reich der Engel befinden oder auf der Erde.

Mein Liebster! Ich glaube, der Mensch ist ein Fremdling! Warum halten wir ständig an der Fiktion fest, dass wir hier auf der Welt irgendwo zu Hause sind? Bist du mir wirklich bekannt? Und: Gibt es wirklich die Möglichkeit, einen Menschen zu kennen? So ist auch das Zuhause nur eine von vielen menschlichen Fiktionen: Wir erzeugen ein Zusammensein mit Menschen, wir stiften Gemeinschaften, Nationen, Familien, nur um nicht allein zu sein. Wir wollen das Gefühl haben, dass es den anderen gibt – einen Vertrauten, jemand, den man kennt.

Mein Liebster! Suchen wir nicht alle unseren wahren Partner, unsere wahre Familie und die Gemeinschaft, in der wir uns zu Hause fühlen!

Mein Liebster! Es wird gesagt, dass dem Fischerkönig, der mit seinem Land in heiliger Ehe verbunden war, zu Zeiten König Arthurs der Gral anvertraut war. Ich glaube, jedem Lebewesen ist tief im Herzen dieser Gral anvertraut. Und wer in Liebe die richtige Frage stellt, enthüllt nicht nur das Geheimnis des Grals, sondern heilt den verwundeten Fischerkönig, verjüngt das öde Land, erneuert die Erde und macht sie fruchtbar.

B 65 Violett/Rot

Den Kopf im Himmel und die Füße auf der Erde haben

Geliebter!
Wenn ich in dieser Welt einsam bin, dann habe ich mich von der Liebe abgeschottet. Dasselbe gilt für jede andere negative Haltung, mit der ich mich abgebe und der ich mich hingebe. Hinter jeder Negativität steckt Selbstsucht.

Mein Liebster! Ich bin dazu bereit. Ich habe lange genug gelebt und lange genug geliebt, um die Frau zu sein, die ich bin. Ich bin selbst verantwortlich für mich. Ich bin nicht abhängig von jemand anderem, oder von dir. Ich weiß, was ich tue und warum ich es tue. Wenn ich innerlich den ersten Schritt tue, wird das die äußere Manifestation meiner eigenen Bereitschaft zu lieben hervorbringen. Diese Energie steht mir jetzt tatsächlich zur Verfügung! Ich bin in meiner Mitte. Ich zerbreche mir nicht den Kopf durch zu viel Denken, und mein Körper ist im Gleichgewicht, weil meine beiden Füße fest auf der Erde stehen!

Mein Liebster! Mein Leben lehrt mich, damit aufzuhören, mich von meinem fragenden »Was soll ich denn als Nächstes tun«, rationalisierenden und entscheiden wollenden Verstand ablenken zu lassen. Genau dieser Verstand ist es, von dem ich mich jetzt abkoppele. Ich stelle mich dem machtvollen fortlaufenden Lebensprozess, so, wie er ist. Er findet immer JETZT statt. Kein Verstand, kein Gedanke kann ihn beschreiben oder verstehen. Es gibt im Leben keine Wahl, nur im Kopf.

Mein Liebster! Bedeutet Lieben nicht am Ende, alles Fragen, alles Suchen, jede Wahl, alles persönliche Wollen aufzugeben? Es gibt nur das, was geschieht. Es gibt nichts zu tun, als sich einfach hinzugeben, zu sein und Zeuge dieses Seins zu werden.

So fahre ich weiter fort, mein Bestes zu tun, um mitten im Leben der Situation selbst treu zu sein. Ich bin sicher, dass ich im Augenblick meines Todes genau in diesen Ort, in das Sein der Liebe, sinke, und dass dieser Ort Liebe in ihrer vollendeten Form ist.

Mein Geliebter! Bedeutet positive Männlichkeit nicht Initiative, Kreativität, Wagemut! Der negativ eingestellte Mann wird zerstörerisch. Der positiv eingestellte Mann wird schöpferisch. Destruktivität und Kreativität sind nicht zwei getrennte Dinge, sondern nur zwei Aspekte derselben Energie. Die gleiche Energie kann sich einmal als Aggression und ein andermal als Initiative auswirken. Wenn Aggressivität zu Initiative wird, hat sie eine ganz eigene Schönheit. Wenn Brutalität zu Wagemut wird, wenn Gewaltsamkeit zum Forscherdrang wird, zur Erforschung neuer, unbekannter Bereiche, wirkt sie sich sehr wohltätig aus.

Mein Liebster! Du bist auch der Ritterliche, der, der mir seinen Arm anbietet, der, der mir mit liebender Wärme und Fürsorge gern seine Unterstützung und Hilfe gibt, mich abholt, mich bringt, mir seine Sicherheit und seinen Schutz gibt, mich liebevoll ehrt in meinem Frausein, in meiner Arbeit, meinem Tun.

Mein Geliebter! Ich liebe deine Reife und Klugheit. Ich liebe deine Stimme, die aus Erfahrung spricht. Du bist mir ein Helfer, dem ich vertrauen kann. Ich fühle deine Kraft und Treue an meiner Seite. Ich achte deine hohen Ziele, für die du es wert findest, deine Kraft zu geben und zu kämpfen. Ich weiß, deine Aufgaben sind groß und verlangen von dir den Einsatz all deiner Kräfte. Ich kann mich entspannen in deiner Großzügigkeit und deinem Humor. Mit dir erlebe ich, dass der Himmel auf die Erde kommt und die Erfüllung von Liebe in mein tägliches Leben einzieht.

Mein göttlicher Erdenmann! Mein Gehörnter und Gekrönter!

Du bist der Tapferste von allen Herzen. Du bist die Stärkste von allen Seelen. Du bist mein Licht in der Dunkelheit. Du bist der Ort, den ich mein Zuhause nenne. Ich sehe es in deinen Augen, auch du bietest der dunklen Nacht der Seele die Stirn, manchmal auch ängstlich und allein. Deshalb bin ich da. Wenn der Sturm entbrennt, wenn die Schatten niedergehen. Mit jedem Schlag meines Herzens werde ich dir nahe sein, jeden Tag, jeden Augenblick, in dem ich lebe. Das ist das Versprechen, das ich dir mache. Das ist es, was ich dir gebe, wenn es das ist, was es braucht.

Du darfst in meinen Armen schlafen. Du brauchst mir nichts zu erklären, wenn dein Herz dir schmerzt, Liebster. Ich bin hier mit meiner Liebe für dich. Jeden Tag ohne Ende, werde ich das sein – wie ein Fels. Ich werde alles riskieren, ich werde kämpfen, ich werde bluten, ich werde mein Leben opfern, wenn es das ist, was es braucht. Das ist das Versprechen, das ich mache, und das ist das, was ich dir gebe. Durch den Wind und den Regen, durch den Rauch und das Feuer, wenn die Angst wieder hochkommt, wenn die Welle noch umso höher ist – ich werde dir mein Herz hingeben, meinen Körper, meine Seele, die ganze Nacht hindurch, und nie aufhören, jede Sekunde meines Lebens. Das ist das Versprechen, das ich mache. Liebster, das ist es, was ich geben werde, wenn es das ist, was nötig ist, jeden Tag.

Sphäre 7

Durchsetzungsfähigkeit und Macht

Fragen an sich selbst

1. Habe ich Angst vor der Verantwortung, in einer Partnerschaft Einheit, Liebe und Glück zu kreieren? Oder fühle ich mich im Gegensatz dazu für alles und einen Partner mitverantwortlich?
2. Respektiere ich mich selbst? Kann ich Änderungen in mir selbst, in meinem Aussehen, in meiner Lebensführung oder in meiner Haltung meinem Partner gegenüber beschließen und mich daran halten?
3. Bin ich mir selbst oder meinem Partner gegenüber sehr kritisch? Muss ich mich wegen meiner Bedürfnisse und Wünsche schuldig fühlen oder meinem Partner die Schuld geben, um mich zu schützen? Was wäre die Mitte zwischen den Extremen?
4. Brauche ich für meine Handlungen die Zustimmung meines Partners? Wenn ja, warum?
5. Wünsche ich mir häufig, dass mein Leben oder meine Partnerschaft anders wäre? Wenn ja, tue ich etwas, um mein Leben oder das Miteinander zu verändern, oder habe ich mich einfach in mein Schicksal ergeben?

Harmonie in der Partnerschaft

Sich selbst treu bleiben, Sexualität, Lust, Triebe und Bedürfnisse zusammen mit den Herzensbedürfnissen nach Nähe, Berührung und Zärtlichkeit in Kontakt mit sich selbst und miteinander, tief empfundene Sinnlichkeit, gegenseitige Hilfe zur Selbstverwirklichung und Eigenständigkeit, gegenseitige Unterstützung bei der beruflichen Erweiterung und Erfüllung, Kraft und Lebensfreude, die nährt, heilt und regeneriert, liebevolle Verschmelzung miteinander

Disharmonie in der Partnerschaft
Druck durch übertriebenen Ehrgeiz und Ansprüche, Selbstbehauptung auf Kosten des Partners, übersteigertes Machtstreben, Rücksichtslosigkeit, extremes Konkurrenzverhalten, verschleierte Gefühle, in den eigenen erotischen Wünschen und Phantasien gefangen sein, Ausgehungertsein durch unterdrückte und verdrängte Bedürfnisse in Liebe und Sexualität

Herausforderung – Lernaufgabe
Bewusstwerden der eigenen sexuellen und emotionalen Bedürfnisse, Selbstausdruck in Wahrheit und Schönheit finden

Erzengel
Haniel

Haniel bedeutet »die Verkörperung des lebendigen Göttlichen«. Gemeint sind dabei auch alle Naturgötter und -göttinnen verschiedenster Kulturen ebenso wie die Sterne oder die Natur von Tieren und Pflanzen. Durch Haniel kann man nicht nur das Bewusstsein wahrer Göttlichkeit und wahrer Schönheit erwerben, sondern auch geistig in die Zusammenhänge eindringen, die Umstände der Liebe und den besonderen Menschen, den man liebt. Das geschieht durch Worte, Töne, Farben, Formen, Fühlen, Tanz und Ausdruck des Körpers in Bewegung und Berührung. Haniel ist eine smaragdgrüne Gestalt mit Flügeln, über deren Kopf ein rosafarbener Lichtschein leuchtet.

Bisher gibt es noch keine ArchAngelo-Essenz Haniel.

Der Planet, dessen Kraft hier wirkt – Venus
Die Venus steht für Liebe, Liebe jenseits von Illusion, eine Liebe voller Gefühlskraft und Sinnesempfindungen. Sie wirkt verbindend und ausgleichend. Ihre Gaben sind die Liebe zur Schönheit, zur Erotik, zur Harmonie und zum Teilen. Venus ist Weiblichkeit, Liebe und Heilung, Waage und Gleichgewicht, Polarität

auf vielen Ebenen. Venus drückt die Qualitäten von Geben und Nehmen, Wertschätzung und Liebe aus.

B 30 Blau/Rot
B 58 Hellblau/Hellrosa
B 44 Flieder/Hellblau
B 72 Blau/Orange
B 103 Opalschimmerndes Hellblau/Tiefmagenta

Körperregion zum Auftragen
Um die Hüften herum und den unteren Rücken sowie oberhalb des Nabels im Bereich des gesamten Zwerchfells

Entspricht dem *Solarplexus-Chakra*, dem dritten Energiezentrum mit dem Sitz im Zwerchfell, der vegetativen Steuerung, der Vitalkraft, Empfindsamkeit und Reaktion auf äußere Reize.

B 30 Blau/Rot
Den Himmel auf die Erde bringen

Geliebter!
Mit Liebe im Herzen begrüße ich den heutigen Tag. Ich liebe die Sonne, weil sie mich wärmt. Ich liebe den Regen, weil er meinen Geist reinigt. Ich liebe die Dunkelheit, weil sie mir die Sterne zeigt. Ich liebe das Licht, weil es mir den Weg erhellt. Ich liebe es, glücklich zu sein, weil es mein Herz öffnet. Ich liebe die Traurigkeit, weil sie meine Seele öffnet. Ich liebe Hindernisse, weil ich durch sie wachsen kann. Ich liebe die Erde, weil sie mich trägt und mich mit allem versorgt, was ich brauche. Ich liebe den Himmel, weil er mich schützt. Ich liebe deine Zärtlichkeiten, weil sie mich deine Wärme spüren lassen.

Mein Liebster! Die Liebe ist die Herausforderung, zum Künstler des Herzens zu werden! Sie erfüllt mich mit Farben, Formen, Tönen, Düften, Geschmäckern und Liebkosungen. Sie wird in mir zu einem Tanz meiner Seele in all ihren verschiedenen Rhythmen.

Aus Begierde und Lust griff Eva einst nach dem Apfel, der glitzernden Frucht der Zeit und der vergänglichen sinnlichen Welt, und erntete das Leiden, in der Welt zu leben, Leiden in ihrem Körper, in ihrer Seele, in allen Formen.

Der Charme, die Verführung und die Schönheit der Liebe offenbart sich jedoch erst, wenn wir das Licht der Bewusstheit hineinfließen lassen. Lust will nicht unterdrückt, ausgehungert und verdrängt werden oder abgetötet. Der Weg liegt in der Mitte, nicht in den Extremen. Lust will mit Bewusstheit gelebt und ausgekostet werden und in Liebe verwandelt werden. In unserer Lust, in unserem Verlangen, liegt die Wurzel unseres Leidens und unserer Erfüllung.

Mein Liebster! Der Mann braucht die Frau, ihre Wärme, ihre Erdhaftigkeit, um Wurzeln zu schlagen, um sich in der Erde zu verwurzeln. Er hat Angst, weil er zwar Flügel hat, aber keine Wurzeln. Er hat Angst, dass er einfach abhebt, wenn er sich nicht an die Erde klammert. Er hat Angst, im grenzenlosen Himmel zu verschwinden und nie wieder zurückzufinden. Diese Angst lässt den Mann eine Frau suchen.

Die Frau hat keine Flügel, aber sie hat Wurzeln, starke Wurzeln. Die Frau ist die Erde selbst. Und ihre Angst ist, dass sie allein nie imstande sein wird, ins Unbekannte zu fliegen. Die Frau kann kein Träumer sein wie der Mann. Es ist kein Zufall, dass die Frauen in früherer Zeit keine großartige Dichtung und Musik hervorgebracht haben. Sie haben keine Flügel, sie sind erdgebunden, pragmatisch, real – durch und durch normal. Frauen sind vielleicht zu vernünftig, um Gedichte zu schreiben. Es braucht eine gewisse Geistesverwirrung, Illusionen und einen gewissen Größenwahn, um Gedichte schreiben zu können.

Mein Geliebter! Ich habe das Verlangen, Ablehnung zu überwinden. Ablehnung, die ich in unbewusster Form mir selbst, meinem Körper und seinen Bedürfnissen gegenüber habe, und jene Ablehnung, die du mir entgegenbringst. Ich will keinen Heuchler, ich will einen echten, authentischen Mann. Wenn ich meinen Körper liebe, beginnt das Leben mir seine Türen zu öffnen. Wenn ich durch meinen Körper liebe, werden mir Mysterien enthüllt, werden mir Geheimnisse offenbart. Wenn ich meinen Körper liebe, dann werde ich auch meiner Seele gewahr werden, die in ihm wohnt. Ich liebe meinen Körper. Ich liebe meine Instinkte, meine Lust, und möchte sie in ihrer Ganzheit und Totalität leben.

Mein Gefährte! Unsere Eltern haben großen Wert darauf gelegt, uns zum braven Jungen oder anständigen Mädchen zu erziehen. Wir hatten zu lernen, uns gehorsam unterzuordnen und einzufügen. Weil wir für solches Verhalten belohnt wurden, haben wir es zu einer Lebensstrategie erhoben, mit der wir meistens gut durchkommen. Doch nur, wenn wir beständig die andere Seite unserer Persönlichkeit unterdrücken. Wenn wir nicht irgendwann den Mut aufbringen, unseren Standpunkt auch gegen Widerstände tapfer durchzusetzen, werden wir zu grauen Mitläufern, die ihr Fähnlein nach dem Wind hängen und anderen nach dem Mund reden. Wer sich unangreifbar macht, bezahlt seine vermeintliche Sicherheit mit der Substanz seiner Persönlichkeit und dem Verlust seiner Integrität.

Mein Liebster! Ich beginne zu sehen, was auf der Bühne meines Bewusstseins geschieht. Ich nehme meinen Mut, um meine Meinung jetzt auch gegen Widerstände durchzusetzen. Ich erobere mir meine Flügel wieder zurück. Zugleich mache ich mich auch angreifbar. Das ist der einzige Weg zum Frieden! Von diesem Platz des Friedens in mir beziehe ich mich in friedlicher Absicht auf dich. Ich verliere den Frieden, wenn ich mit mir kämpfe, wenn ich urteile oder wenn ich Unterscheidungen treffe, die mit Bewertung zusammenhängen. Dann atme ich aus und beginne wieder neu, mich mitzuteilen.

Mein Liebster! Liebe und Liebkosungen begleiten mein Leben: die liebevolle Liebe meiner Mutter an der Wiege, die fürsorgliche zu meinem Teddybär, die scheue meiner ersten Liebe, die stürmischen Liebkosungen meiner Verliebtheit, die beharrlichen Zärtlichkeiten in langen Beziehungen und vielleicht die sorgsamen Liebkosungen in meinen älteren Tagen, die mich begleiten werden, wie auch die wohlwollende Liebe meiner Freunde. Ich bin dankbar für so viel Zärtlichkeit! In der Stunde des Abschiedes seien Zärtlichkeiten Zeichen und Siegel unserer unverbrüchlichen Treue.

B 58 Hellblau/Hellrosa

Orion & Angelika

Meister Flasche

Geliebter!
Ich erwache bei der Morgenröte mit beflügeltem Herzen und sage Dank für einen weiteren Tag des Liebens. Zur Mittagszeit ruhe ich und sinne über die Verzückung der Liebe nach. Am Abend kehre ich in der Dämmerung mit Dankbarkeit heim. Ich schlafe dann in der Nacht ein mit einem Gebet für dich in meinem Herzen und mit einem Lobgesang für die Liebe auf meinen Lippen.

Venus, du Morgen- und Abendstern, leuchtest als der erste und hellste Stern am Abendhimmel und erlischst erst in der aufgehenden Sonne am Morgen. In manchen Mythen bist du, Venus, sogar Pol jener Achse, um die sich die Welt dreht.

Mein Liebster! Einst sah ein Mann, ein Jäger, mit Namen Orion die Göttin Angelika. Verlangen erfüllte ihn und er verliebte sich in sie. Sein Verlangen wurde jedoch sein Niedergang. Wollte er sich davonstehlen, nachdem sie sein Verlangen erfüllt hatte? Hat er seine Bedürfnisse nach Nähe und Berührung, nach Zärtlichkeit und Kontakt kompensiert durch Sexualität und Erotik? Als eine Sternenkonstellation wurde er in den Himmel gesetzt, um so in Sehnsucht für immer seiner Liebe, seiner Angelika, zu folgen.

Mein Liebster! Die Venus leuchtet in der Nähe des Mondes, und ich gebe Acht, um mich nicht von meinen verliebten Illusionen fangen zu lassen. Die Liebe sollte auch Schönheit und seelischen Adel nähren, nicht nur die Lust der Sinne!

Mein Geliebter! Alles erscheint mir im Moment wie in Schleier gehüllt: Ich mache mich selbst durch meine eigenen beschränkten Vorstellungen klein! Vielleicht sollte ich Geduld lernen, Glaube und Vertrauen, Beharrlichkeit und Liebesfähigkeit. Dann wird vielleicht das, was mir unüberwindlich scheint, überwindlich. Und nur jenem Mann, dem es bestimmt ist und der mein Erwählter ist, wird es auch gelingen, Unüberwindliches zu überwinden, um sich mit mir in Liebe und Licht zu vereinen.

Da ist ein Schleier der Sehnsucht und Vergeblichkeit vor meinen Augen! Eine tiefe Liebesbeziehung kann nur lange halten, wenn sie täglich neu begonnen wird!

Mein Herzensliebster! Wenn ich beginne, mich wirklich zu spüren, kommen viele Dinge zum Vorschein. Werden wir Liebenden nicht wieder zu Kindern, weil die Liebe uns ganz annimmt!

Mein Gefährte! Du bist ein Schatz für mich, mein Stern! Das Göttliche hat mir ein Geschenk gemacht. Aus Fleisch und Blut. Mein Stern, der so hell erstrahlt. Du bringst neues Leben in mein verwundetes Herz. Du gibst meiner Seele ein Zuhause. Du stellst keine Forderungen an mich. So, wie ich bin, bin ich schön für dich. Und so lasse ich meine Ideale, meine Forderungen, meine Persönlichkeit fallen. Ich streife meine alte Haut ab und werde wieder wie ein Kind. Liebe macht mich jung! Und je mehr ich liebe, umso jünger bleibe ich. Ich glaube, Liebe ist nichts anderes, als durch dich, Liebsten, mit mir selbst in Kontakt zu kommen. Durch dich, der du mich annimmst, mich spiegelst, so, wie ich bin.

Mein Liebster! Auch in meiner Liebe zu mir selbst nähre ich mein Inneres Kind mit so viel Liebe, bis ich so voller Liebe bin, dass ich sie unbedingt mit dir teilen möchte. Wenn man gibt, ist man niemals ein Bettler. Man ist der Gebende!

So kommen wir dann als zwei Könige, zwei Meister unserer eigenen Herzen, in großer Freude zusammen. Du und ich – wir sind unabhängige Individuen, die in ihrer eigenen Mitte ruhen und in sich selbst verankert sind. Wir haben Wurzeln, die in die Tiefe des eigenen Wesens hinabreichen, von wo der Saft, den wir Liebe nennen, an die Oberfläche kommt und zu Tausenden von Blüten erblüht.

Mein Schönster! Schon mit der Berührung unserer Hände oder durch unsere körperliche Nähe übertragen wir in unserer Liebe Lebenskraft, vermitteln wir einander das Heilsame der Liebe, erfahren Heilung, Zuneigung, Ausgewogenheit und Vertrauen. Es ist das Lieben, das die Kraft des Lebens selbst ist und uns heilt, indem es das in uns verkümmerte, blockierte oder versiegende Leben erneuert, anregt und in Fluss bringt.

Mein Liebster! Ich fange jeden Tag wieder neu an! Ich lass mich nicht niederdrücken von dem, was mich gestern betrübte und beschwerte. Ich sehe jeden Tag alles neu: mit neuen Augen und neuer Zuversicht, mit Staunen und Zärtlichkeit. Ich liebe dich, wie die Blume den Frühling liebt.

Komm, sanfte, schwarz bestirnte Nacht, komm, gib mir meinen Liebsten. Wenn er einst tot ist, zerteilt in kleine Sterne, dann wird er das Gesicht des Himmels so verschönern, dass alle Welt sich in die Nacht verliebt und niemand mehr der grellen Sonne huldigt.

B 44 Flieder/Hellblau

Der Schutzengel

Geliebter!
Am Anfang, als alles noch ganz neu auf der Erde war, wanderten die Engel Seite an Seite mit den Menschen und lehrten sie praktische Dinge und spirituelle Wahrheiten. Engel haben ihren Ursprung im Herzen des Göttlichen. Unsichtbar und in Stille führen sie den göttlichen Willen aus und entfalten den göttlichen Plan, jenen zu diensten die sie wahrnehmen. Doch mit der Zeit

haben sich die Menschen und Engel immer mehr aus den Augen verloren, und heute können nur einige wenige noch hören, was die Engel ihnen zu sagen haben.

Mein Liebster! Sollten wir nicht bewusst der erwachenden Energie, die durch uns hindurchfließt, vertrauen? Der Faden unseres Lebens wird durch das Göttliche getragen!

Mein Schutzengel beschützt mich, er ist immer bei mir und ständig bemüht, mich zu inspirieren, mein Bestes zu tun.

Mein Gefährte! Liegt in unserer Liebe und in unserer Anziehung und Lust nicht jener Funke göttlicher Kraft, der an sein Ziel, in seinen Ursprung, gelangen möchte und nach Einheit, Erfüllung und Glück strebt. Ein Funke, der ein Begehren nach dem göttlichen und ewigen Leben in sich trägt!

Mein Geliebter! Wie oft erkläre ich, etwas Unerfreuliches nicht mehr zu wollen! Doch durch mein unbewusstes Verhalten beschwöre ich die nicht mehr gewollten Situationen immer wieder herauf. Vielleicht habe ich sogar das Bedürfnis, in einer unbefriedigenden, energieraubenden Situation zu bleiben? Habe ich eine Sucht, emotional negative Erfahrungen ständig zu wiederholen und neu aufzuladen? Lasse ich mich immer wieder durch meine Gefühle täuschen und in falsche Richtungen leiten?

Mein Geliebter! Siehst du dich deinen Phantasien und Tagträumen gegenübergestellt, die Liebe und Lust dir bieten? Sind nicht manche wunderschön und anziehend und manche abstoßend? Vielleicht bewegen dich gerade starke und widersprüchliche Wünsche, und deine Gefühle geraten aus dem Gleichgewicht!

Mein Gefährte! Welche Sehnsucht meines Herzens und deines Herzens verbirgt sich in unserem Verlangen? Ich erkenne meine Angst vor Mangel. Liebevoll nehme ich sie an. Ich erinnere mich an Mangelsituationen, als ich Kind war, und fühle erneut den Schmerz. Ja, ich versuche von dir indirekt, wie von meiner Mutter und meinem Vater, jene Liebe zu erhalten, die ich als Kind nicht ausreichend oder nicht in der rechten Weise erhalten habe! Auf diese Weise mache ich mich abhängig von meinen eigenen selbstbezogenen Wünschen!

Mein Liebster! Da ist ein Kuss, nachdem wir uns durch unserer ganzes Leben hindurch sehnen – die Berührung der Seele auf unserem Körper, und ich lerne, unbefriedigende Situationen zu verlassen, mich abzugrenzen und nein zu sagen, um mich vor Negativität zu schützen. Ich finde Klarheit und Kraft, um Verhaltensweisen, Lebensumstände und Beziehungen zurückzulassen, die nicht mehr meinem inneren Wachstum dienen. Ich möchte in Liebe wachsen, meine Bedürfnisse sorgfältig hegen und pflegen.

Mein Gefährte! Ich ahne etwas Bemerkenswertes in deinem Wesen, etwas, das mich ergreift und bis ins Innerste berührt. Es ist ein Gefühl, wie ich es nie zuvor gekannt habe. Wir setzen uns zusammen und halten uns bei den Händen. Wir fühlen einander, wir stimmen uns aufeinander ein. Wir atmen zusammen, atmen, als wären wir ein Organismus – nicht zwei Körper, sondern einer. Wir schauen uns dabei in die Augen, ganz weich. Wir nehmen uns Zeit, einander zu genießen. Wir spielen mit unseren Körpern und warten ab. Wir gehen nur dann in die Liebe hinein, wenn es sich so ergibt. Wenn es nicht kommt, erzwingen wir es nicht. Es muss nicht heute sein. Der rechte Augenblick ergibt sich von selbst. Auf einmal ist es dann einfach so weit. Energien sammeln sich in uns. Nun geschieht es von selbst. Ja, es ist ein sehr ruhiges, ozeanisches Gefühl. Liebe ist wertvoll. Wir kosten sie sehr geruhsam aus, damit sie sich ganz tief in unser Wesen ergießen kann. Sie wird zu einer Erfahrung, die ganz von mir Besitz ergreift und in der ich mich völlig auflöse. Liebe ist zu einer einzigen großen Energie geworden, die uns beide einhüllt. Sie ist größer als wir beide, und wir gehen beide in ihr verloren!

Mein Schönster! Liebe ist wie das Göttliche – man kann sie nicht manipulieren. Sie passiert, wenn sie passiert. Wenn sie nicht passiert, braucht man sich deswegen keine Gedanken zu machen. Liebe ist etwas Transzendentes. Wenn ich die Bäume, die Berge und die Flüsse liebe, kann ich die unsichtbare Hand des Göttlichen hinter allem erkennen. Seine Signatur ist auf jedem Blatt. Ich brauche bloß Augen, um zu sehen.

B 72 Blau/Orange
Der Clown

Geliebter!
Ich möchte mich auf dich beziehen und dabei unterscheiden, was ich in unserem Kontakt als verletzend empfinde und was nährend für mich ist. Ich möchte dir friedlich mitteilen, was immer es ist, das ich in meinem Inneren fühle. Ich möchte lernen, es nach außen zu zeigen, und mich dir darin ehrlich mitteilen.

Mein Liebster! Wenn du mehrere Beziehungen gleichzeitig hast, wirst du mir gegenüber unaufrichtig sein. Du wirst lügen müssen, wirst unecht sein und Dinge sagen müssen, die du gar nicht meinst – und alle Beteiligten werden misstrauisch sein. Es wird sehr schwierig sein für dich, Vertrauen zu mir herzustellen, wenn du neben mir noch andere Beziehungen hast. Du wirst meinem Blick nicht standhalten können, wirst Angst haben, dass ich in deiner Seele lese und die vielen Unaufrichtigkeiten wahrnehme, die du vor mir verbirgst.

Mein Liebster! Der Bauch versucht uns immer zur hellen Quelle unseres Wesens zu tragen, aber wir verhindern diesen natürlichen Fluss, weil wir unserer Intuition nicht vertrauen. Vielleicht bleibt man nur an der Oberfläche seines Wesens, weil die erste Begegnung schon seelischen Schmerz ausgelöst hat. Dieser Schmerz will umarmt sein, um darin tiefer zu gehen. Am tiefsten Punkt wartet still das In-sich-selbst-Ruhen. Wenn wir den Mut schöpfen können, in eine innere Reise hineinzuentspannen und den Zyklon unserer Emotionen zu durchstoßen, werden wir schließlich das Zentrum erreichen, wo alles still ist.

Mein Liebster! Ja, ich habe Angst vor einem neuen Fehlschlag. Ich fürchte, von dir nicht angenommen zu werden, wenn ich mich dir in meinen Bedürfnissen zeige. Ich habe Angst, dass du mein Vertrauen missbrauchst, ich sehe viele unüberwindliche Hindernisse. Ja, ich fürchte mich so sehr vor der möglichen Härte und Gnadenlosigkeit der Wirklichkeit, dass ich geneigt bin, von vornherein aufzugeben und jegliche Bemühung zu unterlassen. Ich zaudere und resigniere.

Ich weiß, dass ich durch meine düsteren Gedanken die tatsächlich befürchteten Ereignisse auch herbeiführen kann! Und so versuche ich, im Angesicht dieser Tatsache wach zu bleiben, präsent und voll bewusst, und besiege meinen größten Feind: die Angst vor dem Tod. Der Tod ist nicht das gefürchtete Ende, sondern Schwelle des Übergangs in einen anderen Bewusstseinszustand. Mein Bewusstsein ist unsterblich! Wovor sollte ich mich noch fürchten? Ich nehme meine Angst an, und sie verwandelt sich in Liebe.

Mein Gefährte! Wie eine Schlange, die sich häutet, verlangt die Natur von uns, das Alte von uns abzuschälen und uns in das Neue zu wagen. Und so besinne ich mich auf meine größten Stärken.

Direkt aus dem Bauch heraus und weniger über den Kopf, aber dennoch vernünftig, entscheide ich, was gut, nützlich und nährend für mich ist. Mein Bauch enthält meine ganze Fülle an Freude und Weisheit. Wenn ich meine Kontrolle loslasse und vertraue, lässt auch das los, was ich an Gefühlen festhalte. Ich erfahre Wellen der Öffnung: Wut, Tränen und Lachen! Loslassen bringt mich zu einem Zustand von Unschuld. Ich lache und weine wie ein Kind, bin verletzlich, flüssig und beweglich und natürlich.

Liebster! Ich genieße die Bewegungen und die Intelligenz meines Körpers. Ich höre meinem Körper zu und lerne, was ich ihm schenken kann, um körperliche Schönheit, Blüte und Feiern durch ihn hervorzubringen. Meine Hüften sind rund, schön und sexy. Mein Bauch ist zart und weich. Ich habe einen festen knackigen Po. Meine Oberschenkel sind geöffnet und nachgiebig. Du kannst und darfst meinen nackten Körper sehen, denn er ist ein wunderschöner Ausdruck von Liebe. Ich nehme mir viel nährenden Körperkontakt mit dir. Mit dir darf ich total sein in meinem körperlichen Ausdruck von Liebe, Nähe und innerer Zugewandtheit. Mein Körper darf alles ausdrücken. Du bist mir vertraut, mit dir kann ich es wagen, mir Raum zu nehmen, zu atmen, zu tönen. Ich kann lustvoll sein und darf genießen, muss es nicht zurückhalten. Alles, was ist, darf da sein. Alles, was mich befreit, öffnet und mich in der Kraft meiner Liebe sein lässt, ist erlaubt. Ich muss nichts tun und mich nicht verstellen, um begehrenswert zu sein. Gemeinsam mit dir erlebe ich Öffnungen, Vertiefungen.

Mein Geliebter! Wenn du glücklich bist, freue ich mich! Wenn ich auch glücklich bin und mich mit dir freuen kann, ist das wunderbar! Wenn nicht, dann lass ich dich in Ruhe. Wenn du traurig bist und ich mit dir mitfühlen kann, ist auch das wunderbar. Wenn ich nicht mitfühlen kann und lieber ein Lied singe und fröhlich bin, dann lasse ich dich in Ruhe. Ich ziehe dich nicht zu mir herüber, ich überlasse dich dir selbst. So können wir beide allmählich eine große Achtung füreinander entwickeln. Und diese Achtung bildet den Grundstein für unseren Tempel der Liebe.

B 103 Opalschimmerndes Hellblau/Tiefmagenta
Erzengel Haniel

Geliebter!
Das Licht wirft den Schatten, der in die unendliche Stille gerichtet ist. Es liebt nicht und es hasst nicht. Es wird nicht geboren und stirbt nicht.

Nur das tiefste Vertrauen kann das aushalten: Ich habe die Kerze ausgeblasen und nichts ist übrig geblieben. Der Geist der Dunkelheit breitet sich überall aus. Von hier beginnt der Herzschlag des Universums. Die Dunkelheit der Gebärmutter umfängt mich vor meiner Geburt. Die reiche fruchtbare Dunkelheit der Erde hält mich nach meinem Tod. Die stille, inspirative Dunkelheit der Nacht trägt mich, wenn mein Denken entspannt ist und meine Intuition und Vision frei zum Vorschein kommen. Ich lerne, mich mit der Dunkelheit zu verbinden. Diese Matrix nenne ich einfach die Mutter. Manchmal erscheint sie schön, manchmal hässlich. Alle Gesichter werden aus ihr heraus geboren und kehren in sie zurück. Vertrauen ist der Weg. Wir alle wurden mit einem Überfluss an Liebe geboren, und es liegt allein an uns, ob wir sie zeigen und wem wir sie geben.

Mein Liebster! Meine enttäuschten Erwartungen zeigen mir, wie ich mich täusche in dem, was ich von dir erwarte. Was hält mich davon ab, die Kraft der Liebe in meinem eigenen Herzen zu entdecken? Was hält mich davon ab, zu sehen, wie ich mit der Kraft meiner Liebe die Wirklichkeit durchdringe? Wenn ich genau hinschaue, kommt mein Gefühl von Mangel an Liebe daher, dass ich mir nicht erlaube, die Liebe durch mich hindurchkommen zu lassen.

Du, mein Schönster! Von jetzt an mache ich mich nicht länger klein. Ich durchschaue meine Illusionen und Erwartungen. Ich löse mich von erniedrigenden Gedanken und Verhaltensmustern. Mein Rückgrad ist stark. Aufrecht, gradlinig und konsequent gehe ich jetzt meinen Weg, richte mich zu meiner eigenen Größe auf! Ich erinnere mich an die, die ich bin, und an alle Fähigkeiten, die ich besitze. Ich fasse Mut, dies alles zu leben. Ich nehme die Herausforderungen unserer Beziehung an. Ich öffne mich dir. In meinem Herzen zentriert, lerne ich, mich zu zeigen.

Mein Auserwählter! Vorsichtig nähere ich mich dir, zerstoße die Nebel, Unklarheiten, Zweifel, Ängste. Immer wieder mache ich mich mit dir bekannt und versuche, die vielen Facetten in deiner Persönlichkeit zu sehen. Ich, die Federschlangenfrau. Das macht meine Freude an der Liebe aus – dieses Erforschen des Bewusstseins! Indem ich dich erforsche, ich, die Regenbogenschlangenfrau, erforsche ich unwillkürlich auch mich selbst. Ich lerne deine Gefühle, deine Gedanken, deine tieferen Regungen kennen und dringe dabei immer tiefer in die Innenwelt meiner Gefühle vor, in die tiefsten, verborgensten Bereiche meines Wesens, wie die grüne gefiederte Schlange in ihr spiralförmiges Schneckenhaus. Ich löse mich aus den Gegensätzen zwischen uns und entdecke mehr und mehr Gemeinsamkeiten zwischen dir und mir.

Mein Herzensliebster! Liebe überwindet alle Grenzen. Liebe kann in der dunkelsten Nacht und im hellsten Tag gefunden werden. Unsere beständige Freundschaft, Liebe und Gefährtenschaft macht mein Leben lebenswert. Zwischen uns entsteht eine neue Gleichwertigkeit in Situationen, in denen ich mich dir zuvor unterworfen habe. Trauer, Ängstlichkeit und Sorge verwandeln sich in Freude. Ich erkenne dich mit geschlossenen Augen, die sehen, erkenne dich an deinem Sein, an deinem männlichen Schutz, den du gibst. Du erkennst mich mit offenen Augen im Schauen, schaust mich an und findest die Schönheit und Liebe in meinem Anblick.

Ganz wie ein junges Mädchen bringst du mich zum Staunen. Was du sagst, was du tust, was du bist, berührt mich. Allein deine Anwesenheit ist für mich schön. An deiner Seite erkunde ich immer neue Sinnesreize, so als hätte sich der feine Mechanismus meines Empfindungsvermögens plötzlich wieder in Gang gesetzt. Das steht ganz im Gegensatz zu dem jungen Mädchen, dem jede Phantasie verboten war und das sich mit dem Farblosen abfinden musste, obwohl alles in ihr nach Leidenschaft, nach strahlendem Glanz strebte.

Mein Geliebter! Erst haben die Terroristen Amerika den Krieg erklärt. Dann hat Amerika Afghanistan und dem Irak den Krieg erklärt. Die Wirklichkeit im Irak, dem Zweistromland, ist Terror. Tödliche Anschläge kosten viele Uno-Mitarbeiter das Leben, auch das Rote Kreuz hat Helfer verloren. Schüsse, Sprengsätze, Feuer und Tote – das ist der Alltag im Irak. Täglich sterben US-Soldaten durch Attentate. Der Kampf gegen den Terrorismus ist nicht gewonnen. Nichts ist mehr, wie es mal war.

Zwischen Euphrat und Tigris liegt die Wiege der Menschheit. Es geht um die Wurzeln unserer Zivilisation. Alle wichtigen Dinge, auf die wir stolz sind, unsere Autos und unsere Computer beruhen im Grunde auf Erfindungen, die in Mesopotamien gemacht wurden: die Mathematik, die Schrift, das Rad. Die irakischen Kulturgüter sind geplündert. Die Wurzeln unserer eigenen Kultur werden zerstört, unschätzbare Gesetzestafeln sind verwüstet, 100 000 Jahre alte Steinwerkzeuge der Assyrier und Babylonier aus dem Gebiet von Kirkuk sind verschwunden.

Oh, du frohäugige Ischtar des Verlangens, du Göttin des Seufzens, du, die du das Männliche sich dem Weiblichen zuwenden lässt und das Weibliche dem Männlichen. Süßer als Honig und Wein ist dein Gesang, ja, selbst reiner Sahne überlegen!

Du öffnest uns Frauen den Schoß, wenn wir dich, du Höchste der weiblichen Lust und Sinnlichkeit, anrufen. Und unseren Männern gibst du die Geheimnisse der Liebeskünste.

Am Fest deiner Heiligen Hochzeit, oh Königin der Himmel, Ischtar, waren Frauen und Männer in heiliger Lust und Freude beieinander, um deiner voll und außer sich selbst zu sein. So, nur so, werden wir geheiligt! Schon immer taten wir dies in deinem Namen, Astarte in Kanaan. Schon immer taten wir dies in deinem Namen, Inanna, im alten Sumer.

Aber eine Zeit kam, in der Fremde das Land eroberten und von dir, Babylon, du Prächtigste der Städte, nur noch Schutthügel blieben. Nicht weit von hier wird nun unter dem neuen Gott Allah eine Stadt an den Ufern des Tigris erbaut, die Bagdad, Geschenk Gottes, genannt wird. Keine Priesterinnen gibt es mehr und keine Feste der heiligen Lust und der Liebe! Vergessen bist du hier und überall, vergessen auch das, was wir in dir verehrten und heiligten! Ich sehe die Frauen, und ach: Mein Herz ist voller Schmerz!

Und so ist gekommen, was kommen muss: Dunkelheit und Schrecken breiten sich in unserem Himmel und auf unserer geliebten Erde aus. Andere Gottheiten durchschneiden als Flugzeuge die heiligen Himmel über Bagdad. Da, wo wir einst in Festen heiliger Liebe durch dich außer uns gerieten, berauschen sich hohe Männer an Todesspielen und brüsten sich, wer stärker ist! Dein Name ist vergessen.

Ich erinnere mich deiner, Ischtar, Königin der Himmel über Babylon! Ich besinne mich auf das, was wir in dir schon immer erfuhren, verehrten und heiligten: auf die Weisheit tiefer Erkenntnis, auf die Achtung vor dem ewigen Leben und auf die

Schönheit von Lust und Liebe, die allein den Tod überwindet! Groß bist du und groß bleibst du, Ischtar, Königin der Himmel über Babylon!

Sphäre 8

Streben nach Integrität und Selbstbehauptung

Fragen an sich selbst

1. Mag ich mich? Wenn nicht, was mag ich nicht an mir und warum nicht? Woran zweifle ich in Bezug auf mich? Arbeite ich aktiv daran, die Dinge an mir zu ändern, die ich nicht mag?
2. Erlaube ich meinem Verstand, mein natürliches Empfinden und Fühlen zu unterdrücken? Erlaube ich meinem Partner, mein Fühlen zu unterdrücken? Bin ich ehrlich? Interpretiere ich manchmal die Wahrheit mit trickreichen Argumenten falsch?
3. Bin ich in der Lage, meinem Partner gegenüber offen zuzugeben, wenn ich mich irre, oder halte ich an meinen Überzeugungen fest? Kann ich seine Meinung offen anhören? Kann ich persönliche Verantwortung für mich übernehmen und entschlossen handeln?
4. Halte ich mich für stark oder schwach? Habe ich Angst davor, auf eigenen Beinen zu stehen und für mich selbst sorgen zu müssen? Kann ich rechnen, planen und kombinieren, um mein Leben zu ordnen?
5. Halte ich die Beziehung zu meinem Partner aufrecht, obwohl ich ihn nicht wirklich liebe, es mir so aber immer noch besser erscheint, als allein zu sein?

Harmonie in der Partnerschaft

Mut, Risiken einzugehen, moralische Grundsätze und Charakterstärke, die Fähigkeit zum Handeln und die Fähigkeit, eine

Krise in der Beziehung in den Griff zu bekommen, klare Einsichten und urteilsloses Beobachten, gegenseitige Förderung, sich selbst mit seinen Empfindungen, Wahrnehmungen, Gedanken und Erkenntnissen ausdrücken und in die Beziehung einbringen, die eigene Würde in der Partnerschaft wahren, Entfaltung der persönlichen Kraft und Einzigartigkeit

Disharmonie in der Partnerschaft
Gegenseitige Behinderung bei der Selbstverwirklichung und Entfaltung, den anderen dominieren oder selbst dominiert werden, keine Eigenständigkeit oder nur Eigenständigkeit auf Kosten des Partners, Egozentrik, Selbstbezogenheit, Weigerung, am Leben des Partners teilzunehmen, theoretisieren oder analysieren und nicht handeln, Selbstisolation

Herausforderung - Lernaufgabe
Sich selbst achten und ehren, die Projektionen auf den Partner zurücknehmen, sich einander verantwortlich in den verschiedensten Formen ausdrücken und mitteilen

Erzengel
Raphael

Die ArchAngeloi-Essenz Raphael hilft, auf die Signale des Körpers zu hören und ihn zu lieben. Raphael hilft, Denkmuster und emotionale Muster zu reinigen und sie zu heilen. Sein Schwert ist zweiseitig geschliffen und dient dem höheren Verstand und der konstruktiven Ordnung, das Göttliche in seinen zahllosen Strukturen, Ordnungsformen und in sinnvoll operierenden Formen der Natur einschließlich der menschlichen Natur zu erkennen, zu lieben, zu achten und zu leben. Raphael weckt die eigenen inneren Heilkräfte. Krankheit ist in Unordnung geratene Gesundheit. Gesundheit wiederum ist die Harmonie von Körper, Seele und Geist.
Erzengel Raphael fördert physische, mentale und emotionale

Heilungsprozesse in jedem Einzelnen und im Miteinander zwischen Partnern in einer Liebesbeziehung. In diesem Prozess mag die Akzeptanz der männlichen und weiblichen Energien im Inneren des Selbst eine große Rolle spielen. Ebenso wirkt diese Essenz besänftigend. Sie gibt Frieden und verhilft so zu einem Empfinden von Wohlsein und Ganzheit.

Anwendung

Bilde mit deinen Armen eine empfangende Geste, wie eine Schale. Sprühe dann aus deiner rechten Hand mit der ArchAngeloi-Essenz über deine linke Schulter, deinen Kopf und deine rechte Schulter. Bewege dann deine beiden Hände und Arme wie Engelsflügel durch dein Energiefeld und verweile mit gekreuzten Handgelenken vor dem Herzen, bevor du weiter den Körper hinuntergehst. Sitze dann eine Weile einfach still und erlaube der Essenz von deinem Energiefeld ganz aufgenommen und integriert zu werden.

Der Planet, dessen Kraft hier wirkt – Merkur

Merkur ist ein großer Gestalter, Systematisierer, der den noch unscharf erfassbaren Kräften Form durch den Verstand und den Intellekt verleiht. Merkur repräsentiert auch den Götterboten Hermes. Um den Merkurstab, Caduceus oder Aesculapstab, den goldenen Stab des eilig reisenden Götterboten Hermes, der mit der Merkurenergie in Verbindung steht, winden sich zwei sich gegenseitig überkreuzende Schlangen. An seinem oberen Ende hat cr zwei Flügel. Dieser Stab, dessen beide Schlangen Weisheit und Intellekt symbolisieren, hilft, der magischen Macht der aufsteigenden Energie von Liebe mit Bewusstheit zu begegnen. Er repräsentiert auch das Verlangen, die Welt der Liebe im Äußeren und Inneren kennen und unterscheiden zu lernen, und die sie verbindende Kommunikation.

B 29 Rot/Blau
B 57 Hellrosa/Hellblau
B 43 Türkis/Türkis
B 71 Rosa/Klar

Körperregion zum Auftragen
Um die Hüften herum und den unteren Rücken sowie oberhalb des Nabels im Bereich des gesamten Zwerchfells

Entspricht dem *Solarplexus-Chakra*, dem dritten Energiezentrum mit Sitz im Zwerchfell, der vegetativen Steuerung, der Vitalkraft, Empfindsamkeit und Reaktion auf äußere Reize.

B 29 Rot/Blau
Steh auf und wandle

Geliebter!
Mich verlangt es danach, mit meiner Kraft und Energie verbunden zu sein. Ich möchte meine Leidenschaft, Liebe und Totalität leben! Ja, ich will ein aufregendes, schönes und erfülltes Leben mit dir zusammen führen.

Mein Liebster! Es muss wohl das Zusammentreffen von Reglosigkeit und Stille in mir sein, dass mich deinen Blick spüren lässt. Ich habe den Eindruck, als ob ich von deinen Blicken abgetastet werde. Deine Augen gleiten über meinen Körper, vom Nacken unter meinen Haaren bis zur Ferse, von der Kniekehle bis zur Armbeuge.

Ich werde abgemessen, abgeschätzt, berechnet. Mit einem Zirkel, einem Winkeldreieck, einem Lineal. Mit Pauspapier, Kohlepapier, Millimeterpapier. Ich fühle mich eingefangen von deinem Blick, wie von einem Wolf eingefangen und mit Haut und Haaren verschlungen. Von Augen, die mich verschlingen, ohne dass ich den geringsten Schmerz verspüre – weder im Nacken noch in der Ferse noch im Knie noch im Arm. Wenn du wirklich ein friedlicher Wolf bist, der sich in den Kopf gesetzt hat, mich zu verschlingen, ohne mir wehzutun, ohne Blut zu vergießen, dann komm ruhig aus deinem Versteck hervor. Sprich mit mir, frag nach mir. Gib deiner Liebe zu mir Gestalt. Handle nach deinen Impulsen. Nein, ich habe keine Angst – höchstens ein kleines bisschen.

Mein Geliebter! Unsere Anziehung zueinander ist instinktiv. Wenn wir beide in Beziehung zueinander treten, ist deine, die männliche, Vorgehensweise eher intellektuell. An die eine Hälfte der Welt, die äußere objektive Welt, muss man mit dem Verstand herangehen. Immer wenn es also um die äußere Welt geht, ist die Wahrscheinlichkeit größer, dass du, der Mann, Recht hast. Der Intellekt klopft an der Vordertür an.

Mein Liebster! Ich, als Frau, ziehe meine Schlüsse nicht durch Logik, sondern durch Eingebungen. Und damit treffe ich fast immer ins Schwarze. Meine Eingebungen verfehlen nie das Ziel. Logik kann in die Irre gehen. Meine Vorgehensweise ist intuitiv. Wenn es um die innere Welt geht, ist es wahrscheinlicher, dass ich, die Frau, Recht habe, weil da der Verstand nicht greift. Möglicherweise habe ich ein besseres Gespür für die Angelegenheiten der inneren Welt. Es ist wahrscheinlicher, dass meine Intuition mir den richtigen Weg weist. Sie klopft an der Hintertür an.

Offenbar gibt es da kein gemeinsames Terrain für uns – keine Chance!

Mein Liebster! Ich möchte unsere Beziehung klar halten, selbst bei Wut, Ärger und Frustration, die wir manchmal aufeinander werfen. Wenn mein Verstand auf deinen Verstand prallt, wenn Ego auf Ego trifft, dann wirst du zu meiner Hölle! Ich möchte die Missverständnisse zwischen uns überwinden. Ganz natürlich und unkompliziert. Bist du bereit? Bist du offen?

Mein Gefährte! Ich frage mich, was liegt mir am Herzen, das ich dir mitteilen möchte? Ich möchte die Initiative übernehmen und die Dinge in einer klaren, direkten und schnellen Kommunikation ansprechen. So, wie sie sind. Bist du bereit? Bist du offen? Ich sehe zurück und erkenne, dass auch die Schwierigkeiten der Vergangenheit zur Vervollständigung meiner und deiner Lernprozesse beigetragen haben. Ich vertraue darauf, dass Offenheit und Ehrlichkeit dein Herz erreichen.

Mein Liebster! Es ist die richtige Zeit und der richtige Ort, und ich öffne dir mein Herz, versuche, den Kontakt zu dir herzustellen. Ich nehme diese Gelegenheit wahr, um mich dir, der du mir etwas bedeutest, klar mitzuteilen und mit dir über das zu sprechen, was ich auf dem Herzen habe. Zentriert in mir vertrete ich meine Position mit Nachdruck und Offenheit. Ich teile dir meinen eigenen Standpunkt klar und bestimmt mit. Offen und dabei ganz zu mir stehend. Ich gebe Acht, dass ich dich dabei nicht verletze. Ich versuche, nichts breitzutreten, was deinen Intimbereich verletzen könnte. Ich schlage dir auch nichts um die Ohren, ich will dich nicht verletzen. Eher wahre ich meinen inneren Abstand zu den Dingen und biete dir meine Wahrheit an. Wenn du bereit bist, kannst du sie annehmen. Andererseits ziere ich mich auch nicht, halte mich nicht ängstlich oder aus Scham oder Wichtigtuerei vor dir zurück.

Mein Liebster! Mit meiner Liebe zu dir habe ich den Mut, etwas mit dir zu teilen, was mich bedrückt, und deine Bereitschaft, mir zuzuhören, gibt mir ein Gefühl der Erleichterung. Auch ich höre dir zu, in der freien und offenen Mitteilung deines Standpunktes und deiner Gedanken und Gefühle. So wird die Begegnung mit dir eine wunderbare, uns beide bereichernde Gelegenheit, unsere Liebe und auch unsere Nöte miteinander zu teilen. Hindernisse verwandeln sich, etwas Neues kristallisiert sich, das Bedrückende wird zum Glück und mit Bewusstheit wirst du zum Himmel!

B 57 Hellrosa/Hellblau
Pallas Athene & Aeolus
Meister-Flasche

Geliebter!
Ist nicht wahre Schönheit immer ein Ausdruck der Schönheit der Seele? Jene Schönheit, die eine Folge aus dem Kontakt zur eigenen inneren Stille und innerem Frieden ist!

Liebster! Habe ich wahre Schönheit, die mein Herz von Dingen, aus Holz und Stein geschaffen, zum heiligen Berg hinführt? Was grenzenlos in mir ist, wohnt im Palast des Himmels, dessen Tor der Morgennebel ist und dessen Fenster die Lieder und die Stille der Nacht sind.

Mein Schönster! Lebe ich in meinem Alltag mit dir meine Träume, meine Liebe zur Ästhetik, zu Schönheit und den inneren Räumen der Seele? Spreche ich die Sprache der Liebe, die in mir fließt? Oder fühle ich mich hilflos, traurig und gefangen? Schwanke ich zwischen Sprachlosigkeit, innerer Haltung, äußerer Haltung und Traumwelten hin und her?

Was bindet mich, fesselt mich, knebelt mich und macht mich stumm? Was lässt mich leiden? Welche Autorität beugt mich? Ich fühle mich wie verraten, gebunden und gefangen! Ich habe sogar den Eindruck, dass ich mich nicht allein aus meiner schwierigen Lage befreien kann. Bin ich im Nachteil? Offenbar hänge ich völlig von deinem Urteil, deinen Aktionen oder anderen Menschen ab. Oder kann ich mich doch selbst befreien? Ich finde mich zwar gebunden, aber bin ich dadurch nicht auch aufgefordert, nach innen zu schauen? Ich weine. Mein Herz schmerzt. Scheinbar kann ich meinen Verstand hier nicht auf konventionelle Art benutzen. Er ist fixiert, unfähig, klar zu sehen. Ich quäle mich durch zu viel Nachdenken.

Mein Gefährte! Ich glaube, ich bin sogar wie ein Kind, entsprungen dem Gedankengut und Denken meines Vaters, so, wie er mich wollte, ganz wie Athene dem Haupte ihres Vaters Zeus einst entsprang! Ich bin gebeugt durch Moral und die autoritäre

Forderung, mich anzupassen. Gefesselt von den Umständen. Mit goldenen Ketten an mein Verhängnis gebunden. Die Sicht ist mir verstellt. Nach der Einmischung meiner Mutter und meines Vaters muss ich wieder lernen, mich selbst zu fühlen und auf die kleine leise Stimme meines Inneren zu hören.

Mein Liebster! Ich brauche hier Ausdauer. Immer wieder zerstören Zweifel und Angst vor möglichen Fehlern meine innere Klarheit. Ich habe ein schlechtes Gewissen. Ich fühle mich innerlich gespalten durch meine widerstreitenden Gefühle. Der Ausweg erfordert meinen ganzen Einsatz und meinen ganzen Mut. Die Situation verlangt auch eine eindeutige Entscheidung von mir, Stellung zu beziehen, mich festzulegen und Verantwortung zu übernehmen. Und sie bedeutet auch, dass ich loslasse und auf die jeweils nicht gewählte Möglichkeit verzichte. Ich finde mich vor die Wahl zwischen zwei gleichwertig erscheinenden Möglichkeiten gestellt. Das zerreißt mir mein Herz!

Mein Liebster! Die rechte Gehirnhälfte ist Chaos, Poesie, Liebe. Sie besitzt viel Gefühl für Schönheit. Die linke Gehirnhälfte ist Logik, Ordnung und Disziplin, Prosa. Sie besitzt viel Gefühl für die rechte Lebensführung. Aber es erscheint mir unmöglich, auf die eine oder die andere Weise eine allseits befriedigende Lösung zu finden. Darum geht es auch gar nicht. Es geht um meine persönliche Unabhängigkeit!

Mein Bester! Für eine gewisse Zeit nehme ich nun von den drängenden äußeren Einflüssen Abstand. Ich gehe nach innen, vertraue dem Fluss des Lebens und verbinde mich mit meiner inneren Inspiration. Deine Liebe zu mir, mein Gefährte, und meine Liebe zu dir, deine mich liebende leise Stimme ist es, die mich von tief innen her inspiriert. Ich glaube, ich lasse zum ersten Mal deine Liebe und Nähe wirklich an mich heran!

So komme ich in einen Zustand von Ruhe und Akzeptanz. Ich sehe dich, ich höre dich, ja ich rieche deine Haut. Ich folge dem Fluss meiner Gefühle. Ich beginne, in das Unbekannte hineinzuvertrauen. Ich nehme deine Hand. In der Berührung unserer Hände entspanne ich mich und lasse die Dinge ruhen und sich selbst entwickeln. Das überwindbar erscheinende Problem wird die Lösung auf seine eigene Weise finden.

Ich entspanne mich und vertraue dem Leben.

Liebster! Die Liebe, die mir gegeben ist, lasse ich nun in die kleinen Gesten der Liebe zwischen uns, in die Berührungen, Blicke und Worte der Liebe und Achtung ebenso wie in die kleinen Dinge des Alltäglichen, die ich verrichte, fließen. So erhalten sie die Qualität von etwas Besonderem. Meine Liebe kann nur sichtbar und fühlbar werden durch die Art und Weise, wie ich etwas tue. Nicht so sehr durch das, was ich tue.

Mein Geliebter! Was ist wahre Schönheit? Schönheit ist ein entflammtes Herz und eine verzauberte Seele. Sie ist weder das Bild, das ich gerne sehen möchte, noch das Lied, das ich hören möchte, sondern ein Bild, das ich sehe, obwohl ich meine Augen zumache. Ein Lied, das ich höre, obwohl ich meine Ohren verschließe. Schönheit ist Leben, wenn das Leben sein heiliges Gesicht entschleiert. Schönheit ist Ewigkeit, die sich in einem Spiegel anschaut. So, wie ich die Ewigkeit bin und ihr Spiegel.

B 43 Türkis/Türkis

Kreativität

Geliebter!

Schöpferisch sein bedeutet für mich, an dem großen Schöpfungsprozess teilzunehmen, und an der Schöpferkraft teilzuhaben bedeutet, am Göttlichen teilzuhaben!

Geliebter! Ich habe bereits zu viel von meiner Energie an Männer verschwendet, die sich herausziehen und von denen nichts zu mir zurückfloss. Ich lerne, dass die Dinge nicht immer so sind, wie sie aussehen. Anstatt das zu akzeptieren, was mir auf der Oberfläche angeboten wird, verlasse ich diesen Weg. Ich ändere meine Pläne. Ich entscheide mich dafür, meinen eigenen Weg zu gehen. Ich bleibe mir selbst treu. Denn Liebe, die etwas anderes sucht als die Offenbarung ihres eigenen Mysteriums, ist nicht

Liebe, sondern ein ausgeworfenes Netz, in dem nur das Nutzlose gefangen wird.

Mein Liebster! Das im Herzen zentrierte Bewusstsein der Menschen ist in das Machtzentrum gewandert, wo Trauma und Schmerz vorherrschen, eine Welt von Missbrauch und Manipulation. Gen- und Energieexperimente, Quantenphysik, Raumfahrt, Lasertechnologie – all die Dinge, die die heutige Gesellschaft für den Beweis unserer überlegenen Zivilisation hält, waren damals in Atlantis Zeichen von Verfall und Niedergang, von Trauer und Verhängnis.

Mein Liebster! Ich stelle mir selbst die Frage, vor welchen meiner Gefühle oder Bedürfnisse ich Angst habe. Sind es eher aggressive, hasserfüllte, eifersüchtige Gefühle? Oder sind es gerade lustbetonte, lebensfrohe, freudige Emotionen, deren Ausdruck ich mir nicht gestatte? Jedes Gefühl ist Teil von mir und gehört damit zu meiner Wahrheit!

Mein Geliebter! Ja, ich fürchte Nähe und Intimität. Ich befreie mich gerade von Schuldgefühlen und schlechtem Gewissen. Ich brauche in dir einen Menschen, der meine Lebendigkeit annimmt und fördert.

Mein Liebster! Die Fingerabdrücke eines jeden Menschen unterscheiden sich von denen aller anderen Menschen auf der Welt, ohne dass daraus ein Problem entstünde. Und so sind auch die Fußabdrücke auf dem Weg zum Göttlichen verschieden. Du, der Mann und die Männer überall, ihr müsst lernen, Macht weise und empfindsam anzuwenden, eingestimmt in die Natur von allem. Ich, die Frau, wir Frauen, müssen uns wieder mit unserem Rundsein und unserer Liebe verbinden, die Freude an unserer Beziehung zum Mann neu entdecken und empfänglich sein. In dieser Zeit müssen wir alle daran arbeiten, das, was wir an diesem Planeten und in unseren Körpern zerstört haben, wieder zu heilen. Zu lange haben wir die Bodenschätze der Erde ausgeraubt, die Luft, die wir atmen, vergiftet, das Wasser, das wir trinken, und die Nahrung, die wir essen, und unseren Verstand mit negativen Gedanken gefüllt.

Mein Geliebter! Kein Mensch ist eine Insel. Uns verbindet ein riesiger Kontinent. An der Oberfläche mag es so aussehen, als wärest du eine Insel unter vielen, doch in der Tiefe des Ozeans sind wir alle miteinander verbunden. Wir sind alle ein Teil dieser einen Erde, eines einzigen Kontinents. Und so ist es auch mit dem Bewusstsein.

Mein Liebster! Das Meer spült meine Tränen fort, und der Wind löst meine Erinnerung. Am Strand des Meeres liegend, sehe ich, wie die Wasser sich einrollen und ausdehnen, unaufhaltsam, schicksalhaft, morgens und abends. Ich höre den Ozean ausatmen über dem Sand. Das Wasser der Flut öffnet sich von den Sternen her, rückt über die Strände vor. Wasser dringt ein in die Uferwände, zerschellt an den Felsen, in machtvoll zitternder, ungeheurer Strahlung. Ich sehne mich nach der Berührung deines Gesichtes, will deine Arme um mich fühlen, den Duft deines Haares riechen. Es ist wie eine Dünung, wenn er mich trifft, der Blick deiner Augen, wenn ich bei dir bin, so nahe. Deine Worte fallen nicht mehr von oben nach unten. Niemand ist oben, niemand unten. Wir lassen die Liebe ein wogendes Meer zwischen den Ufern unserer Seelen sein. Wenn du die Ebbe meiner Gezeiten kennst, lass ich dich auch das Hochwasser kennen lernen. Denn was ist ein Freund, wenn ich ihn nicht aufsuche, um alle Gezeiten mit ihm zu teilen!

Mein Gefährte! Zusammen sind wir, dass wir fast eins sind – und dennoch ungeheuer allein. Unsere Individualität ist nicht beeinträchtigt, im Gegenteil, sie wird noch verstärkt. Du bist mir eine Bereicherung, auch für meine Freiheit. Wir sprechen miteinander und helfen einander, noch freier zu werden und alle nur möglichen Abhängigkeiten loszuwerden. Wir versuchen nicht, einander zu beherrschen. Wie kann ich den Menschen, den ich liebe, beherrschen wollen? Ich möchte dich völlig frei und unabhängig sehen.

Mein Liebster! So grenzenlos ist meine Liebe wie die See, so weit und tief. Je mehr ich davon gebe, umso mehr habe ich, denn beide sind unendlich. Wenn zwei Menschen eins sind in ihrem innersten Herzen, erschüttern sie sogar die Stärke von Eisen oder Bronze. Und wenn zwei Menschen sich im Innersten verstehen, sind ihre Worte süß und stark wie der Duft von Orchideen. Es ist etwas, das mich aus mir herausträgt und mir entwächst. Unendlich nah. Wenn du mir nah bist, ist es wie eine Flut – sich brechend in meinen Augen und meinen Mund küssend. Ich überlasse mich dem Rollen der Wellen. Bei keiner Woge bin ich je so getaumelt. Du bist die Dünung, die mich mitreißt und niederbeugt, du bist so nahe! Mein Körper wird begehrt, er rollt in den Wellen gemeinsam erlebter Lust, öffnet und füllt sich mit deiner Liebe.

B 71 Rosa/Klar

Das Juwel im Lotus
II. Essener-Flasche

Geliebter!
Mein Herz ist ein Garten, und mein Garten ist fruchtbar und schöpferisch. Kein Garten bringt mehr Wachstum hervor als der Garten meines Herzens! Pflege ich ihn nicht, wird er zu einem Dschungel.

Was ich in meinem Garten gepflanzt habe, ist, was ich bin. Wenn ich Unkraut und Disteln pflanze, so sind sie es, die wachsen. Säe ich Samen des Schmerzes und der Zurücksetzung, so wächst in meinem Garten meine Überzeugung, ungeliebt zu sein. Ich pflanze Dornen des Schmerzes und der Benachteiligung.

Ich atme tief ein, tief in meine Mitte hinein und wieder hinaus. Wie fühlt sich das an? Leidet etwas in mir? Was ist es?

Ich bin eine Gärtnerin, und mein Herz ist mein Garten, der Ort, wo ich Worte, Gedanken, Überzeugungen und Ideen pflanze. Ihre Samen erzeugen die Früchte und jene Art, wie ich die Welt sehe und sie für mich erfahre. So kann ich Blüten säen oder Unkraut.

Mein Geliebter! Heute beginne ich ein neues Leben. Ich übernehme die Verantwortung für das, was ich zu mir selbst sage. Wenn ich es sehr schwierig finde, wunderbare und liebevolle Urteile über mich selbst zu formulieren, so kommt das daher, dass diese einsam stehende Blume des Selbstwertes, die ich pflanzte, von den Tausenden, ja Millionen Unkräutern, die ich auch gepflanzt habe, fast erstickt wird. Wucherndes Unkraut ist in meinem Garten, weil ich immer wieder an Mangel und Einschränkungen denke. Es bildet sich ein Gedankenmuster. So wird das Unkraut bewässert und genährt, sooft ich mit Zurücksetzung, Demütigung, Zorn, Groll oder Eifersucht dir gegenüber reagiere.

Heute pflanze ich einen neuen Garten. Es ist ein Garten der Liebe und der Freude und des neuen Lebens. Die Erzeugnisse meines Gartens werden Liebe, Gesundheit, Wohlstand und Güte sein. Mein neuer Garten wird mich ernähren mit vielfältigen Freundschaften: zu mir, zu dir und zu anderen. Frohsinn und Zufriedenheit werden im Garten meines Herzens reifen, und unsere Beziehung zueinander wird durch sie glücklicher werden.

Vielleicht bin ich gerade dann verletzlich, wenn ich dir gegenüber meine Wut zulasse, oder ich fühle mich verletzlich, wenn ich dir meine Tränen zeige. In anderen Momenten meines Lebens bin ich ganz verletzlich, wenn ich meine Lust oder meine Freude zulasse. Für jeden Menschen ist das anders. Obwohl es bestimmt sicherer ist, an verschiedenen Situationen festzuhalten, wage ich es, mit Wärme und Fürsorge mir selbst gegenüber zum Ausdruck meiner Wahrheit zu finden. Das macht Klarheit möglich.

Mein Gefährte! Auch mein neuer Garten wächst durch Wiederholung. Neue Gedanken bauen sich auf zu neuen Denkmustern, und freudige, kräftigende, nährende Gedanken werden zu verwurzelten Gewohnheiten. Mein neuer Garten wird mein neues Leben, wird zu einer neuen Weise, mich selbst zu sehen und mich neu zu verhalten. Vertrauen und Selbstwertgefühl, das Wissen, dass ich goldrichtig bin und geliebt werde, sind Blumen aus meinem eigenen Garten!

Mein Garten birgt auch meine vielen Geheimnisse! Er birgt meine unausgedrückten Hoffnungen, unausgesprochenen Wünsche, meine unsichtbaren Gelüste und meine Begierden, die noch nicht wissen, dass sie Begierden sind, weil ich sie noch nicht angenommen habe und sie sich noch in der Schwebe befinden.

Mein Liebster! Die Frucht hängt da, in meinem Garten, um gepflückt zu werden. Sie ist eine Erfahrung, die auszukosten ist. Du rufst mich: »Du, die du wohnst in den Gärten, lass mich deine Stimme hören.« Ich stehe im Garten, der sich vor mir erstreckt, und habe das ahnende Gefühl einer gemeinsamen Zukunft. Etwas verbindet uns, vielleicht ein Gebot, bei dem die Natur mitreden will!

Mein Geliebter! Du sagst zu mir: »Wenn ich dein Gesicht nicht betrachten kann, so betrachte ich deine Füße. Deine Füße aus gewölbtem Knochen, deine kleinen, festen Füße. Ich weiß, dass sie dich tragen und dass dein liebliches Gewicht auf ihnen sich erhebt. Deine Taille und deine Brüste, der Taubenschlag deiner Augen, die eben noch flogen, dein süßer Mund, deine weichen Haare.«

Ich antworte dir: »Auch ich liebe deine Füße. Nur deshalb, deshalb allein, weil sie über die Erde gewandert sind, und über das Wasser und den Wind, bis sie zu mir gefunden.«

Ich liebe dich, du mein Schönster! Wenn ich mein Herz öffne, bin ich erfüllt von tiefer Freude. Ich begegne dir unberührt, unverletzt, rein. Ich begegne dir in meiner Nacktheit, verletzlich und offen. Deine Liebe ist ein Gebet der Verehrung für meine weibliche Landschaft. Meinen Zaubergarten verehrst du als meine wunderschöne Blume, mein Geliebter. Du verehrst meine Vagina als meinen heiligen Tempel. Du hüllst mich ein in Zärtlichkeit. Du hältst mich, berührst mich, liebkost mich, bedeckst meinen ganzen Körper mit Küssen. Ich fühle mich angenommen und sicher.

Auch ich berühre deine heilige männliche Landschaft mit Bewusstheit und Liebe. Ich verehre deinen wunderschönen Lichtstab mit meinem Herzen, das durch meine Hände spricht. Ich beschenke dich mit meiner Liebe, nähre dich an Körper und Seele. Es gibt nichts zu tun, außer es geschehen zu lassen. Musik erklingt in meiner Seele, wenn wir uns vereinen.

Sphäre 9

Die emotionale und sexuelle Verbindung miteinander

Fragen an sich selbst

1. Fühle ich mich mit meiner Sexualität wohl? Wenn es nicht so ist, bin ich in der Lage, auf eine Heilung meines sexuellen Verlangens hinzuarbeiten? Nutze ich andere Menschen für mein sexuelles Verlangen aus, oder fühle ich mich von anderen benutzt?
2. Bin ich stark genug, meine Illusionen und Projektionen in der Liebe zu durchschauen, um meine wahren emotionalen und sexuellen Bedürfnisse von Nähe und Intimität zu entdecken und zu verwirklichen und sexuelle Grenzen zu ehren?
3. Wie oft diktieren meine Überlebensängste oder meine negativen Emotionen meine Entscheidungen? Bin ich stark genug, meine Ängste hinsichtlich meines finanziellen und physischen Überlebens zu meistern, oder kontrollieren diese Ängste mich und meine Einstellungen und meine Beziehung zum Partner?
4. Bin ich ein kontrollierter Mensch? Spiele ich in meiner Beziehung Machtspielchen?
5. Halte ich mein Wort? Weiche ich je nach Umständen ab von dem, was ich denke und fühle, oder bleibe ich mir selbst treu und wahre meine Grenzen?

Harmonie in der Partnerschaft

Sexuelle Anziehung und Erfüllung, Erotik, Emotionalität und Begehren, körperliche Unbefangenheit, Erfahrung der Untiefen sexueller Leidenschaft, Sexualität als Meditation und Energietransformation

Disharmonie in der Partnerschaft
Sexuelles Desinteresse bzw. Aversion, Gefühlskälte, anhaltende körperliche Disharmonie und Frustration, Eifersucht und sexuelle Besitzansprüche, Schuldgefühle, Ekel und Selbstbestrafung, Sex als Machtmittel, Fixierung der Beziehung auf die sexuelle Ebene als Kompensation für mangelnde Liebe und echte tiefe Verbindung, sexuelle Hörigkeit

Herausforderung - Lernaufgabe
Jeden Tag einander Dankbarkeit und Wertschätzung entgegenbringen.

Erzengel
Gabriel

Die ArchAngeloi-Essenz Gabriel hilft die Fähigkeit zu entwickeln, wahrhaftig sich selbst gegenüber zu sein. Dabei hilft Erzengel Gabriel, das, was wie tot erscheint, wieder ins Leben zu rufen. Er vermittelt die bewusste Anerkennung des Göttlichen in sich selbst, im Partner und in allem. Gabriel verkündet den göttlichen Plan und die Geburt neuen Lebens und unterstützt jeden einzelnen Menschen dabei, sein göttliches Ich und seine göttliche Liebe zu verwirklichen. Diese Essenz kann auf Muster aufmerksam machen, die mit Gram, tiefer Angst, immenser Traurigkeit und mit der Sehnsucht nach Einheit zu tun haben. Aus Herkunftsfamilien oder aus früheren Beziehungen stammende Gewohnheiten und Muster verhindern freudiges und losgelöstes Sichbeziehen auf den Partner. Wenn Ängste und Gewohnheitsreaktionen bewusst werden, wird es möglich, erneut Hoffnung zu schöpfen und größere Freiheit zu finden. Die Essenz hilft, von vergangenen Begrenzungen frei zu werden und sein ganzes Potential an Liebe zu leben.

Anwendung

Bilde mit deinen Armen eine empfangende Geste, wie eine Schale. Sprühe aus deiner rechten Hand mit der ArchAngeloi-Essenz über deine linke Schulter, deinen Kopf und über deine rechte Schulter. Bewege dann deine beiden Hände und Arme wie Engelsflügel durch dein Energiefeld und verweile mit gekreuzten Handgelenken vor dem Herzen, bevor du weiter den Körper hinuntergehst. Sitze dann eine Weile einfach still und erlaube der Essenz von deinem Energiefeld ganz aufgenommen und integriert zu werden.

Der Planet, dessen Kraft hier wirkt – Mond

Der Mond hat Einfluss auf das Seelische, auf die Gewohnheiten und Reaktionen. Er repräsentiert Mutterschaft und Gestaltungskraft. Seine Kräfte sind die des Formens und des Sammelns, aber auch der Wechselhaftigkeit. Das Mondlicht erhellt die Nacht und diejenigen Dinge, die normalerweise in der Dunkelheit verborgen sind. Es enthüllt die unterbewusste Welt, jene Welt, in der die Instinkte, Konditionierungen und unterdrückten Gedanken und Gefühle existieren. Der Mond ist das archetypisch weibliche Prinzip.

B 28 Grün/Rot
B 56 Hellviolett/Hellviolett
B 42 Gelb/Gelb
B 70 Gelb/Klar

Körperregion zum Auftragen

Die Geschlechtsteile, die die Brücke sind, um ins Leben zu gehen, Bauch, Genitalien

Entspricht dem *Sakral-Chakra*, dem zweiten Energiezentrum, eine Handbreit unter dem Nabel.

B 28 Grün/Rot
Maid Marion

Geliebter!
Haben wir etwa einen Punkt miteinander erreicht, an dem wir uns gegenseitig zerstören und es alles nur schlimmer wird? Ich fühle mich geradezu verpflichtet, ganz hart, tapfer und edel zu sein. Ich wage es nicht einmal, mir selbst, geschweige denn dir, einzugestehen, dass ich von einigen Dingen genug habe.

Mein Gefährte! Mann und Frau können einander nicht besitzen. Jeder Mensch hat von Geburt an das Recht, frei zu sein, er selbst, sie selbst zu sein. Aber ich habe Angst, wenn du Unabhängigkeit, Privatsein und Individualität genießt. Ich mag dich, meinen Liebsten, als Mann nicht an eine andere Frau verlieren, auch wenn du mich schlecht behandelst und versuchst, mich zu benutzen, um zu bekommen und zu erreichen, was auch immer du willst. Aber es ist besser, dass eine Frau auf dieser Erde die Macht der Frau im Dienst der Liebe verwirklicht, als dass eine Million Frauen einem unehrlichen Mann zu Gefallen sind, indem sie der Kraft seiner sexuellen Manipulation nachgeben.

Ich erkenne, ich lasse mich von dir auf die falsche Weise lieben! Ich möchte kein Fußabtreter mehr für dich sein. Ich, die Frau, muss ich selbst werden. Hinter meinen Schwierigkeiten, mich abzugrenzen und meine Identität zu finden, hinter meinem Berg unerfüllter, unausgesprochener Bedürfnisse, übernehme ich jetzt Verantwortung für mich. Ich verschaffe mir Raum und Zeit. Ich überwinde meine Eifersucht und meinen Neid und lasse meine Gefühle zu. Ich suche danach, Klarheit über meine eigenen Absichten zu gewinnen, eine neue Richtung zu finden. Ich löse Bitterkeit und Härte aus meinem Herzen. Ich gebe mir und dir Raum und stelle durch ehrliche Gespräche wieder den Kontakt und die Nähe zu dir, dem Mann, her. Nur wenn ich Frau genug bin, meine Angst befreie, in der Stärke meines Herzens ruhe und in dieser Weise für die Liebe eintrete, kannst du als ein furchtloser Mann zu mir kommen.

Ich übernehme die Initiative. Anstatt Handlungen einfach dir zu überlassen oder sie von dir zu erwarten, übernehme ich jetzt Verantwortung für meine eigenen Schritte!

Mein Liebster! Man sollte nur aus Liebe zusammen sein, und ich, die Frau, muss nicht nur ganz ich selbst sein, ich muss auch dir, dem Mann, helfen, weiblicher zu werden. Eine Liebesbeziehung gibt uns Herausforderungen – zu wachsen, sich auf ein Abenteuer einzulassen, um die Höhen und Tiefen des Lebens intensiver kennen zu lernen. In einer Liebesbeziehung habe ich mehr Probleme als allein, weil jeder Tag neue Herausforderungen zwischen uns mit sich bringt. Doch jedes Mal, wenn ein Problem gelöst ist, wenn eine Herausforderung akzeptiert wurde, entdecken wir miteinander, dass wir wieder ein Stück mehr bei uns selbst angekommen sind.

Mein Gefährte! Jeder Augenblick kann sich in das Gegenteil verkehren. Ich vergeude ihn nicht mit Zanken, Nörgeln und Recht-haben-Wollen, denn vielleicht gibt es keinen nächsten Augenblick, nicht einmal für eine Entschuldigung. Nähe ist oft mit Schmerzen verbunden. Wir erleben dunkle Nächte ebenso wie schöne Tage, traurige ebenso wie glückliche Augenblicke. Die Probleme, denen ich mich stellen muss, erzeugen einen großen Tumult in meinem Inneren, sie stürzen mich ins Chaos. Wenn ich wütend bin oder traurig, werde ich in deiner Gegenwart, Geliebter, traurig sein, und ich werde kein falsches Lächeln aufsetzen. Ich werde zu dir sagen: »Ich bin traurig.« Damit müssen wir uns auseinander setzen. Ich suche keine Ausflüchte. Wenn wir auf der Straße gehen und eine schöne Frau kommt vorbei, und du spürst, wie in deinem Herzen große Sehnsucht und starkes Begehren auftauchen, dann wirst du mir erzählen, dass diese Frau ein starkes Begehren in dir ausgelöst und dein Herz berührt hat. Du wirst nicht den Blick abwenden und so tun, als hättest du die Frau gar nicht wahrgenommen, weil deine Anwesenheit sich sofort verändert. Wenn du aufhörst, dich für Frauen zu interessieren, wirst du auch aufhören, dich für mich zu interessieren. Du liebst mich, weil du Frauen immer noch liebst – und ich bin deine Frau. Wir werden allen Aufruhr, den es mit sich bringt, durchstehen – es bringt Eifersucht, es bringt Streit, es stört den Frieden.

Mein Liebster! Wir sollten aufrichtig sein und alles sagen, was auch immer auftaucht. Wir sollten nicht ausweichen, nicht beiseite schauen und nichts zurückhalten. Das gehört zur Liebe dazu. Ob gut, ob schlecht, – was immer wir sind: Wir öffnen einander unser Herz, egal welche Schwierigkeiten wir dafür in Kauf nehmen müssen. Als Liebende sind wir vielleicht für ein paar kurze Augenblicke an den Punkt gekommen, an dem wir »wir« sagen können, weil »ich« und »du« miteinander verschmolzen sind und die Grenzen sich aufgelöst haben. Aber das sind seltene Augenblicke, und ich nehme sie nicht für gegeben hin.

Bei einem Paar, das sich sehr liebte, wollte die Frau heiraten. Der Mann jedoch sagte, er würde sie nur heiraten, wenn sie in verschiedenen Häusern wohnten, die an den gegenüberliegenden Ufern von einem großen See liegen. Er sagte: »Wenn wir zusammen sind und uns dann zufällig begegnen, dann wird das sehr schön sein. Jeder hat seinen eigenen Raum.« Wären die Täler unsere Straßen und die grünen Pfade unsere Gassen, mein Liebster, dann könnten wir einander durch die Berge besuchen und mit dem Duft der Erde im Gewand kommen!

B 56 Hellviolett/Hellviolett

St. Germain

Meister-Flasche

Geliebter!

In der vergangenen Nacht bin ich von einem schlechten Traum erwacht. All die verborgenen Gedanken in meiner Umgebung, die Einflüsse meiner Eltern und Verwandten hängen wie Schwerter über meinem Kopf. Die vernichtenden Vorwürfe, die früher von meinen Eltern kamen, scheine ich jetzt selbst mit unverminderter Härte in Form von Selbstanklagen weiterzuführen. Täglich formen sie mich von innen, und ich mache mich mit viel Energie selbst herunter. Mit weit geöffneten Augen, den Blick auf mich selbst gerichtet, habe ich lange über meinen Seelenzustand nachgedacht. Geleitet von der Göttin, die von nun an meine Streifzüge der Liebe erhellt, bin ich wieder einmal durch die Vergangenheit gewandert, von einer Frau, die ich gewesen bin, von einem Ich, das ich gewesen bin, zum anderen Ich, das ich gewesen bin. Da ist ein Gefühl der Bedrohung, von Ängsten und Selbstzweifeln. Vor allem habe ich lange bei dem jungen Mädchen verweilt, das weiß, wen es liebt und wen nicht. Ich bin traurig, verletzt und verzweifelt.

Mein Geliebter! Das Leben ist wie eine Bühne von mir selbst und auf dieser Bühne gibt es viele verschiedene Rollen, die ich spiele oder gespielt habe, all das, was ich meine zu sein oder wovon ich mir einbilde, es sein zu müssen, um akzeptiert zu werden von dir. Muster der Geister, die ich in der Vergangenheit war, Wesen, die sich im Schatten verbergen, die ich verurteile. Bin ich bereit, auf meine Rollen zu verzichten? Manche werde ich weiterspielen müssen – nur jetzt bewusster als früher, weniger identifiziert. Wer betritt die Bühne meines Lebens? Ein forderndes oder unglückliches Kind? Wie bekommt es Aufmerksamkeit? Etwa durch Krankheit, da es gelernt hat, dass es so die Fürsorglichkeit, die es braucht, bekommen kann? Ich suche die Verletzung in meiner tiefsten Seele zu heilen, das, was ich als Schmerz der Liebe erfahren habe, um mich aus der Verzweiflung zu befreien. Ich öffne mich jetzt in jeder Situation für das, was ich lernen soll. Nur dadurch schaffe ich die Möglichkeit für Veränderung.

Mein Liebster! Projiziere ich mein Ich auf dich, zwinge ich dir meinen Willen auf und verberge ich dir mein wahres Gesicht? Wie ist meine Haltung dir gegenüber, all meine Erwartungen,

Ansprüche und Forderungen an dich? Teilst du meine Vorstellungen, Wertungen, Meinungen? Gebote lasten schwer auf meiner Spontaneität. Liebe kann niemals ein Gebot sein, man kann sie nicht befehlen. Ich kann mich nicht zwingen, so viel zu lieben, wie ich nur kann. Aber das tun die Menschen, und darum fehlt Liebe in unserer Welt.

Geliebter! Weil ich dich liebe, leide ich auch in Liebe, denn durch das Leiden wird offenbar eine noch viel größere Liebe geboren. Ich muss durch das Tor der Liebe gehen – mit ihr durch die dunkle Nacht.

Mein Liebster! Erst in den Augen der anderen, erst in deinen Augen, Geliebter, sehe ich mein Gesicht. Meine Persönlichkeit ist im Grunde nichts anderes als eine Signatur im Wasser. Noch bevor ich den ganzen Namen hingeschrieben habe, ist er bereits verschwunden.

Ich habe es im Rauch gesehen hinter den langen Jahren der Zeit. Ich habe auf dich gewartet und wusste, du würdest kommen. Meine Botschaften, nicht länger auf Blätter geschrieben, um ungelesen vom Winde verweht zu werden. Ich habe gesessen und gewartet, und nun bist du hier.

In der dunklen Nacht brennt die Flamme der Liebe in meiner Brust. In der Tiefe der Nacht geschieht diese Schau ohne ein Licht der Führung bis dorthin, wo ich die Stille zu mir sprechen lasse. Die Nacht ist mein Führer. Dein Charme leuchtet wie die Mittagssonne in mein Herz, liebevoll und warm, in einen Ort in mir, an den niemand anderes heranreichen kann. Die Nacht, in der liebender Sinn die Sonne aufgehen machte, ist jene Nacht, die dich, meinen Geliebten, zu meinem Liebenden machte, und in der wir einander ineinander erkannten. Ich gleite auf den Mondstrahlen dahin, wenn unser Bewusstsein sich trifft, wenn unser Gewahrsein sich begegnet. Mit deiner bewegten Hand liebkost du mein Haar in vollkommener Stille. Ich lege mein Gesicht auf deine Brust, und Sorgen und Nöte werden kleiner. Mein Kinn passt genau in eine Stelle auf deiner Schulter. Ich lehne mich an dich, du fühlst dich so gut an. Wie du riechst, wie du dich anfühlst! In dir habe ich einen Menschen, an den ich mich wenden kann, um meine Sorgen zu teilen. Ich kann dich berühren, umarmen, und mit deinen beruhigenden Worten richtest du mich wieder auf. Du siehst und liebst meine Zartheit und Feinheit ebenso wie mein Feuer und meine Stärke. In der Morgendämmerung erwacht das Licht.

Mein Liebster! Es ist schön, deine Liebe zu haben, wenn du sie mir gibst, und dass du mich als Frau anerkennst. Ich liebe dich dafür und tue alles mir Mögliche, zu verhindern, dass meine Negativität zwischen uns kommt. Wir begegnen einander in Achtsamkeit und in Gewahrsein. Verständnisvoll hören wir aufeinander. Keiner von uns beiden übertritt die Grenzen des anderen, weil es absolut verschiedene Bereiche sind. Es geht darum, etwas zu verstehen. Bist du nicht auch mein Lehrer, mein treuer, mich liebender, geduldiger Gefährte, so, wie ich deine Lehrerin bin!

B 42 Gelb/Gelb
Ernte

Geliebter!
Selbst wenn du alles von mir wüsstest und ich ein offenes Buch wäre, was hätte ich zu befürchten? Wie könnte es mir schaden? Wovor habe ich Angst? Es sind nur falsche Ideen, die mir die Gesellschaft gegeben hat: dass ich mich verstecken müsste, dass ich auf der Hut sein müsste, dass ich ständig in der Defensive sein müsste, dass du, der Mann, mir feindlich gesinnt sei. Dass alle gegen mich sind!

Mein Liebster! Liebe kann Ja sagen, aber sie kann auch Nein sagen. Sie ist nicht blind.

Manchmal meine ich die Verwirrung im Kopf, manchmal in der Magengrube zu spüren – genau an einer Stelle, an der mir die Angst einen sanften Biss versetzt. Verwirrung bekommt man wie wunderbar starke, lustvoll flüchtige Seitenstiche der Seele! Ein anderes Mal denke ich, irgendetwas stimmt da nicht. In unerwarteten Augenblicken tritt es an die Oberfläche. Ein Hauch von Angst ist da, fast erschrecke ich.

Mein Gefährte! Bin ich etwa intolerant dir gegenüber, weil ich so ängstlich bin?

Was ist es, das meine Verwirrung und meine Angst ausmacht? Mein Nicht-wissen-Was? Ist es nicht immer wieder das Denken in Besitzverhältnissen von Familie, Vater, Partner, das grenzüberschreitend in mich einbricht – vorprescht, vereinnahmt und manipulierend sich mich einzuverleiben versucht! Oder manipuliere ich dich?

Mein Liebster! Ich will Frieden und Vertrauen. Ich möchte unterscheiden zwischen dem, was ich will, und dem, was ich nicht will. Ich möchte mich selbst verstehen, mein eigenes Ich finden. Die Wahrheit in mir ist begraben unter all den Jahren emotionaler Erfahrungen, die ich gesammelt habe, begraben unter Enttäuschungen, Ängsten und Selbstzweifeln. Mein Impuls ist, wegzurennen. Aber indem ich das tue, renne ich vor der Liebe und dem Leben fort. So schaue ich direkt das an, was ich will. Ich vertraue meinem Empfinden, und der Schmerz weicht, mit ihm meine Zweifel, meine Ängste und meine Unehrlichkeit.

Mein Liebster! Selbst wenn ich das Gefühl habe, dass du gegen mich bist, so stimmt das gar nicht. Du bist viel zu sehr mit dir selbst beschäftigt – nicht mit mir. Es gibt überhaupt nichts zu befürchten. Das muss ich erkennen, bevor eine echte Beziehung möglich wird. Es gibt nichts zu befürchten!

Mein Gefährte! Ich mute mich dir zu. Ich richte mich wieder auf und werde mir klar darüber, wo ich stehe. Ich gebrauche meine eigenen Kräfte und weiche Schwierigkeiten nicht aus. Ich singe mein Lied. Ich bin einmalig. Auf der ganzen Welt gibt es niemanden, der genauso ist wie ich. Alles, was aus mir kommt, bin ich. Mein Körper, meine Gefühle, meine Stimme, meine Worte gehören mir und alles, was ich sehe und tue, gehört mir auch. Mir gehören meine Phantasien, meine Träume, meine Hoffnungen und meine Ängste. Mir gehören meine Erfolge genauso wie meine Niederlagen und Fehler. Ich gehöre mir. Ich bin ich, und ich bin in Ordnung.

Mein Liebster! Ich liege in der Sonne. Ach, es ist ganz allein meine Sonne. Sie scheint nur für mich. Wie für ein Kind. Ich halte mein Gesicht in die Sonne wie ein Kind, das viel Zeit und keine Sorgen hat und dabei wunderschön lächelt. Ach, wie wunderbar! Ich lebe in einer Zeit, in der ich dich lieben darf, ganz und gar! Auch den ersten Schritt in meinem Leben habe ich vom Bekannten ins Unbekannte hineingenommen, und so erlaube ich dir, in mich hineinzukommen. Ich lade dich ein, in mich hineinzukommen. Ich errichte keine Barrieren und halte den Zugang zu dir liebevoll offen – ohne Schlösser, ohne Türen. Bin ich je das Wagnis eingegangen? Ich will nicht nur ein bisschen von dir, nein, ich will dich ganz. Ich bin vorsichtig, ängstlich und doch froh. Die Freude bricht durch und doch dann kommt wieder die Vorsicht, als hätten wir beide Angst, dem anderen zu viel zu zeigen.

Mein Gefährte! Mit dir kann ich lachen und spielen, dich zu lieben macht mir Spaß. Alles an dir ist schön für mich: dein Lachen, der Ausdruck deiner Augen, die Art, wie du bist. Es ist ein zauberhafter Tag. Ich meine es ernst. Vom Standpunkt eines Mannes aus, sei ehrlich, liebst du mich? Bin ich in Ordnung? Überlegst du dir, was dich so an mir anzieht? Was bindet dich an mich? Vielleicht ist das eine Frage, die man nie stellt.

Mein Liebster! Wir sehen einander an. Ganz offen steht der Vorhang unserer Augenlider. Ich suche die Zeitlosigkeit der Liebe auf der Bühne unseres Lebens, denn alles, was lebt, ist ein Versuch, das unausdrückbare göttliche Ideal zu verwirklichen. Wo ist sie, die Zeitlosigkeit? In dir? In mir? Am rostigen Pol der Zeit? Du liebst mich einfach so. Du willst mich einfach so. Ein Mann, der mich so haben will, wie ich bin.

Im Tanz des »Ich« und »Du«, im Feuer unserer Liebe verbrennt all das Unwirkliche, nur das Einssein bleibt. Es war schon vor der Geburt da. Es wird da sein nach dem Tod. Es ist jetzt da, in diesem Moment, während wir uns der Liebe hingeben. Dieses

Licht ist Wahrheit, Liebe, Freiheit und Erfüllung, alles zusammen. Alle meine Ängste, Zweifel, Sehnsucht und das Gefühl von Unvollständigsein verschwinden. Mit dir habe ich eine Liebe, die keine Grenzen kennt und alte Wunden heilt.

B 70 Gelb/Klar

Die Vision der Pracht

Geliebter!
Ist nicht für viele Menschen Gewinn das einzige Motiv ihres Handelns! Gewinn um jeden Preis, das Anhäufen von Werten, materielle Sicherheit. Sie erkennen nicht, dass unser Leben und vieles, was das Leben schön macht und es mit Freude füllt, gar nicht im Hinblick auf Zweckmäßigkeit und auf eine materielle Gewinnspanne gemessen werden kann.

Was ist eigentlich der Drang, den anderen ändern zu wollen? Hinter diesem Drang scheint eine wirkliche Notwendigkeit zu stehen: Ich als Frau versuche, dich, meinen Partner, an ein verschwommenes Bild anzupassen, das ich in mir trage. Offenbar werde ich erst dann glücklich sein, wenn du nicht trinkst, nicht rauchst, nicht hinter den anderen Frauen her bist – tausenderlei Dinge! Ich habe eine bestimmte Vorstellung, wie du, mein Mann, sein solltest: ein Held, ein Heiliger, eine bedeutende Persönlichkeit. Nur ein gewöhnlicher Sterblicher genügt mir nicht!

Und du, mein Partner, als ein Mann, versuchst auf tausenderlei Art das Gleiche: Du bringst mir schöne Kleider, Diamanten, Rubine, Perlen, machst aus mir die reinste Schaufensterpuppe und hoffst, eine Kleopatra zu finden. Offenbar trägst du das Bild einer schönen Frau in dir, der schönsten aller Frauen. Jetzt, und von frühester Kindheit an, suchst du danach.

Mein Liebster! Nur das Äußere, das Oberflächliche zu sehen bedeutet, den anderen zu demütigen. Solange ich voller Abwehr und Eigensinn versuche, dir meine egozentrischen Vorstellungen und Forderungen aufzuzwingen, solange ich nicht bereit bin, in

Dankbarkeit auf die Sprache der Liebe und des Lebens in mir zu lauschen, und sie zu sprechen lerne, so lange werde ich alle meine inneren Konflikte und äußeren Kämpfe fortsetzen. Etwas in mir leidet. Ich bin nicht die, die ich eigentlich bin, und auch nicht die, die ich für dich sein soll. Ich warte gespannt, wie es weitergeht. Noch können meine Tränen, die den Rand meiner Lider erreicht haben, zurückgedrängt werden, den Weg des Kummers zurückfließen, den Hang des Weinens wieder erklimmen. Es kommt darauf an. Aber ich beschließe, anstatt die Tränen zurückzudrängen, ihnen zur Erleichterung freien Lauf zu lassen.

Mein Bester! Ich nehme Abstand, löse meine Identifikation und lasse meine Verwirrung los. Ich möchte mein Leid verstehen und der Klarheit näher kommen. Ich gerate immer wieder in dieselbe Falle: Ich mache mein Glück und meine Freude abhängig von der Liebe, die du mir gerade schenkst. Ich mache meinen Kummer und mein Leid daran fest, wie falsch du mich in meinen Augen siehst. In Wahrheit aber kann ich nur das ernten, was ich selbst gesät habe. Wenn ich Kohl pflanze, dann wird der Kohl wachsen und wird zu ernten sein. Ich erhalte das zurück, was ich aussende.

Mein Gefährte! Wahre Freude kommt aus dem Innersten des Wesens und ist unabhängig von den äußeren Ereignissen. Warum lasse ich nicht einfach die Liebe Mittelpunkt und Richtschnur meines Lebens sein! Jenes Lied, das in meinem innersten Herzen singt! Wandle ich nicht bereits durch einen Garten voller Früchte! Ich frage mich: Was würde die Liebe sagen? Ich frage mich: Was würde die Liebe tun? Aus meinem liebevollen Geben, aus meinem Austausch mit dir, aus meinem freudvollen Teilen mit dir erwachsen unsere gemeinsamen Früchte der Liebe in unserem Garten der Liebe. Jeder Schritt, den ich in Liebe nehme, ist ein Schritt tiefer hinein in mein eigenes Wesen. So viel Nähe ist verloren gegangen, weil ich Angst vor Schmerz habe, weil ich Angst vor dem Wachsen haben, Angst vor dem Unbekannten. Ich schöpfe Mut und wage neue Schritte, Schritte, die ich in Liebe gehe, tiefer hinein in mein eigenes Wesen. Möge unsere persönliche Eigenart die Liebe auf dem Weg bereichern.

Mein Gefährte! Obwohl es ein Mann war, der als Erster den Mond betrat, und nicht eine Frau, hat dieser erste Flug zum Mond 1969 eine neue Verbindung zwischen Erde und Mond geschaffen, eine Verbindung, die vielleicht einen Kanal öffnet für die Wiederentdeckung des lunaren Bewusstseins. Denn je mehr wir die Urmutter Erde zurückweisen und die Mondgöttin vergessen, umso stärker werden sie ihre dunkle Seite entfalten. Vergessene Göttinnen trachten stets nach Rache. Jetzt rebelliert Mutter Natur gegen die Vergewaltigung der Umwelt. Sie schüttelt uns mit Erdbeben, tobt mit Orkanen, spuckt Feuer und Asche und schwemmt mit ihren Wassern alles fort, in das wir uns einzurichten suchen.

Mein Liebster! Psyche verlor ihren Liebhaber Amor, indem sie eine Kerze anzündete, um ihn zu sehen, statt der Liebe zu trauen, die er ihr in der Dunkelheit gab. Offenbar zerstört das Licht des Bewusstseins das, was es zu erhellen sucht. Liebe scheint, genauso wie die Geburt des Kindes aus der Geborgenheit des Mutterschoßes, in der Dunkelheit zu beginnen.

Im Angesicht der Dunkelheit des Neuen Mondes verliert das Sonnenbewusstsein seine Macht.

Sphäre 10

Das materielle Miteinander

Fragen an sich selbst

1. Welche Überzeugungen von Liebe und Miteinander habe ich von meiner Herkunftsfamilie übernommen?
2. Bei welchen Überzeugungen, die für mein Denken immer noch eine Autorität darstellen, kann ich erkennen, dass sie nicht länger zutreffen?

3. Habe ich unerledigte Angelegenheiten mit Familienangehörigen meiner Herkunftsfamilie? Wenn ja, entwickle ich Möglichkeiten, meine familiären Bindungen zu heilen? Habe ich gelernt, auf eigenen Füßen zu stehen und eigenständig zu sein?
4. Mache ich mir alle inneren und äußeren Geschenke bewusst, die meiner Meinung nach aus meiner Herkunftsfamilie stammen?
5. Wenn ich heute eine eigene Familie oder Kinder habe, mache ich mir all die Eigenschaften bewusst, die meine Kinder von mir lernen sollen, wenn es nach mir ginge?

Harmonie in der Partnerschaft
Gegenseitige berufliche und finanzielle Unterstützung, klare und befriedigende Regelung von Geld und Besitz und gemeinsamen Finanzen, Hilfe in materiellen Angelegenheiten, Freiheit und Unabhängigkeit durch ausgewogenen Austausch, Großzügigkeit im Geben und Nehmen, gemeinsames Genießen des materiellen Wohlstandes, körperliche Gesundheit

Disharmonie in der Partnerschaft
Finanzielle und materielle Abhängigkeit, Druck durch Schulden oder finanzielle Unsicherheiten, gegenseitige Manipulation über finanzielle Zuwendungen, unausgewogener Austausch von Geben und Nehmen, Gefahr der Reduzierung der Beziehung auf materielle Sicherheiten, Geiz und Kleinlichkeit

Herausforderung – Lernaufgabe
Eine tiefe Beziehung zu sich selbst, der Herkunftsfamilie und den Themen ums Überleben finden, Klarheit im aktiven Leben und Teilen mit dem Partner

Erzengel
Sandalphon

Die ArchAngeloi-Essenz Sandalphon hilft, die Bedeutung von gegenseitiger Abhängigkeit und Gemeinschaft zu klären, und wirkt auf die formgebende Kraft der Liebe und des Bewusstseins sowie deren Wachstum. Sandalphon ist der Erzengel des Lebens, gleichzeitig unser Todesengel, da unser Erdenkörper sterblich ist. Er repräsentiert die Intelligenz, die in irdischen Angelegenheiten gebraucht wird. Wenn es gelingt, Mitgefühl als Qualität zu entwickeln und Mitgefühl einzubringen in die Beziehung zu sich selbst und zum Partner, erleichtert man alles Gemeinschaftliche. Wer ein größeres Verständnis für das gegenseitige Miteinander und Kooperation entfaltet, dem wird es durch Fürsorge, Wärme, Liebe und Selbstakzeptanz möglich, Gegensätze zu überwinden und zu integrieren. Das führt zu mehr Kooperation mit dem Partner. Ihr lernt, euch beide gegenseitig zu schätzen und euch gegenseitig zu unterstützen.

Anwendung

Bilde mit deinen Armen eine empfangende Geste, wie eine Schale. Sprühe dann aus deiner rechten Hand mit der ArchAngeloi-Essenz über deine linke Schulter, über deinen Kopf und über deine rechte Schulter. Bewege dann deine beiden Hände und Arme wie Engelsflügel durch dein Energiefeld und verweile mit gekreuzten Handgelenken vor dem Herzen, bevor du weiter den Körper hinuntergehst. Sitze dann eine Weile einfach still und erlaube der Essenz von deinem Energiefeld ganz aufgenommen und integriert zu werden.

Der Planet, dessen Kraft hier wirkt – Erde

Der Platz, wo Liebe und Bewusstheit wachsen können. Das Zuhause und die Umgebung, wo ich meine Lektion der Liebe lerne. Die Erde repräsentiert auch die Qualitäten von Stärke und Ordnung, um die Dinge der Liebe an ihren richtigen Platz zu bringen.

B 27 Rot/Grün
B 55 Klar/Rot
B 41 Gold/Gold
B 69 Magenta/Klar
B 26 Orange/Orange
B 54 Klar/Klar
B 40 Rot/Gold
B 68 Blau/Violett

Körperregion zum Auftragen
Die Füße, die Beine, bis zum Steißbein

Entspricht auch dem *Wurzel-Chakra* oder dem *Basis-Chakra*, dem ersten Energiezentrum, bei Frauen am Damm, bei Männern am Steißbein.

B 27 Rot/Grün
Robin Hood

Geliebter!
Meine ganze Situation ist wie auf den Kopf gestellt. Als Frau wurde ich von dir in früheren Zeiten unterdrückt, meines Territoriums und meines Besitzes beraubt. Meine Würde und mein Ruf wurden in Frage gestellt. Neue Gesetze wurden in der Welt erlassen, unsere Gesellschaft funktioniert nach der männlichen Struktur. Offenbar habe ich alles verloren. Und so suche ich einen neuen Weg der Wahrheit und Gerechtigkeit. Ich bin eine Pfeilmacherin, die Bogenschützin. Der Pfeil meines Herzens ist auf die Sterne gerichtet, in das Unbekannte.

Mein Liebster! In mir sind so viele unterdrückte Gefühle, ist so viel zurückgehaltene Energie! Viel Aggression ist in mir entstanden, und schließlich das Bedürfnis nach Absonderung, um mich zu fragen, was es ist, das ich in mir unterdrücke, was es ist, das nach

Lösung sucht? Will ich dir gefallen, so, wie ich als kleines Mädchen meinen Eltern gefallen musste? Ist es so, dass ich über dich herrschen will, weil meine Wut darüber von dir, Mann, so viele Jahrhunderte beherrscht worden zu sein, maßlos ist?

Mein Geliebter! Es gibt keinen gemeinsamen Raum von Liebe und keine Kommunikation zwischen uns, wenn wir uns gegenseitig unterdrücken!

Geliebte Mutter Erde! Deine Erde, deine Luft, dein Wasser und dein Feuer formen meinen Körper. Du hast mich geboren. Meine Reise führt mich immer wieder neu durch deinen Geburtskanal, um meinen Schmerz und mein Leid loszulassen. Deine Lektion ist das Urvertrauen. Du schenkst mir die Wärme, die Nahrung und die Geborgenheit, die ich täglich brauche. Du gibst mir die Standfestigkeit, die in der Welt nötig ist. Du zeigst mir meine Stärke und Kraft. Du hilfst mir auf meiner Suche danach, was Liebe ist, unbeirrbar zu sein.

Geliebter! Du sagst mir, du hast mich ständig vor Augen, ich bin in jedem Augenblick bei dir. Aber du sagst, du hast noch nie jemanden gebraucht, du musstest dich noch nie auf jemanden verlassen, und wendest dich ab. Offenbar können wir nicht zusammen sein. Aber warst du es nicht, Geliebter, der immer wieder von Liebe gesprochen hat? Und jetzt, da sie dir gegenübersteht, willst du vor ihr weglaufen.

Geliebter! Es gibt keine Art von Garantien, wie ich sie haben möchte, dafür, geliebt zu werden. Du sagst, du liebst mich genauso, wie meine Mutter und mein Vater es getan haben, wie meine Schwester oder mein Bruder. Aber du bist nicht sie. Und vielleicht hast du mich, habe ich dich, haben wir einander, eines Tages satt und machen uns davon. Ich muss darauf gefasst sein.

Mein Liebster! In Liebe blühe ich auf, etwas in mir öffnet sich, für alle sichtbar! Ich werde plötzlich schön. Mitten im Marktplatz des Lebens stelle ich mein Leben auf eigene Beine. Ich schnitze Pfeile, um sie mit meinem Bogen in die Sterne zu schießen. Ich gebe dir einen Platz in meinem Leben. Ich ziele ins Unbekannte. Ich werde wieder empfänglich, um meine und deine emotionalen Bedürfnisse zu verstehen, denen wir auf unserem Weg begegnen. Ich entscheide mich dafür, »nach Hause zu kommen«. Liebe ist, ein Haus zu bewohnen und es zu wandeln. Eine feste Beziehung haben, bedeutet einander treu sein, Vertrauen zueinander haben, zusammenarbeiten und zusammenleben.

Mein Gefährte! Ich sehe mir die Männer an, die keine Frau haben: Sie sind heimatlos, ohne ein Zuhause, sie werden zu Treibholz, das die Wellen überall hinspült – es sei denn, sie lassen sich mit einer Frau ein.

Offenbar wirst du nicht nur einmal im Mutterleib geschaffen, sondern von jeder Frau, die du liebst. Mit jeder neuen Liebe ist es eine Frau, die dir Form und Farbe gibt, dich menschlich macht. Ich, die Frau, gebe dir Form und Substanz. Ich, die Frau, mache dir bewusst, wer du bist. Durch meine Liebe bringe ich dich, Mann, immer wieder hervor. Ohne mich wärst du vielleicht ein Wanderer geblieben, ein Jäger oder ein Vagabund, der ständig von einer Gegend in die andere zieht. Ja, euch Männer zieht es sogar zu anderen Planeten, und jetzt seid ihr schon auf dem Mond gelandet!

Früher oder später musst du Wurzeln schlagen, und ich, die Frau, werde zu deiner Erde. Ich bin verwurzelt in mir selbst.

Mein Geliebter! Ein Weiser sagte mir einmal, nur in den Augen der Liebe findet der Mann sich reflektiert. Nur im Spiegel solcher Augen sieht er, wer er ist. Ich stehe mitten im Leben, verwurzelt in meiner Liebe – und tue weiterhin alltägliche Dinge, aber so vertieft, dass diese Tiefe sich in jeder meiner Handlungen offenbart. Du siehst mich als Frau in meinem Lebendigsein, sprühend vor Leben, völlig versenkt. Du magst etwas Außerordentliches in meiner Gegenwart fühlen. Weder rechts noch links blickend, so siehst du mich. Meine Schönheit kommt aus meiner totalen Vertieftheit.

Geliebter! Für die Liebe musst du alle Schriften hinter dir lassen, all das Wissen. Dann wird Lieben dein Tun in jedem Augenblick und Feiern dein Lebensstil. So kommt dann durch unsere Liebe zueinander etwas Wunderbares ins Leben. Wir werden

Gefährte und Gefährtin. Konflikte sind dabei das Salz in unserer Beziehung. Wir lernen, miteinander, unsere gegenseitigen Schwächen und Fehler verstehen zu können. Weder ich noch du müssen einander etwas beweisen.

Mein Liebster! Es ist aufregend, die Dinge miteinander zu teilen, die wir lieben. Das Lachen, das Gefühl, Kinder zu sein an einem warmen, sonnigen Tag oder an einem kalten Winternachmittag. In mir brennt Feuer! Meine Träume sind wild, und ich bin bereit, Risiken einzugehen. In der Süße unseres Liebemachens tauche ich immer tiefer ein in die Stille und das Wunder des Lebens in mir. Für dich, meinen Liebsten, der du die Liebe wahrhaftig liebst und ihr dienst, scheint es dasselbe zu sein. Indem ich dich liebevoll empfange, tauchst du in deine eigene Stille und schöpferische Fülle hinab. Du berührst die feineren Liebesenergien, die in den Tiefen meiner Vagina ruhen, und wir beide werden in der Vereinigung unserer Körper von der göttlichen Liebe aufgesogen. Diese Harmonie gebe ich dann in die Welt, indem ich der Liebe immer treu bin und mein Leben als Antwort auf jedwede Anforderung des Lebens führe, und zwar ohne Wunsch, Streben oder ängstliche Sorge. Die Liebe dirigiert mein Leben. Das benötigt Energie in der Treue zur Liebe: wie sie ist, nicht ist und wie ich sie gerne hätte.

B 55 Klar/Rot
Der Christus
Meister-Flasche

Geliebter!
Mit dir möchte ich Wurzeln schlagen. Ich glaube an die Liebe zwischen uns, aber ich bin auch bedachtsam und vernünftig. Meine Liebe für dich ist nicht nur die auf den ersten Blick, sondern auch die Liebe, die das Fundament zum Leben bildet, die tragfähig ist, auf die ich mein Leben mit all seinen schönen, aber auch den schwierigen Seiten bauen kann. Unsere Liebe hat, wie

die Rose, ihren Stachel, der Schmerzen bringt, wenn er unversehens zusticht.

Jesus sagt: Mord beginnt im eigenen Herzen. Unsichtbar, dann setzt er sich im Kopf fest. Mord beginnt in meinem und in deinem Herzen, mein Liebster! Dann äußert er sich in Wut und Hass und kann den anderen zur Zielscheibe machen. Doch wenn ich einfach nur in deine Augen sehe, stürzen meine Irrtümer und Illusionen ein. Ich lasse sie los, werde still und öffne mich für eine neue, mir noch unbekannte Wahrheit und Liebe.

Mein Geliebter! Die Welt und die Magazine schreien uns die perfekten Liebhaber entgegen. Die ganze sexuelle »Befreiung« und sexuelle Besessenheit ist ein Bild des Wahnsinns. Ein verworrener Aufruhr seelenloser intellektueller Mechanismen. Menschen, die unablässig und oberflächlich reden, ohne wirklichen Kontakt herzustellen. Menschen, die ihre Energien vergeuden, von Sexpartner zu Sexpartner wechseln, ohne irgendwo Erfüllung zu erleben. Liebe kann man nicht nach eigenen Konzepten kontrollieren.

Mein Geliebter! Unsere heutige Auffassung vom anderen Geschlecht ist offenbar das Resultat Tausender Jahre von sexuellen Phantasien. Jetzt ist ein Ausmaß erreicht, das von überall her beeinflusst wird: über die Werbung, die Kinofilme, die Mode. Sexuelle Phantasien und Vorstellungen darüber, was Sex ist, haben den natürlichen Instinkt in deinem männlichen und meinem weiblichen Geschlecht korrumpiert. Durch all die Zeiten hindurch wurde Sexualität oft verstümmelt. Viele religiöse Gruppen lehren, sinnliche Freude gehöre zu den sündhaften Gefühlen. Sie wird als Feind betrachtet. Die gar nicht so neue Weltseuche Aids zwingt uns, wieder Bewusstheit und Liebe in die sexuelle Begegnung zurückzubringen. Bestimmung und Liebe sind das, an dem sich Mann und Frau erkennen und zueinander finden. Anstatt durch fragwürdige persönliche Vorlieben finden Paare wieder aus reiner Anziehungskraft zusammen. Vereinigen sich nicht in Wirklichkeit Mann und Frau darum, um eine hohe Intelligenz von Leben auf der Erde zu kreieren?

Mein Liebster! Liebe ist das Fundament, die Erde des Lebens. Ich sollte Liebe und Sexualität nicht zurückweisen und leiden, und ich sollte meine Neigung zur Selbstaufopferung überwinden. Die Erde und mein Körper sind nicht geschaffen, damit ich sie ignoriere oder lebe, ohne ihr Königreich bewundert zu haben! Die Wahrheit ist, dass die Welt da ist, damit wir menschlichen Wesen die Sinnlichkeit der sich verändernden Jahreszeiten, die Sinnlichkeit der Nahrung, die Sinnlichkeit unserer Körper und aller Dinge genießen, die wir durch unsere Fähigkeit, zu hören, zu schmecken, zu sehen und zu tasten, fühlen können.

Mein Liebster! Ich schreibe mein eigenes Schicksal. Als Kind erfuhr ich meine Eltern als besonders mit dem Verstand identifiziert. Sie neigten dazu, zu rationalisieren und zu intellektualisieren. Und so neige ich dazu, meine Gefühle und meinen Körper zu verleugnen oder wegzuerklären, statt auszudrücken, was meine Fähigkeit einschränkt, mit dir eine echte Bindung einzugehen.

Liebster! Um mich in meiner Kraft wiederzuentdecken und aufzurichten, beginne ich einen bewussten Bezug zu meinem Körper und seinen Bedürfnissen zu entwickeln, dazu gehört auch ein gesundes Körperempfinden. Ich lese seine Sprache, seine Mitteilungen, Signale und Symptome. Er ist ein Instrument der Liebe! Was gibt mir mehr sicheres Wissen als meine Sinne? Die Impulse meines Körpers übertragen sich auf meine Seele, und die Impulse meiner Seele übertragen sich auf meinen Körper. Es braucht das Gleichgewicht, so dass es möglich wird, durch meine Art zu denken, zu kommunizieren und das Leben zu gestalten, meine Beziehung zu dir zu fördern. Das ist die Flamme, die sich unter meinem braven Kleid aus Kindertagen verbirgt!

Mein Geliebter! Sünden begeht man mit seinem Blut, und nur Blut kann die Reinigung sein. Kommst du als Mörder zu mir? Als Feind? Du kannst mich nicht täuschen – in welcher Form du auch kommen magst, ich werde dich erkennen – denn ich habe dich in mir selbst erkannt! Und so kommen meine Tränen nicht nur aus meinen Augen, sie rühren tief an meine Wurzeln und kommen aus jeder Zelle meines Körpers.

Mein Liebster! Ich liebe dein Herz. Ich kann dich nicht festhalten. Doch seitdem du mich erobert hast, habe ich den Eindruck, alles dringt in mich ein, alles füllt mich aus. Ich fühle mich erfüllt, erobert, im Sturm der Liebe genommen. Du bist mir ganz nah, bist in mir.

B 41 Gold/Gold
Weisheit

Geliebter!
Wenn ich Gefühle und Liebe, die ganze Erfüllung meiner Sehnsüchte und Träume ausschließlich bei dir suche, wenn ich nur auf dich bezogen bin, dann verliere ich die Verbindung zu meinem eigenen Wesen. Anstelle von Erfüllung ist dann nur Leere in mir, und ich empfinde Langeweile. Mir scheint, seit ich als Kind zum Träger der Ambitionen und Wünsche meiner Eltern wurde, bin ich auf andere ausgerichtet! Ich habe gelernt, etwas Besonderes zu werden, und was, das haben die anderen entschieden. Keiner hat sich um mein ureigenstes Wesen gekümmert. Ich habe gelernt, zu kämpfen, zu konkurrieren, zu wetteifern und ehrgeizig zu sein, um Erfolg zu haben oder um dies oder jenes zu sein.

Mein Geliebter! Obwohl ich den Schatz des Wissens, wer ich bin, in mir trage, habe ich mich selbst verlassen und verloren. Ich muss die ganze Ablehnung überwinden! So räume ich in größter Liebe und Wertschätzung mir selbst gegenüber alles beiseite, was mir unter Zwang auferlegt wurde. Ich höre mit meiner aggressiven Suche nach Antworten auf. Ich versuche nicht mehr, meinen Wert zu beweisen, und reduziere mich nicht mehr zu einer Ware. Ich brauche nichts mehr zu demonstrieren. Die größte Erfahrung des Lebens kommt nicht durch das, was ich tue, sondern durch meine Liebe und Wachsamkeit. Liebe ist eine zweite

Geburt. Sie beginnt in mir selbst! Anstatt mich von meiner Angst beherrschen zu lassen, beginne ich zu sagen, was ich meine, und meine, was ich sage. Ich spreche aus mir selbst heraus, in tiefer Überzeugung, ohne zu beachten, wie ich auf dich oder andere wirke. Ich nehme meine Stärke an! Ich biete tapfer allen Situationen die Stirn, stolz und mit bedingungslosem Vertrauen in meine inneren Fähigkeiten, jeden Schicksalsschlag zu bewältigen. Ich trage ein Lied in meinem Herzen, das gesungen werden will, ich habe einen Tanz in mir, der getanzt werden will. Sie verbergen sich in der Tiefe meines innersten Wesenskerns. Ich hole sie an die Oberfläche und bringe sie zum Ausdruck. Ich tanze mein Leben für mich.

Mein Gefährte! Am reichsten bin ich als diejenige, die sich selbst in ihrem innersten Wesenskern kennt. In der Tat, dort ist das Königinnenreich. In meiner tiefsten Tiefe werde ich zu einer Königin, dort bin ich eine Göttin.

Geliebter! Du stellst keine Forderungen wie: »Liebe mich, ich bin dein Mann!«, und ich muss dir dann als Frau Liebe zeigen. Nein, ich bin es, ich, die Frau, die Göttin, die dir den Kelch der Weisheit reicht. Mit sicherem Instinkt findest du mich. Du sagst, ich bin deine Auserwählte. Du bist lebendig für mich, du bist bei mir. Ich sonne mich in deinen Blicken und schließe die Augen, um diese Empfindung besser genießen zu können. Deine Blicke wärmen meinen Körper und meine Seele. Deine Berührungen auf meinem Körper, meiner Nase, meinem Ohrläppchen, meiner Schulter schenken mir Leben, als ob jede mir einen Sinn verliehe. Würde ich ohne diesen Blick, der auf mir verweilt, überhaupt existieren, frage ich mich? Ich überlasse mich dem Genuss, betrachtet und berührt zu werden. Du machst mich glücklich. Du bringst mich zum Glühen, sorgst dafür, dass ich etwas wichtig nehme, gibst mir das Gefühl, geliebt zu werden, du bist immer für mich da.

Mein Geliebter! Liebe braucht eine lange Zeit, eine lange Intimität, um zu wachsen. Du weißt, wer ich bin und was ich bin und warum ich so bin, wie ich bin. Das ist etwas Seltenes. Meine

Liebe versenkt sich in deine Liebe hinein. Deine Liebe versenkt sich in meine Liebe hinein, und so lösen wir uns in unserem inneren Himmel auf. Und diese Liebe ist genau wie Wasser: Sie löscht den Durst von vielen, vielen Leben. Auf einmal bin ich zufrieden – so zufrieden, als hätte ich alles erreicht. Es ist, als hätte die Welt aufgehört, sich zu drehen. Da ist keine Bewegung. Der gegenwärtige Augenblick ist der einzige Augenblick. Eine neue Wesensqualität wird in uns geboren, die sagt: Dies ist das Göttliche. Das Göttliche ist kein Streitgespräch, sondern das Gefühl des Erfülltseins.

Mein Gefährte! Ich muss sehr achtsam, behutsam und sorgfältig sein. Mit mir selbst und mit dir, denn Liebe ist die zerbrechlichste Sache auf der Welt. Mit der Zeit lerne ich die Kunst der Liebe, und wir beide lernen das Zusammenleben miteinander. Die tiefe Freude in jenen Momenten, in denen wir »wir« sind, ist wunderbar. Dann ist es wunderbar, in dir, Geliebtem, aufzugehen, und du, Geliebter, gehst in mir auf, wir sind nicht mehr getrennt. Keiner von uns beiden fragt dann mehr nach Abgrenzung, nach Privatsein, nach Eigenständigkeit. Doch diese Momente lassen sich nicht erzwingen.

Liebster! Wir sind uns nahe in Traurigkeit und Glück, Freude und Leid, in allen möglichen Stimmungen und Situationen: Mal ist es bewölkt, mal scheint die Sonne und alles erstrahlt im Licht. Allmählich entsteht eine tiefe Intimität zwischen uns. Das ist etwas ganz anderes als Sexualität. Sexualität kann ein Teil davon sein, doch manchmal spielt sie überhaupt keine Rolle. Deine bloße Gegenwart zu spüren ist genug. Ich brauche gar nichts zu tun. Wenn ich einfach still da bin und deine Gegenwart, Liebster, fühle und dich so liebevoll und zart berühre, erklingt in mir ein noch nie gehörtes Lied, eine nie gespielte Musik. Ich werde in eine andere Welt versetzt.

B 69 Magenta/Klar
Klingende Glocke

Geliebter!
Jeden Menschen in meinem Leben habe ich selbst angezogen, und jedes Ereignis habe ich mir selbst geschaffen. *Ich* bin die Schöpferin meiner Wirklichkeit. Es liegt jetzt in meiner Verantwortung, was ich mit diesem Reichtum anfange – und ich bin unendlich reich! Manchmal kann ich das nicht sehen.

Mein Liebster! Du trägst ein Licht in deinen Augen, hast Leichtigkeit in deinem Tun und Offenheit in deinem Herzen. Manchmal wirkst du ein wenig verloren, ein wenig verwundet, ein wenig traurig. Doch es ist etwas wundervoll Sanftes und Leuchtendes in dir. Du gibst mir das Gefühl, geliebt zu werden und jemand sehr Wertgeschätztes zu sein.

Mein Liebster! Einst wurde die Göttin krank und starb. Als die Männer über die Erde zu herrschen begannen, wurde sie aus der Wirklichkeit hinausgedrängt und ließ ihre Töchter, uns Frauen, alle, ohne Schutz und ohne ihr Vorbild zurück. Trauer ist in meinem Herzen. Aber nicht alle trauern um diese Mutter. Denn selbst die Trauer um sie wurde verboten und schließlich vergessen.

Mein Liebster! Die Menschen sehen es meist nicht gern, wenn ein Mensch lange und heftig trauert. Ihr Reichtum ist der von äußeren Gütern, von Können und Wissen, weniger der des Gefühls. Der Typ Mann, wie er heute als normal gilt, ist kühl, beherrscht, vernünftig und erfolgreich. Ansehen und Geltung sind ihm wichtig. Es ist, als läge ein Schleier auf seinen Gefühlen. Er hat offenbar kein Wahrnehmungsvermögen für sie. Mühelos vergisst er sie, als habe es sie nie gegeben. Für ihn ist der Frühling des Patriarchats gekommen, eine Epoche, in der andere Werte gelten als früher und in der man nichts mehr weiß und wissen will von der Schönheit und Weisheit einer früheren Zeit. Was Frauen gelebt und gedacht haben, scheint geradezu einem Gesetz des Vergessenwerdens zu unterliegen. Männliches wird höher geschätzt als das, was Frauen tun. In seiner Eile übersieht der

Mann Wesentliches und liefert sich damit einer Zukunft aus, die ihn weit wegführt von sich selbst und von dem, was dem Leben wirklich Wert und Sinn gibt.

Mein Liebster! Welch ein armes Bewusstsein ist dies! Tatsächlich reicht das Bedürfnis nach Liebe sogar noch tiefer als das nach Nahrung, denn ohne Nahrung verkümmert nur der Körper. Ohne Liebe verkümmert jedoch die Seele.

Mein Gefährte! Mein Schmerz ist es, unerkannt zu sein. Mein Schmerz sind Menschen, mit denen ich keine Liebe teilen kann, nicht über meine Liebe reden kann, nicht einmal schimpfen. Mein Schmerz ist das Ankommen an der Grenze und das Wissen, nicht hinüberzukönnen. Doch mein Schmerz ist so fruchtbar wie die Freude. Er rieselt und bewässert mich von innen, lehrt mich unerwartete Dinge, lehrt mich Zorn.

Mein Geliebter! Ich nutze meine Intelligenz! Ich sehe, dass ich das, was ich suche, drinnen, in mir, verloren habe. Warum sollte ich in der äußeren Welt nach Seligkeit suchen?

Also gebe ich mich dem Leben hin und lerne die Schönheit, Sorgfalt und Aufmerksamkeit in den »kleinen Dingen« des Alltags neu wertzuschätzen: den Gesang eines Vogels, der mein Herz berührt, die Tautropfen auf einer Blume am Morgen, einen Sonnenaufgang, der bewusste Atemzug jetzt in diesem Moment, eine erfüllende Begegnung mit dir, meinem geliebten Mann, oder die nächste Mahlzeit. Ich zeige Achtung vor der Nahrung, die Mutter Erde mir schenkt und die mich am Leben erhält. Ganz langsam esse ich, und das Essen wird zum ästhetischen Vorgang, an dem mein Körper, meine Seele und die ganze Existenz beteiligt sind. Die wichtigste Stunde ist immer jetzt und der bedeutendste Mensch immer der, der mir gerade gegenübersteht! Das Notwendigste ist immer die Liebe. Im Tau der kleinen Dinge und im Anerkennen und bewussten Genießen des Lebens findet mein Herz seinen Morgen, und ich erfahre, wie das Leben sein heiliges Gesicht entschleiert.

Liebster! Ich beginne in Resonanz mit den kleinen Dingen des Lebens zu schwingen. Ihr Klang schwingt in mir, und ich erzeuge dann wiederum eine Resonanz in dir. Und wenn wir beide beginnen, gemeinsam in einem Rhythmus zu vibrieren, dann verschmilzt der Pulsschlag unserer Herzen und unserer Körper und wird zu einer Melodie.

Mein Liebster! Während wir uns bewusst in jener Zeit, die wir uns für das Lieben nehmen, mit Liebe beschenken und ich, die Frau, deine heiligen Orte, die Chakren des Mannes, erwecke, deinen Lingam, dein Zwerchfell, deine Kehle und deinen Kopf liebevoll berühre, wenn ich deine Macht anerkenne und liebe, öffnest du dich in deiner Empfänglichkeit für Liebe. Du wirst liebevoller, romantisch, sensitiver und intuitiv. Ich berühre deinen Körper und deine Genitalien mit so viel Liebe und Freude!

Du berührst meine heiligen Orte, die positiven Chakren der Frau, meinen Bauch und meinen Nabel, mein Herz, meine Stirn und das Auge der Augen, und wir lachen und weinen miteinander. Wenn wir dann zusammenkommen und Liebe machen, wird unsere Liebe zu einem heiligen Akt in tiefer Verzückung und Zärtlichkeit, einfach göttlich.

B 26 Orange/Orange
Humpty Dumpty
Ätherische »Erste Hilfe«
Sakral-Chakra-Flasche

Geliebter!
Ein Meister sagte einmal: »Die Schöpfung geschah um des Liebesspiels willen. Solange nur Einssein existierte, gab es kein Entzücken. Aber als die Einheit aufgehoben wurde und Frau und Mann anschließend miteinander verbunden wurden, war das Entzücken groß.«

Mein Liebster! Ursprünglich war Lilith die Königin des Himmels, eine Göttin älter als Inanna. Die Hebräer machten aus Lilith die erste Frau Adams, die sich weigerte, beim Geschlechtsverkehr unter dem Mann zu liegen. Sie bestand darauf, da sie gleichberechtigt geschaffen waren und die Gleichberechtigung auch für die Sexualität gilt. Als Adam sich weigerte, verließ sie ihn. Die jüdische Mythologie machte aus ihr eine Dämonin. Lilith, die erste Frau Adams, wurde aus unseren Köpfen verdrängt.

So wurde ich also abgeschnitten von meiner Energie, meinem eigenen Sinn für Freude, Wohlgefühl und Genuss und bin schwach und offen für Manipulation geworden. Die Gesellschaft, Priester und Erziehung haben Unterdrückung in mir kreiert. Ich bin leicht beeinflussbar geworden und in eine Richtung gebracht, in der ich den Ambitionen der anderen Genüge tue – sie erfülle, nicht meine.

Mein Geliebter! Wo sind die Punkte, an denen ich meine Kraft verloren oder weggegeben habe? Welche Glaubenssätze habe ich, die mich meine Stärke verleugnen lassen? Wurde mir von Männern erzählt, dass starke Frauen niemals einen Mann finden? Oder dass Frauen unweiblich werden, wenn sie ihre Kraft leben? Wurde ich gehänselt, gemieden, von anderen ausgestoßen, wenn ich meine Kraft zum Ausdruck gebracht habe? Habe ich Angst davor, dass ich meine Stärke missbrauche, um zu beherrschen oder zu manipulieren?

Mein Liebster! Es gibt Situationen von Schock und Scham in meinem Leben, die mich lange in Abhängigkeit und Unfreiheit gehalten haben. Der Preis dafür ist ein tiefes Gefühl von nicht gelebtem Leben in mir und eine nagende Unruhe und Traurigkeit.

Lilith erinnert mich daran, dass ich im Moment nicht mit meiner inneren weiblichen Kraft verbunden bin. Ich muss meine Freude und meine Lust wiederfinden! Ich muss mich über meine Angst-Begrenzungen hinauswagen!

Mein Liebster! Zu Zehntausenden und Hunderttausenden demonstrieren Menschen in hundert verschiedenen Ländern auf der ganzen Welt gegen den drohenden Irakkrieg. Am 17. März 2003 schließen die USA willkürlich das diplomatische Fenster zum Irak. Der Abrüstungsprozess der UN wird abgebrochen. Obwohl in den Vereinten Nationen keine Mehrheit für eine Kriegsresolution besteht, erklärt George W. Bush Saddam Hussein den Krieg. Die meisten Länder der Weltgemeinschaft wünschen sich eine friedliche Lösung. Viele sehen in der Kriegserklärung eine Verletzung des Völkerrechts. Gewalt wird nur Leid und Gegengewalt erzeugen!

Mein Geliebter! Der Missbrauch ist mir passiert, und meine Seele ist in den Kosmos hinein zersplittert. Ich hole mir Stück für Stück zurück und bringe meine Teile wieder zusammen.

Lilith hilft mir, eine Tigerin zu sein, eine kraftvolle, wilde, leidenschaftliche, ursprüngliche Frau. Ich tobe in meinem heiligen, kraftvollen Zorn. All meine Wut, Verzweiflung, Frustration und meinen aufgestauten Groll feiere ich tobend. Mein Herz und mein Bauch dürfen zusammen lebendig sein. Ich erobere meinen Tempel, meinen Körper zurück, über den ich all diesen Reichtum von Sinnlichkeit und Sexualität erfahren darf. Ja, ich lerne Verantwortung zu übernehmen für mich. Ich sprenge die Fesseln meiner alten Ängste. Die Wahrheit trifft mich dabei wie ein scharfes Schwert: Sie tut weh und ist unbequem. Sie bedeutet, endgültig Abschied zu nehmen von Menschen, deren Liebe verblüht ist, und von Verhaltensweisen, die mich einengen. Ich verändere Beziehungen, um frei zu sein, erlöst, erweitert, mehr in Liebe und eins mit mir.

Mein Liebster! Ich folge niemandem. Ich lebe mein Leben so wahrhaftig wie möglich, denn wenn ich mir selbst nicht treu sein kann, wie könnte ich da anderen treu sein? Ich bin ganz zentriert, konzentriert und wach! Ich atme in meinen Bauch und fühle, wie sich dabei die Geschäftigkeit des Lebens von mir wegbewegt, weg von meinem ruhigen, zentrierten Mittelpunkt.

Mein Geliebter! Mit dir, meinem Freund, lerne ich, dass Liebe und Zuneigung nicht von Sexualität oder der Bestätigung durch Sexualität abhängig sind. Du liebst die Frau, die ich bin, und Sexualität ist ein Teil unserer Liebe. Du liebst meine Kraft als Frau, und ich beziehe mich mit Freude auf dich. Mit dir kann ich Frau sein, aber auch das junge Mädchen, die Mutter, die Tochter, die Geliebte, die Priesterin, die Prostituierte, ein Engel, ein Teufel, lebenspendende und todbringende Göttin.

Es ist schön, mit dir den Körper zu ehren, einander zu berühren und zu verwöhnen. Durch die Berührungen entdecke ich wieder das Fühlen und lerne, meinem Körper zuzuhören und empfindsam gegenüber meinen Bedürfnissen zu werden. Ich erfahre meinen ganzen Körper als sinnliches und sexuelles Wesen. Während du mich liebkost, Liebster, gehe ich in diese Liebkosung hinein wie in das ewig währende Leben, als eine süße Prinzessin. Ich atme in jede Zelle meines Körpers hinein und werde wacher und offener für diesen Augenblick, für die Zärtlichkeit, die Berührung, deine Umarmung. In diesem Moment der Liebe gibt es Vergangenheit und Zukunft nicht mehr. Ich bin jetzt, hier. Ja, ich bin Frau, ich bin Sexualität, ich bin Kraft!

B 54 Klar/Klar
Serapis Bey
Meister-Flasche

Geliebter!
Nach biblischer Überlieferung war das Land zwischen Euphrat und Tigris einstmals das Paradies. Zu Abrahams Zeit wurde dort Rache durch Recht gezähmt. Heute haben die USA, als neue Weltmacht, gemeinsam mit Großbritannien das Land der zwei Flüsse, den Irak, mit Raketen und Bomben angegriffen. Ohne Beschluss der Vereinten Nationen. Der Terrorschock des 11. September sitzt tief. George W. Bush behauptet, der Irak hätte Atomwaffen oder zumindest chemische Waffen und arbeite mit dem Terrornetz der El Khaida und Usama Bin Laden zusammen. Er will die Vorrechte an den Ölquellen. Heutzutage setzt sich der Stärkste durch und nicht das Recht. Die Haltung des Stärksten ist der Kampf gegen »Die Achse des Bösen«, um sie dem »Guten« zu unterjochen. George W. Bush wirkt wie ein selbsternannter Prediger. Saddham Hussein und sein diktatorisches Regime werden entmachtet. Ein Krieg, life im Fernsehen. Tag für Tag. Stunde um Stunde.

Mein Liebster! Nicht der, der tausend Krieger besiegt, ist der Größte. Ist nicht der Größte der, der sich selbst besiegt und überwindet? Die Erde sei fruchtbar, die Erde blühe. Lebendiges Fleisch und Blut werden niemals geopfert. Siegen beruht auf Brüderlichkeit. Größer werden ist ohne Grenzen. Jeder ist ein Sieger. Das Licht steigt langsam zur Erde herab. Von der ältesten Stirn geht es über ins Lächeln der Kinder, die von der Furcht vor Ketten befreit sind.

Mein Liebster! Alle Probleme haben mit Trennung zu tun, Trennung von sich selbst. Mein Kopf ist schwer vom Verlust, meine Augen sind voller Tränen. Ich kann nicht ruhen, nirgends finde ich Linderung. Jeder Atemzug ins Leben reißt meine Wunden wieder auf: Wie kann ich das Unerträgliche ertragen? Wie kann ich das Unüberwindliche überleben? Wird meine Trauer jemals enden? Wird die Leere in mir jemals gefüllt? Wird meine Sehnsucht jemals enden?

Ich nehme meinen Kummer und mein Leid an. Sie erinnern mich, dass ich ihnen nicht ausweichen kann und mich nicht vor ihnen verstecken kann. Ich fürchte nicht die Schmerzen, die hochkommen. Ich fürchte nicht, mein Leid anzuschauen. Ich fühle meinen Schmerz und meinen Kummer in meiner Seele und in meinem Körper und durchlebe ihn, damit Heilung kommen kann. Ich gehe so tief, bis mein Schmerz sich zu etwas Neuem wandelt. Meine Wunden werden eines Tages verheilt sein, selbst wenn Narben zurückbleiben.

Mein Liebster! Nein, ich führe keinen Krieg mehr gegen dich. Ich lasse meine Angst davor, von dir vernichtet zu werden, los. Ich nehme meine Kraft an und behaupte meine Wahrheit. Ich ziehe einen Schutzkreis um mich herum. Ich lasse die alten Verletzungen und Schmerzen ausheilen. Was zählt, ist das Leben. Ich lasse die Samen des Krieges und Hasses gegen mich selbst und gegen dich los. Ich gebe sie der Erde. Die Erde verwandelt sie in grüne Wiesen, grüne Wälder, Flüsse und Berge.

Geliebter! Schaue ich dich an, so schaue ich nicht in den Spiegel meiner Eitelkeiten. Ich beweise mir durch dich nicht, dass ich einen Mann erobern kann, ich beweise mir nicht, dass ich noch schön bin, Charisma und eine magnetische Anziehung habe, weil du mich beachtest. Nein, ich verstecke mich nicht vor meinem tiefen Schmerz und zeige nach außen eine fröhliche Fassade. Du bist nicht der Spiegel meiner Eitelkeiten.

Geliebter! Ich bin imstande, messerscharf den vernebelnden Dunst zu durchschneiden! Doch meine Klarheit ist von Männern vor dir oft als bedrohlich gesehen worden. Klarheit ist auch bedrohlich! Sie zwingt dich, klar zu werden oder zu gehen. Die Männer vor dir sind zu schwach gewesen, um zu kämpfen, zu verängstigt, um über die Brücke in ein neues Leben mit mir zu gehen. Ich empfinde tiefe Trauer und Mitgefühl. Du hast den Mut, für deine Wahrheiten zu kämpfen, Flüsse zu überqueren und zu kämpfen, so, wie ich den Mut habe, für meine Wahrheiten zu kämpfen, Flüsse zu überqueren und zu kämpfen. Du liebst mich sehr und nimmst den Kampf an meiner Seite auf. Du berührst mich mit Gesten, die meinen Körper und meine Seele ehren und heiligen. Durch dich kommt Liebe zu mir von den unerwartetsten Orten. Du bist so wild wie der Duft von Jasmin und doch so verletzlich. Ich liebe dich.

Mein Liebster! Wir werden die Unschuld erfüllen. Mit der Stärke, die uns so lange gefehlt hat. Wir werden nie mehr allein sein. Gemeinsam werden wir wirklich – durch die Anstrengung und durch unseren Willen, die Schatten aufzulösen im funkelnden Strom des Lichtes einer neuen Liebe.

B 40 Rot/Gold

Ich bin

Geliebter!
Was ist das »Ich«? Wer bin »ich«? Durch Krieg und uranverseuchte Bomben zwingen die Kreuzritter der Moderne im Jetzeitalter die Menschen zur Demokratie. Im Irakkrieg wurden keine Massenvernichtungswaffen von Saddam Hussein einge-

Die Aura-Soma-Flaschen

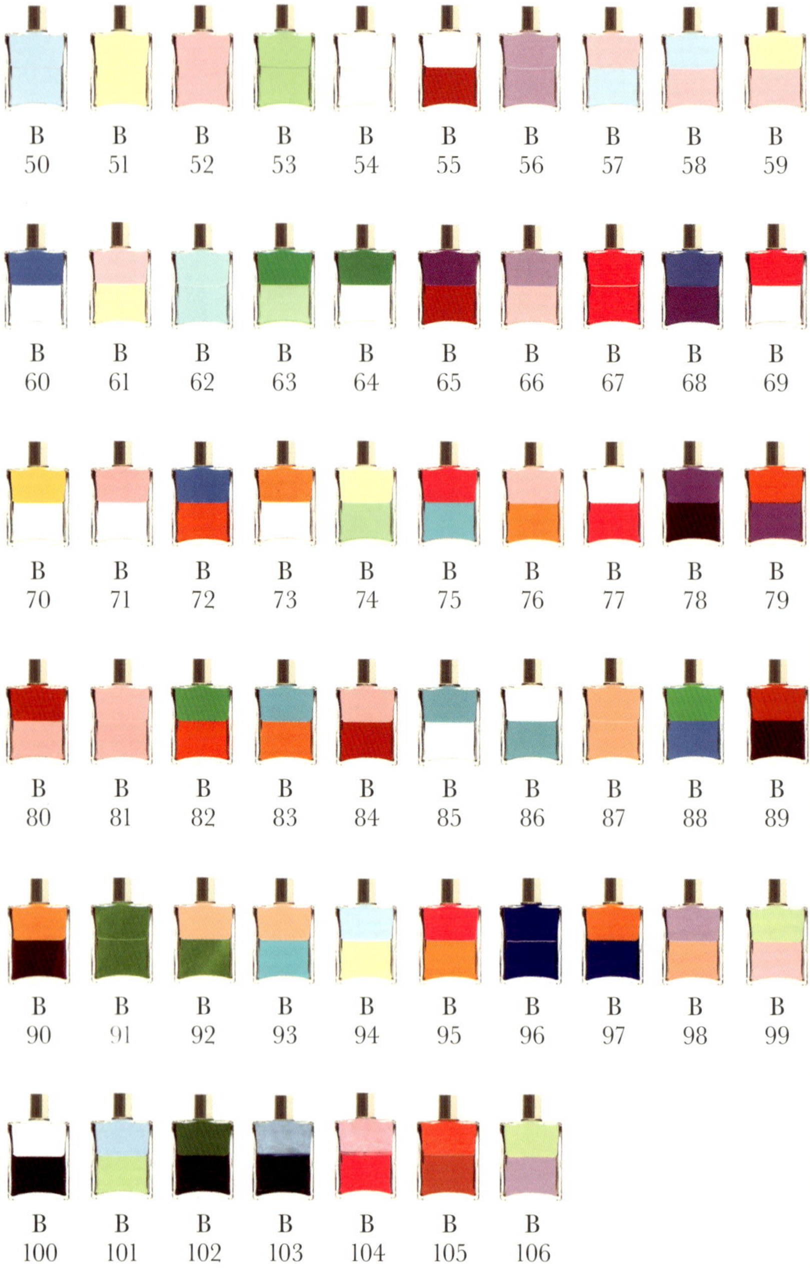
B 50
B 51
B 52
B 53
B 54
B 55
B 56
B 57
B 58
B 59
B 60
B 61
B 62
B 63
B 64
B 65
B 66
B 67
B 68
B 69
B 70
B 71
B 72
B 73
B 74
B 75
B 76
B 77
B 78
B 79
B 80
B 81
B 82
B 83
B 84
B 85
B 86
B 87
B 88
B 89
B 90
B 91
B 92
B 93
B 94
B 95
B 96
B 97
B 98
B 99
B 100
B 101
B 102
B 103
B 104
B 105
B 106

Der Lebensbaum

Alle Aura-Soma-Flaschen haben eine genau bestimmte Position im Lebensbaum. Jede der 107 Farbkombinationen enthält einen Schlüssel, um dieses Wissen wieder zu erschließen. Den Überlieferungen nach gab Erzengel Raziel Adam den Lebensbaum, damit er nach der Vertreibung aus dem Paradies den Weg des Herzens wieder zurück in den Garten Eden finden konnte. In diesem Buch nimmt das die Frau in die Hand, um mitten im Alltag Liebe, Bewusstheit und eine glückliche Partnerschaft zu kreieren.

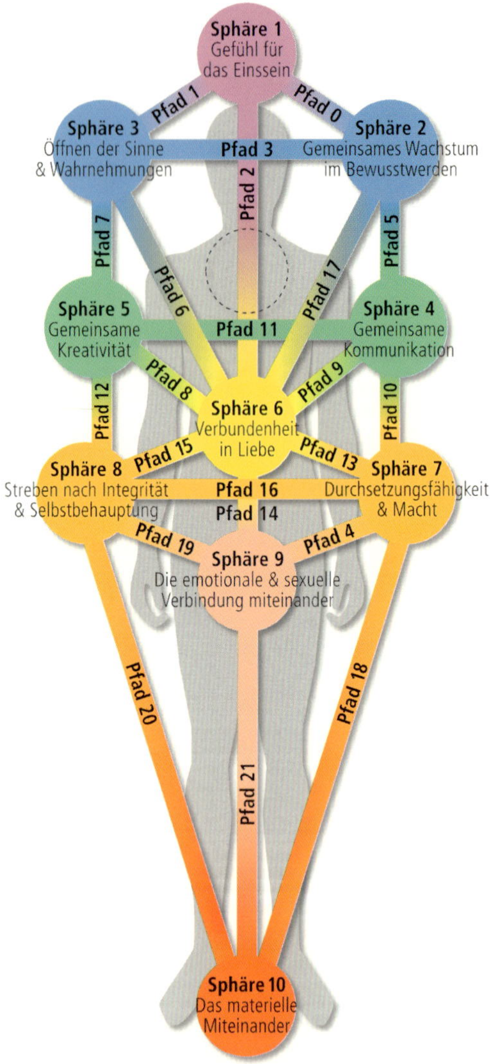
Sphäre 1
Gefühl für das Einssein
Pfad 1
Pfad 0
Sphäre 3
Öffnen der Sinne & Wahrnehmungen
Pfad 3
Sphäre 2
Gemeinsames Wachstum im Bewusstwerden
Pfad 2
Pfad 7
Pfad 5
Pfad 6
Pfad 17
Sphäre 5
Gemeinsame Kreativität
Pfad 11
Sphäre 4
Gemeinsame Kommunikation
Pfad 8
Pfad 9
Pfad 12
Pfad 10
Sphäre 6
Verbundenheit in Liebe
Pfad 15
Pfad 13
Sphäre 8
Streben nach Integrität & Selbstbehauptung
Pfad 16
Pfad 14
Sphäre 7
Durchsetzungsfähigkeit & Macht
Pfad 19
Pfad 4
Sphäre 9
Die emotionale & sexuelle Verbindung miteinander
Pfad 20
Pfad 21
Pfad 18
Sphäre 10
Das materielle Miteinander

setzt. Keine solchen Waffen wurden gefunden. Die USA demonstrieren die beinahe maßlose Überlegenheit ihrer Streitkräfte, um eine neue Ordnung im Nahen Osten zu erzwingen. Drohgebärden und politischer Druck gehen gegen Syrien, Iran, Nordkorea. Werden die Menschen durch George W. Bush in eine neue Weltordnung gezwungen?

Manchmal lasse ich mir durch die Umstände diktieren, mich auf eine bestimmte Art und Weise zu verhalten. Innerlich jedoch empfinde ich das genaue Gegenteil dessen, was ich nach außen bringe.

Manchmal habe ich eine tiefe Angst, dass mir alte Situationen und Verletzungen in der Liebe mit dir wieder begegnen. Ich fürchte deine Schmeichelei und Verführungskraft. Ich will mich nicht von der männlichen Leidenschaft überwältigen lassen, der es an Tiefe und Disziplin fehlt.

Manchmal fürchte ich mich davor, von dir besessen oder dominiert zu werden. Oder dass du mich ignorierst, wenn ich mich öffne und mich dir zeige. Lieber isoliere ich mich hinter meinen Mauern aus Vorsicht und Misstrauen.

Mein Geliebter! Viele Menschen halten Bekanntschaft für Liebe. Sie machen Liebe miteinander und haben sexuelle Beziehungen. Doch so ist Sexualität nur die Oberfläche, eine Begegnung von zwei Körpern. Wenn sich nur zwei Körper begegnen, findet keine richtige Begegnung statt. Man kann jemanden nur dann in sein Zentrum und in sein Herz hineinlassen, wenn man nichts befürchtet, wenn man keine Angst hat.

Ich bringe also meinen Atem weiter hinunter und erlaube meinen Gefühlen, geatmet zu werden. Zuerst muss ich die Rätsel der Vergangenheit lösen. Sonst habe ich dir nichts zu geben. Vergangene Lieblosigkeit würde immer zwischen uns stehen. Niemals würde ich an dich glauben, stets befürchten, du könntest ebenso lieblos sein. Meine Angst davor würde alles Glück zerstören. Für dich möchte ich eine ganze Frau sein, keine halbe, die teilweise in der Vergangenhcit lebt und sich fragt, warum sie nie genügend geliebt worden ist.

Ich wage den wachen Einblick in eine schwierige Situation. Ich verzichte auf alle Abwehrstrategien, die ich mir im Laufe der Zeit angeeignet habe, um meine eigene Verwundbarkeit, Hilflosigkeit und Unsicherheit nicht fühlen zu müssen. Ich wage den ersten Schritt zur Öffnung. Ich zeige dir meine Verletzlichkeit und signalisiere dir so, dass du von mir keine Angriffe und Verurteilungen zu erwarten hast. Lieben heißt, mich berührbar zu machen und bereit zu sein, mich in meiner eigenen Verletzlichkeit anzunehmen.

Mein Liebster! Du liebst die Kraft der Frau in mir. Du liebst mich, weil ich bereit bin, zu kämpfen und das Schicksal herauszufordern. Ja, ich werde sämtliche Schwierigkeiten meistern. Ich fürchte mich vor nichts. Ja, ich bringe den Mut auf, das zu tun, was ich tun muss. Zuversicht erfüllt mich. Mein entschlossenes »Ich bin«, mich nicht mehr zu verbiegen, prägt jetzt eine neue Situation. Ich verhalte mich und handle genauso, wie ich es will. Ich bin das, was ich gerade bin.

Mein Liebster! Was hindert mich daran, ganz frei zu sein? Was es auch ist – ich kann es jetzt loslassen. Ich vertraue auf mich selbst und das, was ich denke und fühle. Gleichzeitig versuche ich, einfach und losgelöst zu sein. Ich streife alle möglichen Fesseln von besitzergreifenden Manipulationen ab. Ich löse mich jetzt von allen besitzergreifenden Gedanken und Gefühlen dir gegenüber und liebe unbeschwert und frei. Liebe braucht Offenheit und Freiheit. Ich bin die Adlerfrau.

Mein Liebster! Du bist mein Adlermann. Du gibst mir so viel tiefe Freude. Bevor ich dich kannte, wusste ich nicht, wie man liebt. Ich lerne jetzt mit dir, ich selbst zu sein. Ich lerne mit dir, frei zu sein. Ich bin es! Ich lebe! Ich liebe!

Ich öffne mich und lasse mich innig berühren.

Mein Liebster! Können wir uns gegenseitig unsere Unterschiede zugestehen? Ich sehe dich so, wie du bist. Diese neue Harmonie in meinem Wesen öffnet mir ganz neue Formen eines freien und liebevollen Miteinanders mit dir. Unser beider Toleranz und Liebe uns gegenüber schmelzen Misstrauen und Angst in mir.

Mein Liebster! Manchmal glaube ich, wir haben den anderen erfunden. Habe ich dich erfunden? So, wie du mich erfunden hast? Wir brauchten der eine den anderen. Wir brauchen einander. Mein Glück – das ist unser Glück. Deine Sonne – das ist unsere Sonne. Wir teilen unser Leben miteinander. Der Raum und die Zeit gehören uns und allen.

B 68 Blau/Violett

Gabriel

Geliebter!
Was kann ich einbringen in meine Liebe zu dir? Der Engel Gabriel begleitet mich. Er verkündet neues Leben! Er ist auch der Engel der Wiederauferstehung. Ich möchte etwas wiederauferstehen lassen, etwas wieder ins Leben zurückrufen, das in meiner Liebe vielleicht tot ist. Genau so, wie die Natur es uns in jedem Frühling spüren lässt.

Mitten in meinem Herzen lodert das Feuer meines Geistes, der meinen Körper wieder lebendig macht. Was ist es, das an Neuem in meinem Leben gerade spürbar wird? Was sind die neuen Empfindungen, Gedanken, körperlichen Gefühle, die ich dir entgegenbringe, mein Liebster? Tief in meinem Inneren entdecke ich sie. Ich prüfe, ob ich das Neue ungeduldig herbeirufen möchte oder ob ich gelassen abwarten kann, dass es zu mir kommt. Ich kann es nicht »machen«. Ich gebe Raum, es sich weiter entwickeln zu lassen.

Mein Liebster! Ich gehe mit einer neuen Identität als Frau, einem neuen Selbstwertgefühl als Frau, einem neuen Selbstausdruck in meiner Liebe zu dir schwanger. Ich bin bereit. Ich bin geduldig, voll von innerem Gleichmut und Vorfreude!

Mein Geliebter! Weich und empfänglich fühle ich die Qualität des Neuen, das in mein Leben eintritt, bereit für alles Schöne in meinem Leben. Doch ich bin auch noch an das Alte, an meine Herkunftsfamilie, gebunden. An meinen Vater, an meine Mutter und die Rolle als ihr Kind. Dies bedeutet Bindung und Verpflichtung für mich. Doch unser Zusammenhalt ist kein Selbstzweck! Nach der notwendigen Zeit der Bindung an mein Elternhaus bin ich nun frei und ohne Beschränkungen durch sie. Ich bin vorbereitet für den Vorstoß in das Neue. Doch bedarf alles im Leben seiner eigenen Zeit und Dauer, um zu reifen und sich in seiner Fülle zeigen zu können. Geschieht der Zeitpunkt der Manifestation zu früh, dann zeigen sich die Dinge nicht von ihrer erfüllten, sondern von ihrer problematischen und schwierigen Seite. Und so lasse ich alle Ungeduld, hektischen Bemühungen und Voreiligkeit, um das angestrebte Ziel zu erreichen.

Ich bin an einem Ort der Kraft und bringe hier die Qualitäten der Erde zum Leuchten. Meine Hände werden zu Strömen für dein Haar. Meine Brüste sind wie reife Orangen. Mein Leib ist ein warmes Gefäß für deine Männlichkeit. Meine Beine und Arme bilden die Tore, wie Häfen für deine Gewitter. Mein Haar ist so weich wie Seide und mein Körper eine Hängematte für den deinen. Mein Geist sei dein Krug, dein tiefer Weg.

Mein Geliebter! Um mich zu lieben, muss deine Liebe stark sein, so, wie Bäume es sind, schützend und sicher, und so klar wie ein Dezembermorgen. Um mich zu lieben, musst du bis auf den Grund meiner Augen sehen und erkennen, dass in mir Liebe und Zärtlichkeit nisten. Um mich zu lieben, wirst du an meiner Seite stehen mit dergleichen Liebe, wie ich an deiner Seite bin. Um mich zu lieben, darfst du meinem Lächeln nicht misstrauen, mein langes Haar nicht fürchten. Um mich zu lieben, sollst du Trauer und Schweigen achten, meinen Leib liebkosen und Freude aus den Tiefen meines Leibes locken. Um mich zu lieben, solltest du in mir eine Freundin sehen, eine Freundin, mit der du die Last deiner Sorgen und deine Geheimnisse teilen kannst, einen See, in dem du treibst, ohne Angst, dass ein Anker von Verpflichtungen dich am Fliegen hindert, wenn du Lust hast, ein Vogel zu sein. Um mich zu lieben, magst du, Mann, Poesie aus deinem Leben machen, jeden Tag neu gestalten mit dem Blick in die Zukunft. Um mich zu lieben, musst du, Mann, mein Gesicht im Schützengraben erkennen und mich lieben mit dem Gewehr im Anschlag.

Geliebter! Die Liebe meines Mannes flieht nicht vor dem Dunst der Küche! Sie sei wie ein frischer Wind, der in Wolken aus Raum und Zeit die Hemmnisse davonträgt, die uns über Jahrhunderte trennten wie verschiedenartige Wesen. Die Liebe meines Mannes sollte mich nicht festlegen, nicht einengen. Sie mag mir Luft geben, Nahrung, Raum, zu wachsen und reicher zu werden, so, wie jeder neue Tag neue Möglichkeiten entfaltet. Die Liebe meines Mannes sollte nicht scheuen, sich hinzugeben, noch sich fürchten, auf einem belebten Platz sich im Zauber des Verliebtseins zu entdecken. Unser sei das Recht, das herrlichste und menschlichste aller Gefühle zu proklamieren!

So will ich die Nacht aufheben, den Übergang zur Morgendämmerung. Dich lieben, denn ich habe deine Stimme gehört, und warte nun darauf, dich zu sehen, wie du aus der Nacht auftauchst. Unsere Liebe ist ein Geschenk, damit wir nicht vergessen, wie sehr die Haut Zärtlichkeit braucht.

Mein Geliebter! Zu dir trete ich mit Traurigkeit und Erinnerung bekleidet. Unerforscht bin ich. Etwas Wachsendes bin ich, etwas Lachendes und etwas Weinendes. Ich, die ich dich liebe.

Die geheimnisvolle unsichtbare Sphäre

Diese Sphäre ist auch bekannt als die elfte Sphäre oder die unsichtbare Sphäre. Sie bildet den Durchgang in eine andere Dimension, an dem Ort im Baum des Lebens gelegen, wo sie als der »Abgrund« bekannt ist. Hier kristallisiert sich das Licht aus jener Erfahrung, die wir in Liebe machen. Es ist jener Punkt der Zeit, wo die Vergangenheit der Zukunft begegnet und wo nur das eigene Wissen oder vielleicht das, was Verwirklichung genannt wird, das Mittel ist, mit dem der »Abgrund« überbrückt werden kann.

Man überquert diesen Abgrund tatsächlich jedes Mal, wenn man seine eigenen Gedanken und Gefühle in die Tat umsetzt – in die Handlungen in Liebe!

In der geheimnisvollen und unsichtbaren Sphäre liegt auch das Potential der Erlösung in Liebe. Hier trifft das persönliche Bewusstsein auf das göttliche Bewusstsein, hier liegen das Geheimnis und die Synthese des eigenen Willens mit dem höheren Willen.

Der Planet, dessen Kraft hier wirkt – Sirius

Der Sirius ist ein Stern in der Konstellation Canis Major, bekannt als der Hundsstern.

In dieser Sphäre gibt es keine Aura-Soma-Flaschen.

Körperregion

In der Region des Kehlchakra, das besonders empfindlich für Veränderungen im Bewusstsein ist.

Die Pfade

Die Pfade sind wie die Äste im Baum des Lebens. Sie verteilen die Energie dahin, wo sie hinfließen will. Wenn die Pfade als die Zweige des Baumes angesehen werden können, so sind die Sphären die Früchte, die Äpfel des Baumes, die durch die Äste Saft und Nahrung erhalten – doch nur in dem Maß, wie die Äste durchlässig sind. Dieses Zusammenspiel ist die Voraussetzung für das Erleben, Leben und Empfinden aller persönlicher Lebensthemen als Ganzheit.

Pfad 0

Die Närrin der Liebe

B 0 Königsblau/Tiefmagenta
B 22 Gelb/Rosa

Hier beginne ich, hier entzündet der Funke meine Liebe und mit ihm meine Spontaneität. Inspiriert durch meine Vorstellungskraft und Illusion, beginnt mein Wesen zu strahlen. Meine eigenen Qualitäten der Liebe entwickeln sich. Alles kann sein! Ich mag die Seherin, die Suchende oder die Lehrende sein, wenn ich Augen habe, um zu sehen, Ohren, um zu hören, eine Zunge, um zu schmecken, einen Körper zum Fühlen, eine Nase zum Riechen.

Es gibt etwas in mir, das sich danach sehnt, diesen Pfad der Liebe zu beschreiten. Ich sprühe Funken. In dem Maße, wie ich diese Aufgabe annehme, beginnen sich auch meine Qualitäten zu entwickeln. Ein Teil dieser Entwicklung erfolgt durch das ganz

Alltägliche. Ich tue das ganz Gewöhnliche, aber in außergewöhnlicher Weise. Ich muss mich außerdem all dem stellen, was ich nicht sehen will.

Was heißt denn eigentlich Liebe? Vielleicht bedeutet Liebe, eine Wahl zu treffen. Ich nehme mir Zeit zum sorgfältigen Nachdenken, zur Neubewertung. Ich habe das Bedürfnis nach Klarheit, weil ich die Wahrheit suche. Vielleicht erkenne ich sie gar nicht, obwohl sie sichtbar wäre. Meine Umstände kreiere ich selbst. Dabei habe ich die Wahl, unreif oder kindisch zu sein – oder mich selbst zu meistern! Ich habe die Möglichkeit, meine ganze Dummheit und Ignoranz in die Weisheit und die Bewusstheit der Liebe umzuwandeln!

Das Leben ist da zum Lieben, zum Lernen, zum Sichfreuen und um sich einfach darauf einzulassen!

Dieser Pfad verbindet das »Gefühl für das Einssein« (Sphäre 1) mit dem »Gemeinsamen Wachstum im Bewusstwerden« (Sphäre 2).

Körperregionen zum Auftragen
Rechte Hälfte von Gesicht und Nacken, rechte Schulter, jede Anspannung, die sich als Schmerz ausdrückt an irgendeiner Stelle des Körpers

B 0 Königsblau/Tiefmagenta

Spirituelle »Erste Hilfe«

Geliebter!
In Liebe zu sein bedeutet für mich, eine Närrin zu werden. Ich weiß nicht mehr, was ich tue, mein Kopf funktioniert nicht mehr, alle Einwände meines Verstandes laufen ins Leere, weil es mein Herz ist, das weiß. Selbst Freunde raten mir ab, oder sie wissen plötzlich sehr genau, dass es der falsche Mann ist, den ich liebe. »Fang gar nicht erst an. Vergiss es.« Alles fühlt sich plötzlich so anders an. Ich lasse Dinge fallen und alles in mir ist ganz neu, offen.

Wird nicht ein jeder Liebender ein Narr!

Ich vertraue der Stimme meines Herzens und folge ihr. Ich bin offen und bereit zu gehen, wohin auch immer es mich führt. Es ist ein Neuanfang. Ich bin bereit für ein Wagnis, den Sprung ins Unbekannte. Und so beginne ich meine wirklichen emotionalen Bedürfnisse als Frau wahrzunehmen und anzuerkennen.

Ich frage mich: Wohin ruft mich mein Herz? Wie sieht für mich der mutige Sprung ins Neue aus? Wovon muss ich mich abgrenzen, um frei zu sein? Ich höre nur auf meine innere Stimme. In der einen Hand halte ich meinen Wanderstab, in der anderen meinen Beutel.

Es ist interessant, dass die älteste Bedeutung des englischen Wortes »fear«, deutsch »Furcht, Angst«, eigentlich »hindurchgehen« lautet. Wenn ich dieser Bedeutung folge, beginne ich zu verstehen, dass es Teil meines Wachstumsprozesses ist, durch meine Ängste vor Begegnung, Körperkontakt und Sexualität hindurchzugehen, anstatt mich zurückzuziehen, wenn sie auftreten, und sie zu ignorieren.

Vielleicht sind meine eigenen Grenzen zu nah oder zu weit gesteckt aus Angst vor mir und dir, Geliebtem. Oder bin ich den Launen von Kräften der Liebe und ihren Sinneswahrnehmungen ausgeliefert, die ich nicht kenne? Vielleicht bin ich auch unfähig, wirklich einen zielgerechten Weg einzuschlagen. Es mag auch sein, dass ich den Frieden, der vorbeizieht, wegstoße, weil ich Angst habe, mich einzulassen!

Göttin! Verwandle meine Unwissenheit! Ja! Ich möchte wissen, leben, lieben und lebendig sein!

Ich halte inne. Ich schaue dem dunklen Abgrund der Leere, dem ewig werdenden Potential ins Auge und sammle neues Vertrauen. Ja, ich möchte mehr! Ich wage den Sprung, ich gehe einen Schritt nach vorn, erlaube mehr Nähe, auch wenn Angst mich immer wieder aufzuhalten versucht. Wie empfinde ich wirkliche Nähe? Ich achte darauf, ob Widerstände auftauchen. War ich zurückhaltend oder nervös? Sind irgendwelche Körperteile verkrampft geblieben? Halte ich zeitweise den Atem an?

Wenn ja, warum?

Alles könnte geschehen!

Mein Geliebter! Ein Mann, der keine Frau hat, ist heimatlos, ohne ein Zuhause, er wird zum Treibholz, das die Wellen überall hinspülen – es sei denn, er lässt sich mit einer Frau ein. Erst dann findet er ein Zuhause. Der Mann wäre ein Wanderer geblieben, ein Jäger, der ständig von einer Gegend in die andere zieht. Er hat Angst, weil er zwei Flügel hat, Angst, im grenzenlosen Himmel zu verschwinden und nie wieder zurückzufinden. Darum muss er früher oder später Wurzeln schlagen. Solange er sich nicht in den Augen einer liebenden Frau gesehen hat, wird er niemals wissen, wer er ist. Die Frau wird zu seiner Erde. Die Frau gibt dem Mann Form und Substanz. Die Frau macht ihm bewusst, wer er ist. Durch ihre Liebe bringt sie den Mann erst hervor.

Allein ist man als Frau von einer gewissen Traurigkeit umgeben: deprimiert, einsam, verloren, verzweifelt, vielleicht manchmal sogar in Panik. Sobald ich mich verliebe, blühe ich auf, etwas öffnet sich sofort. Ich werde plötzlich schön. Ich, die Frau, hab keine Flügel, aber ich habe Wurzeln, starke Wurzeln. Als Frau bin ich die Erde selbst. Und meine Angst ist, dass ich allein nie imstande sein werde, ins Unbekannte zu fliegen. Als Frau habe ich keine Flügel, ich bin erdgebunden, pragmatisch, real – durch und durch normal. Ich bin zu vernünftig, um Gedichte zu schreiben.

Mein Geliebter! Du wirst nicht nur einmal im Mutterleib geschaffen, sondern von jeder Frau, die du liebst. Mit jeder neuen Liebe gibt eine Frau dir Form, Farbe, einen neuen Anstrich, sie macht dich erst menschlich!

Ich schaue zurück nach oben, woher ich herkomme, ein leises Erinnern meines Ursprungs streift mich. So, wie die Liebe und ihre sexuelle Energie mir vom spirituellen Zustand in den Körper verholfen hat, kann sie mir auch helfen, mir meinem ursprünglichen Zustand von göttlicher Ganzheit wieder voll bewusst zu werden. Liebe in ihrer sexuellen Energie ist ein körperlicher Ausdruck spiritueller Kräfte. Der Wunsch, mich mit dir, Geliebtem, in Liebe sexuell zu vereinigen, spiegelt auch mein spirituelles Bedürfnis wider, Ganzheit und vollkommene Intimität mit dir zu erleben. Es drückt ebenso mein Bedürfnis aus, zur ursprünglichen Quelle der Schöpfung zurückzukehren, zum Einssein, das ich im Mutterleib erfahren habe, und darüber hinaus, zum Einssein mit mir selbst.

Ich stehe am Rande eines Abgrundes, mir keiner Gefahr bewusst – ganz unschuldig.

Als es Abend wurde und die Sonne über den nahen Bergen unterging, waren Göttin und Gott sehr müde, denn es wurde ihnen zu viel mit all den Wünschen der Menschen. Sie mussten und wollten sich verstecken. Und so trafen sie sich mit allen Freunden aus allen Gebieten dieser Erde. Obwohl sie gemeinsam nach einem Platz suchten, fanden sie keinen, wo die Göttin und der Gott nicht gefunden würden. Und so waren sie alle ratlos.

Doch plötzlich kam der alte Knecht auf eine Idee. Er sagte: »Ich habe an der Tür gelauscht. Ja, ich weiß ein Versteck für euch. Versteckt euch doch einfach in jedem Kind, in jeder Frau, in jedem Mann. Darauf kommen die Menschen nie. Dort werden sie euch nicht suchen.«

Und so geschah es – Göttin und Gott versteckten sich in jedem Menschen.

Mein Geliebter! Und da wir ein Atemzug in der Göttin und des Gottes Sphäre sind und ein Blatt im Göttlichen Wald, sollten wir in des Gottes Vernunft ruhen, denn Gott ruht in der Vernunft, und in der Leidenschaft der Göttin uns regen, denn die Göttin bewegt sich in der Leidenschaft, wenn wahre Sinnlichkeit erkannt und verstanden wird.

Mein Geliebter! Mit der Liebe in meinem Herzen bewege ich mich auf dich zu. Alles kann geschehen. Ich gestehe mir meine Ängste, Projektionen und Phantasien der Liebe ein und teile sie dir, Geliebtem, mit. Ich nehme mich an, lasse los, gebe mich hin, genieße mich, lasse mich fallen, empfange und beginne in dich einzutauchen.

Ich werde die Taube. Ich baue eine Brücke zwischen Himmel und Erde.

Mein Geliebter! Ich verliebte mich in einen Fremden. Und doch – dich zu kennen bedeutet für mich, dich zu lieben. Ich schaue in dein Gesicht, und mein Herz tanzt überall in der Welt. Ich schaue in deine Augen und meine Welt zerbricht und öffnet sich neu. Dich zu lieben bedeutet für mich, dass ich immer wieder bei Null anfange. Du bist mein Spiegel.

B 22 Gelb/Rosa

Rebirther-Flasche

Geliebter!
Etwas in mir glaubt, dass du mir dieselben Schmerzen bereiten wirst wie alle meine anderen Lieben vor dir und mir dieselbe Ablehnung, Ignoranz, Grenzüberscheitung geben wirst. Missachtest du etwas an mir? Musst du dich schützen vor mir? Jagst du deinen Zielen hinterher und vergisst deinen göttlichen Funken in deinem Innern und so auch meinen? Ich sehe, ich misstraue dir zutiefst!

Ich bin sicher, ich kann die bittere Kälte aushalten. Aber ein Leben ohne dich kann ich mir nicht vorstellen. Ich muss lernen umzudenken und ein neues Vertrauen in die Liebe hineinentwickeln. Ich wage einen neuen Anfang. Wenn ich zu lange still gesessen habe, so mache ich mich jetzt bereit, endlich wach zu werden und mit vollem Bewusstsein die Dinge so zu sehen, wie sie sind! Ich gehe mein Erwachen als Frau an, anstatt nur eine Reaktion auf das Leben eines Mannes zu sein.

Würdevoll gebe ich meinen Eltern ihren Platz in meinem Leben. Liebe Mutter, lieber Vater, ich sage euch: »Ich lasse es jetzt gut sein! Das Wichtigste habt ihr mir gegeben – mein Leben. Ich bin reich ausgestattet, und alles, was ich sonst noch brauche, hole ich mir dort, wo ich es bekomme. Ich danke euch!«

Wenn ich mir meine Wunden auch nicht selbst zugefügt habe, so habe ich mir in meinem Schmerz doch weiter wehgetan, vielleicht sogar auch anderen. Ich reinige und heile mich, auf dass ich zu einem Gefäß nicht des Schmerzes, sondern der Liebe werde. Ich heile mich, dass ich erfüllt sein möge von leidenschaftlicher Fürsorglichkeit, dass ich mich so lange um etwas in mir sorge, bis es sich mir von selbst enthüllt und sich klärt. Ich beginne einen neuen Weg, einen wachsamen Weg der Liebe und der gesunden Lust. Das Abenteuer meines Lebens beginnt hier! Ich kehre zurück zum Wundersamen, zum Optimismus meiner Kindheit. Alles ist frisch und neu. Grüne Bäume an meinem Weg verheißen mir Fruchtbarkeit und Glück. Ein klarer Fluss schenkt mir Reinheit und guten Willen. Die Nymphen und Sylphen verheißen mir Schönheit und Freiheit. Die gelbe Sonne gibt mir Zuversicht. Ich bin nicht von einem Ziel besessen, sondern ich achte auf alle Einzelheiten auf meinem Weg und nehme die Opfer und Prüfungen der Liebe, die mir bevorstehen, an.

Die Göttin ist immer in Bewegung, sie wogt, klopft, hämmert, niemals ist sie still. Sie ist ständige Schwingung – endloser Rhythmus, stetiges Summen. Sollte es nötig sein, weckt sie mich aus ihren Tiefen mit dem wilden, dramatischen Ausbruch eines Vulkans und sagt: »Pass auf!«

Parzival wurde in der Geschichte um die Suche nach dem Gral, dem Kelch der Liebe, irgendwann zum Wächter des Grals. Ich glaube, es kommt darauf an, was wir selbst in diesen Kelch der Liebe hineingeben. Ich kann den Kelch zu einem Kelch der Verunsicherung und Zwietracht machen. Ich kann Sorge, Angst, Ärger, Gier und mein ganzes Mangelbewusstsein in den Kelch hineingeben. Oder ich gebe Dankbarkeit hinein für das, was ich an Liebe erhalte, während ich meine Ängste, Vorurteile, mein Ego und meine »Wenn und Aber« loslasse.

Wo der Gral erscheint, heißt es »Aufwachen!« Das, was früher war, hat keine Macht mehr über mich. Ich vergebe und lasse den vergangenen Schmerz und die vergangenen Kränkungen los. Heute fange ich ein neues Leben an.

Mein Geliebter! Was fülle ich in den Kelch, den ich dir, Geliebtem, reiche? Ich fülle ihn mit jener Liebe, die mit liebevollen Gedanken beginnt.

Ich fülle ihn mit Respekt, denn ich kann dich erst dann lieben, wenn ich dich respektiere.

Ich fülle ihn mit gebender Liebe, die ich dir schenke, freiwillig, ohne Bedingungen.

Ich fülle ihn mit Freundschaft zu dir, dem Boden, auf dem Liebe gedeiht.

Ich fülle ihn mit Berührung. Wenn ich dir meine Arme ausbreite, öffne ich mein Herz.

Ich fülle ihn mit der Freiheit, die ich dir in Liebe schenke.

Ich fülle ihn mit Kommunikation von Liebe und Wertschätzung.

Ich fülle ihn mit der Verpflichtung und der Verbindlichkeit meiner Liebe, die ich in meinen Gedanken und Taten ausdrücke.

Ich fülle ihn mit Leidenschaft, die die Liebe zu dir entzündet und sie lebendig hält.

Ich fülle ihn mit Vertrauen, dem Fundament jeder Liebesbeziehung.

Mein Geliebter! In meinem Herzen ist es licht geworden. Ich schreite bewusst und wach auf dich zu. Durch meine Hände spricht die Göttin, und aus meinen Augen lächelt sie dich an! Ich glaube an die Liebe und die Fülle der Liebe. Ich glaube an mich. Ich kann von einer Felswand herabspringen! Nichts ist dabei! Ich vertraue! Es wird mir kein Leid geschehen. Und ich springe, ohne auch nur einen Augenblick zu zögern. Ich vertraue. So trete ich ein ins Feuer der Liebe.

Wenn ich Freude gebe, ist Freude mein Lohn. Wenn ich Schmerz gebe, ist der Schmerz meine Taufe. Ich gebe, so, wie im Tal dort drüben die Myrte ihren Duft verströmt. Gibt es etwas, was ich zurückhalte, mein Geliebter? Alles, was ich habe, werde ich geben, jetzt, so dass die Zeit des Gebens meine ist und nicht die meiner Erben.

Pfad 1

Die Magierin der Liebe

B 1 Blau/Tiefmagenta
B 79 Orange/Violett

Ich selbst bin die Schöpferin meiner eigenen Wirklichkeit! Herausgefordert bin ich, in meiner Fähigkeit, die Dinge so zu sehen, wie sie wirklich sind. Ich muss mich auf die höchste Art meines Sehens berufen, mein spirituelles Wissen und auf eine Art meiner inneren Wahrnehmung, die noch feiner ist als die Intuition. Dann kann ich das leuchtende Lichtbild des Undefinierbaren der Liebe in den vielfältigen Formen, die es verbirgt, erkennen. Nichts, was Form hat, ist wirklich undurchsichtig. Alles, was Form hat, ist in seiner Essenz Licht oder Transparenz.

Ich habe eine Vision dessen, was durch meine Liebe entstehen könnte, und besitze das Potential, es auch zu verwirklichen. Ich bin kooperativ und inspiriere meinen Partner. Ja, ich besitze Charisma und Anziehungskraft. Ich lerne die Lektion der Selbstannahme und umarme meinen Schatten genauso wie mein Potential. Ich bin mir meiner Ich-Bezogenheit und meiner destruktiven Tendenzen bewusst. Ja, ich gehe meinen eigenen Schicksalsweg. Jede Aufgabe der Liebe, bei der ich kreativ meine Wahrheit und meinen Willen einbringe und in der ich mich als echt erweise, kann ich erfolgreich lösen. Ich selbst erschaffe das, woran ich glaube, und manchmal sogar etwas, woran ich nicht glaube!

Dabei sehe ich nicht nur meinen eigenen Standpunkt.

Dieser Pfad verbindet das »Gefühl für das Einssein« (Sphäre 1) mit dem »Öffnen der Sinne und Wahrnehmungen« (Sphäre 3).

Körperregion zum Auftragen
Linke Hälfte von Gesicht und Nacken oder ringförmig um den Haaransatz herum, in körperlichen Notfällen, Erkrankungen und Schmerz sofort und überall auf dem Körper

B 1 Blau/Tiefmagenta

Körperliche »Erste Hilfe«
Flasche für das Dritte Auge

Geliebter!
Deine Männlichkeit hat meine Liebe entfacht. Deine Schönheit hat mich zur Dichterin gemacht. Es tanzt dein Traumbild auf der Bühne meines Herzens den schönsten Tanz.

Ich beginne wieder den Traum der Liebe zu träumen.

In der Vergangenheit habe ich mich selbst eher in der Reibung zwischen mir und einem Partner erfahren. Ich hatte dem Mann die Verantwortung in der Beziehungsführung gegeben. Ich suchte die Führung durch ihn, ich suchte die Schulter zum Anlehnen. Rebellisch lehnte ich mich gegenüber seiner Autorität auf und stieß ihn von mir weg. Ich habe es getan und gekämpft. Doch dabei habe ich mich nur festgehalten und mich persönlich abhängig gemacht. Ich hatte kein Vertrauen in meine eigene Stärke und Schöpfungskraft. In mir war Minderwert. Nur durch den Schmerz bin ich bewusst geworden.

Mein Geliebter! Jetzt übernehme ich meine Verantwortung. Ich höre in mich selbst hinein. Ich ergreife die Initiative und handle. Ich werde kreativ und bringe die Schönheit der Liebe in mein Leben, denn Liebe ist die stärkste heilende Kraft.

Mein Geliebter! Es gibt vier Pforten auf meinem Weg zu dir, um wahre Intimität zu erfahren. Die Pforte der physischen Anziehung erzeugt das Verlangen und die Erregung zwischen uns. Die Pforte der emotionalen Anziehung erzeugt die Zuneigung, die Zuwendung und das Vertrauen zwischen uns. Die Pforte der geistigen Anziehung erzeugt unser Interesse aneinander und unsere

Empfänglichkeit füreinander. Die Pforte der spirituellen Anziehung öffnet unser beider Herzen und lässt Liebe und Achtung füreinander entstehen.

Mein Geliebter! Es gibt ebenso vier Pforten auf dem Weg in die Paarbeziehung hinein. Wenn wir uns als Mann und Frau Zeit dafür nehmen, die erste Zeit, die Phase der Anziehung und das Einander-kennen-Lernen, zu durchleben und dann die Phase zwei, die Phase der Ungewissheit, bewusst lernen auszuhalten und gemeinsam durchzustehen, folgen darauf die Phase der Ausschließlichkeit und dann die Phase der Intimität. Erst wenn wir miteinander alle vier Pforten bewusst durchschreiten, sind wir wirklich bereit und reif, echte und dauerhafte Liebe in unserem Leben zu entfalten.

Mein Geliebter! In früheren Jahrhunderten heiratete man jemanden, ohne ihn vorher zu kennen, weil das Wichtigste an der Ehe die Sicherheit war. Unsere Vorfahren brauchten einen Partner vor allen Dingen, um ihre Existenz und das Überleben der Kinder zu sichern. Die Generation unserer Eltern musste noch lernen, liebevoll zu sein und die Liebe zueinander wachsen zu lassen. Heute suchen Mann und Frau im Partner nach persönlicher Erfüllung, und der Liebste muss jemand sein, der bis ins Grab hinein tausend Pforten des Paradieses öffnet.

Mein Schönster! Du bist für mich ein ganz besonderer Mensch, jemand, den meine Seele ausgewählt und erkannt hat. Mein Herz hat eine Entscheidung getroffen, und doch habe ich das Gefühl, dass sie eher im Himmel getroffen worden sei. Liebe ist etwas, was nur durch Vertrauen geschehen kann, wenn ich meine Träume mit dir teile, um etwas hervorzubringen, das um so vieles größer ist als jedes seiner einzelnen Teile. Der Wunsch, mein Leben mit dir zu teilen, ist ein Ausdruck meiner Seele. Meine Seele erinnert sich offenbar an ihr höchstes Ziel, denn dieser Wunsch ist die Erinnerung meiner Seele an das heilige Versprechen, das einzulösen ich auf der Erde bin.

Das Versprechen in der Hochzeit, mit meinem offenen Herzen, dich, meinen Partner, über alles zu lieben, fügt all die Stücke meines Lebens zusammen. Und mehr: Ich kann es immer wieder öffnen, denn durch meine Liebe, Atemzug für Atemzug, bringe ich das Himmelreich jeden Moment immer wieder neu auf die Erde.

Mein Liebster! Ich liebe und achte dich, und ich halte auch dann zu dir, wenn du nicht so vollkommen bist, wie ich vielleicht glaube. Ich stehe Kritik, Urteile und Zweifel durch, denn unsere Liebe ruht auf dem festen Fundament liebevoller und positiver Erfahrungen. Auch wenn sich mein Herz vorübergehend verschließt, kehre ich immer wieder zu dieser Liebe zurück. Blumen erblühen aus den Schatten meines Inneren.

Ich schaffe einen Tempel der Liebe, einen Tempel, in dem das Gebet der Liebe, unsere Begegnung als Mann und Frau, als göttliche Geschöpfe Raum erhält. Ich weihe diesen Raum mit sanften Klängen, mit Pflanzen und Blumen, weichem Licht und Düften.

Vier Kerzen stelle ich um das Bett, eine für jede der vier Himmelsrichtungen. Ich verbeuge mich in jede Richtung und lade den Schutz der vier Naturelemente ein: das Wasser des Fühlens und der Tiefe, die Erde, die alles zum Wachsen bringt, die bewegende Luft wie auch die mächtigen Winde der Veränderung und die reinigenden Feuer der Leidenschaft!

Mein Geliebter! Das Gemach der Heiligen Hochzeit ist festlich geschmückt. Alles ist bereit. »Sagt mir, wie Ihr mich liebt!« – »So, wie Regen und Sonne, wie Kälte und Hitze, wie eine Krankheit und ihre Heilung in einem?«

B 79 Orange/Violett

Vogel-Strauß-Flasche

Geliebter!

Am 3. 5. 2002 stürzt im Nordwesten Indiens ein Kampfflugzeug in ein Bankgebäude. Am 18. 4. 2002 fliegt ein Kleinflugzeug in den Pirelli-Turm, das Wahrzeichen der norditalienischen Wirtschafts- und Industriemetropole Mailand. Seit den Ereignissen des 11. September 2001 stürzt also ein drittes Mal ein Flugzeug in ein Gebäude. Alles erinnert immer wieder an die einstürzenden Türme. Ich kann mich immer wieder neu dafür entscheiden, ob ich in die Welt der Banken, der Wirtschaft und der materiell orientierten Welt hineinvertraue, in denen Gier und Betrug herrschen – oder in meine innere Welt, die von anderen Gesetzen bestimmt wird, von der Ehrlichkeit, der Achtsamkeit, dem bewussten Wahrnehmen und der Liebe.

Gewalt.

Offenbar können nur Schocks die Menschen zum Erwachen bringen und mehr Gemeinsinn kreieren. Immer wieder läuten die Glocken der Trauer. Ich fühle die Echos bis in die Zeit zurück, in der auch Christus durch das Kreuz von gewalttätig denkenden und handelnden Menschen ermordet wurde. Es ist grausam, zerstörerisch. Doch in unserer Trauer schwingt auch die Hoffnung. Jene friedlichen Antworten, die an der Schwelle des 21. Jahrhunderts auf die Gewalt geboren werden, scheinen mir die Samen zu globalem Frieden und Freiheit, Gleichheit, Brüderlichkeit zu sein. Langsam entsteht die Einheit aller Menschen. Diese Antworten formen ein lebendiges, erfahrbares Netz aus Mitmenschlichkeit, das alle miteinander hält.

Mein Geliebter! Alle Völker dieser Erde verehrten am Anfang der Menschheitsgeschichte eine große Göttin. Sie war die Große Mutter, die Lebenspenderin, die Fruchtbare, aber auch die alles Verschlingende, die Zerstörende. Sie war Mutter Erde, die Erde selbst, mit deren Früchten sie ihre Kinder, uns Menschen, ernährte. Dafür wurde sie verehrt und angebetet. Aber die Menschheit entwickelte sich weiter. Die Große Göttin wurde von den neuen männlichen Göttern verdrängt. War die Göttin ursprünglich die Herrscherin des ganzen Himmelsgewölbes gewesen, galt sie später nur noch als Gebieterin über ein einziges Gestirn, den Mond, der von den männlichen Sonnengöttern überstrahlt wurde.

Mein Geliebter! Gewalt und Manipulation haben die Schale meiner Yoni zerbrechen lassen, meine Empfänglichkeit für dich als Mann. Die Zeit hat mich in zwei Hälften gespalten: in Körper und Geist. Ich wurde von der Göttin getrennt.

Wir alle waren schon in der Rolle des Opfers – durch patriarchalische Institutionen, geschlechtsspezifische Benachteiligung, durch Rassendiskriminierung, durch Religion, Politik, Diktatur oder Hautfarbe.

Ja, auch ich wurde getreten, wurde verletzt, ich wurde verwundet, ich wurde belogen, ich wurde betrogen und missbraucht, ich wurde verlassen und getötet. Mein Leid ist groß, aber ganz unten in der Tiefe, im tiefen Mutterherzen der Schöpfung, wo ich zum Sterben zurückgelassen werde, begreife ich meine Machtlosigkeit in der Art und Weise, wie ich mein Leiden lebe und mich nicht mehr zeige.

Merlin zieht sich in seine einsame Berghöhle zurück. In der Natur kann er zu sich selbst finden und Verbindung mit jenen Kräften aufnehmen, die durch ihn wirken. In der Einsamkeit lauscht er den Worten des Windes und erfährt, was die Zukunft bringt. Merlin hütet die heilige Quelle und mit ihr den weisen Gebrauch kostbarer Gaben, vor allem den Umgang mit dem Kelch der Liebe und des Lichtes, dem Heiligen Gral.

Mein Liebster! Auch ich ziehe mich in meine Schutzräume zurück, um zu erkennen, was ich tue. Hilflos und ängstlich bin ich in meinem Opferdenken gefangen. Meine ich etwa, meine Bedürfnisse sind zu unbedeutend, um berücksichtigt zu werden? Ich sollte damit aufhören! Ich sollte mich als wertvoll schätzen und als unersetzlich in diesem Tanz des Lebens. Lieber erschaffe ich nun das, was ich will, und werde zu einer Wärme, zu einer Präsenz in meinem Körper, zu Sinnlichkeit, zu Leben, zu Nahrung, werde SIE, die sich mutig und in neuen Formen auf ihren Liebsten bezieht und nicht länger ein Opfer ist.

Große Göttin! Ich erhebe meinen Kelch und reiche ihn zur Quelle hinauf. Ich übernehme als Mitschaffende Verantwortung für die Neue Frau. Ich bin Trägerin deines Willens, des Willens der großen Göttin, um deine grenzenlose Liebe zur Erde zu bringen.

Liebster! Alles in unserem Universum ist Schöpfung. Lass uns gemeinsam die Härten wieder schmelzen, die durch gegenseitige Unterdrückung entstanden sind, im emotionalen und sexuellen Umgang und in unserer Nähe miteinander, mit sanften, liebevollen Berührungen. Ich vertraue wieder neu auf mich selbst. Alles kommt wieder zusammen. Kenne ich dich von irgendwoher? Ich schließe meine Augen. Ich stelle eine Verbindung zu dir her, denn ich bewege mich auf einem schmalen Grad. Leg deine Hand auf meine Haut. Ich brauche deinen Schutz. Berühre mich. Ich versuche in deine Seele hineinzublicken. Ich stelle eine Verbindung zu dir her. Berühre meine Brüste, mein Liebster, sie sind der Weg zu meiner weiblichen sexuellen Liebesenergie. Wenn deine Liebe ohne Forderung ist und du sie zärtlich liebkost, öffnet sich meine Vagina, um deine Liebe zu empfangen. Leg deine Hand auch auf meine Yoni und halte sie, halte sie nur, berühre sie mit Zärtlichkeit und ehre ihre Verletzlichkeit. Lass mich weinen, all den Schmerz und das Leid herausweinen, das meine Yoni in ihren Schoß hineingenommen hat. Mit dir zusammen bin ich in einem sicheren Raum. Ich bin beschützt. Ich bin angenommen. Hier, in der körperlichen Liebe, nehmen wir einander in unserer Verletzlichkeit wahr und achten sie. Ich lasse Anstrengung, Leistung, Erregung und Sensation gehen und schmelze in der Präsenz und Stille von Liebe.

Mein Geliebter! Lass mich deinen Penis halten, zärtlich, warm und voller Schutz, für dich, meinen Liebsten, damit du all die Anstrengung, etwas für mich leisten zu müssen, gehen lassen kannst und all den Kampf gegen dich selbst sein lässt. Ich berühre, streichle und liebkose ihn ohne Absicht. Ich bin einfach da mit meiner Liebe, so dass dein Penis Interesse bekommt, die Liebe in sich aufzunehmen, spürt und bereit wird, Liebe zu geben. Ich liebe ihn für seine herrliche Eigenschaft, ein heilendes, liebevolles, machtvolles Instrument zu sein. Durch meine Berührung fühlt er sich ermächtigt. Deine Schmerzen, jemand sein zu müssen, mögen gehen. Du bist die Kraft. Du bist die Sonne. Sanft und mit Liebe gleitet dein Penis in mich hinein.

Mein Geliebter! Ein neues Feuer von Sexualität, Sinnlichkeit und Verlangen darf in uns entflammen, ein Feuer, das alles Alte verbrennt, verwandelt und heilt. Es ist jenes Feuer der Liebe, welches mich und dich kraftvoll, stark und sicher fühlen lässt. Die Liebe, die uns verbindet, ist im Innehalten unserer Körper so still, so sanft und jenseits von Worten, wie ein Tal, in dem alle Härten schmelzen.

Du wirst wieder ein Teil von mir und ich ein Teil von dir. Wer dich verletzt, verletzt auch mich.

Pfad 2

Die weise Hohepriesterin der Liebe

B 2 Blau/Blau
B 80 Rot/Rosa

Was in der Liebe an ihrer Oberfläche mir als klar erscheinen mag, besitzt verborgene Tiefen. Werde ich ruhiger, kann manches zur Einsicht gelangen. Dann habe ich die Möglichkeit, mein unsterbliches Wesen zu verwirklichen. Das mag bedeuten, mich den Schwierigkeiten mit der Autorität meines Vaters stellen zu müssen, ebenso wie den Problemen mit meiner Mutter aufgrund meines Gefühls, nicht so genährt worden zu sein, wie ich es gebraucht hätte.

Habe ich mein Gleichgewicht wegen zu starker Emotionalität verloren, so beginne ich nun eher meiner Intuition zu vertrauen, ohne sentimental zu werden. Allein indem ich atme, kommen mein Fühlen und Denken über dem Abgrund des Raumes zusammen. Ich nähre den Frieden, den ich in mir trage, ich bitte darum, dass er wachsen möge, und bin dankbar für alles, was für mich getan wurde.

Ich bin die Hüterin des Geheimnisses der Liebe der Göttin

und der Liebe des Gottes. Ich selbst verkörpere den positiv-männlichen und den negativ-weiblichen Pol der göttlichen Kraft. Ich enthülle mein Geheimnis. Ich halte beide Schlüssel zu den göttlichen Mysterien: den einen zur Schau der einen Wurzel und Wirklichkeit allen Seins, den anderen zur Empfängnis des ewigen Lebens und der Unwandelbarkeit des innersten Wesens innerhalb allen Wechsels der Formen. Ich gebe dir Einblick in die Schau der unveränderlichen Natur der Liebe in den Mysterien der Einweihung und der Anbetung des Göttlichen in unseren wunderbaren Körpern und in der physischen Welt und rette dich aus den Fängen der Illusion.

Dieser Pfad verbindet das »Gefühl für das Einssein« (Sphäre 1) mit der »Verbundenheit in Liebe« (Sphäre 6).

Körperregion zum Auftragen

Hals, Kehle, oberer Brustbereich, Bronchien, Lunge, das Atemsystem, der ganze Körper mit dem Lymphsystem, balancierend für den Menstruationszyklus

B 2 Blau/Blau

Friedensflasche

Hals-Chakra-Flasche

Geliebter!

Wie kann ich mein Vertrauen in die Liebe wieder finden? Ist mein Vertrauen missbraucht worden, um mich in den Abgrund zu werfen und mich dann über den Abgrund zu führen? Bin ich verlassen worden von den Männern, die ich liebte, weil ich mich selbst zuvor verlassen hatte? Habe ich mich von der Liebe abgewendet? Von dir?

Meine Männer haben, scheint mir, den sichersten Lebensweg gewählt: den Weg des Verstandes. Der ist gewöhnlich, aber sicher. Die schnellste Abkürzung. Ich als Frau habe nun offenbar den schönsten, aber auch den steilsten und gefährlichsten Weg gewählt: den Weg der Gefühle, Empfindungen und Stimmungen. Den Weg des Herzens und der Liebe.

Isis, Mondgöttin, du verweilst im Tempel der ewigen Wandlungen und erhältst Visionen, die aus der Stille geboren werden. Du bewegst die Meere – du bist das tiefe Einatmen und das tiefe Ausatmen, Ebbe und Flut. Die Mutter der Zweiheit. Du siehst, ohne zu urteilen, und öffnest schöpferisch dein Herz.

In vielen alten Zivilisationen gab es Tempel, die der Göttlichen Mutter geweiht waren. Es lebten nur Frauen darin. Sie hatten ihr Leben der Kraft, dem Fortschritt und dem Wohlbefinden der Göttin geweiht. In diesen Tagen unserer modernen Gesellschaft erwacht die weibliche Kraft wieder und wird weiterhin wachsen, bis die heilige Vermählung stattgefunden hat, bis die männlichen und weiblichen Kräfte sich auf der Erde wieder erkennen und Harmonie und Frieden wieder finden. Die Göttin drückt sich jetzt in weiblicher Stärke aus, in Einzigartigkeit und der Fähigkeit, mutig zu sein.

Liebster! Als Kind hat man mir beigebracht, nicht zu fühlen, sondern zu denken. Aus Angst atme ich nun nicht, denn sobald ich tiefer atme, wecke ich meine Gefühle und meine Sexualität. Jeder Atem ist jedoch sehr nahe an dem, was in mir gewählt hat, sich zu inkarnieren. Mein Atmen ist außerdem das Einatmen eines neuen Moments meines Lebens. Er existiert noch nicht, er ist das reine Unbekannte. Und diese Angst vor dem Unbekannten ist meine Angst vor mir selbst.

Geliebter! Das Leben der Menschen ist völlig vergiftet, durch den Kopf verdorben. Sie können offenbar nichts mehr fühlen, nichts mehr empfinden. Die Sonne geht auf, doch in ihrem Innern geht dabei nichts auf, sie blicken mit leeren Augen. Der Himmel füllt sich mit Sternen, solch ein Wunder, aber nichts regt sich in ihren Herzen. Der Regen zieht auf und die Pfauen tanzen, aber die Menschen wissen nicht mehr, wie man tanzt.

Mein Geliebter! Betrete ich den Tempel des Lebens, so ist mein Herz seine Tür. Die wahre Intelligenz ist die Intelligenz meines

Herzens. Sie verleiht meinem Schritt etwas Tänzerisches und bringt Freude und Lachen in mein Leben. Die Intelligenz meines Herzens gibt mir einen Sinn für Humor, und sie befähigt mich, zu lieben und zu teilen. Die Welt kann erst im Frieden sein, wenn du, der Mann, und ich, die Frau, zu einem tiefen Verständnis gelangt sind. Unser tiefes Verständnis füreinander bringt große Liebe, großes Mitgefühl und große Freundschaft mit sich.

Jedes Einatmen ist ein Neubeginn, jedes Ausatmen ist einfach, voller Frieden und Loslassen, ein Sterbenlassen dessen, was gewesen ist. Ich vertraue darauf, dass du, Geliebter, das hast, was ich brauche und mir das gibst und geben wirst, wenn ich es friedlich kommuniziere. Ich beginne langsam wieder zu fühlen, was ich zu fühlen vermieden habe. Ich beginne zu atmen, zu tönen, mich zu bewegen. Ich höre die Worte, den Klang, ich werde zu einem Gefäß der Liebe. Ja, ich lasse mich eine Passage der Empfänglichkeit für das Licht sein. Ich lasse das Festhalten los. Frieden ist das, was die Türen öffnet. Meine Türen. Deine Türen.

Seit dem 11. März 2002 erstrahlen die Zwillingstürme in New York in blauem Laserlicht – vier Stunden jede Nacht. Die ätherische Hülle von Schock und Verlust wandelt sich in Frieden und Vertrauen in den höheren Willen.

Ich betrete den blauen Raum. Dem ganzen Raum sind meine Augen bekannt.

Beim silbernen Licht lese ich eine Geschichte. Mein Herz schmerzt, denn es ist eine wahre Geschichte über die Liebe. Wer weiß, was diese Nacht mir bringen will? Nur in der blauen Nacht kommst du, mein Geliebter, zu mir. Dann gehört die ganze Nacht mir.

Geliebter! Ja, du vertraust dich mir an. Es ist eine Freude, dich kennen zu lernen.

Ich liebe es ganz besonders, an deiner Welt teilzuhaben und sie mit dir zu teilen.

Mir selbst ist nicht bewusst, dass die Fähigkeit zur Trance, die mir vor langer Zeit beigebracht worden ist, so schnell erwacht.

Mein Körper richtet sich auf, meine Arme breiten sich aus, die Finger spannen sich. Ich gehe in den Tempel, der auf der Höhe steht, und öffne die Tore für den Wind und die Sonne. Die Stimme der Turteltaube ist zu hören in unserem Land. Die blühenden Bäume und die Blumen duften.

Mein Geliebter! Wenn ich meine Sprache verliere, würdest du für mich sprechen?

Wenn ich meinen Verstand verlöre, würdest du für mich lächeln? Wenn ich meine Beine verliere, trägst du mich dann? Wo auch immer du hingehst, was auch immer du tust – du bist bei mir. Wenn du deine Sprache verlierst, werde ich für dich sprechen. Wenn du jemals fällst, werde ich dir Schutz geben. Wenn du deine Tränen verlierst, dann werde ich für dich weinen. Und wenn du deine Vergangenheit verlierst, so werde ich dich schützen.

Mein Geliebter! Ich erkenne deine männliche Kraft, und du erkennst meine weibliche Kraft wieder. Wir wissen, was uns auf der Erde erwartet, als wäre dieses Wissen in unseren Geist geschrieben und wir müssten es nur noch ausführen.

B 80 Rot/Rosa
Artemis

Geliebter!
Es ist eigenartig, dass ich meine Sexualität als Teenager eher durch meinen Liebsten erfuhr und lernte. Es ist eigenartig, dass mein Vater mich lehrte, eine Frau sollte in der modernen Zeit unabhängig sein, anstatt mich zu lehren, eine liebevolle Frau zu sein. Bin ich liebevoll, achtsam und respektvoll in die Welt der Liebe eingeführt worden?

Artemis, die griechische Mondgöttin, ist mit dem Hirsch als ihrem Krafttier verbunden. Sie ist die vielbrüstige Jungfraukönigin und die Göttin der Jagd. Die Amazonen waren ergebene Anbeterinnen von Artemis und erbauten ihren Tempel. Die Amazonen, sagt man, entfernten kleinen Mädchen eine Brust, damit sie später leichter mit Pfeil und Bogen umgehen konnten. Sie kämpften gleichberechtigt gegen die griechischen Helden, mit denen sie in Konflikt gerieten. Die Männer benutzten sie, um schwanger zu werden, dann wandten sie sich von ihnen ab oder töteten sie. Die männliche Nachkommenschaft töteten sie nach der Geburt. Für Männer waren Amazonen bedrohlich. Doch die Amazonen erlitten ihre Niederlage durch die Griechen. Es folgte die Zurücksetzung der Göttin und die Einführung der männlichen Götter in den von ihnen neu eroberten Territorien.

Mein Geliebter! Jeder Kampf erzeugt Härte. Wenn ich als Frau in der modernen Welt mithalten will, muss ich mich den Männern angleichen. Wir modernen, emanzipierten Frauen eifern aus Rebellion den Männern nach! Wir sind nicht mehr weich, wir sind hart.

Frauen versuchen, mit männlichen Methoden gegen die Männer vorzugehen, und werden dabei wie die Männer. Wenn die Männer Zigaretten rauchen, müssen die Frauen auch Zigaretten rauchen. Sie kopieren den Mann. Selbst wenn sie nicht besiegt werden, werden sie allein bleiben, ohne Liebe. Aber sie sind dumm, weil sie nicht wissen, dass Macht letztlich niemals gewinnt. Was letztendlich gewinnt, sind Liebe und Sanftmut.

Mein Geliebter! Solange ich in meinem Frausein nicht frei bin, wirst auch du, der Mann, niemals frei sein, kein richtiger Mann sein.

Meine Urteilskraft ist bestens geschärft. Ich bin selbstbestimmt und regiere über mich selbst, frei vom Einfluss anderer. Ich bin die, die ich bin! Ich sorge für mich unter allen Umständen, doch ich kann auch andere für mich sorgen lassen. Ich habe die Wahl! Es gibt keine Autorität, die über mir steht. Ich richte meine Aufmerksamkeit genau aus: Dann erst ziele ich mit meinem Bogen. Meine Pfeile treffen immer ihr Ziel!

Mein Geliebter! Die Göttin Artemis war die Jägerin, die die Tiere beschützte, und die Jungfrau, die sich selbst treu blieb und in den Wäldern ihre Liebhaber empfing. Als sie als kleines Mädchen ihrem Vater Zeus gegenüber einen Wunsch frei hatte, antwortete sie: »Ich möchte für immer frei sein und ausgelassen mit meinen Hunden durch die Wälder ziehen, und ich will ganz bestimmt niemals heiraten!«

Die Priesterin Nimue, eine der Priesterinnen von Avalon, Botin der Göttin und Trägerin der uralten Weisheit, anziehend und mysteriös, versammelt sich ebenso mit ihren Gefährtinnen in einem heiligen Hain, wo sie von Naturgeistern umgeben ist. Als Heilerin und Ratgeberin von den Menschen geachtet, ist sie in beiden Welten zu Hause. Sie kennt die Herzensweisheit der Liebe und ist eine wichtige Beraterin König Arthurs.

Mein Geliebter! Was bringt es, an der Frau Rache zu nehmen? Dann werden wir Frauen zu Tätern und die Männer die Opfer. Dann dreht sich der Spieß nur um. Es ist ein Teufelskreis. Der Mann, du, bist kein Feind, den man bekämpfen muss, streitlustig und abwehrend. Liebe ist so weich. Liebe siegt immer. Das Harte kann nicht gewinnen.

Artemis schießt den Pfeil der Selbstbestimmung in mein Leben. Sie hilft mir, mich ganz klar auf mich selbst zu konzentrieren. Es ist an der Zeit, mein Engagement für andere zurückzunehmen und an mich zu denken. Wie kann ich erwarten, irgendein Ziel zu treffen, wenn ich beim Abschießen des Pfeils nicht in meiner Mitte bin?

Ich atme tief ein, atme in meinen Unterleib, in mein Zentrum, und frage mich, ob ich Teile von mir vermisse. Fehlt mir etwas, was ich fortgegeben habe, empfinde ich einen Verlust? Ich erforsche und erfühle es: Was macht mir Angst in der Sexualität, was verletzt mich und was brauche ich, um zu vertrauen, um mich geliebt zu fühlen, Lust zu empfinden, um loszulassen, um mein Herz und mein Mutterherz, meine Vagina, diese beiden empfindsamen Wesen in meinem Körper zu öffnen. Meine weibliche Landschaft und meine Vagina sind heilige Orte, und sie brauchen behutsame Achtsamkeit, Respekt und Liebe, damit sie sich öffnen, vertrauen und Lust empfinden und den Penis, den Lichtstab, in sich aufnehmen können. Ich erlaube mein Fühlen und teile mein Fühlen. Ich mache mich auf den Weg zu dir, Geliebter. Ich baue Brücken zwischen mir und dir und löse die Missverständnisse verstehend auf. Ich weiß, dass du alles tust, was du tun kannst, um der Liebe zu dienen.

Göttin, Große Mutter! Hilf mir, ein Kanal für die Liebe zu werden und die Natur meiner tieferen Intuitionen zu erden. Hilf mir, leer zu werden, hohl, so dass mir die Liebe zuströmen kann. Der Tag kommt, an dem es mir größere Schmerzen bereitet, eine verschlossene Knospe zu bleiben, als zu wagen, mich zur vollen Blüte zu öffnen.

Sterne fallen in die tiefe Dunkelheit hinein, während deine Küsse wie Blütenblätter in der Dämmerung sanft meinen Körper berühren. Während ich deine Liebe auf meinem Körper fühlen kann, scheint dein Herz so klar und rein zu schlagen, und so ruhig, während du mich berührst. Der Sonnenwind und die Sonnenrose wiedererblühen in der Wüste. Von jener Qualität ist die Stille. So, wie ich sie nie gefühlt habe. Ein geschlossener Kreis.

Pfad 3

Die Kaiserin der Liebe

B 3 Blau/Grün
B 81 Rosa/Rosa

Es ist Zeit für eine Innenschau. Mein Herz hat Sehnsucht, es braucht Heilung! Ich schaffe Raum für mich selbst in meinem Leben. Ich betrachte das Wunder des Lebens und der Liebe mit offenen Augen. Woher komme ich? Wohin gehe ich? Durch die »Einfachheit« meines Herzens und meines inneren Auges durchdringe ich die Oberfläche der Erscheinungen, so dass der Schleier der äußeren Welt sich lüftet und mir die Mysterien meines Herzens offenbart.

Ich schaue mir die emotionale Seite meines Lebens an, meine Gefühle, und gestehe mir meine tiefsten Wünsche der Liebe ein. Es geht darum, fruchtbar zu sein, auf allen Ebenen. Ich treffe da Entscheidungen, wo zuvor Einschränkungen für mich bestanden. Ich schreite in eine neue Richtung weiter.

Ich selbst bin die Große Mutter, die liebende Mutter allen Lebens. Meine Geschenke sind Liebe und Fülle. Ich spende Geborgenheit, Wärme, Zärtlichkeit und Reichhaltigkeit. Ich gebe Wachstum und Gestalt. Die Vereinigung in Liebe von mir als Frau zu meinem geliebten Mann ist der Schlüssel zur Sexualität zwischen uns, zur Schöpfung alles Neuen. Ich drücke Liebe aus und erfahre sie in einer emotionalen, körperlichen und kreativen Weise. Schöpfung ist immer die Vereinigung von zwei Gegensätzen. Sie schafft Harmonie und Liebe. Ich nehme wahr, wie die Menschen ihre eigene Heimat, die Erde, missachten. In der nährenden Kommunikation meines Herzens bereite ich die Rückkehr in den Garten vor, zur Quelle, aus der alles hervorströmte.

Alle meine Bewegungen und meine Handlungen tragen ein Potential, anerkennend und würdevoll zu sein. Liebe ist Zusammensein, Gemeinschaft, Partnerschaft.

Dieser Pfad verbindet die »Gemeinsame Kommunikation« (Sphäre 4) mit der »Gemeinsamen Kreativität« (Sphäre 5).

Körperregion zum Auftragen
Die Stirn und die Schläfen, das Herz und der obere Brustbereich, Fortpflanzungsorgane und Unterleib, auf den ganzen Körper wegen der Auswirkungen von Emotionen im Körper

B 3 Blau/Grün

Atlanter-Flasche

Herz-Chakra-Flasche

Geliebter!
Wenn die Liebe mir winkt, so folge ich ihr, sind ihre Wege auch schwer und steil.

Wenn ihre Flügel mich umhüllen, gebe ich mich ihr hin, auch wenn das unter dem Gefieder versteckte Schwert mich verwunden kann.

Selbst wenn ihre Stimme meine Träume zerschmettern kann, wie der Nordwind den Garten verwüstet, folge ich ihr. Denn so, wie die Liebe mich krönt, so kreuzigt sie mich. So, wie sie mich wachsen lässt, beschneidet sie mich.

So, wie sie emporsteigt zu meinen Höhen und die zartesten Zweige liebkost, die in der Sonne zittern, steigt sie ebenso hinab zu meinen Wurzeln und erschüttert sie in ihrer Erdgebundenheit.

Liebe wird zu meinem Atmen. Ich atme Liebe ein, ich atme Liebe aus.

Millionen Menschen scheinen beschlossen zu haben, keinen anderen Menschen mehr zu lieben. Sie lieben nun einen Hund, eine Katze oder einen Papageien – oder ein Auto, denn all diese Dinge kann man gut beherrschen. Das ist einfacher, es ist nicht so kompliziert wie bei Menschen. Im Grunde ist das die Freude am Herrschen. Eine solche Art Liebe redet von Liebe, aber ihr tiefster Wunsch ist es, den anderen auszubeuten. Liebe erfordert großen Mut, weil die Voraussetzung für Liebe das Aufgeben des Egos ist.

So bin ich von meinem eigenen Verstehen der Liebe verwundet und blute willig und freudig.

Geliebter! Ich habe mich selbst nie geliebt, weil ich mich niemals so akzeptiert habe, wie ich bin. Wie kann ich dann imstande sein, von dir Liebe zu empfangen? Ich weiß, ich bin dessen nicht würdig. Mit dieser dummen Idee wurde ich gefüttert. Also weise ich deine Liebe zurück, ich finde Entschuldigungen. Ich kann nicht glauben, dass jemand mich liebt. Solange ich mich selbst nicht lieben kann, solange ich mich selbst nicht gesehen habe, in meiner Schönheit, in meiner Anmut, in meiner Größe – wie kann ich es glauben, Geliebter, mein König, wenn du mir sagst: »Du bist meine Königin«. Wenn du mir sagst: »Du bist schön«. Wenn du mir sagst: »In deinem Herzen fühle ich die unergründliche Tiefe eines Rhythmus, der in Harmonie mit dem Universum ist.« Es ist zu viel. Ich bin daran gewöhnt, dass man mich kritisiert, dass man mich beschuldigt, dass man mich bestraft. Ich bin daran gewöhnt, dass man mich zurückweist. Ich bin daran gewöhnt, dass ich so, wie ich bin, nicht akzeptiert werde.

Ich muss mein Herz finden und es füllen, bis es überfließt, denn Liebe ist ein Austausch der Herzen.

So räume ich auf in mir und fülle den frei werdenden Raum mit dem, was wirklich zu mir passt, mir entspricht und für mich richtig ist. Dabei lerne ich viel Neues und Heilsames über die Liebe. Jene Lebensfragen, die mich auf meinem Weg, das Mysterium der Liebe zu entdecken, begleiten, sind: Wer bin ich wirklich? Was ist wesentlich? Was ist meine tiefste Sehnsucht?

Und so erhebe ich meine Stimme und beginne das Lied meines Herzens zu singen. Ich gehe so tief in Meditation, dass ich auch zu den geheimsten Kammern meines Wesens vordringe, da, wo ich Freude und Glückseligkeit erlebe, deren Reichtum ich mit dir teile.

Wie Korngarben sammelt die Liebe mich um sich. Sie drischt mich, um mich nackt zu machen. Sie siebt mich, um mich von meiner Spreu zu befreien. Sie mahlt mich, bis ich weiß bin. Sie knetet mich, bis ich geschmeidig bin.

Geliebter! Liebe ist nicht etwas, das ich tue. Es ist genauso, als ob die Sonne aufgeht und die Blumen sich öffnen und die Luft mit ihrem Duft erfüllen. Ich bin nicht bloß mein Körper, ich bin nicht einmal mein Verstand. Dahinter verbirgt sich etwas ganz anderes: mein wahres Leben. Mein eigentliches Wesen, da, wo Freude so mächtig aus meinem Wesen hervorquillt, dass ich sie mit jemandem teilen will, der dafür offen ist. Sie teilen mit jemandem, der bereit ist, sein Herz zu öffnen. Sie teilen will mit dir. Und dann weiht die Liebe mich ihrem heiligen Feuer, damit ich heiliges Brot werde für das göttliche heilige Mahl. All dies macht die Liebe mit mir, damit ich die Geheimnisse meines Herzens kennen lerne und in diesem Wissen ein Teil vom Herzen des Lebens werde.

Mein Geliebter! Niemand kann garantieren, dass wir immer miteinander glücklich sind, denn Menschen ändern sich. Als ich dir begegnet bin, warst du ein anderer Mensch als ich. Aber ich selbst werde in zehn Jahren eine ganz andere sein, und auch du wirst ein anderer sein. Alles ist im Fluss, das Wasser fließt immer weiter. Die beiden, die sich ineinander verliebt haben, als wir uns begegneten, wird es nicht mehr geben, beide werden sich verändert haben. So gib mir kein Versprechen.

Liebe gibt nichts als sich selbst und nimmt nichts als von sich selbst. Liebe besitzt nicht, noch lässt sie sich besitzen, denn Liebe genügt der Liebe. Liebe hat keinen anderen Wunsch, als sich zu erfüllen.

Göttin, ich bitte dich, in deinem Herzen sein zu können, wenn ich liebe, denn ich weiß, ich kann den Lauf der Liebe nicht lenken. Hilf mir, dass die Liebe selbst mich für würdig hält, meinen Lauf zu lenken. Ich wünsche mir, zu schmelzen und wie ein plätschernder Bach zu sein, der seine Melodie der Nacht singt.

Mein Liebster! In deinem Herzen komme ich nach Hause. Ich werde nie wieder diejenige sein, die ich war – durch dich. Nichts zählt wirklich, außer den Stunden, in denen wir lieben. Du bist die Zuflucht vor dem Sturm – du gibst mir Geborgenheit in deinen Armen. Ich habe und ich halte nicht. Ich liebe und bewahre nicht. Meine Augen schauen durch alle deine Muster hindurch. Und alles veranlasst mich danach zu verlangen, zu bleiben. Ich gehe geradewegs auf dich zu, um dich zu küssen und mit dir zu sein. Du bist meine Lektion, die ich zu lernen habe. Liebe ist wie ein Vogel, der fliegen muss. Es gibt keinen Platz mehr, an dem ich mich verstecken könnte.

B 81 Rosa/Rosa

Bedingungslose Liebe

Geliebter!

Liebe ist die stärkste Macht. Sie ist Wahrhaftigkeit, Fühlen und das Sehnen danach, geliebt zu werden. Liebe ist Berührung, das Greifen, das Hinreichen und Finden von Liebe. Liebe, das bist du – du und ich. Liebe ist das Wissen, dass wir miteinander sein können. Liebe ist frei.

In der Geschichte um König Arthur trägt Guinevere trotz ihrer Jugend die große Verantwortung einer würdigen und anmutigen Königin. Blumen in ihrem Haar machen sie zur Maikönigin, die Erneuerung und Fruchtbarkeit verkündet. Die Apfelblüte ist ebenso eine Form der Präsenz der Göttin wie auch die Verbindung der Königin mit Mutter Erde. Jedes Jahr ritt sie am ersten Mai hinaus, um den Frühling zu begrüßen. Verantwortlich für das Wohlergehen ihres Volkes und Landes, ist sie in ihren kaiserlichen Mantel gekleidet. Guinevere kann sich über jede emotionale Situation erheben und entschlossen handeln. Als Königin verkörpert sie die Liebe zum Schönen wie auch Führerschaft und Privilegien. Sie ist Mitherrscherin, gleichwertig zum Kaiser.

Ihre Liebe zu Lanzelot führte zu einem Bruch zwischen den Rittern der Tafelrunde. Lanzelot musste sich gegen den König stellen, um sie zu retten, denn ihre Beziehung galt nicht nur als Ehebruch, sondern auch als Hochverrat, während das Land in einer Phase des religiösen Übergangs war. Keltische und christliche Wertvorstellungen bestanden nebeneinander.

Geliebter! Ergebenheit kann nicht der Sinn der Liebe sein oder gar, sich selbst zu verlieren. Wenn ich die wahre Liebe finden will, habe ich die schwierigste Aufgabe gewählt. Die Aufgabe, für die all die andere Arbeit nur Vorbereitung ist. Liebe bedeutet, reifen zu müssen. Die Leidenschaft ist und bleibt der Schlüssel der Existenz, nichts wird das je verändern. Es ist lediglich wichtig, wie wir unsere Leidenschaft nutzen. Die wahre Vereinigung versetzt uns, dich als Mann und mich als Frau, in die Lage, über die animalische Lust hinaus zu vollkommenem Vertrauen und zum vollkommenen Aufgehen im Anderen zu finden – jeder von uns beiden kann zum Anderen werden.

Zu lieben und mit dir in Beziehung zu treten, Geliebter, bedeutet, zu teilen. Und bevor ich etwas teilen kann, muss ich es haben, sollte ich von Liebe erfüllt sein, überfließen.

Und so beginne ich damit, einfach zu lieben. Mein erster Schritt ist: Ich beginne Sterne, Sonne und Mond zu lieben. Auch die Sterne besitzen eine ungeheure Sensibilität. Und sie antworten mir! Nun gehe ich zu den Felsen, den Bergen, und fühle die Felsen, ihre Beschaffenheit und liebe sie. Ich gehe zu den Flüssen, dem Wind, dem Regen. Sie sind lebendiger als alles andere. Ich tanze im Regen und im Wind. Ich schwimme im Fluss und lasse los, kämpfe nicht mit ihm, lasse mich davontragen, bin vollkommen eins mit ihm. Ich liebe die Bäume und die Blumen, die Vögel und die Tiere. So lerne ich viele Spielarten der Liebe kennen und viele Qualitäten der Liebe.

Wenn ich imstande bin, all diese unterschiedlichen Ausdrucksformen der Existenz zu lieben, bin ich auch imstande, mich und schließlich dich zu lieben, denn du, der Mann, und ich, die Frau, sind der höchste Ausdruck der Natur. Aus all diesen Dingen sind wir gemacht! Wir, Mann und Frau, enthalten die Sterne, die Berge, die Flüsse, die Winde, den Regen, die Bäume, die Vögel!

Viele Dimensionen in dir, Geliebter, sind mir fremd. Etwas in dir ist auch ein Fels, und wenn ich die Beschaffenheit eines Felsens nicht kenne und den Felsen nicht lieben kann, werde ich auch dich nicht lieben können.

Ich trage den Blumenkranz gewoben aus Licht und Liebe in meinem Haar.

Ich bin die Königin der Liebe, mein Geliebter, und du bist mein König der Liebe.

Ich feiere das Fest meines Lebens und genieße es! Lieben und geliebt zu werden bedeutet, das Parfüm der Liebe, der Andacht und des Mitgefühls mit dir zu teilen, mein König der Liebe. Wir tragen gemeinsam etwas Unsichtbares und sehr Wertvolles: die Krone einer Poesie des Daseins, einer Musik, die wir in den verborgensten Winkeln unseres Seins vernehmen. Wir tragen beide diese Krone, wir halten eine Harmonie zwischen uns und bleiben dennoch unabhängig. Wir offenbaren uns einander. Wir wissen, dass wir sind. Ich kenne deine innere Schönheit und du kennst meine. Ich kenne dein inneres Aroma und du kennst meins. Ich habe keine Angst.

Göttin! Hilf mir, durch meine Liebe und Zärtlichkeit zu meinem geliebten König zu kommen und seine Schmerzen fortzuschmelzen. Ihn zu bewahren, behüten und zu beschützen.

Liebster! Ich brauche nichts als deine bloße Anwesenheit, deine bloße Gegenwart – nichts anderes, alles anderes ist unnötig, und – ich brauche dich genau so, wie du bist. Das genügt, um mich glücklich zu machen. Tausend Lotus fangen an in mir zu blühen. Ich glaube, das ist Liebe. Ich kann mit dir durch alle Schwierigkeiten hindurchgehen, welche die Realität mit sich bringt. All die Not, all den Schmerz. Diese Situationen sind Herausforderungen, und indem ich sie mit dir überwinden kann, wird unsere Liebe stärker und stärker. Denn Liebe ist ein Teil der Ewigkeit.

Mein Geliebter! Ich schaffe uns einen geschützten Raum, in dem die heilenden Qualitäten von Respekt, Achtsamkeit und Präsenz den fruchtbaren und nährenden Boden bilden, auf dem in unendlicher Zartheit die Blume unserer Liebe erblühen kann. Ein Boden, auf dem Heilung und Wachstum geschehen kann. Ein Raum, in dem du dich so zeigen kannst, wie du bist, und in dem sich dein natürliches Wesen und deine ureigene Schönheit und Sinnlichkeit entfalten können. Dann werden alle Herausforderungen der Liebe wie Türen sein, die uns zu einem tieferen Verstehen führen. Dann können wir miteinander teilen und verstehen, was tiefer gelebt werden möchte, und zu einer Liebe finden, die aus dem Raum deines und meines Herzens kommt, uns nährt und unsere gegenseitigen Bedürfnisse erfüllt – von Natürlichkeit getragen und von der Seele umarmt.

Pfad 4

Der Kaiser der Liebe

B 4 Gelb/Gold
B 82 Grün/Orange

Nehme ich Liebe in mich auf oder Gift? Meine Lebenskräfte nehmen ganz verschiedene Formen an, je nachdem, wie ich Dinge von meinem Partner, anderen Menschen, von der Natur, aus der Luft, dem Essen und auch aus der Art der Informationen meiner Umgebung aufnehme.

Meine Ängste zeigen sich als mein mangelndes Selbstvertrauen. Also mache ich mich kundig, erlaube mir, ich selbst zu sein, und finde Klarheit in meinen Überzeugungen. Die Angst der Menschen davor, wirklich erwachsen zu werden, kann zu Tyrannei, ja sogar zu Gewaltanwendung führen. In diesem Wissen spüre ich hin, öffne mich, unterscheide zwischen Wahrheit und Nichtwahrheit und entscheide, was ich sage und was ich tue oder lasse. Mit neu gewonnener Selbstsicherheit offenbare ich dann meine gewonnene Einsicht meinem Partner und der Welt.

Um eine Ordnung in den Dingen der Liebe und eine beständige Stabilität zu schaffen, handle ich schnell und zweckmäßig. Ich verstehe das Komplexe in Situationen und fälle weise Entscheidungen. Dabei habe eine klare, positive Ausrichtung und bin eine gute Organisatorin. Ich stoße vor, furchtlos, die Absicht auf mein Ziel gerichtet. Meine Persönlichkeit ist stark, und ich habe Selbstvertrauen. Mit meinem energischen Einsatz, mit Geradlinigkeit, Offenheit und Freiheitsliebe übernehme ich die Führung. Dabei bin ich nicht starrköpfig. Mein Humor lässt mich auch die lustige Seite des Lebens sehen.

Ich herrsche aus meinem Herzen heraus und diene der Natur von allem, das unter der Sonne existiert. Ich habe Einsicht gewonnen aus den Tiefen meines Selbst. Durch die Gefühle meines Herzens bin ich fähig, Glück und Freude zu teilen und zu empfangen.

Dieser Pfad verbindet die »Durchsetzungsfähigkeit und Macht« (Sphäre 7) mit der »Emotionalen und sexuellen Verbindung miteinander« (Sphäre 9).

Körperregion zum Auftragen
Etwas oberhalb des Nabels und auf dem Zwerchfell ringförmig um den Körper herum, auch auf dem Unterleib bis zur Hüfte und Kreuzbein

B 4 Gelb/Gold
Sonnenlichtflasche
Solarplexus-Chakra-Flasche

Geliebter!
Offenbar gelingt es mir, wenn Gewalt und Zerstörung um mich herum passieren und die Messer von Neid und Missgunst gezückt auf mich gerichtet sind, den nötigen Schritt über mich selbst hinaus zu tun. Die Winde der Veränderung wehen in mein Leben und mit ihnen alle Herausforderungen. Ich muss Acht geben, nicht in Freudlosigkeit oder Ängsten zu versinken. Ich lerne, meinen Selbstwert zu sehen, meine Größe zu akzeptieren und meine Souveränität zu wahren.

Mein Geliebter! Während ich mit meinem ganzen Mut vorangehe und mich dir zeige, fällt es mir schwer zu vertrauen, dass ich nicht wieder von dir abgeschnitten oder abgelehnt werde. Da ist meine Angst, wieder zertreten zu werden. Meine Angst, wieder zum Frühlingsopfer des männlichen Willens zur Macht zu werden. Oder lockst du mich nur, um mich dann zu ignorieren, und ich laufe dann mit meiner Leidenschaft etwa wieder in ein offenes Messer?

Ich muss mich selbst behaupten, dir meine Meinung vor die Füße werfen, und mir meiner Grenzen bewusst sein. Dabei darf ich nicht in dich eingreifen und dich nicht in mich eingreifen lassen.

Tag für Tag richte ich das Messer immer wieder neu gegen mich: Mein Körper ist noch nicht schön genug für die Liebe, und ich bin immer noch zu alt, und ich stecke meine Ziele so hoch, dass ich nur darunter durchfallen kann. Ich urteile über mich und mein Äußeres. So grob bin ich mir gegenüber!

Tag für Tag richte ich das Messer auch immer wieder neu gegen dich und gegen andere: Ich hasse, ich bin negativ, ich bin frustriert. Mein Stolz, meine Selbstzweifel, mein Misstrauen und meine Angst lassen mich meine Grenzen eng setzen. Ich kreiere dann einen Raum, in dem ich dich und alle Männer verurteile. Nein, ich will nicht lieben, nicht mitfühlen, meinen Schutzpanzer nicht öffnen. Hinter meinem »Nein« liegt eine tiefe Verwundung, die ich oft nicht bemerke. So hart bin ich! Ich ersticke geradezu unter all der Negativität meines Lebens! Und doch möchte ich klar sehen. Lernen möchte ich. Gibt es in mir ein Gefühl dafür, wie ich angemessen handeln kann? Wie kann ich Gerechtigkeit, ja ein Unterscheidungsvermögen finden, um richtig zu handeln?

Mein Liebster! Ich gebe einfach auf, ich atme aus, ich lasse es los, dich oder mich zu beurteilen oder zu verurteilen. Ja, ich habe meine wunden Punkte und bin verletzlich! Ich habe auch das Bedürfnis, bei bestimmten Gefühlen vorsichtig und einfühlsam behandelt zu werden. Meine Grenzen sind lebenswichtig, weil sie dir und anderen zeigen, wer ich bin und wo ich stehe.

Große Göttin! Große Mutter! Hilf mir, klare Grenzen um meinen mir eigenen Raum zu ziehen und sie durchzusetzen, denn klare Grenzen zu ziehen ist eine Handlung der Liebe zu mir selbst. Hilf mir, meinen Tanz des Einsseins nur mit dem zu tanzen, was mich stärkt, was mich nährt und was mich liebt.

Mein König! Du bist das Licht der Sonne und bringst Wissen und Weisheit mit dir. Du erscheinst mir auch als der Vater. Als der Vater allen Lebens reinigst du deinen Willen und verwirklichst dein höheres Ziel. Aus deiner Selbsterkenntnis heraus herrschst du ruhig, weise und stark. So trägst du die Krone der Autorität und repräsentierst die Macht des Lebens und der Bewusstheit im Umgang mit allem Lebendigen. Mit deiner Liebe bringst du Form und Struktur ins Leben und in unsere gemeinsame Liebe, wissend um das Geheimnis der Unsterblichkeit. Die vielen Samen deiner Ideale tragen bereits Früchte. Du behauptest deine männliche Energie. Du schaust in mein Herz und ich in deines. Ich liebe deine Wärme und schätze dein Wissen, alle Dinge, die dir im Leben begegnen, achtsam und sorgfältig zu behandeln und sie so zu lösen, wie du es für gerecht und richtig hältst.

Mein König! Bin ich nicht auch deine Herausforderung auf dem Weg, die Einweihende und die Botin der Veränderung! Sah und sieht du mich in dieser Funktion nicht manchmal auch als die Feindin, die Verführerin, den Teufel, den Dämon, die Dunkelheit? In Wahrheit bin ich jedoch die Kraft, die das Leben repräsentiert und es in die richtige Richtung wachsen lässt.

Es ist jetzt Frühling der Neuen Zeit!

Ich spüre das Sonnenlicht und die Berührung des Frühlings auf meiner Haut.

Mein großer geliebter König! Ich, deine Königin, die Frau, die alle Frauen in sich vereint, verbeuge mich vor dir, vor jedem Menschen und jedem lebendigen Wesen. Tag für Tag habe ich die Entscheidung, was ich denke, was ich sage, was ich fühle. Tag für Tag habe ich die Möglichkeit zu sagen: »Aha, so ist das!« Es ist ein großer Reichtum, denn jedes Wesen zeigt mir etwas von sich, wovon ich lernen kann und bereichert werde, meine Grenzen neu zu stecken, enger oder weiter, um das Fest des Lebens gebührend zu feiern.

Mein König! Zum ersten Mal erfahre ich das tiefe Glück des Alleinseins, eines Alleinseins, das die Erfüllung und das Lernen im Gemeinsamsein mit sich bringt. Von meinem goldenen Tempel der Liebe aus erkläre ich dir meine Liebe.

B 82 Grün/Orange
Calypso

Geliebter!
Ich glaube nicht, dass Liebe und Sexualität Drogen sind, die uns konstant über den Wolken schweben lassen. Liebe ist weder nur die große Leidenschaft noch bedeutet sie, mit jemandem mitzugehen, nur damit man nicht abgelehnt wird, wenn man es nicht tut. Liebe ist auch nicht das Suchen nach Nischen für irgendwelche Affären. Diese Extreme sind die Folge innerer Zerrissenheit und kompensierter Verletzungen aus der Vergangenheit.

Derselbe Brunnen, aus dem mein Lachen aufsteigt, war oft von meinen Tränen erfüllt. Wie könnte es anders sein? Doch je tiefer sich das Leid in mein Sein eingräbt, desto mehr Freude kann ich auch fassen. Wenn ich fröhlich bin, schaue ich tief in mein Herz und finde, dass das, was mir Freude gibt, mir auch Leid bereitet. Wenn ich traurig bin und in mein Herz schaue, sehe ich, dass es um das weint und sich nach dem sehnt, was mir Vergnügen bereitet. Ist Freude eigentlich größer als Leid? Oder ist Leid größer als die Freude? Ich glaube, sie sind untrennbar!

Mein Geliebter! Es hat mich in der Vergangenheit verletzt, wenn du versucht hast, das Reich meines Herzens und meiner Gefühle zu beherrschen, zu vereinnahmen oder es zu ignorieren. Die Macht deiner Männlichkeit, das Festhalten an deiner Vernunft und an gesellschaftlichen Normen gegenüber der Natürlichkeit, Freude und Sinnlichkeit meiner Weiblichkeit hat versucht, ein Instrument aus mir zu machen – ein Instrument, um deine Bedürfnisse zu befriedigen, so, wie du es wünschtest. Du hast versucht, mich zu bändigen und mich zu zähmen. So habe ich meine Dämonen gegen dich heraufbeschworen zu meinem Schutz und deiner Verbannung.

Was sind meine Dämonen? Was sind meine Schatten? Und was ist meine eingefrorene Lebensenergie dahinter? Wenn ich nun einen Dämon wahrnehme, der sich mir zeigt, höre ich ihm zu, versuche ihn zu verstehen. Ich versuche die positive Absicht, mit der er bis jetzt im besten Sinne für mich gehandelt hat, zu sehen und erkläre ihm liebevoll, dass ich jetzt anders leben möchte.

Mein Geliebter! In einer anderen Zeit sitzt König Arthur in majestätischen Gewändern auf dem Thron – ein König, der Wahrhaftigkeit, Kraft und leidenschaftliches Mitgefühl ausstrahlt. Arthur ist der Pendragon, der »erste Drache«. Der Drache ist das Symbol der Urkraft.

Arthur wurde der Sage nach als Sohn des Uther und der Igraine geboren und als Neugeborenes dem Magier Merlin gegeben. Er wurde ein großer Führer, der alle Zweifel an seinen Fähigkeiten und seiner Autorität zerstreute – der wahre Beschützer des Landes. Als der Gehörnte, der, der mit dem Königshirsch gekämpft und ihn getötet hat, feierte er zu Beltane die Heilige Vermählung mit der Göttin, einer ausgewählten Priesterin von Avalon, die ihn als ihren Gefährten empfing. Es war Morgaine, seine Halbschwester, die der Göttin geweiht war. So unterlag er einem Inzest, der von der höchsten spirituellen Autorität, Merlin und der Hohepriesterin, die beide versuchten, das Schicksal Englands zu bestimmen, eingeleitet war. Später heiratete er Guinevere. Man sagt, Guinevere habe Arthur als Teil ihrer Mitgift den Runden Tisch mitgebracht, der alle einte, ohne jemanden zu bevorzugen. Aber Arthur hat es nicht geschafft, beide Welten zu einen.

Am Ende wurde er in der Schlacht zu Camlan von seinem dunklen Sohn, jenen Sohn, den er im Beltaneritual gezeugt hatte, besiegt und getötet, nachdem er sein Schicksal erfüllt hat.

Mein Geliebter! Licht und Schatten sind nahe beieinander. So, wie Wahrheit und Verrat, Liebe und Hass. Ich sitze in Stille, in gesammelter Bewusstheit, während der Ozean des Lebens um mich tobt und pulsiert, während Ozeane von Inkarnationen durch mich wirbeln und schwirren, neben mir, um mich herum. Ich beobachte. Ich atme. In Sammlung. In Bewusstheit. In meiner Mitte. Mein Herz öffnet sich wieder nach Erschütterungen aus der Vergangenheit. Aus meinen Tränen des Mitgefühls entsteht ein See, aus dem sich ein Lotus der Liebe erhebt.

Göttin! Gib mir Beistand in diesen schwierigen und stürmischen Zeiten. Weise mir den Weg zu innerer Ruhe und Kraft.

Mein Geliebter! Ich übernehme meine »Verantwortung«, und das bedeutet hier nicht ein »Pflichtgefühl«. Die wahre, grundlegende Bedeutung von »Verantwortung« ist die »Fähigkeit zu antworten«, die nur möglich ist, wenn ich bewusst bin. Ich antworte. Ich vertraue meiner Kraft. Ich herrsche, indem ich diene, und ich diene, indem ich herrsche.

Mein Geliebter! Ich bin die Göttin und die Königin. Ich hörte einen weisen Meister sagen, dass der neue Mensch ein Herrscher bzw. eine Herrscherin sein wird, ein Meister bzw. Meisterin seiner oder ihrer selbst, aus dem das glückliche Wesen hervorleuchtet.

Mein Geliebter! Sieh mich als das wertvollste Geschenk in deinem Leben, nicht als eine Frau, von der du abhängig bist. Sieh mich als eine, die dein verletztes Herz und deine verletzte Liebe wieder heilen kann, weil ich dich mit größtem Mitgefühl so annehme und unterstütze, wie du bist und mit allem, was du bist.

Meine Herrschaft ist die des Herzens, das durch seine Liebe und Mitgefühl regiert.

Meine Kraft ist die von Wildheit, die sich von niemandem zähmen lässt.

Pfad 5

Der Hohepriester der Liebe

B 5 Gelb/Rot
B 83 Türkis/Gold

Ja, es gibt das Paradies, das für Liebende bereitet ist! Die Enge in einem selbst hat nur mit dem Festhalten an den eigenen Überlebensängsten zu tun. Der Missbrauch, der in der einen oder anderen Weise geschah, wird ausheilen. Dabei ist Leiden das Mittel, mir meiner selbst gewahr zu werden. Der einzige Moment, in dem ich etwas verändern kann, ist das »Jetzt«! Die einzige Konstante des Lebens und der Liebe ist der Wandel. Menschen, die sich nicht verändern, entwickeln sich nicht. Also umarme ich alles, was ist, gleichermaßen!

Als eine echte Revolutionärin der Liebe tauche ich in ein tiefes Verständnis der Philosophien und Religionen der Vergangenheit ein. Ich studiere die menschliche Natur und beginne sie zu verstehen. Man lernt nur durch die Erfahrungen, schmerzliche oder schöne. Wenn die Zeit so weit ist, geschieht Veränderung, und die Prüfungen tragen endlich Früchte. So reinige ich mein eigenes Bewusstsein und meinen Körper. Ich höre der Stille zu, denn das Innere führt mich und jeden von selbst zum Wissen der Liebe, zum Punkt der Einsicht. Entscheidungen, die man dann in Liebe trifft, kommen schließlich aus der eigenen Intuition und nicht aus dem Verstand.

Ich genieße die totale Freude, die entsteht, wenn ich mich ohne Zurückhaltung voll und ganz in die Arme der Liebe werfe. Ich lasse mich auf die physische Seite des Lebens ein und vermittle diese Energien der Liebe – wenn ich sie erfahren habe – auch anderen.

Dieser Pfad verbindet das »Gemeinsame Wachstum im Bewusstwerden« (Sphäre 2) mit der »Gemeinsamen Kommunikation« (Sphäre 4).

Körperregionen zum Auftragen

Schläfen, Nacken, ringförmig um den Haaransatz herum, Unterleib, gut für die Nebennierenhormone und Fortpflanzungsorgane, auch die Bauchspeicheldrüse

B 5 Gelb/Rot

Sonnenaufgangs- und Sonnenuntergangsflasche
Basis-Chakra-Flasche

Geliebter!
Ich habe mich entschieden, dem Feuer zu folgen, meine Kraft zu leben, meine Stärke und nicht meine Schwäche. Es gibt keinen Weg zurück.

Die Göttin erzählt, dass es eine Zeit am Anfang gab, eine Zeit, in der Nichts war, eine Zeit, in der sie sich drehte im Tanz ihrer Sexualität und in der Energie der Schöpfung. Sie war Meisterin darin, Männliches und Weibliches in sich und außerhalb von sich zusammenzubringen. Tanzend schenkte sie es der Welt. Sie kannte eine Sexualität, die heilte, die erneuerte und belebte. Sexualität webte sie in das Netz allen Seins, ins ganze Leben hinein. Durch Sexualität will das Leben Ausdruck finden: ob in neuem Leben, im Ausdruck von Kraft oder in unbegrenzten Möglichkeiten.

Mein Geliebter! Die starke Morgensonne ist dem Widder zugeordnet, doch die sanftere Abendsonne versinnbildlicht den Stier, der als der Erzeuger des irdischen Lebens angesehen wird. In den alten Traditionen verkörperte der Stier den Wettergott, die Gottheit des Sturmes, des Regens und des Windes. Das Brüllen des Stieres erinnerte die frühen Menschen an den Donner.

Der Stier betont meine Bedächtigkeit, mein Gemessen- und Nach-innen-gerichtet-Sein. Ich erstrebe das »Bleibende«, materiell und körperlich – eine feste Partnerschaftsbeziehung. Meine Pläne verfolge ich mit Zähigkeit, äußere Widerstände überwinde ich eisern. Liebe ist für mich etwas, um offen und ehrlich zu sein und Menschen so zu nehmen, wie sie sind. Ich habe ein sinnliches Wesen mit einem großem Bedürfnis nach Zärtlichkeit. Ich kann ebenso freundlich und unbekümmert wie ein guter Kamerad sein. Aber wehe, wenn ein verletzter Punkt in mir berührt wird und meine »Stierwut« mich rot sehen lässt!

Die Zahl fünf wiederum ist dem Mars, dem Widder, und seiner kriegerischen Energie zugeordnet. Krieger zu sein ist eine geistige Einstellung. Es ist eine Einstellung, bei der man kompromisslos aufs Ganze geht: Alles oder nichts! Jedes Kind ist ein Krieger! Alles Schöne im Leben ist ein Risiko. Die Liebe ist ein Risiko. Das Leben ist ein Risiko. Das Göttliche ist ein Risiko.

Mein Geliebter! Ja, Geld ist notwendig. Ein Dach über dem Kopf ist zweifellos notwendig. Es ist ein Grundbedürfnis. Aber Geld ist nicht das Ziel, kann nicht das Ziel sein. Ich muss durch eine große, dunkle Nacht der Seele hindurchgehen. Darin gibt es alle möglichen inneren Feinde. Sie dürfen nicht einfach beseitigt oder abgetötet werden, sie müssen in Freunde verwandelt werden. Wut muss in Mitgefühl, Lust in Liebe umgewandelt werden. Es geht um Totalität, um absolute Bedingungslosigkeit.

Ich erinnere mich daran, ganz in meinem Körper zu sein – nicht nur in meinen Schultern oder in meinem Kopf, sondern auch in meiner Klitoris, meinem Anus, meinen Brüsten und meinen Füßen. Ich möchte die vibrierende, elektrisierende Energie in meinen Sexualorganen spüren und diese Energie nutzen, um mein ganzes Wesen zu beleben. Indem ich meine Sexualität ehre und sie lebe, öffne ich mich für die ganze dynamische Kraft, die durch die Schöpfung fließt!

Mein Geliebter! So, wie ich geboren wurde, nackt und bloß, fühle ich dich, deine Seele und deinen Körper – im Wind, im Wasser, im Feuer der Sonne und im Schlamm der Erde!

Meine Brüste sind voll und rund, während ich vor dir stehe, mein Nacken gestreckt und meine Schultern straff. Sanft fließt mein Atem in meinen Bauch ein und aus. Ich spüre, wie meine Bauchdecke sich hebt und senkt. Meine Hüften spannen sich weich und empfängnisbereit. Als kraftvoll und warm spüre ich die Rundungen meines Pos. Ich weiß jetzt, dass ich selbst für meine Sexualität verantwortlich bin und dass ich mir alles nehmen kann, was ich brauche.

Mein Geliebter! Die Mann-Frau-Beziehung ist für mich eine Lernaufgabe. Wie gehen wir miteinander um? Leiden oder lernen wir miteinander? Ich sage dir hier, warum ich als Frau, dich, den Mann, brauche: Ich brauche deine Aufmerksamkeit und die Gewissheit, dass du mich gern hast. Ich brauche deine Hilfe und deine Bereitschaft, dich um meine Bedürfnisse zu kümmern, denn es muss eine Zeit geben, in der ich mich nicht darum kümmern muss, was du willst, sondern in der du dich um meine Wünsche kümmerst. Ich brauche in dir jemanden, der mich fragt und weiß, was ich mag, der einen Plan macht, so dass ich mir keine Gedanken mehr zu machen brauche. Ich brauche in dir jemanden, der meine Bedürfnisse und Wünsche kennen lernt, der mir seine Hilfe anbietet, ohne dass ich darum bitten muss. Ich brauche in dir jemanden, der mich wahrnimmt und mich liebt. Ich brauche deine Sehnsucht und dein Verlangen nach mir. Ich möchte uneingeschränkt lieben und darauf vertrauen können, dass ich wiedergeliebt werde. Ich brauche in dir jemanden, dem mein Wohlbefinden ein Anliegen ist, der versteht, womit ich gerade zu tun habe, und der meine Gefühle anerkennt. Ich brauche in dir jemanden, auf den ich vertrauen kann und der mich nicht bloßstellt oder mein Vertrauen missbraucht und meine Geheimnisse preisgibt. Ich brauche in dir jemanden, für den ich etwas Besonderes bin und der mir in meinem Leben beisteht, damit ich nicht das Gefühl habe, alles allein tun zu müssen. Ich brauche jemanden, für den ich leidenschaftliche Intimität fühlen kann.

Mein Geliebter! Ich achte dich – aber ich kann und will dich nicht besitzen. In meiner Liebe komme ich dir sehr nah – sehr, sehr nah, unsere Grenzen überschneiden sich. Es ist eine Ich-Du-Beziehung, eine gegenseitige Durchdringung, Überschneidung. Dennoch bleiben wir zwei unabhängige Individuen.

Mein Geliebter! Nun sage ich dir hier, was ich wahrnehme darin wie du, der Mann, mich als Frau brauchst: Du scheinst in mir jemanden zu brauchen, die deine Bemühungen wahrnimmt und es schätzt, was du für andere tust. Du magst in mir die brauchen, der du erzählen kannst, was du geleistet hast. Du brauchst in mir auch offenbar jemanden, für deren Bedürfnisse du sorgen darfst. Du brauchst mich als jemand, die dich einfach so akzeptiert, wie du bist. Du brauchst in mir aber auch eine Frau, die dich aus der Reserve lockt. In mir scheinst du jemanden zu suchen, die dir vertraut und sich darauf verlässt, dass du für alles sorgst. In mir suchst du die, die dich inspiriert, so gut zu sein, wie du nur sein kannst, und die dich sehr gern hat. Ich soll dich gut finden und auf dich ansprechen, deine Pläne und Vorschläge gut finden, und dir Bewunderung für alles zollen, was du getan hast oder zu tun versucht hast. Du möchtest auch, dass ich dir deine Fehler verzeihe. Ich soll deine besten Eigenschaften schätzen und anerkennen, deine Geduld, Stärke, Großzügigkeit, deine Güte, Hingabe, Loyalität, deinen Mut genauso wie deine Weisheit, deinen Humor und deine Verspieltheit.

Mein Geliebter! Ich glaube, wenn man liebt, sieht man nicht die Gefahr, dass etwas schief geht, sondern man nimmt die Liebe als ein Wunder an, das Wunder, dass die Dinge richtig laufen! Wir meistern das Leben gemeinsam!

B 83 Türkis/Gold
Sesam öffne dich

Geliebter!
Ich suche die Meisterin der Liebe und des Lebens in mir, und das mitten im großen Marktplatz des Lebens.

Gestern sah ich sie versinken hinter den Wolken, die Sonne und meine Liebe, versinken im Schatten von Zweifeln und Ängsten, von denen ich nichts wusste. Halte mich, mein Geliebter, aber frage nicht, warum. Ich lernte, dass das, was gerecht ist, nicht unbedingt das ist, was fair ist. Genauso sicher, wie mein Körper wieder zu Asche wird, geht meine Liebe ohne einen Schatten mit der Sonne wieder auf. Mein Herz wird wieder lebendig, denn das Leben hält mich und es sagt niemals, warum. Es hält mich einfach, trägt mich und sagt nie, warum.

Mein Geliebter! Das endlose Gesicht dieses Mysteriums berührt mein Herz. Du zeigst mir die wahre, wirkliche Liebe, die mein Herz umarmt. Es ist schön, mit dir zusammen zu sein, so, wie alles das, was es mit sich bringt. Ich habe so ein großes Verlangen danach, frei zu sein.

Sage mir, mein Geliebter! Was sind die Elemente unserer Anziehung? Sind es unsere unterschiedlichen Interessen? Sind es unsere sich ergänzenden Bedürfnisse? Sind es nicht auch gemeinsame Werte, die Verträglichkeit schaffen zwischen uns? Ist es deine und meine Reife, die Erfahrung und Lebensweisheit in unseren Umgang hineinbringt? Gehört dazu nicht auch die Kunst, die Vergangenheit loslassen und unser Kennen immer wieder aufzufrischen! Den Standpunkt des anderen zu achten! Unsere Anziehung scheint mir aus einer Resonanz all dieser Dinge zu bestehen.

Mein Geliebter! Ich fühlte, wie mein Verlangen auf der Suche nach einer verborgenen Welt sich in deinen Augen verlor. Ich hörte dein Rufen in deinem Bedürfnis nach dem Herzen eines Freundes. Wir gehen gemeinsam diesen Weg zur inneren Freiheit. Dann schaute ich in deine Augen, und dein Gesicht sah dem meinen so ähnlich.

Wir leben unter derselben Sonne und demselben stillen Nachthimmel, und wir wandern allein, wartend und staunend, lachend, die Hand in der des anderen, für das Versprechen der Wahrheit. Ich singe im Auf und Ab dieses Lebens, das zu nichts und niemandem gehört.

Mein Geliebter! Ich lasse die alte Weisheit der Liebe in mir wieder lebendig werden. Ich spreche liebevoll zu allen von unseren Geheimnissen und unseren Geschichten.

Vor langer Zeit, vor etwa zwölftausend Jahren, waren die Körper von Mann und Frau konstant von einer wundervollen eiförmigen goldenen Aura umgeben. Die Frau war der heitere passive Pol menschlicher Liebe. Der Mann war der aktive positive Pol der Liebe. Zu jener Zeit reflektierte das Leuchten des goldenen Scheins der Aura die Intensität und Reinheit dieser Liebe. Ihr körperliches Zusammensein war ekstatisch. Die göttliche Energie, die dabei erzeugt wurde, war kraftvoll, tief und belebend. Sie stärkte und erhielt ihre Göttlichkeit und Zeitlosigkeit durch den göttlichen Akt der körperlichen Liebe. Ihre Aura oder die goldene Energie war ihre Art, miteinander zu kommunizieren, ob sie zusammen waren oder getrennt. Jeder von beiden war still in konstantem ungestörtem Kontakt mit dem anderen. Die Entfernung reichte viel weiter als die Sichtweite.

Wenn eine der beiden Auren Regeneration brauchte, kamen Mann und Frau zusammen und liebten sich als die einzigen beiden bewussten physischen Pulse der Liebe auf Erden. So erhellten und regenerierten sich wieder. Die Kommunikation war so vollständig zwischen ihnen, dass es nicht nötig war zu sprechen.

Auf Lemuria war der Akt der Liebe die Kulmination in einer Liebesbeziehung, in der auch der Bund eingegangen wurde, sich gegenseitig die Seele zu schenken. Alles war voll Verlangen und Freude am anderen. Der Kosmos des Zusammenseins war so intensiv und in ein solch ewiges Licht getaucht, dass die meisten Paare zusammenblieben und ihre Liebe bis ins hohe Alter genossen.

Die Rosen und Blumen, die Kolibris, die Schwäne und Flamingos, das spritzende Wasser aus den tausend Fontänen und das Gesicht der Göttin vereinigten sich zu seelischer und körperlicher Lust. Die Lemurianer liebten sich besonders gern bei Sonnenaufgang oder Sonnenuntergang. Da die Dämmerung als eine sehr magische und festliche Zeit angesehen wurde, empfanden die Partner die Lebensströme als besonders intensiv. Die körperliche Liebe war ein sanftes Ineinandergleiten der Körper und »aller Körper«, wofür das Ineinandergleiten der Sexualorgane nur der äußere Ausdruck war. Es war ein völliges Ineinandertauchen. Sexualität, die liebende Vereinigung, war die Erfahrung des anderen auf der tiefsten Ebene, der, *die* es *wirklich* ist: eine »Kommunion« mit dem geliebten Menschen von Wesenskern zu Wesenskern, mit dem man seine Liebe, seine Schönheit, seinen Körper, seinen Geist teilt.

Die Auren der beiden Liebenden schmiegten sich ineinander und erzeugten sprühende Farben. Beide waren trunken von dem

Licht, der Lust und tiefen Freude aneinander. Es gab Paare, die in solchen Augenblicken für kurze Zeit »nach Hause« kamen. Sie erkannten, wer sie wirklich waren, Sternenwesen.

Mein Geliebter! Du bist eine Tür ins Land der Liebe. Du bist für mich ein Wunder und ein Geschenk! Aus unserem inneren Reichtum heraus teilen wir unsere Schätze.

Als Kind war die Harfe mein Lieblingsinstrument. Einer der bekanntesten Barden und Harfespieler von Albion, der englischen Insel, war Taliesin. Er ermunterte alle Kinder, die königlichen wie die bürgerlichen, Fragen zu stellen. Taliesin ist ein Mensch, der seine Erfahrung mit anderen teilt. Er fördert die Kreativität, die künstlerische Begabung und vermittelt uraltes Wissen. Die Musik seiner Harfe öffnet eine Tür in die Anderswelt, einer anderen Dimension zu einem tieferen Verständnis unserer selbst, dort, wo wir mit allem Lebendigen verbunden sind. Tier, Pflanze, Stein und unser Bewusstsein berühren und durchdringen alles.

Mein Gefährte! Es gibt noch eine Begebenheit in der Vergangenheit, die es zu erzählen wert ist: Isis, »die allgegenwärtige Göttin«, an vielen Orten verehrt, auch in Ägypten, heiratete ihren Zwillingsbruder Osiris, ihre erste Liebe, eine inzestuöse Liebe. Sie wurden Königin und König von Ägypten. Als Osiris von seinem Bruder Seth aus Eifersucht getötet, zerstückelt und in 14 Stücken in alle Winde zerstreut wurde, machte sich Isis auf den Weg, um alle Teile wieder einzusammeln und wieder zusammenzusetzen. Das ist es, was das Weibliche tut: die verlorenen Teile des Selbst, die verlorenen Teile der Psyche, wiederfinden. Nur eine Frau kann das tun. Das Einzige, was Isis nicht finden konnte, war Osiris' Penis. Doch sie fand ein wenig Samen und machte daraus einen goldenen Phallus. Mit ihren magischen Kräften und durch ihre Heilkünste gelang es ihr, Osiris wieder ins Leben zurückzubringen. Durch den goldenen Penis empfing sie das gemeinsame Kind: den Sonnengott Horus.

Mein Geliebter! Ich bin die Schöpferin. Je schöpferischer und kreativer ich werde, umso göttlicher bin ich. Und wenn meine

Schöpferkraft ihren Höhepunkt erreicht, wenn mein ganzes Leben schöpferisch wird, dann lebe ich die Göttin. Gott und die Göttin müssen also die Schöpfer sein, weil jene Menschen, die schöpferisch sind, ihnen immer am nächsten waren.

Mein Gefährte! Ich stehe hier allein und in Liebe, und ich strecke mich nach dir aus wie ein Blatt nach dem Wind. Ich beginne in jedem Moment präsent zu bleiben, und alles wird gut sein. Ich überlasse mich dem Jetzt, ich verweile im Moment, ich fließe mit dem Strom und lasse mich nach Hause führen. Ich habe dich gestern geliebt. Ich liebe dich heute. Ob ich dich morgen lieben werde, darf ich nicht wissen. Was ich jedoch zu wissen glaube, ist, dass ich es immer lieben werde, zu lieben. Warum also nicht dich auch übermorgen!

Pfad 6

Die Liebenden

B 6 Rot/Rot
B 84 Rosa/Rot

Mir winkt ein neues Leben zu zweit. Magnetische Kräfte sind am Werk! Mit meiner ganzen Leidenschaft bin ich bereit, mich in Liebe auf einen Mann einzulassen. Aber ich habe auch Ängste, die mit dem männlichen Rollenmodell zu tun haben. Ich möchte nicht wieder in den alten Fallen des Unterdrücktwerdens oder der Abhängigkeit landen. Wie also nähere ich mich diesem Mann an?

Durch meine Widerstände gebe ich nur dem Energie, was ich nicht will. Ich schaue lieber danach, was der Kern dieser Sache »Liebe« ist, schaue danach, was ich anziehend und liebenswert finde. Auf meinem Weg der »Liebenden« setze ich Liebe über Begehren. Losgelöst von der Angst, abgewiesen oder ignoriert zu werden, offenbare ich mich. Nun bin ich ganz nackt, mir meiner selbst bewusst und habe alle meine ungestümen Antriebe, mein Verlangen und meine Lust, das Begehren meiner Sinne in die reine Hingabe verwandelt! Ich drücke eine Liebe aus, die sieht und wahrhaftig ist, und finde dadurch die Erlösung von der Versklavung meiner Wünsche. Es fügen sich Teile in mir zusammen, vereinen sich wieder oder kommen wieder neu ins Leben. Ich finde Einheit in mir und zu zweit mit meinem Liebsten – die wahre Erfüllung meines inneren Begehrens. In Liebe halte ich meinen Liebsten, und er hält mich eng umschlungen in einer sinnlichen Umarmung. Wir vergessen alles um uns herum und versinken völlig ineinander.

Sind nicht die besten Liebenden solche, die sich nicht zu sehr miteinander identifizieren, sondern der Liebe selbst trauen! Dadurch, dass ich mich offenbare, finde ich Annahme und Unterstützung durch meinen Partner. Er ist bereit, mir zuzuhören, er wird selbst empfänglich und fühlt. Wir sind Freunde, teilen miteinander Schönes und Schwieriges, wir sind Partner, einander gleichwertig, Mann und Frau, zwei Menschen mit verschiedenen Eigenschaften. Liebe ist das Paradies mitten im Leben!

Dieser Pfad verbindet das »Öffnen der Sinne und Wahrnehmungen« (Sphäre 3) mit der »Verbundenheit in Liebe« (Sphäre 6).

Körperregion zum Auftragen

Füße, Fortpflanzungsorgane, überall am Körper, wo etwas Energie braucht

B 6 Rot/Rot

Energieflasche

Geliebter!

Jeden Augenblick habe ich die Wahl, durch meinen Ärger, meine Wut, meine Abwehr und Frustration eine Trennung zu dir zu bewirken, indem ich dich mit meinen Emotionen wegstoße, wenn ich etwas nicht mag, was von dir kommt. Wenn ich dir und dem Leben jedoch vertraue und liebevoll das akzeptiere, was du mir bringst – vielleicht erst nachdem ich es eine Weile in meinem Inneren hin und her gewendet habe, einige Male auch in meinem Inneren wegstoße, wenn es jene Punkte streift, an denen ich einmal als Frau abgelehnt worden bin, bevor ich es von ganzem Herzen verstehe und annehme – dann komme ich in die wunderbare Kraft von Losgelöstheit. Ich habe Vertrauen, dass alles richtig ist, wie es ist, und fühle mich von dir geliebt, gesehen und unterstützt. Ich lerne, auf meinen Füßen zu stehen und an meine Liebeskraft zu glauben.

Liebster! Ich verbinde mich mit Mutter Erde, meiner Mutter und der Familie, in die ich geboren bin, mit jener Stadt und jenen Orten, an denen ich aufgewachsen bin, und dem Ort, an dem ich lebe, wo ich »meine Wurzeln habe«, wo auch Freunde leben, an die ich mich wenden kann.

Schau! Es gibt da das Kind in mir, dem ich jetzt wieder mit jener liebenden Fürsorge begegne, die seinem Wesen und seinen wahren und individuellen Bedürfnissen nach Liebe entspricht. Es sucht nach einem Zuhause, einer Liebesbeziehung und einer Familie. Ich bemühe mich, seine Wünsche nach Kontakt und Zugehörigkeit mit Zartheit zu erfahren und sie von der Scham des Zurückgewiesenseins zu lösen. Jeden Tag schaue ich nach Möglichkeiten für Geborgenheit, Spaß und Freude am Leben. Eine konstruktive, direkte und ehrliche Kommunikation zwischen dir und mir lässt unser Verständnis voneinander und von unserer eigenen Geschichte klarer werden und bringt Heilung.

Mein Bester! Warum denkst du, ist Liebe so schmerzhaft? Ich denke, Liebe ist schmerzhaft, weil sie verwandelt und den Weg für alle Dimensionen des Glücks bereitet. Liebe bedeutet Veränderung und das ist schmerzhaft, weil wir das Alte für das Neue verlassen müssen. Für das Alte hat mein Verstand seine Fähigkeiten erfüllt. Aber für das Neue ist er völlig nutzlos. Angst kommt in mir auf, und Schmerz. Es ist derselbe Schmerz, den ich als Kind fühlte, als ich die Gebärmutter meiner Mutter verließ. Liebe macht mir Angst vor dem Unbekannten, aber ich weiß, wenn Gold gereinigt werden soll, hat es durch Feuer zu gehen! Und Liebe ist pures Feuer!

Göttin! Mein Geliebter ist die Frucht meiner Träume, er ist alles. Es gibt ihn also, und so suche ich ihn immer wieder neu. Ich rufe ihn und er antwortet. Er ist mir das Kostbarste auf der Welt. Nimm den Schleier all meiner Illusionen von Liebe von meinen Augen! Taufe mich mit dem Blut des Lebens! Gebäre mich in den Schmerzen und in der Lust einer Liebe, die neues Leben schenkt!

Mein Geliebter! Wie sehr kann ich mich selbst kennen, ohne dich zu kennen? Du bist der größte Spiegel für mich. Und je reiner meine Liebe ist, umso klarer ist mein Spiegel. Aber je größer meine Liebe ist, umso mehr fordert sie auch von mir, dass ich offen und verletzlich sein soll. Ich muss meine Rüstung loslassen, den ganzen kalkulierenden Verstand, ich muss Risiken eingehen, ich muss gefährlich leben und mich ehrlich mit meinen Gedanken, mit meinen Gefühlen und mit meinem Körper zeigen. Du kannst mich verletzen, das ist meine Angst dabei. Du kannst mich ablehnen, mir Schmerz bereiten, mich bekämpfen oder mich vernichten – das ist meine Angst, weil ich liebe.

Mein Liebster! Ich möchte dir sagen, dass ich hier bin. Ich warte, meine Arme sind ausgebreitet. Ich weiß von deinem Weg. Aber du sollst wissen, wir sind Bruder und Schwester. Wir sind Geliebte, und alles ist gut. Ich gebe dir mein Herz, mein Geliebter, so, wie auch du mir dein Herz gibst. Und es ist die Hand des Lebens und der Liebe selbst, die unsere Herzen umfasst und lenkt!

Mein König, Du hast mich zu deiner Königin ernannt! Größere gibt es, größere als mich. Reinere gibt es, reinere als mich. Schönere gibt es, schönere als mich. Doch ich bin deine Königin. Wenn ich durch die Straßen gehe, erkennt mich keiner. Niemand sieht meine Krone aus Rubinen und Granaten, niemand schaut den Teppich aus rotem Gold, den jeder Schritt von mir betritt, den Teppich, der gar nicht da ist. Und wenn ich erscheine, mein Geliebter, scheinen alle Flüsse in deinem Körper aufzurauschen, die Glocken am Himmel beginnen zu läuten, und ein Hymnus erfüllt die Welt. Nur du und ich, nur du und ich, meine Liebe, hören ihn tönen. Und plötzlich, Liebster, berühren deine Füße die meinen, und dein Mund berührt meine Lippen, deine Schultern heben sich wie zwei Hügel, und dein Arm beginnt die Neumondlinie meiner Taille zu umfassen. Kaum noch ermessen kann ich die gewaltigsten Augen des Himmels, während du, Geliebter, dich zu meinem Mund neigst, um die Erde zu küssen.

Und nun erblicke ich dich und erkenne dich und ruhe in dir. Schaue ich in dein Gesicht, in deine Augen, sehe ich ein magisches Kind, so uralt und so jung. Deine Augen, klar gewaschen, erscheinen mir so ewig unschuldig, so verletzlich und so stark.

Mein Geliebter! Adam nahm einst einen Myrtenzweig mit weißen Myrtenblüten, die wie fünfzackige Sterne blinken, als Andenken aus dem Paradies mit. So kommt es, dass die Unschuld, Schönheit und Reinheit der Seele von uns Liebenden beschützt sind, denn wahrhaft Liebende bleiben immer jungfräulich. Die Myrte wächst im schattigen Wald, und wenn die Sonne sie erhellt, sieht sie aus, als ob sie lächle, in sanfter Heiterkeit.

B 84 Rosa/Rot
Kerze im Wind

Geliebter!
Zwischen mir und dir, zwischen zwei Liebenden darf es keine Geheimnisse geben, sonst gibt es keine Liebe.

Halte mich, mein Liebster, halte mich, lass mich auch meinen Schmerz mit dir teilen. Halte mich und lass mich meine Tränen in deinen Armen weinen, lass mich einfach sein, denn ich fühle eine Liebe in dir, die allem erlaubt zu sein. Umfange mich, wiege mich, denn ich habe nicht den Raum und nicht die Zärtlichkeit gehabt, mein eigenes Verständnis und meine eigene Kraft von

Weiblichkeit zu entwickeln, als ich ein kleines Mädchen war. Erlaube mir, in deinen Armen klein sein zu dürfen.

Ich habe unter meiner Mutter gelitten. Meine Mutter konnte nicht allein stehen, sie war unterworfen durch die Bindungen der Familie, aus der sie stammte, und dann unterworfen unter ihrem Mann, meinem Vater. Sie war dem Mann hingegeben, aber nicht der Liebe. Manchmal habe ich das Gefühl, dass eine Ehefrau dem Mann ihr ganzes Leben lang zur Verfügung steht und er sie dafür bezahlt. Es ist ein finanzielles Arrangement. So erhielt ich ihre ganze erstickende Liebe, ihre überbehütende Liebe, eine Liebe, die mir nicht erlaubt hat, als kleine Frau zu lernen, auf meinen eigenen Füßen zu stehen, die mir nicht den Raum gegeben hat, ich selbst zu sein.

Mein Geliebter! Halte mich, halte mich und lasse mich nie mehr los. Deine Liebe und dein Dasein geben mir die Kraft, Mitgefühl zu haben und zu der Frau zu erwachen, die ich bin.

Liebster! Die körperliche Liebe zwischen einer Frau und einem Mann hat uns erschaffen. Sexualität ist unser körperlicher Ursprung, und die große Göttin und der große Gott haben uns Menschen Sinnlichkeit und Sexualität gegeben, damit wir unsere Göttlichkeit nicht vergessen. Und doch, so, wie wir Mutter Erde vergiftet haben, haben wir auch Eros vergiftet und eine Sexualität ohne Seele geschaffen.

Mein Geliebter! Berührung ist meine erste Sprache gewesen, lange bevor ich lernte, mit Worten zu kommunizieren. Das Göttliche ist pure Liebe – Liebender und Geliebte. Der Körper ist ein lebendiger, heiliger Tempel. Sexualität ist etwas Heiliges und Natürliches zugleich. Lass mich trunken werden mit Göttlichkeit! Das ist das Symbol des Weines, das ist sein Blut!

Liebster! Unter dem Apfelbaum weckte ich dich. Der Apfel, die Frucht der Jahrhunderte, träufelt uns ihren Saft in die Adern. Oh! Du betest meine Schönheit an. Meine Stimme, meine Haut, meine Nägel. Du verehrst mein Sein, mein Licht, meinen Schatten, Liebster! Dies sei alles dein. Wenn ich gehe oder ruhe, wenn ich singe oder schlafe, wenn ich leide oder träume, immer wenn ich nahe bin oder fern, immer bin ich dein, deine Schöne, die deinige, immer.

Du bist da, und ich liebe dich! Du bist Lippe dem Kuss, die Frucht von meinen Träumen, alles. In der Zartheit meiner Verführung nähert sich meine Sanftheit deinem Lande, du belauschst den Blick meiner Augen, fliehst und siehst meine Augen innehalten, um dir zu folgen bis zur Stunde deines versunkenen Schweigens und deines Verlangens nach mir. Ich fühle meine Stunde nahen, die Stunde, in der dein Leben meine Seele benetzt, die Stunde all der Zartheit, die du noch niemals hingabst, die Stunde voller Pausen, die keine Worte kennt, meine Stunde. Hier ist sie, meine Sanftheit lieblicher Augen, die warten. Hier ist er, mein Mund, und hier ist meine traute Gestalt, die Form, die dein ist und dich überflutet. Da bin ich, die, die dir alle Glieder tränkt mit Verlassenheit, hier ist sie, meine Sanftheit. Du bittest mich, deine Begierden zu lenken, weil mich vielleicht ihr Streit verletzt. Nein, nicht Liebe, Begierde ist es, die sich erschöpft, erlischt. Gehören willst du mir, meine Stunde ist es. Doch du bist auch der, der im Sprung über die Dinge hinweggeht, der Flüchtende, der Leidende.

Mein Geliebter! Mein Gefährte! Du forderst mich heraus, die Zäune deiner äußersten Grenzen ins Wanken zu bringen, und bittest mich, dein Herz frei sein zu lassen. Und so lasse ich dich frei sein!

Liebende sind gleichwertige Partner. Sie wählen einander aus freiem Willen.

In der Zeit von König Arthur rettete Gareth eines Tages die schöne Lyones aus den Händen des Ritters Ironside, der sie gefangen gehalten hatte. Als Lyones die darauf folgende Schlacht beobachtete, verliebte sie sich heftig in Gareth, den jungen tapferen Krieger. Auch er verliebte sich in sie und schöpfte aus dieser Liebe die Kraft zu siegen. Nun sind sie zusammen. Jede Liebe jedoch birgt in sich auch das Risiko, sich vorschnell in eine Affäre zu stürzen. Liebe mahnt, vernünftig und unabhängig zu bleiben. Alles andere ist unklug und raubt die Kraft, die jeder für sich braucht, um zu überleben. Die Liebe von Gareth und Lyones ist wahr, sie täuscht sich nicht.

Liebster! Da bist du, bist da. Mir alles zu geben, was du hast, bist du auf die Welt gekommen, wie ich, um dich zu umfangen, dich zu begehren und dich zu bekommen. Du sagst mir, dass ich dein Weg bin. Dass du mich erschufst in hartem Ringen. Aus dem düsteren Kampf mit dir selbst sei ich entstanden. Von dir habe ich das Siegel ungestillter Begierde. Trauriger seien, seit du sie anschaust, meine Augen. Du bittest mich, mit dir zusammen zu gehen. Uns die Bahn gemeinsam zu brechen. Und dass du mir der Weg sein wirst.

Unsere Seelen, sich verströmend ineinander, um geläutert auseinander hervorzugehen, das Herz sich ergießend, nehme ich dich auf. Du sagst mir, nur darum kämst du zur Welt, dass scheiternd untergehen deine Mannesaugen im unendlichen Wasser meiner Weibesaugen!

Pfad 7

Der Wagen der Liebe

B 7 Gelb/Grün
B 85 Türkis/Klar

Mein Herz schaut nach der richtigen Richtung auf dem Weg der Liebe. Es geht um mein Zuhause, meine Partnerschaft und meine Familie und die Liebe, die ich ihnen schenke, sie mit ihnen teile oder nicht. Ich bin nicht zufrieden mit den gegenwärtigen Umständen. Ich schaue mir mein Leben und die Dinge, durch die es bestimmt wird, ganz genau an. Ich fühle mich verletzlich, verstecke mich oder sondere mich ab, um Schutz zu finden. Mir geht es darum, inneres Gleichgewicht durch Verständnis zu erlangen. Dabei gibt es keine Grenzen, außer denen, die ich mir selbst auferlege. Ich muss Kontakt zu mir selbst finden, um einen neuen inneren Raum zu entdecken. Ich versuche herauszufinden, was ich will und worum es mir geht. Dafür schaue ich nach innen.

Ist nicht das Leben geradezu dazu da, damit ich es meistern kann! Die Notwendigkeit meines Fortschreitens wird mir bewusster. Aus meiner Mitte kommen Gefühle und verborgene Sinneserfahrungen, die lange im Schatten weilten. In meiner Vorgehensweise, in Liebe und in Kontakt mit mir und den Menschen, die ich liebe, einen neuen Weg für mich zu finden, kann ich ganz analytisch ausgerichtet sein, Dinge anders koordinieren oder zusammenfügen. Wenn ich das Alte loslasse, weist das weise Unterscheidungsvermögen meines Herzens mir den Weg. Die Qualität innerer Sicherheit, die ganz auf meiner eigenen Erfahrung beruht, durchdringt mich mit Gewissheit. Ich finde Klarheit über meine eigenen Absichten in mir selbst. Dabei bin ich verbunden mit dem Gesetz der Natur, ihren Entwicklungszyklen und besitze Wissen um die Natur der Liebe, um das Wesen der Kräuter, Pflanzen und Bäume. In der Tiefe meines Bewusstseins vertraue ich dem Weg, den das Leben selbst durch mich nimmt.

Dieser Pfad verbindet das »Öffnen der Sinne und Wahrnehmungen« (Sphäre 3) mit der »Gemeinsamen Kreativität« (Sphäre 5).

Körperregionen zum Auftragen
Schläfen, Nacken, ringförmig um den Haaransatz herum

B 7 Gelb/Grün
Garten von Gethsemane

Geliebter!
Ich suche dich da, wo du mir nicht die Bestätigung deines männlichen Egos abverlangst, nicht da, wo du versuchst, jemand zu sein, sondern da, wo ich die Ehrlichkeit deines Herzens finde. Ich

suche dich da, wo ich gewollt bin von dir, da, wo ich in deine offenen Arme kommen kann und eine Wiege voll neuen Verständnisses finde.

In dieser Zeit des Wandels brauche ich emotionale Übereinstimmung und emotionale Nähe mit dir, Herzensnähe, Fürsorge, Körperkontakt. Ich brauche die spirituelle Übereinstimmung genauso wie die körperliche Übereinstimmung mit dir.

Ich brauche den Mann, Gefährten, Partner in dir, der mich will, der zu mir steht mit allem, was ist. Der mir Liebe, Zuwendung und Schutz gibt und zuhört, an meiner Seite ist.

Mein Geliebter! Ich möchte deine Neugier an mir erfahren, dein Interesse daran, wer ich bin, was ich mache, wohin ich gehe! Erlaube mir, ich selbst zu sein. Das Kind in mir will in seiner ganzen Einzigartigkeit von dir gesehen, geliebt und angenommen werden. In deinen Armen suche ich ein neues Heim voller Geborgenheit, ein Zuhause, eine Zuflucht vor der Welt.

Mein Geliebter! Vom Kindergarten bis heute bin ich dazu erzogen worden, gehorsam zu sein! Jeder – meine Eltern, der Kindergarten, die Lehrer, die Priester – wollte mich dem Bestehenden und der Gesellschaft anpassen. Man hat mir beigebracht: Wer die Macht hat, hat Recht! So kann es sein, dass ich Situationen im Leben nicht direkt angehe, weil ich fühle, dass die Gefahr von Verletzungen droht. Ja, ich habe eine schützende Schale um mein Wesen, denn ich bin eine Frau, die einen verborgenen, verletzlichen Anteil in sich trägt. All das, was in meinem Innern liegt, braucht Schutz. Es braucht mein Alleinsein, um wachsen zu können, so dass ich planen kann, was als Nächstes geschehen soll.

Mein Geliebter! Durch meine Schau nach innen vor dem Beginn dieser neuen Liebe und Gemeinschaft mit dir habe ich jetzt die Möglichkeit, jene Dinge zu konfrontieren, die mich daran hindern, meine Wahrheit auszudrücken, mein Leben zu leben und meinen Weg zu gehen. Ich bin herausgefordert, ein freier Mensch zu werden, die mich verwirrenden Stimmen anderer in mir zu töten und mein eigenes Leben entsprechend meiner eigenen Wahrheit zu leben. Mein eigenes Ich ist gefordert, hervorzukommen. Ich suche keine Führung im Außen. Ich schaue meinen Ängsten in die Augen und überwinde all jene Hindernisse und Befürchtungen der Liebe, die mir bewusst sind. Ich gehe ebenso über meine egoistischen Vorstellungen hinaus und lasse meinen Wunsch nach Manipulation und Machtausübung über dich hinter mir. Auch meinen Stolz, mein Konkurrenzdenken, Neid und Eifersucht überwinde ich, und damit all jenes, das ich gern unter meiner Kontrolle habe. Ich stehe fest, zentriert in mir selbst, ich stehe ruhig in meiner eigenen Mitte. Ich folge meinen inneren Impulsen, der Führungskraft meines Herzens, spielerisch, natürlich und lebendig. Vielleicht ist es gut, ein bisschen Angst zu haben, denn ich habe große Gefühle. Löse ich mich von der Identifikation mit meinen Gefühlen, so kommen sie mehr ins Gleichgewicht und ich erhalte die Klarheit, meinen eigenen Weg zu finden. Ich beginne, dem weisen Unterscheidungsvermögen meines Herzens und dem Prozess des Lebens zu vertrauen.

Mein Geliebter! Woraus besteht eigentlich jene Energie, die mich auf meinem Weg in Bewegung setzt und nach vorn bringt? Tag für Tag atme ich und esse ich und nehme Lebensenergie durch das Licht der Sonne oder durch die Energie der Nahrung auf. Diese Energie fließt dann in meinem Körper und setzt mich durch die Bewegung und den Ausdruck meines Körpers, meiner Stimme oder durch mein Lebendigsein in Aktion, wenn ich in die Welt meiner Gefühle eintauche und sie fließen lasse, um mich in Richtung Liebe, Glück, Wohlbefinden und Zufriedenheit zu bewegen.

Mein Geliebter! Es ist hoher Sommer. Die Schwalben spielen in den Höhen des Himmels, und die Nachtigall singt ihr Lied in der Dämmerung. Die ganze Nacht habe ich geschlafen mit dir nahe dem Meer, auf der Insel. Vielleicht vereinten sich spät, sehr spät unsere Träume, hoch droben oder tief drunten, in der Höhe wie Zweige, vom selben Wind bewegt, in der Tiefe wie rote Wurzeln, einander berührend, denn Bäume sind die Vermittler zwischen uns Menschen und dem Göttlichen.

Du sagst mir, du hast keine Angst, mich zu verlieren, und so weiß ich, dass du mich wirklich liebst! Dein Herz hat das meine verstanden!

B 85 Türkis/Klar
Titania

Geliebter!
In meinen Zaubergarten fällt heute Nacht das Licht des Mondes! Feen kommen und verschwinden. Obwohl sie sehr scheue und zurückgezogene Wesen sind, fühle ich ihre Küsse wie einen Hauch des Windes auf meiner Haut! Ihre Energien sind so fein und außerordentlich zart! Gewöhnlich scheint die Fee nicht auf die Dingwelt zu achten. Erst wenn ich sie rufe oder sie durch ein Gefühl oder einen liebevollen Gedanken von mir berührt wird, dann ist sie plötzlich da und konzentriert sich auf die Schwingung, von der sie berührt worden ist. Sie bleibt »stehen«, denn eine Fee hat Flügel, um andere Dimensionen zu erreichen. Auf diese Weise wird sie für mich sichtbar. Das kostet eine Fee immer Anstrengung – sie entspannt sich dann gern wieder zu ihrem Urzustand und entschwindet zwischen den Welten.

Mein Geliebter! »Titania« ist die Königin der Feen. Shakespeare beschreibt sie im »Sommernachtstraum«. Sie übernimmt für ein Kind, dessen Mutter gestorben ist, die Mutterschaft und wendet sich gegen Oberon, den König der Feen, ihren Gemahl. Sie klagt ihn an, sich allzu sehr für »Aphrodites Töchter zu interessieren«. Doch weil als Folgen ihres Streits unübersehbare Verwirrungen in der Natur entstehen, fordert Titania ihren Gatten zur Versöhnung auf. Als die Königin der Feen wacht sie gemeinsam mit allen Feen schützend über die Natur, und sie weiß, dass sich Disharmonien, wie die mit Oberon, störend auf die Gesundheit in den Abläufen der Natur auswirken.

Zur gleichen Zeit flüchten zwei Paare in ihren Liebeswirren in den Wald. Heimlich, still und leise stoßen die vier in das geheime

Elfenreich vor, wo auch die Wassernymphen und Waldgeister gerade feiern.

Puck, der Troll, stiftet nun noch mehr Verwirrung. Von Oberon erhält er den Auftrag, Liebestropfen zu verabreichen. Aber Puck verwechselt die Personen, und nun verlieben sich die ganz Falschen ineinander! Im Verlauf dieser turbulenten Sommernacht wird für alle Beteiligten die Liebe ein Traum und Alptraum gleichermaßen.

Mein Geliebter! Es gibt noch eine andere Geschichte von Titania und Oberon, dem Elfenkönigspaar, das eine ganz große Liebe verband. Darin konnte Titania wunderbar singen und mit ihrem Gesang die Menschen verzaubern. Jeder, der ihren Gesang hören konnte, war verzaubert von Glück. Doch weil König Oberon an der Liebe und an seinem Leben zweifelte und ihm das Glück, das er hatte, so selbstverständlich war, wurden sie schließlich als Menschen an zwei verschiedenen Punkten getrennt auf diese Welt gesetzt. Nun ist es ihre Aufgabe, sich wieder zu finden. Das Einzige, was sie noch voneinander haben, ist ihr *Gefühl* als Erinnerung an ihre Liebe. Das ist ihr Wegweiser.

Mein Liebster! Als zu König Arthurs Zeit Feinde aus allen Richtungen in Britannien eindrangen, musste er das Land und seine Grenzen verteidigen. Innerhalb des Landes suchte König Arthur die einzelnen Grafschaften untereinander zu einigen. Seine dritte Aufgabe war es, Frieden in den Streit zwischen der Naturreligion, dem Ursprung, der Göttin, und dem Christentum zu bringen, was ihm nicht gelang.

Geführt von seinem inneren Licht und der Fee hob König Arthur sein berühmtes Schwert Excalibur zur Schlacht, rief die höheren Mächte an und drang zusammen mit seinen Kriegern tief in die Reihen des Feindes ein. Er folgte seiner Intuition in Verbindung mit der Stärke seines tiefsten Punktes der Verletzlichkeit. Zugleich vertraute er auf den Schutz eines starken Gemeinschaftsgefühls. Arthur ist am richtigen Ort zur richtigen Zeit, um das Richtige zu tun. Und doch wurde er schließlich durch seinen eigenen Sohn besiegt, durch Mordred, den er zusammen mit der

Fee Morgaine gezeugt hatte. Am Ende ihres Lebens versenkte Morgaine La Faye schließlich die Geheimnisse des matriarchalischen Reiches durch einen Zauberspruch tief in die Erde.

Mein Liebster! Wenn die Zeit reif ist, werden die wahren geheimen Kräfte der Göttin von jenen wiederentdeckt, die das Wissen noch in ihrem Herzen tragen. Doch zu jener Zeit mussten diese Geheimnisse und Beschwörungen zusammen mit der Königin der Welt sterben, mussten sich dem patriarchalischen Gott entziehen, damit er sie nicht dazu benutzen konnte, um sein eigenes Schwert zu schärfen.

Eine neue Zeit beginnt jetzt, die Göttin erwacht nun aus ihrem Schlaf. Sie rührt sich langsam, steht auf aus ihrem Grab und sammelt neue Kraft.

Mein Geliebter! Wo bist du? Wir müssen uns finden! Unser Getrenntsein überwinden! Wir müssen die Insel der Feen finden! Nur jene, die bewusst sind, können sie erkennen. Jene, die ein Licht in ihren Augen tragen, Anmut in ihrem Tun haben und Offenheit in ihrem Herzen. Wir müssen jenseits aller Spiegel sehen und uns finden. Wir müssen so weit reisen, bis wir unser inneres Licht wahrnehmen, die Weisheit der Fee spüren und uns wieder finden. Dann können wir unser Licht durch unsere Herzensliebe miteinander teilen.

Mein Liebster! Ich habe gehört, die Insel der Feen liegt jenseits des Meeres der Stürme, und es zu überqueren sei sehr gefährlich. So ist dies meine Reise durch die eisigen Winde der Zeit. Stürme berühren mich bis in die Knochen. Ja, ich beschließe damit aufzuhören, zu viel zu denken und zuwenig auf mein Herz zu hören. Ich erlaube mir, wieder mit meinem Herzen zu empfinden, und beginne mit der Stimme meines Herzens zu dir über meine Gefühle zu sprechen. Ich verzichte auf den Streit mit dir. Stattdessen finde ich lieber die Geheimnisse unserer Gemeinsamkeiten heraus!

Mein Liebster! Im Spiel mit dir finde ich wieder zu dem hellen Lachen meiner Kindheit. In deinen Augen sehe ich plötzlich Bänder aus Regenbögen, ich sehe uns im Inneren. Ich fühle, wie mein Unterbewusstsein mit deinem verschmilzt, und ich höre eine Stimme sagen: »Was seins ist, ist ihres.«

Pfad 8

Das Gleichgewicht der Liebe

B 8 Gelb/Blau
B 86 Klar/Türkis

Ich suche den Weg der Mitte, das Gleichgewicht zwischen den Extremen. Für jede meiner Handlungen gibt es auch immer eine gegenteilige Reaktion. Ich möchte den Mann meiner Wahl lieben und verstehen, ihn nicht bekämpfen oder über ihn urteilen. Dafür suche ich nach einem gemeinsamen Weg in Liebe und Partnerschaft. Ich sehe beide Seiten und möchte unsere Gegensätze überbrücken und Verbindungen oder Lösungen finden. Das Geheimnis hierzu liegt in meinem Herzen.

Ich bleibe mir selbst treu und höre auf meine eigene innere Stimme und höre nicht auf die anderen Stimmen, die mich zu überzeugen versuchen. Ich wäge Dinge miteinander ab und suche die angemessene Lösung mit Klarheit und voller Verantwortung. Es gelingt mir, unvoreingenommen zu bleiben und kein Urteil über mich selbst und meinen Liebsten zu formen. Indem ich auf mein Herz und auf meine Gefühle höre, komme ich in Kontakt mit einer neuen Weisheit und Stärke meines Herzens. Gestern ist vorbei, morgen wird erst noch kommen. Jetzt in diesem Moment liegt die einzige Gelegenheit, etwas zu ändern! Wenn ich nicht aufmerksam bin, setzen sich alte Muster in meinem Leben fort!

Manchmal habe ich viel Angst und wenig Frieden in mir, und ich suche nach dem Ausgleich in mir – wachsend lerne ich meine Lektionen. Ich reife, indem ich alte, ausgetragene Formen von mir abfallen lasse. Gleichgewicht bedeutet dann auch, mich abzugrenzen gegenüber alten Strukturen, die mich in die falsche Richtung ziehen wollen, den Maßstab zu erkennen und mein Handeln aus dem Raum meines Vertrauens und meiner Erfahrung heraus zu lenken. Im Gleichgewicht zu sein bedeutet immer, im Augenblick zu leben. Dabei entwickle ich Harmonie und Zielgerichtetheit.

Dieser Pfad verbindet die »Gemeinsame Kreativität« (Sphäre 5) mit dem »Verbundensein in Liebe« (Sphäre 6).

Körperregion zum Auftragen
Herz, oberer Brustbereich, Schultern

B 8 Gelb/Blau
Anubis

Geliebter!
Erscheint mir etwas ungerecht in meiner Situation mit dir? Habe ich integer gehandelt, und du hast es nicht getan? Fühle ich mich jetzt verletzt und suche Gerechtigkeit? War ich in meinen Worten, Taten und Handlungen nicht ehrlich zu dir?

Mein Geliebter! Bin ich etwa ungerecht zu dir gewesen? Oder zu mir selbst? Vielleicht sind meine Erwartungen an mich selbst so streng, dass es mir unmöglich ist, ihnen zu entsprechen, und ich muss deshalb ständig gegen sie rebellieren. Oder bin ich so abwägend, dass ich mich schon nicht mehr entscheiden kann?

Große Göttin des Gesetzes, der Ordnung und der Gerechtigkeit! Es ist an der Zeit, mein Leben anzuschauen und ein neues Gleichgewicht einzuladen! Gib mir deinen Schutz! Gewähre mir, was gelernt werden muss, um Unrecht in Recht zu verwandeln. Schaffe neue Möglichkeiten und mache Wege frei.

Mein Liebster! Maat ist die Göttin, die mir hilft, alles Unrecht an mir oder durch mich in Recht zu verwandeln. Jetzt kann ich aus alten vorangegangenen Lieben lernen und eine faire Bilanz meiner Handlungen ziehen. Meiner Liebe zu dir soll Gerechtigkeit widerfahren. Ich kann nur meinen Weg zur Ganzheit finden, wenn ich die Gerechtigkeit in der Natur der Liebe akzeptiere. Mein tiefer Frieden mit der Vergangenheit wird gebraucht. Maat gibt mir eine Lektion in der Unterscheidungskraft zwischen dem, was mir wahr erscheint, und dem, was für mich selbst wahr ist als die Wahrheit des Herzens. Sie besitzt die Einsicht und hat eine Schärfe in ihrem Verstand, die durch jeden Knoten schlägt und die Wahrheit ans Licht bringt. Ich fühle, wie sie die Last von meinen Schultern nimmt. Aus meinem Unterbewusstsein weicht meine Angst.

Mein Geliebter! Alles, was ich an geistigem oder körperlichem Erbe von meiner Mutter, Großmutter, Urgroßmutter, Tanten übernahm, die Verhaltensmuster, die ich von meinen Vorfahrinnen übernommen habe, den Glauben an das Weibliche, den ich erbte und der sich in mir auch körperlich manifestiert – all das kann Heilung finden, wenn ich Extreme vermeide und meine weibliche schöpferische Energie annehme. Wenn ich mich von den alten Schmerzen und Einschränkungen löse und die zugrunde liegende Energie eines Ereignisses oder einer Situation definiere, finde ich ein natürliches Gesetz. Gerechtigkeit bedeutet, mit dem Gesetz der bedingungslosen Liebe in Einklang zu sein. So finde ich dann in meinem Herzen zu wahrem Mitgefühl mit der Situation, den beteiligten Menschen und mir selbst. Ich komme zur nährenden Energie in der Tiefe meines Selbst und meine Freude, meine Weisheit und meine selbstbewusste Weiblichkeit werden mir deutlich. Meine klare Sicht lässt mich dann richtig handeln.

Die Waagschalen in der Hand der Göttin sind auch das Symbol der Begegnung zwischen mir und dir, mein Geliebter! Sie symbolisieren die Kraft des Ausgleichs zwischen uns Liebenden. Ich möchte in meiner Liebe zu dir weiter werden. Ich möchte mich öffnen und mich auf einen Weg begeben, auf dem meine Grenzen vorübergehend erweitert werden, bis sie dich einschließen oder von dir durchbrochen werden! Ich will mein Bewusstsein über das Gefühl meiner Getrenntheit von dir hinaus erheben und eine liebevolle Beziehung mit dir eingehen, so dass wir beide uns durch unsere Beziehung besser kennen lernen können.

Mein Geliebter! Ich muss das Wagnis eingehen, meine Illusionen und Projektionen sich in Luft auflösen zu sehen oder missverstanden zu werden. Ich muss wagen, verletzlich zu sein, unterlegen zu sein, großmütig genug, deine Fehler, Schmerzen und Verletzungen zuzulassen, weil ich sie auch selbst begehen kann. Denn ich weiß, in mein Leben kommt nichts, was nicht eine Reflexion eines Teils von mir selbst wäre.

Bewusst beziehe ich mich auf dich und berücksichtige unser beider Wünsche und Bedürfnisse, die alle ausgedrückt werden dürfen. Beide Seiten unserer Ansichten besitzen Gültigkeit und Wert, und dennoch ist keine von überwältigender Bedeutung. Während wir zusammenfinden und Ausgewogenheit suchen, entsteht zwischen uns eine Liebe in einer neuen Form. Sie fördert das Wachstum von uns beiden, entsprechend unserer Bedürfnisse. Wo es einen Interessenkonflikt zwischen uns gibt, muss ich die Kunst der Ausgleichung der Gegensätze und des schöpferischen Kompromisses anwenden und sicherstellen, dass meine eigenen Bedürfnisse nicht unter dem Druck der deinigen zurückgestellt werden. Ich lerne, mich zu zentrieren und meine eigenen Gefühle und die deinigen in Übereinstimmung zu bringen. Ich muss einen Weg des Gleichgewichts und der Gerechtigkeit finden, der uns beide zufrieden stellt, so dass wir zu zweien werden, die zusammenhalten können!

Mein Geliebter! Ich brauche deine Augen, um mich selbst zu sehen, deine Sinne, um mich selbst zu fühlen. In mir lebt eine Sehnsucht, die die Schönheit, die Harmonie und den Frieden der Liebe erfahren will. In meinem Boot segle ich über die Meere und Ozeane dieser Welt. Es gibt so vieles auf diesem blauen Planeten, das größer ist als wir selbst! Wie viele Geheimnisse der Urkräfte der Natur und wie viele verborgene Mysterien gibt es zu entdecken! Der höhere Wille möge durch mich geschehen! Es möge der Gral herabkommen und mir Harmonie, Frieden und Einheit mit dir und allen Dingen bringen!

B 86 Klar/Türkis
Oberon

Geliebter!
In all dem, was wir einander an Gefühlen und Gedanken mitteilen, sollten wir ein Gleichgewicht kreieren. Genauso wie ein Gleichgewicht in unserer Herzensliebe und der körperlichen Liebe von uns, Mann und Frau, vonnöten ist, wird davon auch die Natur selbst im Gleichgewicht gehalten.

Mein Geliebter! Oberon, der Feenkönig, spricht mit den Menschen, Tieren und Pflanzen. Er berichtet von der Nacht, dem Sterben der Natur. Er sagt: »Es ist der Untergang all meiner Völker und Welten. Die, deren Herr ich bin, werden immer weniger und sie berichten vom Sterben um sie herum, als ob ich nicht wüsste, dass es mein Sterben ist, das auch sie dahinrafft. Die Menschen haben es verlernt, die Feenkönigin und den Feenkönig zu rufen, und sie wissen nicht, dass die Folgen ihrer Schlachten weitreichender sind, als sie ahnen. Es setzte langsam ein, kaum merklich. Ganze Völker meiner Untertanen sterben. Das Grün der Bäume stirbt und die stolzesten Blüten welken dahin. Die ewig grünen Blätter in meinen Wäldern beginnen, an den Rändern zu verdorren. Es kommt immer weniger Jungvolk von den Meinigen. Und es paart sich auch niemand mehr mit den Menschen, wie es sonst so gern und so oft geschehen war. ›Wir haben Angst vor ihnen!‹, sagen die Menschen. Sie lachen uns aus, wenn wir uns ihnen zeigen. Und doch ist unser Lebensblut der Glaube der Menschen an uns.«

Mein Geliebter! Vor 57 Jahren, am 6. August 1945, wurde eine Atombombe mit dem Namen »Kleiner Junge« durch eine Boeing von den Amerikanern auf Hiroshima abgeworfen! Krankheit steckt an – warum tun es Schönheit und Liebe nicht?

Mein Geliebter! Es gibt viele Unterschiede in deinem und meinem, dem männlichen und dem weiblichen Denken und Fühlen: Während mein weibliches Herz ganz von Liebe erfüllt sein kann und das ganze Dasein einer Frau sich um Liebe drehen kann, hat ein Mann, und so auch du, auch noch andere Lieben. Deine Liebe zu mir, der Frau, ist nur eine von vielen Lieben. Du liebst auch noch Literatur, Musik, Malerei, die Jagd und tausend andere Dinge. Mir, einer Frau, jedoch genügt die eine Liebe.

Mein Liebster! Shakespeare beschreibt im Sommernachtstraum, wie die Feenkönigin Titania, Gemahlin von Oberon, ein indisches Kind von einer Frau aus ihrem Gefolge in ihre Obhut nimmt, weil dessen Mutter starb. Dies tut sie, während Oberon sich offenbar für Aphrodites schöne Töchter interessiert. So entspinnt sich zwischen Oberon und seiner Gattin Titania ein Streit. Titania hat seinem Bett und seinem Umgang abgeschworen!

Mein Geliebter! Ist es zwischen einem Mann und einer Frau nicht auch immer wieder eine Frage des Gleichgewichtes zwischen Liebe und Lust?

Liebster! Im Gleichgewicht zwischen Frau und Mann muss die Frau-Mann-Beziehung über der Beziehung zum Kind stehen. Die Frau darf niemals nur Mutter sein – sie ist immer Geliebte, und die Liebe zum Kind muss nachrangig sei. Im Grunde ist der Mann ein Kind, und ohne die Liebesnahrung der Brüste der Frau wird er schwach, hart und lieblos. So ist das Wichtigste auf Erden die Liebe zwischen der Mutter und dem Vater des Kindes. Sie allein kann die Dinge ändern, das Aufziehen des Kindes inbegriffen. Die Brust einer Frau erhält ein Kind gesund, und sie tut das in nicht geringem Maße für ihren Mann.

So fordert Oberon, um seine ursprüngliche und natürliche Autorität als Geliebter und Liebender zu Titania wieder zu erlangen, ihm das »Wechselkind » zu geben. Darin lässt er nicht locker, und er lässt Titania nicht aus dem Wald, bis sie ihren Trotz gebüßt hat. Er sendet seinen Diener Puck, ihm jene Blume zu suchen, deren Saft, auf die Augen der schlafenden Titania geträufelt, bewirkt, dass diese sich unsterblich in das erste Wesen, welches sie nach dem Erwachen erblickt, verliebt. Es ist ein eselsköpfiger Handwerksbursche! Dies tut Oberon jedoch nur, um sie dann zu stellen und sie aufgrund ihres Fehltrittes zur Herausgabe des Wechselkindes zu bewegen. Sie gibt es ihm.

Mein Geliebter! Offenbar haben Vernunft und Liebe nicht viel gemeinsam. Amor sieht nur mit dem Inneren. Das ist sein Trick. Drum beflügelt er – und nimmt den Blick.

Mein Geliebter! Vielleicht müssen wir in unserer Liebe erst noch mehr Chaos kreieren, um dann das Gleichgewicht der Liebe wieder entstehen zu lassen! Sind wir nicht auch wie die Betörten? Unser Wille wird gebrochen und nur unserer Liebe Zauber kann über die Irre siegen. Dann haben alle ihren Frieden!

Mein Geliebter! Nun des Tages Wiederkehr. Es ist bald Elfenzeit. Lass sie uns willkommen heißen und sie in der Zeit der Dämmerung treffen. Elfen, kommt und schwärmt im Haus umher! Zu unserem besten Brautbett kommt herbei, das von euch gesegnet sei – und das Geschlecht, hier entsprossen, sei glückselig immerfort. So seien wir uns, mein Liebster, als Paar im Leben immer treu!

Pfad 9

Die Eremitin des Herzens

B 9 Türkis/Grün
B 87 Koralle/Koralle

Im Auf und Ab des Lebens gehe ich über den äußeren Schein von Lieben und Geliebtwerden hinaus und richte mich nach innen, in das Innerste meines Herzens. Hier betrachte ich Vergangenes und alte Konflikte noch einmal, auch jene Gefühle und Verhaltensmuster oder Momente, in denen ich eine Wahl treffen musste. Ich erkenne, wo ich manipuliert habe oder »hintenherum« handelte. Alle meine inneren Angelegenheiten treten wieder in mein

Bewusstsein ein und zeigen mir ebenso meine Oberflächlichkeit wie meinen Wankelmut. Ich blicke in meinen Schatten, während mein Verständnis wächst. Das, was ist oder sich mir zeigt, betrachte ich sorgfältig, bereit, Veränderungen anzunehmen. Je tiefer ich schaue, umso mehr finde ich mein individuelles Bewusstsein, das mich führt. In der tiefen Höhle meines Alleinseins zeigt sich die Intuition meines Herzens, die mir die wichtigste Kraft ist. Ich sehe mir Vergangenes und alte Konflikte noch einmal an, betrachte mein gegenwärtiges Handeln oder Schweigen und plane sorgfältig, bevor ich mich wieder neu für das äußere Leben und die Liebe öffne. Ich habe in jedem Moment meines Lebens die Gelegenheit, ein neuer Mensch zu werden!

Ja, ich halte inne, in einer Neueinschätzung innerhalb meiner Art und Weise, Liebe in Beziehung und Bezogenheit zu leben. Ich bin bereit, Veränderungen in meinem Leben anzunehmen oder selbst zu schaffen. Ich löse alte emotionale Bindungen, um das Neue willkommen zu heißen und in mich einströmen zu lassen. Ich bin in mir zu Hause, an jedem Ort dieser Welt, in jedem Augenblick der Zeit. Ich bewahre die Dinge der Liebe für mich, bis in mir absolute Sicherheit besteht. Dann drücke ich meine innere Wahrheit von Herz zu Herz aus, in mitfühlender Liebe und Gelöstheit.

Dieser Pfad verbindet die »Gemeinsame Kommunikation« (Sphäre 4) mit dem »Verbundensein in Liebe« (Sphäre 6).

Körperregion zum Auftragen
Thymus im oberen Brustbereich, Herz und Schultern

B 9 Türkis/Grün
Das Herz im Herzen

Geliebter!
Ich bin eine Mystikerin des Herzens. Meine ganze Suche besteht darin, für alle Dinge eine neue Sichtweise des Herzens zu finden.

Meine Suche ist ein Suchen nach Augen, die sehen, denn ich vertraue meinen Augen mehr als meinem Verstand. Es ist eine Suche nach einem offenen Herzen, das fühlt und empfindsam ist, um empfänglicher zu werden. Ich vertraue meinem Herzen mehr als meinen Gedanken.

Ich spüre nach der Harmonie mit dir, meinem Liebsten, und durch dich mit dem ganzen Sein, mit dem Herzschlag der Existenz. Wenn mein Herz in Synchronizität mit dir und durch dich mit dem universellen Herzen schlägt, dann weiß ich ohne Wissen, dann bin ich weise ohne Weisheit, dann erfahre ich unmittelbar – ohne Erklärungen dafür zu haben. Dann ist die Mystikerin in mir so überwältigt von deinem Herzen und der Herrlichkeit und dem Wunder des Herzens dieser Existenz, dass sie wissend wird. Aber ich reduziere meine Erfahrung nicht auf Wissen. Ich werde nicht zur Philosophin. Ich bleibe immer eine Seherin, hingegeben der inneren Schau. Ich lasse mich von der Natur der Liebe erobern, in tiefem Vertrauen, in Offenheit und Empfänglichkeit.

Mein Geliebter! Immer wieder habe ich das Bedürfnis, allein zu sein, um meine Gefühle zu prüfen. Ich muss die Antworten in meinem Inneren finden. Ich bin die Mystikerin im grünen Gewand der Bäume, der Wiesen, der Wälder. Ich trage das Kleid meiner innersten Natur. Ich bin still und schließe meine Augen auf dem Weg meiner inneren Reise. Ich zaubere und verwandle mich in die Elemente Erde, Feuer, Wasser und Luft. Ich rufe herbei, wen oder was ich benötige – meine Krafttiere, das Große Geheimnis, Großmutter Mond und die Göttin, damit sie mich mit ihrem Licht durch das Labyrinth meiner Gefühle und Emotionen begleiten.

Was fühle ich? Ist es Wut oder Zorn, die Freude und das Glück, das Zerrissensein im Schmerz? Je besser ich lerne, meine Gefühle zu würdigen, desto mehr Energie werde ich haben, um mein Leben zu leben. Ich frage auch meinen Körper: Was fühlst du? Manchmal lassen sich meine Gefühle nicht ganz einfach entdecken. Dann muss ich zu einem bestimmten Ereignis zurückgehen und das damit verbundene Gefühl aufspüren. Mich überzeugen, ob alles Wichtige aus der Vergangenheit abgeschlossen ist. In meiner Hingabe an mich selbst komme ich schließlich in meinem Herzen an, meinem ewigen und einzigen Zuhause. Dann suche ich den geraden Weg zwischen dem, was ich fühle, und dem, was ich damit tue. Ich sage, wie es ist.

Behutsam vertraue ich mich dir, Mann, an.

Mein Geliebter! Unser Zusammensein in Liebe ist eine Frage von Bewusstheit und Liebe. Liebe allein ist blind – erst Bewusstheit gibt ihr Augen und Verständnis. Statt meine Zeit mit Konflikten, Nörgeln und Streiten zu vergeuden, versuche ich lieber, dich zu verstehen. Ich versuche, mich in dich hineinzuversetzen. Versuche zu sehen, wie ein Mann sieht, und du versuchst zu sehen, wie eine Frau sieht. Vier Augen sind immer besser als zwei, dann sind uns alle vier Himmelsrichtungen zugänglich.

Ich lerne zu verstehen, wie ich selbst funktioniere und wie du funktionierst, mein Geliebter! Ehrlichkeit erzeugt Liebe! Es geht um den Unterschied der männlichen und der weiblichen Psyche. Ich lausche auf meine tiefsten Instinkte und schaue, was passiert. Ich schiebe nicht die Verantwortung auf dich, aber fühle mich auch nicht schuldig, als hätte ich etwas falsch gemacht. Der ganze Hass verschwindet. Jeder Wunsch nach Beherrschen und Besitzen, alle Eifersucht, die Emotionen verschwinden. Keiner von uns beiden macht etwas falsch. Es ist etwas ganz Natürliches. Ich bin einfach still, aufmerksam, und bin eine geduldige Zuhörerin. Ich versetze mich in dich hinein. Durch Erkenntnis geschieht die Befreiung, Verwandlung! Dann bin ich nicht mehr Frau und du, der Mann, bist nicht mehr Mann, dann sind wir nur noch zwei Seelen in Kommunikation. Dann steigt die Liebe in uns auf, so dass wir gemeinsam wachsen können. Dann geschieht ein lebendiges Sichbeziehen, aus Liebe, und wir werden zu Freunden. Diese Freundschaft gibt Freiheit, und wir haben Frieden miteinander. Liebe kann enden, aber Freundschaft endet nie!

Mein Geliebter! Je näher ich dir komme, umso besser lerne ich dich kennen, und umso mehr wirst du zu einem Teil von mir.

Wenn ich manchmal fühle, »Du bist die Hölle«, so wirst du, Geliebter, durch Bewusstheit zum Himmel für mich!

Ich weiß, du, der Mann, kannst nur mit einer Frau zusammen sein und sie lieben, weil sie dich erfreut, weil sie sich dir gibt. So gebe ich dir mich und nicht mein Unglück. Ich mache der Tragödie der Liebe auf der Erde ein Ende.

Mein Liebster! Ich diene der Liebe. Ich lasse den Dingen die eigene, stille ungestörte Entwicklung, die tief von innen kommt – und durch nichts gedrängt oder beschleunigt werden kann, alles ist Austragen und dann Gebären. Ich reife wie der Baum, der seine Säfte nicht drängt, und stehe getrost in den Stürmen des Frühlings, ohne die Angst, dass dahinter kein Sommer kommen könnte. Er kommt doch. Aber er kommt nur zu mir, der Geduldigen, die da ist, als ob die Ewigkeit vor ihr läge, so sorglos, still und weit.

B 87 Koralle/Koralle

Weisheit der Liebe

Geliebter!
Ich muss Geduld gegenüber dem Ungelösten der Liebe in meinem Herzen haben. Es geht darum, alles zu leben. Wenn ich versuche, selbst die Fragen zu lieben, so, wie verschlossene Stuben und wie Bücher, die in einer sehr fremden Sprache geschrieben sind. Wenn ich selbst die Fragen umarme, lebe ich vielleicht allmählich, ohne es zu merken, eines fremden Tages in die Antwort hinein.

Mein Geliebter! Jeder von uns beiden ist schon verletzt worden. Du, der Mann in deiner Männlichkeit, genauso wie ich, die Frau in meiner Weiblichkeit. Nun müssen wir uns jener Dinge in uns selbst annehmen, die wir immer wieder zurückzudrängen versuchen. Denn dort, wo wir leiden, wachsen wir auch.

Liebster! Mein Gefühl, ich werde nicht genug geliebt, kommt aus meinem schlechten Umgang mit anderen Männern, die

Angst hatten, zu lieben oder geliebt zu werden, genauso wie ich Angst hatte, zu lieben und geliebt zu werden.

Wenn du mich liebst, wirst du sehen, dass ich nicht weiß, wer ich bin, du wirst sehen, dass ich nicht weiß, wo ich hingehe, dass ich vielleicht mein eigenes Lied noch nicht vernommen habe, dass mein Leben ein Chaos ist und kein Kosmos. Darum habe ich Angst vor Intimität, davor, mich verletzlich zu machen. Wenn du siehst, dass ich nicht mal Herrin über mich selbst bin, könntest du vielleicht meinen, dass ich einen Herren brauche, und du könntest dich als mein Herr aufspielen.

Ich beginne von meinen Erfahrungen auszugehen und mache mir Verhaltensweisen und Muster zwischen uns klar, um zu wissen, was ich in der Liebe nicht will.

Weil die meisten Männer in der Liebe selbstsüchtig und deshalb verletzend sind, muss ich mir meine Erfahrungen diesbezüglich anschauen. Ich möchte nicht von deiner männlichen Unehrlichkeit verletzt werden, auch nicht von männlichen Versuchen, mich zu schwächen oder von der von dir, dem Mann, als Liebe maskierten Sexualität. Und selbst wenn es mir das Herz bricht, muss ich dir die Tür weisen, wenn du dich nicht zu weigern aufhörst, in der Liebe ehrlich zu sein, zu wissen, was dir am wichtigsten ist. Denn welchen Sinn hat eine unehrliche Liebe zwischen uns, eine Liebe, die mich nicht wirklich liebt, die nicht wirklich mit mir zusammen sein will, die andere Dinge mir vorzieht?

Ich stelle dir einfache Fragen. Zum Beispiel frage ich vielleicht: »Warum bist du so unruhig?« Ich warte, bis du es mir sagst, bis du ehrlich antwortest. Ich gebe nicht dir die Schuld oder mache dir Vorwürfe. Ich bin in der Lage, deine Ehrlichkeit zu ertragen, denn darum bitte ich dich, und solcher Liebe stehe ich nicht mit meinen Emotionen im Weg.

Mein Geliebter! Sind wir Liebende, die wirklich intim miteinander sind, nah, dass du mich von innen her sehen kannst, wie ich bin, was ich bin und warum ich so bin? Ich lade dich in meinen tiefsten Wesenskern ein. Wenn ich wirklich geliebt werde, weiß ich es bis ins Mark hinein! Ich gebe mich nicht mit weniger zufrieden, sonst werde ich leiden. Ich weiß, dass in jedem Mann, auch in dir, tief unter all der Sexualität, die Furcht zu lieben steckt, die sich als Gier, Egoismus, oder als Haben- und Erreichenwollen zeigt. Dann bist du weit weg von zu Hause, dem zeitlosen Ort der Liebe oder des Göttlichen, von dem du herkamst, dem reinen Zustand des Wissens.

Lanzelot du Lac war einst der edelste Ritter der Tafelrunde. Kompromisslos und stolz lebte er seine Unabhängigkeit und seine Ideale. Er war ein Vorbild für viele Männer und ihm galt die Sehnsucht zahlreicher Frauen.

König Pelles hatte eine schöne Tochter namens Elaine von Corbenic, die Lancelot liebte und sich nicht davon beirren ließ, dass Lanzelot die Königin liebte. Ihre einzige Möglichkeit, Lanzelot zu gewinnen, waren die magischen Künste ihrer Hofdame, Brisen, die voraussah, dass das gemeinsame Kind der beiden, Galahad, dem Land großen Nutzen bringen werde. Also führte Brisen den Ritter in Elaines Kammer und täuschte ihm vor, Guinevere warte auf ihn.

Während Lanzelot bei Elaine lag, schickte Guinevere ihre Hofdame zu ihm, um ihn zu holen. Als die Frau berichtete, sie habe sein Bett kalt vorgefunden, geriet Guinevere in Wut und verdächtigte Elaine. Sie rannte zu ihr und fand sie schlafend. In ihrem Zorn verbannte sie beide vom Hof. Erst jetzt erkannte Lanzelot, dass er getäuscht worden war – das behauptete er zumindest. Er war so bekümmert über Guineveres Worte, dass er ohnmächtig zu Boden fiel. Als er erwachte, war sein Geist verwirrt. Nur mit einem Hemd bekleidet, sprang er aus dem Fenster und lief in den schützenden Wald. Der Wald war sicher und abgeschieden. Hier war er frei, um nach seinen Wurzeln und den Vorgängen in seinem Herzen zu suchen. Er ließ alle Masken fallen und näherte sich seinem wahren Selbst. Dort begann er die Suche nach seiner Seele.

Die Ritter der Tafelrunde suchten ihn vergeblich. Niemand erkannte den wilden Mann im Wald als Lancelot du Lac, bis

Elaine, die ihn liebte, ihn an einer Quelle schlafen sah. Sofort schickte sie einen Boten zu König Pelles, dem Hüter des Grals. Erst der Gral heilte Lancelots Geist für immer.

Mein Geliebter! Meine Verantwortung als Frau ist es, dir, dem Mann, der genug Stärke und Realität hat, klar zu machen, was Liebe ist. Der göttliche Impuls in dir, dem Mann, ist, mich, die Frau, durch Liebe zu meistern. Ich, deine Partnerin, bin immer frei und unterwerfe mich deiner Liebe nur, wenn ich weiß, dass es die Liebe und die Wahrheit ist, die ich immer herbeigesehnt habe.

Pfad 10

Das Glück der Liebe

B 10 Grün/Grün
B 88 Grün/Blau

Das, was ich als die Energien des Lebens und der Liebe in mein Herz hineinwirken lasse und was sich dann mit der Erfüllung der Bestimmung meines Lebens verflechtet, nenne ich Schicksal. Geburt und Tod, Wachstum und Zerstörung sind dabei der unausweichliche Kreislauf.

Das Glück der Liebe ist wahrlich wechselhaft! Es ist ebenso ganz meine eigene Wahl, die Lektionen und die Erfahrungen des Lebens zu machen oder nicht. Die Spirale der Evolution entfaltet sich, immer weiter und weiter, bis ich alle Lektionen der Liebe und des Lebens gemeistert habe und ich Freiheit finde! Dabei ernte ich immer das, was ich gesät habe. Das ist das alte, neue und ewige Gesetz von Ursache und Wirkung, das durch alles, was lebendig ist, gleichermaßen wirkt, also auch durch mich.

Vielleicht ist es gerade jetzt eine glückliche Wende, um die Liebe in ihrer Vielfalt zu erleben. Ich erlaube mir selbst, neue Ideen zu entdecken und mich von alten Haltungen zu befreien.

Ich erkenne Prozesse, ohne mich mit ihnen zu identifizieren. Dabei lerne ich etwas darüber, wie ich meinen inneren Ruhepol halten und mit den Höhen und Tiefen des Lebens umgehen kann. Ich entwickle die nötige Geduld. Gewinn und Verlust trage ich mit der gleichen Würde. Ich schaue in eine neue Richtung und fälle eine Entscheidung. Mein Herz »weiß«, wohin es sich gezogen fühlt.

Liebe ist etwas, das mit Selbstverwirklichung zu tun hat. Ich nehme die Linien meines Schicksals, mit dem ich geboren bin, an, und es liegt an mir selbst, was ich daraus mache! Strecke ich der Liebe die Hand entgegen, oder will ich Kontrolle über die Situation behalten?

Dieser Pfad verbindet die »Gemeinsame Kommunikation« (Sphäre 4) mit der »Durchsetzungsfähigkeit und Macht« (Sphäre 7).

Körperregionen zum Auftragen
Herz, Schultern und Arme

B 10 Grün/Grün

Geh, umarme einen Baum

Geliebter!
Die Göttin ist auch die Hüterin der Jahreszeiten und der Nahrung. Sie ist »die sich selbst Erneuernde« und verändert die Farben ihrer Kleidung im Laufe der wechselnden Jahreszeiten. Bin ich nicht auch das, was immer wiederkehrt, das, was niemals sterben kann! Wie die Jahreszeiten erneuere ich mich im ewigen Kreislauf der Zeit.

Ich tanze die Spirale entlang und wandle mich fort und fort.

Mein Geliebter! Innerhalb des regelmäßigen Zyklus der Jahreszeiten entwickelt sich das äußere Leben. Das äußere Leben wird durch die Sonne bewirkt und in Gang gehalten, und so hängen die Jahreszeiten von der Stellung der Sonne ab. Ich ehre die Natur, die Menschen, die Tiere und Pflanzen, und habe Achtung und Anerkennung für die göttliche Schöpfung. Es ist ein Mysterium, das immer wieder neu erfahren und gelebt werden möchte. Im Frühjahr, wenn die heiligen Weiden der Göttin grün sind, beginnt sich das Rad des Kreislaufs von Tod, Geburt und Wiedergeburt immer wieder neu zu drehen. Keine weise Kultur würde je die Umwelt zerstören.

Ich öffne mein Herz weit, lasse die Sonne hinein und verneige mich. Alles in mir darf sich entfalten, sich entwickeln und wachsen. Von der Sonne lerne ich, zu wärmen. Von den Wolken lerne ich, leicht zu schweben. Vom Wind lerne ich, Anstöße zu geben. Von den Vögeln lerne ich, Höhe zu gewinnen. Von den Bäumen lerne ich, standhaft zu sein. Von den Blumen lerne ich das Leuchten. Von den Steinen lerne ich das Bleiben. Von den Büschen lerne ich im Frühling Erneuerung. Von den Blättern lerne ich im Herbst das Fallenlassen. Vom Sturm lerne ich die Leidenschaft. Vom Regen lerne ich, mich zu verströmen. Von der Erde lerne ich, mütterlich zu sein. Vom Mond lerne ich, mich zu verändern. Von den Sternen lerne ich, eine von vielen zu sein. Vom Leben lerne ich, zu leben. Und von den Jahreszeiten lerne ich, dass das Leben immer von Neuem beginnt.

Mein Geliebter! Die Bäume sprechen von einer anderen Dimension – sie sprechen von der Zeit und dem Wissen des Herzens. Sie graben die Wurzeln tief in die Erde und strecken die Blätter weit in das Licht der Sonne. Sie sind Zeugen der Zeit und markieren die Zeit ihres Wachstums durch jeden einzelnen Jahresring.

Mein Liebster, ich sehne mich danach, deine Berührung zu fühlen! Ich nehme deine Hände in meine, halte dich liebevoll und wirble mit dir mitten hinein in die Möglichkeiten, die stärker sind als die Wirklichkeit. Geborgen und aufgehoben, behütet und beschützt im Schoße von Mutter Natur, regenerieren wir uns und erholen uns miteinander. Du und ich, wir kreisen um die Dinge unseres Herzens, das uns mit unseren Gefühlen von Liebe verbindet. Wir kommunizieren miteinander unsere Verwirrung, aber ebenso unsere Wahrheit. Es sind unsere Liebe und unser Verstehen, die dann die äußeren und die inneren Gegensätze überbrücken, und mit der Zeit entwickelt sich eine höhere Qualität zwischen uns: unser Herzschlag ist nicht mehr verschieden, er pocht im selben Rhythmus, denn unser Herz und unser Verstand verbinden sich miteinander! Jetzt, wo du deinen Kopf an meine Brust legst und du hier an meiner Seite liegst, sage ich dir: Wenn du jemanden brauchst, der dich hält, komm zu mir, und ich werde da sein.

Als Liebende denken wir ähnlich, fühlen ähnlich, und wenn unsere Liebe sich als echt erweist, fühlen wir die gleichen Dinge, ohne dass ich oder du etwas sagen oder mitteilen oder ausdrücken muss. Wenn du, Geliebter, der Mann, den ich liebe, Tausende Kilometer von mir entfernt krank wirst, werde ich plötzlich traurig. Ich fühle, dass etwas nicht in Ordnung ist, obwohl mit mir selbst alles in Ordnung ist. Mein Herzschlag verändert sich.

Mein Geliebter! Ich glaube, wenn zwei Menschen, wie du und ich, wirklich respektvoll miteinander umgehen – und Liebe ist immer respektvoll, denn sie verehrt den anderen, sie ist ein ehrfurchtsvoller und andächtiger Raum –, dann werden wir uns nach und nach immer besser verstehen. Ich werde auf meinen eigenen Rhythmus aufmerksam und auf deinen Rhythmus, Geliebter, und bald entdecken wir, dass sich durch unsere Liebe und unseren Respekt unsere Rhythmen mehr und mehr einander angleichen. Wenn mir nach Liebe zumute ist, ist auch dir nach Liebe zumute. Es spielt sich ein. Es spielt sich von ganz alleine ein – eine Synchronizität entsteht.

Geliebter! Ich vertraue dir. Deine Zuneigung macht mir Freude. Unsere Liebe geschieht aus Freude. Ich finde, Liebe ist ein wenig den Verstand zu verlieren. Nein, ich habe keine Angst, dich zu verlieren! Ich liebe das Leben, und ich feiere das Geschenk meines Lebens mit dir zusammen als das große Glück, das es ist. Ich liebe dich. Ich möchte mit dir gemeinsam den ganzen Weg gehen, ganz bestimmt.

B 88 Grün/Blau
Der Jadeherrscher

Geliebter!
Im Sommer 2002 gibt es große Unwetter. Massen von Regen fallen. Taifune ziehen durch Asien, China ist überflutet, Indonesien auch, in Thailand setzt der Monsunregen viele Dörfer unter Wasser. Sintflutartiger Regen fällt.

Stürzen vor einem Jahr die Zwillingstürme in New York, so stürzen dieses Jahr, ein Jahr später, die Flüsse ins Land, Nach tagelangem Dauerregen bilden sich aus den Wassermassen Flutwellen, die sich in Stadt und Land verströmen. Lawinen von Wassermassen ergießen sich, überschwemmen Felder, Wiesen, Gärten. Ganze Häuser schwimmen weg und Ernten werden vernichtet. Menschen sterben, Tausende verlieren Hab und Gut. Felder sind verwüstet und Flüsse vergiftet. Allein in Sachsen sind 740 Kilometer Straßen und 180 Brücken beschädigt, 20 Prozent des Schienennetzes wurden unbrauchbar.

Im Erzgebirge herrscht der Ausnahmezustand. Die Erde steht Kopf. Menschen müssen vor der Flut von Elbe und Donau fliehen oder Tage ohne Strom, Gas, Leitungswasser ausharren. Offizielle Warnungen existieren nicht. Telefonisch warnen sich die Menschen gegenseitig. Keiner hat den Überblick. Chemiefabriken stehen unter Wasser. Die Flüsse steigen und Tausende werden obdachlos. Dabei wird das eigene Schicksal immer kleiner. Überall im Land werden Notunterkünfte vorbereitet und Menschen evakuiert. Die Wucht der Flut ist vernichtend.

Bei einer weiteren globalen Erwärmung wird noch mehr Wasser aus den Weltmeeren verdampfen, und das Potential zur Entstehung noch größerer Regenwolken steigt.

Fortuna ist nicht immer gerecht. Sie ist blind und bisweilen, ohne dass wir ihre Launen in diesem Moment verstehen mögen, belohnt sie die Unwürdigen und vernachlässigt die Bedürftigen. So heften am Rad des Lebens unsere Hoffnungen, unsere Reue und auch unsere Verzweiflung.

Mein Geliebter! Sag, liebst du mich?

Ich denke, die Erde ist der Platz, wo die Saat unserer Liebe wächst. Sie ist unser Zuhause und die Umgebung, wo wir unsere Lektionen lernen. Die Erde ist fruchtbar, nimmt die Saat in sich auf und lässt sie wachsen. Sie repräsentiert auch Stärke und Ordnung, um die Dinge des Lebens an ihren richtigen Platz zu bringen. Keiner sollte höher sitzen als ein anderer.

Das karmische Gesetz besagt, dass wir ernten, was wir säen. Wir haben uns die Erde untertan gemacht, und nun rebelliert sie und zeigt, dass sie stärker ist als wir.

Mein Liebster! Spürst du in deinem Herzen eine Verbindung zu Mutter Erde? Erfährst du die Erde als lebendiges Geschöpf, oder siehst du sie als lebloses Gestein unter deinen Füßen? Nimmst du deine Nahrung achtlos zu dir und vergisst ganz, der Erde dafür zu danken? Verbringst du Zeit in der Natur und öffnest dich dabei der Erde und ihren lebendigen Energien? Sollten wir nicht die Erde in ihren vielfältigen Formen verehren! Sind nicht die bestellten Felder und ihre Berge die Brüste, die fließenden Wasser ihre Milch!

Liebster! Die Erde singt dir ein Lied der Liebe! Vom Gestein ihres Körpers, von den hohen Gipfeln ihrer Berge, vom heißen Sand ihrer Wüsten. Sie streichelt dich mit grünen Blättern, grünen Pflanzen, grünem Gras. Sie badet dich im Grün und stillt dich an ihrer Brust. Bleib so lange bei ihr, bis du dich beschenkt und erfüllt fühlst! Sie beruhigt dich mit sprudelndem Wasser und erfrischt dich mit ihren Meeren. Atme tief ein. Riechst du ihre Blätter, ihre Pflanzen, ihre Blumen? Nimmst du den Geruch der Wüste oder die erfrischende Brise des Meeres wahr? Spürst du, wie du vom Duft und den Empfindungen der Erde umgeben bist! Sie hält dich in ihren Armen. Sie heilt dich und tröstet dich. Du bist eingehüllt in ihre liebende und erfüllende Umarmung. Gib ihr mit offenem Herzen und in Dankbarkeit, was immer sie sich wünscht.

Sie kann die gerissenen Fäden in deinem Lebensmuster wieder verknüpfen.

Mein Geliebter! Mein Lied der Liebe für dich ist mein Körper, die Erde, hier, dich zu lieben, dir Heimat zu sein. Singe mit mir das Lied der Erde! Lass uns das Lied unserer Ursprünglichkeit, Schönheit und Kraft als Erdenmann und Erdenfrau anstimmen! Es wird uns heil werden lassen. Tanze mit mir! Im Zentrum unseres Erdentanzes wird die Perle der großen Schönheit und der Unsterblichkeit geboren aus dem Leiden, das uns in unserer Liebe zueinander wachsen lässt. Tragen wir nicht den Frieden in uns, um den Himmel mit der Wahrheit zu regieren?

Mein Liebster! Der Jadeherrscher, der Regent des Himmels tritt hervor, wenn wir den Zusammenhang von Ursache und Wirkung verstehen.

Pfad 11

Die Zärtlichkeit und Lust der Liebe

B 11 Klar/Rosa
B 89 Rot/Tiefmagenta

Ich erlebe meine Wünsche und Antriebe in der Liebe sehr bewusst und erkenne sie an. Mein Herz kennt meine wahren Bedürfnisse und den Menschen, den ich in Liebe begehre. Ich bin sanft zu mir selbst. Das Mitgefühl und die Zartheit im Umgang mit mir erlaubt mir zu wissen, dass ich in diesem Augenblick alles tue, was ich kann. Ich bin ich selbst und zeige mich.

Ich teile Liebe als fühlende, mitfühlende, zärtliche und kraftvolle Energie mit meinem Partner. Ich habe viele Bedürfnisse, aber habe auch viel zu geben. Meine eigene ungezähmte Energie stelle ich nicht unter die Kontrolle meines eigenen Willens, sondern transformiere sie in Liebe und durch Liebe. Ich entdecke die Leidenschaft für die Liebe und das Leben immer wieder neu. Liebe gibt mir Kraft. Ich bin die feurige Schlange. In der

Vergangenheit wurde die Schlange oft als böse dargestellt, besonders weil sie Eva im Garten Eden den Apfel anbot. Die Botschaft des Apfels, den »Sündenfall« und die Vertreibung aus dem Paradies lerne ich neu als Potential zum Erwachen verstehen. Ich betrachte es im neuen Licht des führenden weiblichen Prinzips. Auch und gerade in der Lust und Leidenschaft sind das Göttliche und das Menschliche eins!

Liebe ist meine Kraft und Stärke. Ich selbst kreiere ihre Höhen und ihre Tiefen, und meine Stärke wird gerade durch meine Verletzlichkeit geboren! Die universelle Liebe stellt keine Bedingungen, aber sie enthüllt mir Situationen, durch die ich meine eigene Schattenseite und die meines Partners sehen kann. Ich sehe mich selbst und meinen Partner ohne Maske. Erkennbar wird für mich jene Energie und Kraft, die von Anfang an hinter allen Dingen liegt.

Dieser Pfad verbindet die »Gemeinsame Kommunikation« (Sphäre 4) mit der »Gemeinsamen Kreativität« (Sphäre 5).

Körperregionen zum Auftragen
Herz, Schultern, Fortpflanzungsorgane

B 11 Klar/Rosa
Ein Blumenkranz
Essener-Flasche I
Flasche für das Kind des neuen Zeitalters

Geliebter!
Ich bin voller Stärke und Lust. In meiner Kraft bin ich erfüllt mit Leidenschaft. Ich bin eine Katze, die dich umschleicht, eine Schlange, die dich verführt. Höre mein Lied.

In bedingungsloser Liebe berühre ich die Formen meiner Seele und die Konturen meines Körpers und lerne sie zu lieben, so, wie sie sind. Ich kehre wieder zurück, kehre zurück in das

Land meiner Seele. Ich kehre zurück zu dem, was ich bin, kehre zurück zu derjenigen, die ich bin, kehre zurück dahin, wo ich bin. So geboren und wiedergeboren, wie ich bin.

Ich lasse alle meine Masken fallen. Es geht mir nicht um Veränderung. Es geht mir darum, Ja zu sagen zu dem, was ist, und mir selbst zuzustimmen, um einen intimen Kontakt mit mir herzustellen und meine schönen und hässlichen Seiten anzuerkennen und da sein zu lassen.

Liebster! Hier bin ich. Frau, Katze und Löwin zugleich. Ich bin echt. Ich suche dich, provoziere dich, locke dich, prüfe dich, verlasse dich, um wieder neu zu dir zu kommen. Ich gebe dir nicht einfach etwas von meinen Fähigkeiten, nein, ich überwinde meinen Stolz und gebe mich dir ganz und gar. In meiner Nacktheit, so, wie ich bin, offenbare ich dir mein ganzes Herz, alles, was ich bin.

Ich gebe alle Heimlichkeiten, meine ganze Politik, auf. Ich verstecke nichts vor dir. Was sich in meinem Herzen abspielt, soll dir, meinem Liebsten, offenkundig sein, und alles, was in meinem Herzen vor sich geht, darf für dich offen daliegen. Ich werde durchsichtig für dich, so, wie du durchsichtig für mich wirst, wenn du mich liebst.

Ich begegne dir, dem Mann, ich treffe dich wirklich, sehe und liebe dich, vertraue mich deinem Sein an, verschmelze mit dir und löse mich in dir auf. Nach und nach beginne ich dabei, dem Mann in meinem eigenen Inneren zu begegnen.

So, wie ich halb Frau und halb Mann bin, denn eine Hälfte stammt von meinem Vater und die andere von meiner Mutter, bist auch du beides, halb Mann, halb Frau. Wir sind beides. In der Vereinigung mit dir verschmilzt meine innere Frau mit ihrem inneren Mann und dein innerer Mann verschmilzt mit deiner inneren Frau. Durch- und miteinander werden wir eins.

In der Hingabe meiner Liebe verschwinden meine Grenzen und ich finde eine Liebe, die Intimität möglich macht. Du bringst mein inneres Sein zum Schwingen, weil du als Mann mit meinem inneren Mann übereinstimmst und ich als Frau mit deiner inneren Frau übereinstimme. Mein innerer Mann und deine innere Frau tanzen miteinander!

Es gibt keine Liebe, wenn ich sie nicht in jedem Augenblick erschaffe und erhalte. Dafür beginne ich die Fesseln meiner Vergangenheit zu durchtrennen. Ich entdecke meine sexuelle Energie auf unschuldige, spielerische, kindliche Art. Liebe wird lebendig, alles bewegt sich und bereitet mir Freude!

Liebe bedeutet auch, Lektionen zu lernen. Nur wenn ich dich, Geliebter, als Mann in all deiner Schönheit und all deiner Hässlichkeit kennen lerne und du mich, Geliebter, in all meiner Fülle, in all meiner Süße und Bitterkeit kennen lernst, werden wir uns in eine tiefe innere Dimension hineinbewegen können.

Meine Liebe bringt mich dir nahe – aber meine Angst bringt mich weit fort von dir.

Nur wenn ich der Liebe erlaube, in mir zu fließen, und sie unbefangen mit dir teile, rein und kraftvoll, werde ich zur Göttin und du zum Gott – niemals vorher.

Und es ist nicht nur die Liebe zwischen mir und dir, die es zu genießen und auszukosten gilt, zum ersten Mal beginne ich durch dich, den Mann, die ganze Existenz zu lieben!

Mein Körper ist der herrlichste und schönste Tempel auf Erden. Durch den Liebesakt zum Göttlichen in mir selbst zu finden ist für mich das großartigste Geschenk des Lebens. Jede Beührung in Liebe ist wie ein Gebet, das unsere Tempel erhellt. Jede Einengung dabei liegt in mir selbst – nicht in dir. Jeder von uns beiden ist komplett, denn Liebe kreiert zwei Menschen nebeneinander. Und nur wenn wir lieben, sind wir unsterblich.

Göttin – du bist der leuchtende Gral des Feuers der Liebe in allen Formen. Deine Zärtlichkeit und Liebe halten mich. Deine Klarheit und Wahrheit seien mir Quell und Rat. Hilf mir, die Flamme des ewigen Lebens aus meiner weiblichen Hand und aus meinem weiblichen Körper strömen zu lassen. Heute, morgen, immer.

Geführt vom silbrig-weißem Licht, der Quelle allen Lebens, nehme ich die lebendige Strahlung und die Erde unter meinen

Füßen wahr, berühre die ätherische Kraft des Mondes und fühle die Kraft des Universums in meinen Fingerspitzen.

Geliebter! Ich baue eine Regenbogenbrücke ins Paradies. Ich atme die Luft eines fernen Landes und nehme dir deine Tränen, wenn nichts anderes da ist als dein Schmerz. Schließe deine Augen – und wisse, ich nehme deinen Schmerz von dir und du wirst nichts anderes als Wärme finden, und Schutz vor dem Sturm. Du wirst nichts anderes als Ruhe finden in deinem Herzen. Du wirst dich nicht anders als frei fühlen – und in die Liebe selbst vertrauen und nichts als Liebe finden, wenn du deine Augen wieder öffnest.

Als Buddha erleuchtet wurde, regneten Blüten vom Himmel. Um das geschehen zu machen, hatte er seine Frau verlassen. Jedoch seine suchende Seele hatte allein endlich zur Ganzheit gefunden und war zur Kristallisation gelangt. Er kehrte zu seiner geliebten Frau zurück, um ihr nun all seine Liebe zu geben! Welch ein Segen, ein Blütenregen für die ganze Existenz!

B 89 Rot/Tiefmagenta

Die Zeitenwende
Energie – »Erste Hilfe«

Geliebter!
An einem magisch anmutenden Ort in einem seltsam schönen Land mit vielen Seen hob sich der Nebel über dem stillen Wasser. Sodann stieg das Wasser und formte eine Gestalt – die Dame vom See. Sie gab dem König ihr Schwert, das in der Anderswelt geschmiedet war, und sprach: »König Arthur, durch dich ist dem Land Frieden verheißen. Excalibur wird andere dazu bewegen, dir zu folgen, und die Scheide wird dich vor Schaden bewahren. Die Scheide wurde aus Magie gewoben, und solange du sie trägst, kann kein Sterblicher dir schaden. Dies ist mein Geschenk, das deiner Sache dienen soll. Behüte es gut und wisse, dass du meinen Segen hast.«

Durch das Schwert Excalibur und seine Scheide erhielt Arthur seine wahre Stärke.

Die Dame vom See verkörpert Leben und Tod. Als Arthur stirbt, nimmt sie Excalibur wieder zu sich in die tiefen Wasser.

Geliebter! Eine Frau hat dir das Leben geschenkt, und sie muss dir auch den Tod bringen. Alle natürlichen, schönen Dinge haben immer auch etwas Schreckliches. Sex wird von allen Menschen unterdrückt, weil er ein Aspekt des Todes ist. Wenn das Sexzentrum anfängt zu pulsieren und Wellen durch den ganzen Körper zu schicken, fängt auch das Todeszentrum an zu pulsieren. In der Kraft des Orgasmus verlieren wir jede Kontrolle, der ganze Körper bebt und feiert bis in jede Zelle die Ekstase.

In den alten Zeiten des Blutes und der Menschenopfer rissen die Azteken Menschen das Herz heraus, um es der Sonne entgegenzuhalten und die Sonne gnädig zu stimmen.

Und im Streit zwischen Mann und Frau ist die Liebe zu einem Schlachtfeld geworden, auf dem der Mann oder die Frau Recht haben will.

Die Zeitenwende.

Das Herz ist ein Organ aus Feuer, und mein Herz pocht.

So, wie ich die Kunst des Lebens vom Leben selbst erlerne, erlerne ich die herrliche Kunst des Liebens vom Lieben. Ich glaube, das Leben existiert nur zu dem Zweck, damit wir lernen, wie wir dabei vor Glück explodieren können. Die Blumen sind so erotisch! Weshalb sie wohl so farbenprächtig sind und so einen starken Duft haben? Ihr Duft und ihre Farben ziehen die Schmetterlinge und die Bienen an. Wären die Blumen ohne Farbe und ohne Duft, dann würde kein Schmetterling und keine Biene zu ihnen kommen. Es ist also ein sexuelles Phänomen, das neues Leben hervorbringt! So funktioniert der Instinkt! Genauso wie ich dich herbeiziehe, Geliebter, und du mich durch deine Liebe zu mir eroberst!

Weil die Männer in der Vergangenheit die Kraft der Frau unterdrückten und sie von sich abhängig machten, mussten Frauen alle Erniedrigungen und Entwürdigungen hinnehmen – der

Mann war der Herr, er war der Besitzer. Um seine polygame Natur zu befriedigen, erschuf er sich Prostituierte – denn der Mann will nicht in einer monogamen Beziehung festgenagelt sein. Er will Bewegungsfreiheit. Geld war sein Gott, Sexualität war sein Gott.

Weil die Frauen in der Vergangenheit von den Männern unabhängig sein wollten, wurden sie Amazonen. Sie ließen die Männer ihre Kinder zeugen, doch sie zogen sie dann ohne den Vater auf. Oft gar nicht wissend, wer der Vater war. So erniedrigten und entwürdigten Frauen die Männer, machten sie auf ihre Art zu Objekten.

Die Zeitenwende.

Liebe ist Gott – wenn mein Herz deines trifft. Wenn meine Lippen die deinen treffen. Wenn mein Körper deinem begegnet. Oh mein Geliebter! Und mein Herz sich in das deine versenkt. Wenn dein Lingam und meine Yoni sich vereinen und ein neuer Kreislauf der Energie in uns zu pulsieren beginnt und wir beide zu einer größeren Einheit verschmelzen. Meine Sexualität ist der Ausdruck meiner Liebe und meiner Natürlichkeit. Ich liebe Sexualität, weil ich diese Energie zu einem Gebet in mir werden lassen kann und sie so, wie einen rohen Diamanten, schleifen kann und mich dabei für die dynamische Kraft öffne, die durch die ganze Schöpfung fließt. Ja, in meiner Totalität liebe ich dich, mit meinem ganzen Sein, meinen Blick in das Nichtsein gerichtet. Meine Liebe hat kein Ziel und ist nicht die Suche danach, irgendwo anzukommen. Meine Liebe und die Wärme meines Herzens ist hier. Jetzt. Mein Denken wird nicht gebraucht. Im einfachen Zusammensein entspanne ich mich in dich hinein, so, wie du dich in mich hineinentspannst – unschuldig, still. Alles Unwirkliche geht verloren, und ich werde wieder ein Teil der Natur, bin aufgehoben in etwas Größerem – im Kosmos. In der Leidenschaft finde und teile ich die feurige, belebende Kraft der Erregung, die mir und dir scharfe Konturen gibt. Nur weil ich liebe, weil ich hier, jetzt, die Bewegung zweier Körper, zweier Seelen genieße, können wir miteinander verschmelzen.

Geliebter, du bist meine Kraft, meine Freude und mein Schmerz! Du wirst zum Licht in der dunklen Seite von mir.

Göttin – in deinem Feuer des Eros brennt still die Flamme der Ewigkeit. Um deine Kraft der Vernichtung und der Schöpfung bitte ich, so dass ich sie in mir finden kann und lerne, sie in deinem Antlitz zu lieben.

Geliebter! Es gibt nichts Bestimmtes zu tun. Es gibt nichts zu planen, nichts in Gedanken im Voraus zu proben. Es gibt nichts Großartigeres als das Jetzt und das Hier und die Kraft der Liebe, die die Liebe sich aus sich selbst heraus kreieren lässt.

Pfad 12

Die Eingeweihte der Liebe

B 12 Klar/Blau
B 90 Gold/Tiefmagenta

Einschränkungen, Prüfungen und Opfer in den Dingen der Liebe lassen mich zu einer neuen Betrachtungsweise kommen. Ich werde gezwungen, hinzuschauen, wie die Dinge sind, und mich nicht davon irritieren zu lassen, wie sie äußerlich zu sein scheinen. Manchmal stehe ich geradezu Kopf und muss mich mit begrenzten Formen auseinander setzen, ein strukturiertes Denken entwickeln und Zielgerichtetheit an den Tag legen, um jene Form in meiner Liebesbeziehung erfüllen zu können, die ich mir gewählt habe. Ich entziehe mich nicht mit »So ist es eben« der Verantwortung, sondern bin stark genug, um auch Belastungen standzuhalten, die mein Innerstes nach außen bringen.

Die äußere Welt richtet sich nach den zwölf Sonnen im Jahr und den zwölf Kalendermonaten, die innere Welt läuft nach den 13 Monden im Jahr ab, den 28-Tage-Zyklen. Die Sonne hat nie den Mond dominiert, und der Mond hat sich nie der Sonne unterworfen. Sie lieben einander. Sie reflektieren einander. Sie brauchen einander, um das zu sein, was sie sind. Und genauso ist es mit Mann und Frau. Auch wenn die Dinge der Liebe heute Kopf stehen mögen, lerne ich ruhig zu bleiben und in Frieden meinen Instinkten zu vertrauen. Meine Betrachtungsweise verändert sich, und ich vertraue. Ich bin nicht mehr die, die ich war, und ich entdecke, wie ich die sein kann, die ich in Wahrheit bin. Ich blicke über meine gegenwärtigen Umstände hinaus. Mit Liebe sehen können bedeutet, eine unverschleierte, klare Sicht zu haben, denn dort, wo die Liebe lebendig ist, gibt es Tanz, gibt es Gesang, gibt es Schönheit!

Diese Sphäre verbindet die »Gemeinsame Kreativität« (Sphäre 5) mit dem »Streben nach Integrität und Selbstbehauptung« (Sphäre 8).

Körperregionen zum Auftragen
Jene Teile des Körpers, die ich für die Aufnahme und die Verdauung der Nahrung benötige, die Art und Weise, wie ich Licht (Prana) und Energie aufnehmen kann, sowie Schultern und Arme

B 12 Klar/Blau

Frieden in der Neuen Zeit
Flasche für das Kind des neuen Zeitalters

Geliebter!
Wo bist du mein Liebster? Erinnerst du dich noch an den Tag, an dem wir uns trafen?

Dein Kuss lehrte mich das Zusammenkommen von unser beider Lippen, als Mann und als Frau in Liebe, und enthüllte himmlische Geheimnisse, die Zungen nicht äußern könnten. Dieser Kuss war mir eine Einweihung in eine große Schau. Sie wies mir den Weg in die spirituelle Welt, mir die Schönheit meiner Seele offenbarend, und dort wird sie fortdauern, bis wir uns wiedertreffen.

Wo bist du, mein Liebster? Sag mir, mein Liebster, was kam dir in den Weg, dass du nicht bei mir bist?

Mein Liebster! Auch am Jahrestag des 11. September leben wir alle im Angesicht der Katastrophe weiter. Wir müssen lernen, die Welt mit neuen Augen zu betrachten. Die Zeitschriften berichteten über die Eingeschlossenen in beiden Gebäuden der Zwillingstürme des World Trade Centers. Verzweifelte Anrufe erreichten die Angehörigen oder Mitarbeiter dieser Menschen. Viele stürzten sich in dieser ausweglosen Situation aus den oberen Stockwerken in den Tod. Nach dem Einschlag der Flugzeuge entzündete sich der Treibstoff. Die Gebäude begannen zu brennen. In Scharen flohen die Menschen aus dem World Trade Center. Zu Fuß oder per Fahrrad versuchten sie aus der Gefahrenzone zu entkommen – Entsetzen ins Gesicht geschrieben. Um 9 Uhr 59 brach der Südturm mit allen Eingeschlossenen in sich zusammen, um 10 Uhr 28 der Nordturm mit seinen Eingeschlossenen. Ein Hagel von Millionen Tonnen, zum Teil glühender Trümmer stürzte hinunter. Feuerwehrmänner rasten mit Schweißapparaten zum Unglücksort. Von nun an heißt der Ort Ground Zero.

Mein Geliebter! Es gibt Situationen, in denen Hingabe der einzige Weg zur Lösung ist. Erst durch die Hingabe wird die Öffnung zu etwas Größerem möglich. Sich völlig hinzugeben bedeutet für mich nicht, mich aufzugeben, sondern eher, etwas von mir selbst zu übergeben und die Göttin um Hilfe zu bitten bei dem, was ich tun will. Ich öffne mich und lasse zu, dass die Energie der Göttin mit mir arbeitet, so dass ich das erhalte, was ich wirklich brauche.

Mein Geliebter! Nichts ist, wie es einmal war. Wir müssen die Welt mit anderen Augen sehen. Es ist ein Zustand der Umkehr der Wahrnehmung, ein »Kopfstehen«, dahin, wo Einheit spürbar wird, im Gegensatz zur Dualität der Alltagswelt. Ein »Zwischen-den-Welten-Schweben«, das Sterben des Festhaltens an den Sicherheiten der Welt und ein Wiedergeboren werden im Vertrauen auf die nährenden Qualitäten der Liebe.

Große Göttin, Mutter der Flüsse, voller Vertrauen gebe ich mich dir vollkommen hin. Dein Schoß aus Wasser wartet auf mich, um mich zu bergen, mich zu erfüllen, mich neu zu gebären, wenn ich loslasse und alles dir überlasse. Du, die Göttin, das tiefe Weibliche, trägst mich in dir und hältst mich, sicher und warm, eingeschlossen in deiner Gebärmutter. Du gibst mir neues Leben. Ich stehe auf dem Kopf, in genau jener Position wie ein Kind vor der Geburt in der Gebärmutter, kurz bevor und wenn es ausgetrieben wird mit der Hinterseite nach oben durch den Geburtskanal. Die Göttin gebiert mich in eine neue Welt hinein.

Mit frischen Augen schaue ich nun in die Welt. Still und unschuldig versenke ich mich in mein innerstes Wesen. Ich weiß nichts und ich habe nichts und fühle mich doch auf dem Gipfel der Welt. Wo auch immer ich hingehe, treffe ich auf mich selbst. Ich bin so, wie ich wirklich bin. Es gibt keine Grenzen, ich bin göttlich. Ich fange an, aufmerksamer, wacher zu werden. Indem ich wacher werde, merke ich, dass die Wände sich zurückziehen. Sie lassen mir immer mehr Raum. Mein Gefängnis wird immer geräumiger. Je ausgedehnter mein Bewusstsein ist, desto mehr Raum habe ich zur Verfügung, um mich zu bewegen, um zu sein, um zu leben und zu lieben.

Mein Geliebter! Wie kann das Leben so sein, wie du willst, dass es für dich sein soll? Wie kann ich so sein, die du willst, dass ich bin? Du siehst nur das, was deine Augen sehen wollen! Wenn dein Herz nicht offen ist, bist du gefroren wie Eis. Du bist absorbiert mit all dem, was und wie viel du bekommst, und verschwendest deine Zeit mit Schmerz und Bedauern.

Mein Geliebter! Wenn ich nur dein Herz schmelzen könnte, wären wir nie getrennt. Es gibt keinen Grund, die Schande oder Schuld jemandem zuzuschieben. Liebe ist ein Vogel, der fliegen will. Lass alle Verletzungen in dir sterben. Ich bin so trunken von Liebe, dass es mir nicht möglich ist, dich zu verletzen. Gib dich mir hin, du trägst den Schlüssel, verliere dich in mir, betritt die Unendlichkeit in mir und lasse los!

Mein Geliebter! Sag mir, was ist es, das du fühlst und denkst. Entweder reißend oder unerbittlich suchend, finde ich mein Ziel auf direktem oder indirektem Weg. Ich kann alle Hindernisse umfließen oder über alles hinwegfließen, das mir in den Weg kommt, wie das stets bewegte Wasser!

Mein Liebster! Sei der Mann, der mein Herz auf Händen trägt. Wisse, wie man damit umgeht! Gib mir dein ganzes Herz und sei aufrichtig zu mir von Anfang an.

B 90 Gold/Tiefmagenta

Weisheit – »Erste Hilfe«

Geliebter!

Ist es nicht so, wenn du einen großen Baum haben willst, der für Tausende von Jahren Bestand haben soll, dass er tiefe Wurzeln braucht!

Wenn du als Mann mit vielen Frauen gelebt hast oder wenn du viele verschiedene Tätigkeiten ausgeübt hast, macht dich das zweifellos sehr reich. So hat jede Frau, mit der du zusammen warst, dir eine andere Nuance verliehen. Auch jede Arbeit, die du getan hast, hat dir eine neue Tür zu deinem Wesen geöffnet. Und so haben über die Zeit sich ganz allmählich viele Türen zu deinem Wesen geöffnet, und dein Bewusstsein hat sich erweitert. Es ist weit und unermesslich groß geworden.

Mein Liebster! Bevor man Wurzeln schlägt, sollte man so viele Erfahrungen wie möglich machen. Jedoch glaube ich, dass der wahre Mensch nie Wurzeln schlägt. Der wahre Mensch bleibt immer heimatlos, ein Wanderer, ein Vagabund der Seele. Er bleibt ständig auf der Suche, ein Forscher, ein Lernender – er wird nie zum Gelehrten. Darum habe ich keine Eile, eine Gelehrte zu werden, ich bleibe eine Lernende. Eine Lernende zu bleiben hat Schönheit und Würde, und daraus besteht das Leben.

Mein Geliebter! Manchmal habe ich das Gefühl, dass niemand mich liebt und dass ich es nicht wert bin, geliebt zu werden.

Gerade so, als müsste ich ganz viel tun, gerade so, als müsste ich mir Liebe verdienen! Als Kind musste ich mich zwingen, Dinge zu tun, die ich niemals tun wollte und die ich gar nicht mochte. Doch da war dieser Köder – dass ich Liebe bekomme. Wenn ich gut war in der Schule, wenn ich mich zu Hause, bei den Nachbarn, bei den Gästen, bei Vater und Mutter gut benommen habe, dann wurde ich von ihnen geliebt. Wenn ich nicht gut war, wenn ich es nicht verdiente, wurde ich nicht geliebt, sondern man zog sich von mir zurück.

Aber so funktioniert Liebe nicht. Sie ist kein Geschäft! Man braucht sich Liebe nicht zu verdienen. Das Leben schenkt sich jedem, ohne Bedingungen zu stellen! Die Sonne scheint für den Heiligen ebenso wie für den Sünder, sie macht keinen Unterschied. Die Wolken kommen und regnen auf jeden von uns – ohne Unterschied. Das Leben ist für jeden da, man braucht es sich nicht zu verdienen. Es ist eine Gnade, ein Geschenk. Liebe ist ein Geschenk.

Mein Liebster! Allein der Blick deiner liebenden Augen reicht, und auf einmal bin ich nicht mehr die Gleiche. Ich beginne mich zu öffnen, zu fließen, ich bin in Hochstimmung, ich bin ekstatisch. Auf einmal fühle ich mich lebendig und fange an, Dinge zu tun, die ich noch nie gemacht habe.

In der Zeit, als König Arthur England regierte, wollte Ironside, der Rote Ritter, gegen die berühmtesten Ritter Arthurs kämpfen. So nahm er die liebliche Lyones gefangen und verschanzte sich in der Burg der Gefährten. Arthur betraute Gareth mit der Aufgabe, Lyones zu retten.

Mutig forderte Gareth dann den Roten Ritter heraus. Selbstsicher trat Ironside aus seinem roten Zelt.

Der Kampf begann am Morgen, und am Abend waren beide so schwach, dass sie nicht mehr stehen konnten. Während sie sich ausruhten, sah Gareth die weinende Lyones am Fenster. Sie spürte seinen Blick und machte einen tiefen Knicks. Gareths Herz klopfte. Mit neuer Kraft stürzte er sich in den Kampf und siegte.

Der reumütige Ironside wurde begnadigt und schwor Arthur die Treue.

Mein Geliebter! Geht es nicht immer wieder darum, Widerstände loszulassen? Schaue meinen nackten Körper an, betrachte ihn einfach, so, wie er ist, während ich deinen Blick mit geschlossenen Augen empfange. Gib deinem Verstand Raum, während du meinen nackten Körper, den Körper deiner Liebsten, anschaust, und erlaube deinem Gedankenprozess stattzufinden, ohne Verbote. Erlaube all dem, was in deinem Unterbewusstsein unterdrückt ist, während deines Schauens hochzukommen – ohne jede Wertung. Du magst viele Bilder wahrnehmen, die in deinem Unterbewusstsein verborgen waren. Wenn du dir erlaubst, all diese Dinge auftauchen zu lassen, und sie beobachten kannst, kannst du auch sehen, wie sie sich alle auflösen. Wenn du dich ganz tief dahinein fallen lässt, wirst du schließlich in deinem inneren Tempel, deinem inneren Heiligtum, ankommen, wo nur noch Leere und Liebe ist.

Ich, die Frau, mein Liebster, trage ein tiefes Verlangen in mir danach, von dir, dem Mann, angeschaut zu werden und in all meinen Göttinnenaspekten erkannt zu werden. Ich bin alles für dich: Frau, Tochter, junges Mädchen, Mutter, Geliebte, Priesterin, Hure, Engel, Zicke, lebenspendende und todbringende Göttin. Dein Schauen macht mich zu derjenigen, die die Mutter des Universums ist. Ich trage alle Aspekte von Weiblichkeit in mir.

Mein Liebster! Die Genitalien sind heilig. Und so berühre ich deinen Lichtstab mit so viel Liebe und Freude, massiere ihn mit entspannten Händen und flüstere süße Worte der Liebe, Bewunderung und des Respekts. Dies ist das Gebet meiner Liebe! Es löst negative Programmierungen und Spannungen, die du in deinen Genitalien hältst. Ich erkenne deine Macht an, ich ermächtige dich. Fühle dich geliebt, verstanden, gesehen und respektiert als ein Mann, erfüllt und entspannt – ich liebe dich!

Mein Liebster! Du machst mir dasselbe Geschenk, wenn du mein Geschlecht verehrst, besonders meine Brüste und meinen Bauch, das Gebärmutterzentrum. Massiere und öle meine Brüste und meinen Bauch mit entspannten Händen und einem Herz voller Liebe. Sprich zu meinen Brüsten, ehre sie als dein Labsal, dich nährend an Liebe und als deine Göttin.

Mein Liebster! Du magst mir dabei so nahe kommen, dass wir den Beginn eines neuen Lebens voller Liebe und in tiefer Freude genießen. Dieser Zauber wird möglich, wenn du und ich, Mann und Frau, gegenseitig unsere positiven Pole ehren und wertschätzen!

Pfad 13

Der Tod der Liebe

B 13 Klar/Grün
B 91 Oliv/Oliv

Mit der Liebe tritt auch immer das Unerwartete ins Leben und bringt plötzliche Veränderungen mit sich! Ich blicke den Umständen direkt ins Auge. Es ist der Tod der alten Art, sich aufeinander zu beziehen und sich abhängig voneinander zu machen. Leben bedeutet Wandel. Das Einzige, was ich tun kann, ist, loszulassen. Alles, was ich in mir festhalte, wird herausgefordert: alle Verhaltensmuster, Verstrickungen und Bindungen, von denen ich meine, sie gehörten zu mir, lösen sich auf. Ich kann meine Augen nicht vor den Dornen der Rosen der Liebe verschließen. Zur Liebe gehört auch das Leid. Etwas kommt in Bewegung. Ich gehe durch ein Tal.

Es ist wichtig, meine Ängste zu überwinden, das anzunehmen, was ist, und sie auf nichts und niemanden abzuschieben, sondern mich auf mein Inneres Kind und das Weiblich-Intuitive zu verlassen. Auf meinen Kummer folgt unweigerlich die Freude. Ich nehme die Herausforderung an, bringe meine Herzensqualitäten in Führung und handle durch sie. Ich sterbe und werde.

Ich habe die Gelegenheit, die Vergangenheit loszulassen, und schaue, wo die mir auferlegten Begrenzungen herrühren. Auf diese Weise erweitert sich die Sicht meiner Möglichkeiten. Manchmal ist es einfacher, eine Situation zu lösen, indem ich sie von wechselnden Standpunkten betrachte und das Leben auch durch die Augen meines Partners sehe – so, wie er fühlt und denkt. Dann erkenne ich die Ähnlichkeiten in den Gegensätzen. So entsteht Harmonie, selbst wenn die Polaritäten noch so groß sind!

Dieser Pfad verbindet das »Verbundensein in Liebe« (Pfad 6) mit der »Durchsetzungsfähigkeit und Macht« (Pfad 7).

Körperregionen zum Auftragen
Vom Herzen bis zur Hüfte, ringförmig um den Körper herum

B 13 Klar/Grün

Veränderung in der Neuen Zeit
Flasche für das Kind des neuen Zeitalters

Geliebter!
Ich bin eine Frau, die in ihrem Herzen zu Hause ist. Durch die Fülle meiner Gefühle bin ich sehr gefühlsbestimmt und manchmal auch in mich gekehrt. Ich gehe gern in die Tiefe, tauche in das Meer der Gefühle ein und krabbele wieder heraus. Meine Gefühle sind sowohl mein Geschenk als auch meine Aufgabe. Aber sie verlangen auch von mir maßvollen und bewussten Umgang mit ihnen, wenn ich sie in angemessener Weise weitergebe, um sie mit dir zu teilen. Mein stimmungsbedingtes Auf und Ab liegt in meiner hohen Empfindsamkeit begründet, und in meiner Bereitschaft zum Wechsel, hinein in eine neue Zeit, in der die Herzensqualitäten die Führung übernehmen.

Liebster! Sind es nicht immer wieder unsere unbedeutenden menschlichen Erwartungen, die durchkreuzt und zersprengt werden! Die Intelligenz des Lebens ist groß, tief, unvorhersehbar und voller Mitgefühl. Das Leben setzt uns wiederholt dem Verlust und der Tragödie aus, als dem einzigen Weg, uns hoffnungsvoll zu unserer wahren Natur zu erwecken.

Ist nicht die Liebe das unsterbliche Leben und sind wir nicht gezwungen, sie in sterblichen Körpern zu finden! Aber die Suche nach Liebe endet unweigerlich in Frustration, Herzschmerz, Enttäuschung oder Kummer, weil du, oder ich, eines Tages gehen oder sterben musst.

Es scheint unfair zu sein. Aber ist es das wirklich?

Mein Liebster! Wenn du stirbst oder mich verlässt, bin ich besorgt, weil ich, während ich dich liebe, mich an dich binde. Ich hefte mich emotional an deinen Körper und an die Erwartung deiner fortwährenden Anwesenheit. Wenn nun dein Körper verschwindet, entsteht eine Lücke, ein Vakuum, in meinen Emotionen und Gefühlen. Meine Freude, zu lieben und geliebt zu werden, wird plötzlich zum Kummer. Meine Emotionen winden sich und mein Verstand geht in einen Wettlauf damit, das Vakuum, die Leere, die Lücke, die du in meinem Leben hinterlässt, zu schließen, durch die endlosen Ablenkungen des Lebens oder jemanden Neues.

Aber warum geschieht das so? Hat das einen Zweck?

Der Grund scheint zu sein, dass Liebe, die auf ein Objekt gerichtet ist, sterben muss, so, wie alle Dinge sterben oder vergehen müssen.

Mein Geliebter! Tod und Geburt sind ein Zyklus. Es kann das eine nicht ohne das andere geben. Es gibt darin keine Möglichkeit mehr, Dinge zu ignorieren.

Große Göttin! Während ich im Licht des Mondes in die Welt der Gefühle und Emotionen eintauche, begegne ich deiner ewig nährenden Energie. Und so begegne ich in mir meiner eigenen inneren weiblichen und mütterlichen Energie und stimme mich neu auf sie ein. Ich erkenne, wann es angemessen ist, Mitgefühl zu zeigen und andere zu unterstützen, oder wann es Zeit ist, dass ich selbst unterstützt werde. Ich erspüre, wann ich nähren und wann ich loslassen muss.

Mein Liebster! Das Leben besteht aus einer unendlichen Vielfalt und Schönheit aller lebenden Dinge. Das Leben ist in der Nacht, die den vom täglichen Leben müden Körper erneuert und erfrischt. Das Leben ist der Architekt und Schöpfer aller Dinge.

Mein Geliebter! Wenn du schaust, schaue so, als ob deine Augen im Herzen wären. Wenn du hörst, stell dir vor, du hast Ohren in deinem Herzen. Wenn du berührst, fühle, dass es dein Herz ist, das sich der Berührung öffnet. Wenn du riechst und schmeckst, tu es von deinem Herzen aus. Erlaube deinen Sinnen, sich in deinem Herzen zu verwurzeln.

Liebster! Wenn du tief in mich und durch mich hindurch in die Natur der Frau hineinschaust, wirst du sehen, dass jede Frau in ihrem Zentrum eine Mutter ist. Das Alter ist nicht wichtig. Schau nun tief in deine eigene Natur, die Natur des Mannes, hinein, und du wirst das Kind der Mutter finden, egal wie alt du oder ein Mann sein mag. In seinem Gefühlsleben ist der Mann darin verankert, dass er aus der Gebärmutter geboren wurde und abhängig von der Milch seiner Mutter war.

Mein Liebster! Folgst du mir noch? Kannst du diese Wahrheit aushalten?

Teil unserer Partnerschaft in Liebe sollte meine Bewusstwerdung sein, wie eine Mutter zu werden, und dein Bewusstseinsprozess, dir zu erlauben, das Kind zu sein. Dabei darf ich, die Frau, zur Göttlichen Mutter werden, während du, der Mann, in diesem Prozess kleiner und kleiner wirst, zum Kind, dann zum Baby, dann zum Fötus, dann zum Samen. Schließlich wirst du dahin zurückgeboren, wo du herkamst. Dieser Raum wird auch Unendlichkeit genannt. Das reine Licht. So werde ich, die Frau, zu deiner Geburtspassage, zum dunklen Tunnel des Todes, für dich – den Mann.

Mein Part ist es, dich, meinen geliebten Mann, in meinem Herzen und mit meinen Brüsten so tief zu empfangen, dich an ihnen saugen zu lassen, an ihnen ruhen zu lassen, wie ein Baby, so dass es ein großes Verlangen für dich wird, einfach loszulassen.

Mein Geliebter! Vertraust du mir, dass ich von einer solchen Liebe bin, dass ich dich nicht verletze, sondern stattdessen all deine Wunden mit meiner Liebe heile? In mir, deiner Muttergöttin, magst du dann, mein Geliebter, all das erfassen, was jenseits von Zeit und Raum liegt, und du kannst den Mut sammeln, dich hinzugeben.

B 91 Oliv/Oliv
Weibliche Führung

Geliebter!
»Ja«, lautet die Antwort auf deine Frage. Oder hattest du gar keine Frage gestellt? Ich glaube schon! Mein Liebster, fragst du dich, wer ich bin? Und was hier vor sich geht? Du versuchst der Situation Herr zu werden, aber dir ist bewusst, dass du dieser Situation nicht Herr werden kannst. Es ist genug. Erinnere dich! Erinnere dich an Liebe und Tod! Kannst du es nicht, so musst du es versuchen.

Ist es so, dass du denkst, du würdest mich, deine Frau, kennen? Wie denkst du, kannst du mich kennen? Wie kann ich dich, den Mann, kennen? Ich finde, Menschen sind eher Prozesse, keine Dinge. Jene Frau, die du gestern in mir kanntest, ist heute nicht mehr da. So viel Wasser ist den Fluss des Lebens hinuntergeflossen. Heute bin ich jemand anderes, ein völlig anderer Mensch. Die Möbel im Zimmer sind die gleichen, aber wir, ich und du, wir sind nicht mehr die gleichen. Du, der Mann, mit dem ich die letzte Nacht zusammen verbracht habe, ich schau mir nun am Morgen dein Gesicht an. Du bist nicht mehr die gleiche Person, vieles hat sich verändert. So viel, so unfassbar viel hat sich verändert.

Beziehe dich von Neuem, mein Liebster, fang wieder von vorn an, setze nichts voraus! Menschen sind eher Prozesse, keine Dinge.

Es ist fast November, und ein Gewitter bricht herein. Ein Blitz zerreißt den grauen Himmel. Sturmwolken nehmen die Gestalt von Gwyn ab Nudd und seiner wilden Jagd an. Zu König Arthurs

Zeit war er der Totengott. In wenigen Tagen, von Samhein an, sind die Türen zur Anderswelt weit offen. Der Schleier zwischen dieser Welt und der nächsten sind gerade dünn. Es gilt die Zeit der Schatten zu durchqueren.

Geliebter! Bist du nicht auch der Schnitter, der Vater Zeit, der vor mir steht als der Hüter der Schwelle? Bist du nicht auch mein Tod und die Herausforderung, über meine physische Form, meinen Körper, hinauszugehen und mit meiner Seele wieder vereint zu sein!

Du kommst zu mir als Luzifer mit der grünen Smaragdkrone, als der Lehrer des Herzens mit der Sichel in der Hand, um meine emotionalen Anbindungen abzuschneiden, als der Umwandler meines Herzens. Du, mein Geliebter, bist derjenige, der mir den Weg weist, damit ich die Muster von Raum und Zeit durchkreuze und dahin gelange, wo Liebe grenzenlos ist. Du bist mein Gefährte auf der Suche nach Wahrheit, die über Persönliches hinausgeht. Mit dir geschieht für mich jene Erfahrung und jenes Lernen, das meine Seele nur durch meinen Körper hier auf der physischen Ebene erreichen kann. Liebster, meine Freude ist der Körper! Du bringst mir neues Wachstum aus den Saaten der Vergangenheit. Du bringst mit dir die Hoffnung, die ewig währt.

Du bist schön, ach, mein Geliebter. Du antwortest mit dem Wind. Du braust in den Bäumen, du jagst die Äste, du fegst die Blätter des Herbstes hoch hinauf in die Berge.

Multipliziere ich Jahrtausende mit Aeonen und potenziere sie mit der Unendlichkeit und erweitere das um die Ewigkeit – so lange gibt es dich schon.

Mein Liebster! Ist das ein Traum? Nein, ich glaube nicht! Kommst du, um mich zu holen? Wer bist du eigentlich? Der Tod? Ja, der Tod. Der bist du.

Mein Geliebter! Herzallerliebster. Ich habe mich in den Tod verliebt. Und du, der Tod, hast dich in mich verliebt und wirst mich heute Abend mitnehmen. Ja, ich fühle, dass ich gehen will in den Lichtstrahl der Liebe!

Mein Geliebter! Ist es nicht so, wenn ich das Geheimnis des

Todes kennen lernen möchte, dass ich es im Herzen des Lebens finden muss! Wo könnte ich es sonst finden, wenn ich es nicht im Herzen des Lebens suche? Wenn ich wirklich den Geist des Todes schauen will, öffne ich mein Herz weit dem Körper des Lebens. Denn Leben und Tod sind eins, so, wie der Fluss und das Meer eins sind.

Meine Angst vor dem Tod ist wie ein Zittern in mir, wenn ich vor dir, Geliebtem, stehe, du, der du mir zur Ehre mit deinen Händen meinen Körper berührst. Freue ich mich denn nicht, dass ich das Zeichen deiner Liebe, der Liebe meines Geliebten, tragen werde? Gewahre ich nicht mein Zittern umso mehr? Denn was heißt Sterben anderes, als nackt im Wind zu stehen und in der Sonne der Liebe zu schmelzen?

Mein Geliebter! Die Sonne der Liebe ist Alles oder Nichts. In der Zerstörung steige ich in die Dunkelheit hinab. Ich durchdringe meinen eigenen Schatten bis auf den Grund. Als die Adlerin, die hoch über der Erde schwebt, gewinne ich mit Hilfe meiner scharfen Augen einen Überblick und stoße auf mein Ziel nieder, oft mit tödlicher Absicht. Als der Phoenix gehe ich durch das reinigende Feuer der Liebe, in dem lodernd alles Alte verbrennt.

Pfad 14

Die Kunst, eine Liebende zu sein

B 14 Klar/Gold
B 92 Koralle/Oliv

Ich übe mich darin, das Gleichgewicht zwischen Liebe und Disziplin zu finden. Es scheint, mir wird gerade der Boden unter meinen Füßen weggezogen, und ich begegne meinem Schatten von Angesicht zu Angesicht oder begegne dem Schatten meines Partners. Eine innere Verwandlung findet statt.

Mein Selbstausdruck ist gefordert und dabei jener Balanceakt, weder in meine alten Opferrollen zu fallen noch mich durch Macht künstlich zu erhöhen. Das Ruhen in meiner inneren Mitte bildet dabei den Grund meiner Wertschätzung mir selbst gegenüber. In Kontakt mit meinem Selbstwertgefühl gelingt es mir, das Gleichgewicht zwischen der Hingabe, die die Liebe notwendig macht, aber auch meiner inneren Festigkeit und Grenzsetzung oder meines Anerkennens von Grenzen zu halten.

Vielleicht bin ich zu stark ausgeliefert an die materiellen Dinge des Lebens oder verhalte mich übertrieben, weil ich Vergangenes oder Konflikte mit Vater oder Mutter oder meiner Herkunftsfamilie noch nicht gelöst habe. Ich muss meine Ängste und Zweifel überwinden. Wenn ich sie einfach nur betrachte und ihnen keine Aufmerksamkeit oder Energie gebe, können sie auch auf demselben Wege, wie sie auftauchen, wieder verschwinden. Ich brauche mich nicht mit ihnen zu identifizieren. So finde ich aus meiner tiefen Verwirrung heraus. Ich söhne mich mit inneren und äußeren Konflikten aus. Ich entwickle ein neues Verstehen und eine neue Persönlichkeit. Indem ich mir bewusst mache, was geschah, können alte Wunden heilen. Die Weisheit meines Herzens erwacht.

Ich höre auf, mich immer wieder nur in den anderen oder meinem Partner zu spiegeln oder Erwartungshaltungen zu erfüllen, denn ich sehe jetzt, wer ich wirklich bin. Ich lerne, mehr Selbstvertrauen aufzubauen und direkter zu werden.

Dieser Pfad verbindet das »Verbundensein in Liebe« (Sphäre 6) mit der »Emotionalen und sexuellen Verbindung miteinander« (Sphäre 9).

Körperregionen zum Auftragen
Vom Herz zum Nabel ringförmig um den Körper herum

B 14 Klar/Gold

Weisheit des neuen Zeitalters - der Schmetterling
Flasche für das Kind des neuen Zeitalters

Geliebter!
Ich bringe meinen Atem tief hinunter, denn wenn ich aufhöre tief zu atmen, werde ich ängstlich und nervös. Mir scheint, mein klares Denken ist gerade behindert, und vor lauter Angst bin ich ganz desorientiert. Ich bringe die Dinge nicht zusammen und fühle mich wie abgetrennt. Tiefe Zweifel nagen an mir, und ich entwickle keine Souveränität. Ich trotze der Wirklichkeit mit viel Widerstand. Fände ich doch nur zu einer inneren Harmonie zwischen der männlichen Kraft meines Wollens, meiner Zielgerichtetheit und der weiblichen Kraft meiner Hingabe, meines Verschmelzens!

Mein Geliebter – ich bin so klug, mir meinen Raum zu nehmen, zu sterben und zu einem neuen Ich zu erwachen. Die Trennung von meinem tiefsten Wesen hat nichts mit Äußerlichkeiten zu tun, sie hat etwas mit der Liebe in mir selbst zu tun. Ich kann mich für mein Leiden entscheiden oder für meine Essenz.

Und so mache ich mir meine ganze Angst und Trauer in Liebe noch einmal bewusst, akzeptiere und integriere sie. Ich lerne, das, was ich aufgenommen habe, zu absorbieren und nicht Brauchbares auszuscheiden. Um den verborgenen Diamanten in mir, meine Essenz, zu finden, muss ich in mein Inneres blicken. In einen kleinen Lichtpunkt, der wie ein Stern leuchtet, mitten im Zentrum meines Wesens. Mit jedem tiefen Einatmen wird dieser Stern heller und strahlender, füllt sich mehr und mehr mit Licht – so erstrahlt mein ganzer Körper in Licht. Mit jedem Ausatmen atme ich Frieden aus.

Der Kessel von Annwyn. Das alte Wissen aus dem goldenen Topf fließt über, hinein in die Welt. Und ich atme weiter in diese goldene Schale in mir hinein. Der Gral fließt über. Es ist liebevolle Zuwendung, die ihm entströmt. Der Pfeil des Schützen geht in die Körpermitte, in den goldenen Bereich. Ist es Amor, der hier den Pfeil abschießt? Ich werde reif, dir, Geliebtem, zu begegnen, dich von meinem Wesen her zu lieben, mich von meiner Essenz zu deiner Essenz zu beziehen und Veränderungen in der Form unserer Liebe immer wieder neu zu erlauben.

Mein Geliebter! In der Außenwelt ist das Weibliche passiv, während das Männliche in Aktion tritt. Auf der inneren Ebene ist es anders. Du legst deine Seele in meine Obhut, Geliebter, und die Macht der Göttin trägt mich fort, um dich zu treffen. Du bist die ganze Zeit mein Zentrum, dem ich mich zuwende wie eine Blume der Sonne. An mir ist es, deinen Geist, Geliebter, zu wecken, die höhere Seele in dir aufzurütteln und in Gang zu setzen, damit du deine Bestimmung erfüllst und zum Erneuerer des Lichts wirst.

Göttin! Der Gott der Sonne, des Lichtes und des Feuers und die große Göttin des Mondes, der Dunkelheit und des Wassers vereinigen sich und geben den Sternen Geburt. Ich beziehe mich auf meinen Geliebten, einem Mann aus Fleisch und Blut, mit Fehlern, genauso wie auch ich Fehler habe, und finde ein Gleichgewicht zwischen Liebe und Disziplin.

Wenn wir zusammenkommen, Geliebter, erfüllt die strahlende Macht deiner Sonne meinen empfänglichen Mond mit neuem Leben und die Erde erwacht in ihrer Fruchtbarkeit. Oh mein Geliebter, ich glaube, das Feuer, das wir zwischen uns entfachen, wird die ganze Welt erhellen!

Wenn du mich berührst, so, wie du mich berührst, und wenn du mich hältst, so, wie du mich hältst, muss ich gestehen, dass alles zu mir zurückkehrt. Es war lange zuvor verloren für mich, aber jetzt, jetzt kehrt alles wieder zurück zu mir. Es gab Dinge, von denen ich glaubte, dass ich sie nie wieder tun würde – was mir zu jener Zeit als absolut richtig erschien. Wann immer du versucht hast, mich zu verletzen, habe ich dich nur umso tiefer verletzt. Doch es gab Momente, in denen ich mich wieder irgendwie stark machte. Wenn du mir verzeihst und ich dir verzeihe, wenn du mich siehst und ich dich sehe – ist es fortgeweht mit dem Wind. Jetzt gibt es goldene Momente und Blitze von

Licht. Ich kann mich fast nicht mehr daran erinnern, es war lange tot, lange gestorben in mir, aber jetzt kommt es alles wieder zurück zu mir.

Mein Herz kennt im Stillen die Geheimnisse der Tage und Nächte. Aber meine Ohren dürsten nach den Klängen des Wissens in meinem Herzen. Ich will mit den Händen den nackten Körper meiner Träume berühren. Und das ist gut so. Der Schatz meiner unendlichen Tiefen möchte meinen Augen offenbart werden, aber ich erforsche die Tiefen meines Wissens nicht mit Messstock oder Senkblei. Die Seele wandelt nicht auf einer Linie noch wächst sie wie ein Schilfrohr. Die Seele wandelt auf allen Pfaden und entfaltet sich wie eine Lotusblume mit zahllosen Blättern.

Wenn ich eine Münze werfe, kommt manchmal »Kopf« und manchmal »Zahl«, aber die andere Seite ist immer da, verdeckt. Vergangenheit und Zukunft sind wie die beiden Seiten einer Münze. Der Name der Münze ist »Verstand«. Wenn ich die Münze als Ganzes fallen lasse, ist es ganz unschuldig. Dann weiß ich nicht, wer ich bin, und ich weiß nicht, was ist. Da ist nur Nichtwissen. Ich nehme die Tür der Unschuld und ich erhalte die Gnade der lichten Welt als ein Geschenk. So erfahre ich die Schönheit von Liebe.

Liebster, ich sehe ein Licht in deinen Augen und kann nicht glauben, dass ich von der Natur der Liebe berührt worden bin! Ich gebe meine Ängste hin, denn ein neuer Tag fängt an. Zu wissen, wer ich bin, macht mich zur Löwin, zur Königin des Dschungels.

B 92 Koralle/Oliv

Gretel

Geliebter!
Du hast dich mir anvertraut. Wartest du nun auf mich, damit ich dich an der Hand nehme? Ich werde alle Sklaverei meines Her-

zens besiegen, um als Neue Frau in das Licht eines Neuen Tages in einer Neuen Zeit zu schreiten, um dir meine Liebe zu zeigen und deinem Herzen Freiheit zu geben.

Der heilige Gral ist manchmal ein Kessel, ein Kelch oder eine Schale aus der Anderswelt. Er ist die Quelle für dichterische Inspiration, Kunst oder Prophetie. Die Suche nach dem magischen Kessel entstammt dem Keltischen, sie ist das Vorbild für die spätere Suche nach dem Heiligen Gral.

Ich erinnere mich an eine andere Zeit. Neun Priesterinnen betreuten den Kessel von Annwyn. Eine Priesterin trug eine Fackel, deren Feuer das Feuer des Bewusstseins darstellte. Eine andere goss Wasser in den Kessel, die Wasser des Unbewussten und der Inspiration. Als Zeichen der Mäßigung und der Harmonie zwischen dem Körperlichen und dem Geistigen mischten die Priesterinnen Wein mit Wasser. So verbanden sie beide Welten harmonisch miteinander. Neun Priesterinnen vereinigten ihre Kräfte. Sie kooperierten anstatt zu konkurrieren. Sie bildeten eine Schwesternschaft, so dass jede der Frauen ihren Part einnehmen konnte – in Liebe, Respekt und Frieden.

Liebster! Ich öffne mich, um das Bewusstsein der Neuen Frau zu empfangen. In einer Hand, wie in einer Schale, trage ich jetzt das sonnenhafte Feuer meines Bewusstseins, und in der anderen Hand führe ich das mondige Wasser des mir Unbewussten. Während meine Tränen sich lösen, öffnen viele verschiedene Gefühle mein Herz. Meine in mir aufsteigende Wut und Rebellion werden dabei zu einem Feuer der Reinigung. Ich beginne nun auch jene Anteile in mir zu umarmen, die ich immer wieder in den Schatten zurückzudrängen versuchte, die für mich am schwierigsten anzunehmen und zu lieben sind, und ich fühle, wie wieder andere Teile von mir eine neue Antwort bereithalten. Mauern und Barrieren lösen sich auf, und Licht beginnt mein Inneres zu füllen. Feuer entspringt meinem heiligen Ort, meiner Yoni, meiner Lust. Ich gehe auf meine Angst zu, umarme sie und beginne das auszudrücken, was in ihr eingeschlossen war: meine Liebe.

Mein Herz füllt sich mit neuer Freude, neuer Liebe, alter und neuer Weisheit.

Mein Geliebter! Als Neue Frau zeige ich mich dir. Neugeboren. Durch meine Wut und meinen Schmerz hindurchgegangen. Ich verlasse das Haus meiner Eltern. Das Mädchen in mir übernimmt seine Verantwortung. Verlässt auch du das Haus deiner Eltern? Worin bist du gefangen? In Verantwortlichkeiten, die deine Mutter dich lehrte? Lass deine Liebe zu deiner Mutter nicht wie die Liebe zu einer Liebsten sein – sonst verwechselst du etwas. Wenn ein Mann eine Frau findet, bedeutet das für ihn, dass er sich völlig von der Mutter lösen und die Nabelschnur endgültig durchtrennen muss.

Ich bin jenseits der physischen Mutter, ich bin eins mit der Erdmutter.

Ich öffne die Tür zu deinem Herzen. Ich nehme dich bei der Hand und zeige dir den Weg.

Mein Geliebter! Mit offenen Sinnen nehme ich alles an, was sich mir anbietet, Schönheit oder auch Herausforderungen, Kälte oder den beschwerlichen Weg. Ich gehe sogar über meine Sinne hinaus und nehme mit dem großen Ganzen Kontakt auf.

Mein Geliebter! Ist nicht jede Gesellschaft, jede Zivilisation, jede Kultur gegen Verspieltheit gewesen, weil ein verspielter Mensch nicht ernsthaft ist? Jemand, der nicht ernsthaft ist, den kann man nicht dominieren und ehrgeizig machen, den kann man nicht dazu bringen, nach Macht, Geld und Ansehen zu streben. Ich muss es trotz Schwierigkeiten wagen. Wenn ich dir meine Liebe zeigen will, muss ich alles riskieren. Das ist es wert und mehr wert als alle Königreiche dieser Welt. Wenn ich überleben will, dachte ich immer, muss ich hart werden, stark und unverletzbar sein. Doch Intelligenz braucht einen offenen Himmel, den Wind, die Luft, die Sonne, um zu wachsen, sich auszudehnen, zu fließen. Meine Intelligenz ist die Kraft der Rebellion, einer kompromisslosen Haltung. Ich bin nicht bereit, meine Seele zu verkaufen. Ich lebe, total und intensiv, freudig und verspielt. Schau, ich werde jünger und meine Liebe tiefer. Wo ich auch hingehe, verbreite ich so viel Leben, Verspieltheit und Freude wie nur möglich!

Du bist mein Freund, Geliebter. Und in der Süße dieser Freundschaft kann Lachen sein und geteilte Freude. Ich fürchte weder das »Nein« in deinen Gedanken noch halte ich mit meinem »Ja« zurück. Wenn du schweigst, hört mein Herz nicht auf, dem deinen zu lauschen, denn in unserer Freundschaft werden alle Gedanken, alle Wünsche, alle Erwartungen ohne Worte geboren und geteilt. Wenn ich von dir weggehe, trauere ich nicht, denn was ich am meisten an dir liebe, ist mir vielleicht in deiner Abwesenheit klarer – wie der Berg einem Bergsteiger von der Ebene aus klarer erscheint.

Pfad 15

Das Teuflische der Liebe

B 15 Klar/Violett
B 93 Koralle/Türkis

Das, was meinen Liebsten und mich aneinander kettet, sind unsere unbewussten Triebe, die ganze ungezähmte, animalische Natur. Wir projizieren unsere Negativität aufeinander, instrumentalisieren einander, sehen uns nicht mehr, sondern machen den anderen zum Objekt für die eigenen Zwecke. Und doch: Jeder von uns beiden kann jederzeit einen Schritt in die Freiheit tun.

Ich muss schärfer beobachten, was gerade abläuft, denn offenbar haben mich meine Wünsche, meine Vorstellungskräfte und meine Projektionen im Griff! Es ist Zeit hinzuschauen! Ich darf niemals die Liebe aus den Augen verlieren! Sexualität und die Dinge der Welt sind verführerische Verlockungen, die mich und meinen Partner binden und uns daran hindern, bewusst zu werden. Niemand kann über jemanden Macht ausüben, außer der

Betreffende erlaubt es. Dadurch, dass wir uns nicht auf die innere Wahrheit ausgerichtet haben, ist ein Lebensstil entstanden, mit dem wir uns nicht wohl fühlen.

Ich überprüfe meine Motivationen der Liebe: Bin ich einer Illusion auf den Leim gegangen? Werde ich beeinflusst? Fühle ich mich unter Druck gesetzt? Habe ich das Bedürfnis, den anderen zu kontrollieren? Missbrauche ich meine Macht? Ich versuche tatsächlich das zu sehen, was ich tue. Ich muss beginnen, durch die Dinge hindurchzusehen, und sie durchschauen. Unterwerfe ich mich dem Mann oder zwinge ich den Mann, sich mir zu unterwerfen? Herrscht die Schwere der Stagnation? Begehren ist nicht gleich Liebe. Meine eigenen Schatten sind die Widersacher meines Herzens! Ich muss meine konstruktiven Kräfte nutzen, wach werden und ganz wach im Augenblick sein, frei von der Vergangenheit, um mich aus meinem begrenzten Denken zu befreien.

Dieser Pfad verbindet das »Verbundensein in Liebe« (Sphäre 6) mit dem »Streben nach Integrität und Selbstbehauptung« (Sphäre 8).

Körperregionen zum Auftragen
Vom Herzen bis zur Hüfte ringförmig um den Körper herum

B 15 Klar/Violett
Heilung im Neuen Zeitalter
Flasche für das Kind des neuen Zeitalters

Geliebter!
Das Jahr neigt sich zu Samhein oder Halloween, wie es jetzt in der neuen Zeit genannt wird. Es ist kalt, winterlich. Nachtfröste klirren. Ich begrüße die Dunkle Zeit. Ich begrüße die Dunkelheit in mir. Ich gehe auf die Suche dahin, wo meine dunkle Seite noch lebt. Was ist meine Schattenseite? Wie kann ich sie verwandeln?

Mein Liebster! Kein Mensch sollte Mittel für meine Zwecke sein. Ich möchte niemanden für die Liebe benutzen! Keine Frau, keinen Mann, niemanden! Es geht mir darum, das Tier, den Dämon, den Teufel in mir selbst zu erkennen.

Ich frage mich: Leide ich? Bin ich in Trauer? Will ich nicht hier sein? Entziehe ich mich? Wo liegen meine Schwierigkeiten in der Liebe? Bin ich das Opfer oder die Täterin? Habe ich Anbindungen durch meine Bedürfnisse oder durch mein Mitleid, meine Furcht, meinen Hass oder ein anderes Gefühl?

Mein Geliebter! Sind wir von jener schrecklichen Liebe, die uns verkettet hat? Was widerfährt uns? Unsere Liebe ist ein harter Strick, der uns festzurrt, verletzt. Wollen wir unsrer Wunde entrinnen, uns trennen, schlingt er noch einen Knoten und verdammt uns, zusammen zu verbluten, zu verbrennen. Ich bin frustriert, habe Wut und verlange nach deiner Liebe! Aber du bist auch die Hölle für mich! Wie ein heftiger Sturm rütteln wir den Baum des Lebens, ihn erschütternd bis hinab zu den letzten, geheimsten Wurzelspitzen.

Liebster! Ich glaube, manche Leute machen nur Liebe, um sich zu beweisen, dass sie noch attraktiv sind. Die Männer suchen sich ständig neue Frauen und die Frauen neue Männer. Ihre Freude liegt nicht in der Liebe, ihre Freude liegt in der Eroberung, und danach verlieren sie das Interesse aneinander. Man veranstaltet etwas, steuert, geht willentlich vor, aber man liebt nicht. Man hat die Kontrolle. Das kann nicht Liebe sein! Die andere Seite ist, dass durch die Priester und den Gottesgehorsam die intuitive Suche nach der Bedeutung des Lebens in ein Dogma gezwängt wurde, das versucht, den Blick gen Himmel zu heiligen und das Animalische zu verleugnen. Doch Ausschweifung und Entsagung sind zwei Seiten ein und derselben Münze. Sie entstehen aus der Angst vor sich selbst, der Angst vor Nähe, Intimität. In der Kindheit erlebten wir die größten Freuden, aber auch die tiefsten Wunden – Aspekte, die fordern, noch mal hinzuschauen.

Mein Geliebter! Leg deine Hand auf meine Schulter. Wir können diese Dinge nicht länger mit uns herumtragen. Ich will sie nicht mehr länger schleppen. Manchmal wird nur die Nacht noch etwas dunkler. Und das Leben fühlt sich an wie eine Strafe. Ich werde diesen Zug aus seinen Gleisen werfen, zum Grund des Ozeans schwimmen und zum anderen Ufer vorstoßen.

Göttin! Mutter Erde, in deinem Geben grenzenlos, vereine dich mit dem strengen, väterlichen Gott, um sein Herz mit deiner Liebe zu erweichen.

Mein Liebster, wenn ich dir nahe bin, in Traurigkeit und Glück, in Freude und Leid, in allen möglichen Stimmungen, und ich dich in den verschiedensten Situationen, unter den verschiedensten Gesichtspunkten kennen gelernt habe, dann kann für mich ganz allmählich Intimität daraus entstehen. Unsere Sexualität kann dann ein Teil davon sein. Liebe bedeutet für mich nicht, dich zu benutzen, um von dir etwas zu ergattern. Ganz im Gegenteil, Liebe bedeutet für mich, aus meinem ganzen Herzen zu geben, mit dir zu teilen, aus reiner Freude. Liebe ist kein Tun, sondern ein Geschehen. Doch damit sie geschehen kann, muss ich warten können. Ein Geschehen braucht Zeit; es kommt, wenn es kommt. Ich kann es nicht einfordern, kann es nicht zubereiten wie Fertigkaffee.

Plötzlich, eines Tages, entdecke ich in dir, Geliebtem, dass ich in dir jemanden finde, mit dem meine Energien in Harmonie, im Einklang sind. Es ist eine wunderbare Erfahrung, selbst wenn ich nur einen einzigen Menschen finde, mit dem ich in Einklang, in Harmonie mit der Seele, mit dem inneren Wesen, sein kann.

Mein Geliebter! Was für dich vor mir war, weckt in mir keine Eifersucht. Komm mit einer Frau auf dem Rücken, komm mit hundert Frauen in deinen Haaren, komm mit tausend Frauen an deiner Brust und deinen Füßen, komm wie ein Fluss voller Ertrunkener, der den Ozean findet, die ewige Gischt, die Zeit! Bring sie alle her, wo ich dich erwarte: Immer werden wir einzig sein, immer nur du und ich allein auf der Erde, um das Leben zu beginnen!

Mein Liebster! Du küsst mich mit den Küssen deines Mundes. Wir werden nun vollkommen instinkthaft und so leer im Kopf, dass wir miteinander verschmelzen. Ich, die Frau, verschwinde und werde für dich zu einer Tür für das Göttliche. Du, der Mann, verschwindest und wirst für mich zu einer Tür für das Göttliche. Wir tanzen zusammen, wir singen zusammen Lieder, du und ich, machen zusammen Töne, meditieren zusammen und plötzlich wissen wir beide nicht mehr, wann wir angefangen haben, uns zu lieben, wir können uns nicht erinnern. Unsere Egos haben die Kontrolle vollkommen abgegeben. Wir machen Liebe, aber wir machen es nicht, es passiert von allein. Etwas, das größer ist als wir, ergreift von uns Besitz. Und während wir uns vollkommen der Liebe hingeben, erfahren wir die Zeitlosigkeit, in der es keine Zweiheit, sondern nur noch Einheit gibt. Bewusstsein ist da – eine leuchtende, klare, passive Bewusstheit. Aber *ich* bin nicht mehr da. Nur reines Gewahrsein.

B 93 Koralle/Türkis
Hänsel

Geliebter!
Ich finde, es gibt keine Probleme auf der Erde, die nicht mit einem Mangel an Liebe entweder von meiner Seite oder deiner Seite zusammenhängen. Kein Mann und keine Frau sind wirklich von den Eltern auf ihr Mannsein und ihr Frausein in der Welt vorbereitet worden.

Mein Liebster! Warum bist du nicht hier mit mir? Bin ich ein hungrig nach Liebe suchendes Mädchen, das alles an Liebe von dir haben will, was sie in ihrem Leben nie hatte? Fordere ich, dass alles, was bisher unerwidert blieb, jetzt in dir und durch dich Erwiderung finden soll?

Ja, bisher habe ich mich abhängig gemacht von dem Geliebtwerden durch dich, den Mann. Ich wurde zu dem, was der Mann in mich hineintat. So war mein ganzes Unglück bisher, dass, wenn Männer mich niedermachten oder mit mir »Liebe« machten, ich mein Bestes tat, gefällig zu sein, bis ich selbst von derselben teuflischen, räuberischen und aggressiven Energie infiziert war, die mich zu manipulieren versuchte, und ich es zuließ, davon geschwängert zu werden. Selbstzweifel sind in mir entstanden und eine unerklärliche Unzufriedenheit. Ich war wütend auf dich und kam zu dir voller Verletzungen und Emotionen.

Mein Geliebter! Wo sind meine Knochen und mein Mark? Wo ist meine Substanz, die mir Stütze und Halt in mir selbst gibt? Wenn ich dir mein Unglück gebe und all meine Emotionen, die damit einhergehen, wirst du mich nur verlassen. Oder es wird sich eine Kluft zwischen uns auftun. So höre ich lieber damit auf. Ich mache der Tragödie der Liebe ein Ende.

Mein Geliebter! Von nun an beginne ich zwischen Sex, Emotionen, Erregung und Liebe zu unterscheiden. Ich löse mich von meiner Angst, denn Angst gibt nur dem anderen oder dem Äußeren Macht. Sex ist die stärkste Macht der Welt. Doch wenn man dem eigenen Selbst und den sexuellen Energien, die ungezügelt ins Chaos führen, mit Weisheit genutzt jedoch zur Bewusstheit führen, richtig ins Auge schaut, so, wie ich es tue, verliert er schließlich seine Kraft – und kehrt zur Macht der Liebe zurück!

Ja, ich bin Frau. Wenn ich wirklich geliebt werde, weiß ich es bis ins Mark hinein. Mit weniger gebe ich mich nicht zufrieden – oder ich werde leiden. Mit dir ziehe ich einen Mann zu mir heran, der genügend Liebe hat, um mich zu lieben.

Liebster! In der alten Zeit war es Cernunnos der Gehörnte, der Hirschgott, der den tierischen Instinkt in uns Menschen repräsentierte, aber auch einen Aspekt uralter Weisheit. Das Christentum versuchte ihn auszulöschen und ihn zum Teufel zu erklären.

In Avalon wurde das alte Ritual des Gehörnten, des Hirschkönigs, des Gefährten der Jungfräulichen Jägerin, zu jedem Beltanefest im Frühling gefeiert. Es war der junge König. Als der Gehörnte musste er den Königshirsch in einem wilden Kampf im Wald besiegen. Sie verkörperte die Göttin beim Ritual der Großen Ehe.

In einer Höhle, auf einem Lager aus Hirschfellen, empfing sie ihn. Sie öffnete ihren Geist weit der Göttin und flehte sie an, in sie, ihr Medium, einzudringen, Besitz von ihr zu ergreifen, von Körper und Seele, damit sie selbst in allem als die Göttin handelte.

Dann kam er als große gehörnte Gestalt, halb Mann, halb Tier, zu ihr. So zog sie ihn zu sich hinunter und führte ihn als die Große Mutter, die Jungfrau, die Schwester, die Geliebte, die Allwissende. Die Kräfte des Lebens durchströmten sie, während sie ihren Körper spürte und bewegte und ihn schließlich in sich führte, bis sie sich beide bewegten, ohne zu wissen, welche Macht sie dazu trieb.

Mein Geliebter! Die Kraft deines Phallus ist in Wirklichkeit wie eine Lichtsäule. Wenn du die Wärme darin anwachsen lässt, kann sie sich ausbreiten als Strahlung von Wärme, die deinen ganzen Körper füllt. Stell dir vor, du seiest ein Phallus. Lass deinen Körper als Phallus seine Energien ausdrücken. Du magst dich wild oder still fühlen. Wenn Lust dich überkommt oder du zu einem Tier wirst, drückst du es aus. Durchdringe den Himmel und das ganze Universum. Wenn du ein Gott aller Schöpfung wirst, lasse es zu. Der Phallus ist dies alles. Du bist der Phallus. Ebenso mag der Schaft deines Stabes dich endlos weit nach unten führen, bis seine Wurzeln das Zentrum der Erde erreichen.

Wenn dein Lichtkanal in der Wirbelsäule sich dabei öffnet, kannst du sehend werden, tief in das Wesen der Dinge eindringen und die Dinge so wahrnehmen, wie sie sind.

Mein Liebster! Ich strecke meine Hand nach dir aus und würdige deine Liebe. Ich sehe deine Schönheit und liebe dich. Du bist nicht ich. Aber du liebst mich, bist mit mir vereint in der Liebe zum Göttlichen, als Mann. Und in dem Maße, wie die Göttin in einer Frau, in mir, ist, höre ich dich und liebe dich, weil du danach strebst, mich zu erreichen, mich zu befreien.

Pfad 16

Die Türme der Liebe

B 16 Violett/Violett
B 94 Hellblau/Hellgelb
B 102 Tiefoliv/Tiefmagenta

Meine Illusionen, die ganz plötzlich einstürzen, unerwartet, so dass alles, was sich plötzlich anders als geglaubt erweist, und darum in einem ganz anderen Licht erscheint, zeigen mir, dass mein Traum von Liebe und vom Geliebtwerden sich von der Wirklichkeit unterscheidet. Meine Illusionen lösen sich auf und meine erfundene Wirklichkeit bricht auseinander. Ich versuche, mein Leben, meine Hoffnungen und meine Träume klar zu sehen. Was ist mir wirklich wichtig? Was sind wirklich Werte für mich, innere Qualitäten in mir und: Wo und wann verhalte ich mich einfach unreif?

Je mehr ich mich an eine Beziehungssituation anklammere, über die ich hinausgewachsen bin, umso mehr leide ich. Veränderung ist in der Partnerschaft unausweichlich. Alles, was ich mir zu sein vorgestellt und geglaubt habe, wird enthüllt. Ich habe gar keine andere Wahl, als mich zu konfrontieren und eine konstruktive Auseinandersetzung mit mir selbst und meinem Partner zu suchen. Ich übernehme die Verantwortung für mich selbst, mein Denken, mein Fühlen und mein Handeln, und versuche, ein neues, tragfähigeres Gleichgewicht zwischen meiner inneren und äußeren Wirklichkeit und meinem Partner herzustellen. Dabei öffnet sich mein Herz in ganz neuer Weise. Gerade die Gefühle, Gedanken und Wünsche, die ich lange versteckt gehalten habe, kommen dabei zum Vorschein. Ich bin herausgefordert, mich neu zu zeigen!

Ich nehme die Chance an. Selbstverantwortlich teile ich mich meinem Partner mit, in dem, was in mir leidet oder worin ich

Verletzungen erfahren habe, oder in dem, was ich vor ihm verstecke und schütze, und in welche Sicherheiten ich mich gerettet hatte – aus Angst vor erneuter Verletzung.

Ich mache die neue Erfahrung, dass Liebe das Einzige ist, was heilt!

Dieser Pfad verbindet die »Durchsetzungsfähigkeit und Macht« (Sphäre 7) mit dem »Streben nach Integrität und Selbstbehauptung« (Sphäre 8).

Körperregionen zum Auftragen
Um den Bauchnabel und die Hüften herum, ringförmig um den Körper

B 16 Violett/Violett
Das violette Gewand

Geliebter!
Die Liebe wird alle alten Fundamente einreißen, so dass neue, stärkere errichtet werden können. Die Liebe ist eine spirituelle Angelegenheit, sie ist das Einssein zweier Seelen. Nur wenn ich eine wunderbare, musikalische Harmonie mit einem bestimmten Mann, so, wie mit dir, Geliebtem, erlebe, wenn mich etwas Überirdisches durch dich, den Mann, erfüllt, dann lasse ich mich mit dir nieder. Ansonsten habe ich keine Eile.

Ist es nicht so, dass der Mann sich biologisch zur Frau hingezogen fühlt und die Frau sich zum Mann hingezogen fühlt, aber die Anziehung nicht ewig gleich bleiben kann? Ich fühle mich zu dir hingezogen, weil es für mich eine Herausforderung darstellt, dich zu bekommen. Ich möchte gern mit dir zusammen sein. Und mit der Zeit mag sowohl ich als auch du das Gefühl haben, gefangen zu sein. Ständig die gleichen Worte, die gleichen Handlungen zu wiederholen, scheint mir so mechanisch, so hässlich. Leidenschaft verwandelt sich in Hass. Ist es nicht so, dass wir

Frauen die Männer hassen, weil sie immer wieder das Gleiche tun? Um das zu vermeiden, gehe ich mit Kopfweh ins Bett. Und der Mann, du Geliebter, die Männer flirten dann mit ihrer Sekretärin im Büro – jetzt ist sie unbekanntes Territorium. Man kann einen Mann oder eine Frau nicht besitzen. Ob besitzen oder besessen werden – beides ist hässlich. Wenn mich jemand besitzt, verliere ich meine Seele.

Geliebter! Wenn ich versuche, dich zu ändern, ist es keine Liebe. Als Frau sollte ich dich in Ruhe lassen und dir deine Freiheit geben. Indem ich dir deine Freiheit gebe, werde ich darin auch meine Freiheit finden. Ich glaube nicht, dass jemand, der von mir abhängig ist, mich lieben kann. Außerdem ist keine Freundschaft möglich zwischen einem Gefängniswärter und einem Gefangenen. Freundschaft ist nur möglich zwischen gleichwertigen Menschen, die vollkommen frei sind. Nur dann kann die Liebe wachsen. Wenn die Freiheit zerstört wird, ist man voller Wut, voller Zorn. An wem wird man seinen ganzen Zorn auslassen? Als Frau nimmt man den Mann dazu, als Mann nimmt man die Frau.

Sag mir, Geliebter, was haben die Menschen in ihren Häusern? Was bewachen sie hinter verriegelten Türen? Haben sie nur das Verlangen nach Bequemlichkeit, die ihr Haus erst als Gast betritt, denn zum Wirt und schließlich zum Herrn wird? Mit Haken und Geißel macht sie Marionetten aus den höheren Wünschen. Das Verlangen nach Bequemlichkeit wiegt die Menschen in den Schlaf, tötet die Leidenschaft der Seele und folgt dann grinsend ihrem Leichenzug. Von ihren Besitztümern können die Menschen keine Liebe bekommen, von ihrem Stuhl, dem Tisch, dem Haus, den Möbeln kann man keine Liebe bekommen. Liebe kann man nur von jemandem bekommen, der frei ist zu handeln.

Ich sollte nicht in Gräber wohnen, die von den Toten für die Lebenden gemacht sind.

Manchmal fühle ich mich leer und unvollständig. Gefangen in Nebensächlichkeiten oder auf der Jagd nach Ersatzbefriedigungen, versuche ich meine innere Leere zu kompensieren. Ich suche nach Menschen und Dingen, die diesen Teil ausfüllen sollen. Ich begegne dir, Geliebtem, wie eine Bettlerin, die glaubt, selbst nichts zu geben zu haben, und erwarte alles von dir.

Doch plötzlich wird mein Schicksal gelenkt. Mit einem Mal zerschlägt ein Ereignis wie ein Blitz meine veralteten Formen von Liebe und Bequemlichkeit. Meine Schutzmauern bersten auseinander und brechen zusammen. Ich bin in meiner Nacktheit preisgegeben, entblößt und voller Scham. Jedoch – der Blitz der Liebe bringt Heilung: Ich richte meinen Blick nach innen in der brennenden Hingabe an das, was in mir sterben und neu geboren werden möchte. In der Tat bin ich nackt und mit leeren Händen auf die Erde gekommen, und nackt und mit leeren Händen gehe ich wieder von dieser Erde.

Ich stelle mich der Herausforderung, nehme sie als Lehrmeister an, um aus den einschränkenden, begrenzenden Bedingungen meiner Lebensumstände herauszutreten. Ich gehe durch die dunkle Nacht meiner Seele hindurch, folge meiner Bestimmung, werde eine Schülerin von dem, was in mir erwachen will, und erlange so die Reinheit einer Beobachterin. Meine Sichtweise öffnet sich für die Ewigkeit meines Lebens, alles verlangsamt sich – und wieder besteht keine Notwendigkeit zur Eile.

Geliebter! Wir sind Kinder der Erde, ungezähmt, und sollten eine Laube nach unseren Vorstellungen in der Wildnis bauen, ehe wir ein Haus der Liebe innerhalb der Stadtmauern bauen. Denn so, wie wir Heimkehrer in der Dämmerung sind, so sind wir auch Wanderer, ewig Ferne und Einsame. Unser Haus sollte kein Anker, sondern ein Mast sein!

Göttin! Ich bitte dich: Sammle unsere Häuser in deiner Hand und streue sie wie eine Säende Frau in Wald und Wiese aus!

Mein Geliebter! Liebe ist unser wahres Gewand, und als Liebende stehen wir einander nicht zugewandt. Wir sind einer anderen Sache zugewandt. Unser gemeinsames Interesse verbindet uns. So sitzen wir manchmal unter einem Baum und genießen die gewaltige Präsenz, die von ihm ausgeht. Ein anderes Mal sitzen wir neben einem Wasserfall und lauschen der wilden Musik, die dort unaufhörlich erzeugt wird. Oder wir betrachten beide am Meer den weitesten Punkt am Horizont, den unsere Augen noch sehen können. Wir sind Reisegefährten. Unser Ziel ist hoch, weit entfernt. Ich empfange dich mit offenen Armen, ich rufe dich, ich bitte dich hinein. So, wie ich dein Bewusstsein, dein Territorium zu erforschen beginne, so erforschst du auch mich. Unsere Liebe ist eine gegenseitige Durchdringung, Überschneidung und dennoch Unabhängigkeit. Plötzlich verschwinden wir, und nur das Göttliche ist da.

B 94 Hellblau/Hellgelb
Erzengel Michael

Geliebter!
Vielleicht wird mir etwas genommen – für mich, damit ich es in einer neuen Form wiederfinde. Mein Herz aber schreit auf in Schmerz und eine nicht versiegende Quelle von Tränen ergießt sich aus mir.

Offensichtlich kann ich nicht wiedergeboren werden, solange ich nicht zulasse, zu sterben. Und sterben kann ich so lange nicht, bis ich zulasse, loszulassen. Das, woran ich immer noch festhalte, muss also etwas Altes sein, was ich nicht gehen lassen will – oder etwas, das ich in die Zukunft hineinprojiziere und von dem ich will, dass es so und nicht anders sein soll.

Ich bin aus meiner illusorischen Welt herausgerissen. Das Zusammenprallen mit den Ereignissen der äußeren Welt, die ich anziehe und die mir kommuniziert werden, erschüttert meine inneren Werte, Vorstellungen und Bilder. Meine Welt bricht zusammen. Ist mein Ich wirklich so sehr gefangen in etwas, das erlöst werden muss? Lebe ich in den Burgen und Luftschlössern meiner erträumten Welt? Ist dies der Übergang aus meinem eingebildeten Ich in die Wirklichkeit meines Selbst?

Der höhere Wille will offenbar mit meinem eigenen Willen eins werden.

Ich muss beginnen, ehrlich zu sein und die Wahrheit zu sagen: Ich verliebe mich nicht in den Mann, der einen schönen, muskulösen Körper hat; ich verliebe mich in einen Mann, der Charisma hat – etwas Undefinierbares, ungeheuer Anziehendes –, einen Mann, der ein Geheimnis in sich trägt, das es zu entdecken gilt. Ich suche nicht bloß einen Mann, ich suche das Abenteuer des Erforschens von Bewusstsein.

Mein Geliebter! Ist es nicht so, dass unsere westliche Kultur uns nicht darauf vorbereitet, spontan zu sein! Sie bereitet uns darauf vor, Dinge zu *tun*, aber macht uns unfähig, Dinge geschehen zu lassen. Es ist eine männliche Kultur. Die weibliche Seite unseres Wesens wird verleugnet.

Meine Zweifel sind männlich, mein Vertrauen ist weiblich; mein Krieg ist männlich, mein Frieden weiblich, meine Extraversion ist männlich, meine Introversion weiblich.

In alten Zeiten Englands trifft ein Lichtblitz den Turm von Vortiggerns Burg, und er fällt. Uralte Kräfte werden dabei wachgerufen. Zwei Drachen erheben sich aus ihrem Teich tief in der Erde. Einer davon, »Pendragon«, der »erste Drache«, wird König Uthers Symbol, das später sein Sohn König Arthur übernahm.

Mein Geliebter! Erzengel Michael facht die Glut meines Herzensfeuers an, um alle Zwänge und Beschränkungen zu verbrennen, die mich einengen! Sein Leben ist dem Kampf gegen den Drachen, der Gefangenschaft in der Materie, der Begierde in uns allen geweiht. Wir werden in das Feuer der Schmerzen, der Einsamkeit und des Todes geworfen, nur damit das ursprüngliche Gesicht in uns wieder zum Vorschein kommt!

Erzengel Michael reißt die Mauern zwischen dir und mir ein. Sein Lichtschwert spaltet die Mauern, damit das Licht der Wahrheit zu mir und zu dir gelangen kann.

Er führt mich in das Bewusstsein meines wirklichen, meines ewigen Ichs. Das Bleibende kann nur in der lichten Welt gefunden werden, in der Rückkehr zur Quelle, zum Gral.

Glastonbury ist der Ort des Grals und der Ort des Grabes König Arthurs. Hier ist der *Glastonbury Tor*, ein Hügel mit einer

Kirchturmruine. Joseph von Arimathäa hat hier während seiner britischen Mission den Gral vergraben, so sagt man, den Kelch des letzten Abendmahles, in dem er das Blut des Gekreuzigten aufgefangen hatte. Am Fuß des Tors entspringt die heilige Quelle: The *Blood Spring.* Sie fließt durch die Inseltäler von Avalon, dem Stürze und Jahreszeiten nichts anhaben können, wo die Winde nicht lauthals brüllen, sondern das glücklich daliegt mit den saftigsten Wiesen, klar und heiter mit seinen Apfelbäumen und sich neigenden Höhlen, gekrönt von der See.

Das ist der ewige Kreislauf der Zerstörung und der Schöpfung. Die Erdgöttin gebiert neues Leben, das Land ist jetzt frei.

Geliebter! Weder hüte ich mein Geheimnis noch verberge ich meine Sehnsucht. Ich falte nicht meine Flügel, dass ich durch Türen komme, noch beuge ich meinen Kopf, damit er nicht gegen eine Decke stößt, noch habe ich Angst zu atmen, damit die Mauern nicht bersten und einstürzen.

Mein Weg ist der Weg des Herzens und wenn ich durch mein Herz schaue, gibt es Geister, Feen, Engel, Märchen und Träume. Die Bäume sehen grüner aus, die Vögel bunter, und alles nimmt eine leuchtende Qualität an. Nichts ist mehr gewöhnlich. Und wir alle sind durch das Herz, das in unserer Brust schlägt, verbunden mit dem großen Herz des Lebens. Jeder Mensch, jedes Tier, jede Pflanze ist Teil des »Großen Ganzen«, Teil der Schöpfung.

Mein Geliebter! Hast du es schon erlebt, das Echo in den Bergen? Wenn man ruft, rufen die Täler zurück, und wenn man singt, singen die Täler. Jedes Herz ist ein Tal.

Geliebter! Habe ich Frieden, diesen ruhigen Trieb, der meine Kraft offenbart? Dich zu lieben erfordert meinen ganzen Mut. Die verborgene Quelle meiner Seele steigt empor und fließt murmelnd zum Meer. Denn das Ich ist ein Meer, grenzenlos und unermesslich.

Ich habe die Seele auf meinem Pfad wandelnd getroffen.

B 102 Tiefoliv/Tiefmagenta
Erzengel Samael

Geliebter!
Oliv ist die Farbe meiner Augen, meiner Fenster zur Welt. Das, was ich gerade in der Welt sehe, berührt ganz neue Dinge in mir.

Die Zwillingstürme des World Trade Centers, des Welthandelszentrums, und das Pentagon (Pendragon – »der erste Drache«), das Verteidigungsministerium der USA, das ökonomische und das militärische Amerika, werden angegriffen und zerstört. Ziele, denen symbolische und tatsächliche Macht zugeschrieben wird. Zwei Flugzeuge schlagen in den Nord- und in den Südturm des World Trade Centers ein, ein anderes schlägt wie eine gigantische Axt einen tiefen Keil in das Militärhauptquartier der USA und durchschlägt das fünfeckige Gebäude des Pentagon. Parallel dazu stürmen Passagiere das Cockpit einer entführten Maschine und reißen den Terrorpiloten aus dem Pilotensitz. Diese Maschine sollte auf das Weiße Haus stürzen. Jetzt stürzt sie bei Pittsburgh ab.

Ich höre die Neuigkeiten und sehe alle Bilder im Fernsehen. 15 Uhr 45 MEZ. Das zweite Flugzeug fliegt in den Südturm und explodiert wie in einem Zeugungsakt, wie Sperma, das auf das Ei trifft. Die Explosion, der Feuerball und viele weitere Explosionen folgen.

Ich schreie auf. Ist dies die Konzeption eines neuen Verständnisses?

Kalter Stahl birst und zerbricht, Mauern stürzen ein und fallen in sich zusammen. Wie durch einen Sprengsatz gesetzt und gezündet, um ein altes, nicht mehr nützliches Haus zu sprengen. Das World Trade Center stürzt zu Schutt und Asche in sich selbst zusammen. Wie todbringende Lawinen wälzen sich gigantische Staubwolken durch die Straßenschluchten und verdunkeln den Himmel. Ich spüre den kalten Hauch des Ausatmens des Stahls am Morgen danach. Die dunkelgraue Wolke von Zerstörung läuft kriechend durch alle Straßen und Gassen dieser Welt. Nach der ersten Panik herrscht gespenstische Stille. Nur düstren Frieden will dieser Morgen bringen. Die Sonne, so scheint es, verhüllt in Trauer ihr Gesicht.

Das höchste Gebäude der Welt gibt es nicht mehr. Der Südturm des Welthandelszentrums bietet nun für niemandem mehr die höchste Außenaussichtsplattform der Welt.

New York, die »Hauptstadt des Kapitals«, ist angeschlagen. Ihre »Kathedrale des Kapitals« ist gesunken. Nichts wird mehr so sein, wie es einmal war. Der 11. September 2001 ist ein Tag, der die Welt verändert.

Erzengel Michael ist zur Stelle, zur Erhaltung der Menschenwürde, gegen schwerfällige Institutionen, gegen unmenschliche Bürokratien, gegen die Macht des Geldes! Die jetzige Zeit und die kommende Zeit sind die Zeitalter Michaels, der hier Erzengel Samael ins Geschehen schickt, den Prinzen der Dämonen, den Schönsten aller Engel, einen Engel mit zwölf Flügeln. Wenn wir das englische Wort für *leben*, also: *live,* umdrehen, dann drückt es die gegensätzliche Kraft: *evil*, also *böse,* aus.

Tausende von Menschen verlieren ihr Leben und geben ihr Herzblut.

Mein Geliebter! Nur die Liebe kann Herzen brechen. Aber was geschieht, wenn deine ganze Welt zusammenbricht?

Früher wurden weise Frauen als Hexen in den Kerkern von Türmen verbrannt! Durch das überwältigende Betonen des Christlichen auf der Erde, den Bau von christlichen Kirchen auf den ursprünglichen Kraft- und Ritualplätzen der Göttin und der Naturreligionen, ist die Göttin in Form des Erdengels begraben und für Tausende von Jahren unterdrückt worden, festgehalten innerhalb der Erde. Das, was in die Erde gesunken ist, kehrt nun in neuer Form aus ihr wieder zurück: Die Göttin hat empfangen und gebiert neues Leben.

Geliebter! Ist es nicht eigenartig, dass Handel und Finanzen hauptsächlich in den Händen von Männern liegen? Ist es nicht eigenartig, dass die neueren Religionsgründer Männer sind, wie Jesus, Mohammed, Buddha, Mahavir und andere. Während die

Naturreligionen, die Göttin, dafür begraben wurde? Dafür sind nicht Jesus, Mohammed oder Buddha verantwortlich, sondern ihre männlichen Schüler der ersten Stunde. Sie haben ihr männlich-chauvinistisches Denken zum Dogma gemacht.

Mein Geliebter! Die Erde gibt uns ihre Frucht, und es mangelt uns an nichts, wenn wir nur wissen, wie wir unsere Hände füllen. Im Austausch der Gaben der Erde werden wir Fülle finden und gesättigt sein. Doch wenn der Austausch nicht in Liebe und freundlicher Gerechtigkeit stattfindet, wird er einige zur Gier und andere zum Hunger führen. Die Handelnden sollten den höchsten Geist der Erde beschwören, in ihre Mitte zu kommen, um die Waagen und die Rechnungen zu segnen, die Wert gegen Wert abwägen. Bevor sie den Marktplatz verlassen, sollten sie zusehen, dass niemand mit leeren Händen seines Weges gegangen ist. Denn der höchste Geist der Erde wird nicht friedlich auf dem Wind schlafen, bis die Bedürfnisse auch des Geringsten unter uns befriedigt sind und Frieden allen Göttinnen, Göttern und Religionen gegeben wird.

Krieg und Gewalt zerstören jegliche Wahrheit.

Ich sehe, dass es keine Sicherheit für die Zukunft gibt, nichts, außer dem, was ich jetzt und hier praktiziere. Mein Inneres wird nach außen gekehrt. Und so beginne ich, Verantwortung für die Wahrheit meines Herzens zu übernehmen. Selbst wenn sie manchmal unbequem für mich und für andere ist. Ich fange mit dem Wiederaufbau der zwei Türme der Liebenden an.

Staunend betrachte ich die grauen Wolken, die nun in allen Regenbogenfarben zu schillern beginnen. Mit der Sonne dreht sich das Licht um sie. Die Farben blenden mich und reißen mich aus der Wirklichkeit der Zeit. Eine Ewigkeit lang hänge ich zwischen den Welten. Dann verwandeln sich die grauen Wolken nach dem letzten Aufblitzen der Strahlen in lichten Dunst. Und ich finde die Wandlung im Herzen aller Dinge. Meine Aufgabe enthüllt sich. Göttin, führe mich den friedlichen Weg, um in Kooperation, Mitempfinden und Herzenswärme durch deine Stimme – die Stimme von Mutter Erde, Mutter Natur – das

Leben und die Welt in einem neuen Verständnis von Liebe nochmals zu gebären!

Liebster! Wir geben unsere Herzen – aber nicht in des anderen Obhut. Nur die Hand des Lebens kann unsere Herzen umfassen. Es ist ein neuer Tag – nein es ist eine neue Welt!

Pfad 17

Die Sterne der Liebe

B 17 Grün/Violett
B 95 Magenta/Gold

Ich gebe all meine Energie meinen Ideen und meinen Idealen von Liebe hin und denke, dass mein Partner sich genauso tief verpflichten und einlassen sollte wie ich selbst. Um auf meinem Weg die größte Erfüllung in der Liebe zu finden, gehe ich zu Zeiten auch von Partner zu Partner und suche die Wahrheit des In-Liebe-Seins.

So oder so ist Liebe immer ein Wagnis und ein Abenteuer, in dem ich standhaft sein muss. Es geht darum, die Harmonie des In-mir-selbst-zu-Hause-Seins wiederzufinden.

Meine Enttäuschungen in der Liebe sind aufgrund meiner Erwartungen entstanden. Ich habe kein Recht, etwas Bestimmtes zu erwarten oder zu fordern. Ich stelle mich meinen Fehlern und lerne. Ich überwinde meine kleinlichen Begierden und lasse sie los. Ich habe das Bedürfnis nach Heilung meines Herzens und öffne ein inneres Fenster, das Licht hineinlässt und durch das ich hinaussehen kann. Dann kann auch das, was draußen ist, hereinkommen.

Ich beginne, mich zu öffnen, um Liebe zu empfangen. In dem Maße, wie mein Vertrauen wächst, erfahre ich auf diesem Weg die Fülle der Liebe und nehme viel Neues wahr. Mein ganzer

Horizont dessen, was Liebe in Wirklichkeit ist, erweitert sich. Die Tiefe meiner Seele und die Reinheit meiner Absichten werden berührt. Ich höre meiner ruhigen inneren Stimme zu und lerne, Vertrauen in mich selbst zu haben.

Ich brauche Mut. Ich habe die besten Hoffnungen für die Zukunft. Wenn ich klar in meinen Absichten bin, gibt es so viel Energie, die mir zur Verfügung steht, und ich entdecke die größten Kraftquellen in mir selbst. Liebe erfüllt sich in dem Maß, mit dem ich gebe. Indem ich aus meinem Herzen schöpfe und meine Liebe aus freien Stücken gebe, teile, werde ich frei von den Bindungen meines kleinen Ichs und entfalte, während ich liebe, mein wahres Wesen und meine Individualität.

Dieser Pfad verbindet »Gemeinsames Wachstum im Bewusstwerden« (Sphäre 2) mit dem »Öffnen der Sinne und Wahrnehmungen« (Sphäre 3).

Körperregionen zum Auftragen
Vom Kopf bis zum Herzen

B 17 Grün/Violett
Hoffnung
Troubadour-Flasche I

Geliebter!
Sind wir Sternengeborene, mein Liebster? Ist es nicht so, dass wir von fernen Sternen kommen, einige von den Plejaden? Kornkreise umsäumen mich in Avebury. Ist es hier, wo die Nabelschnur des Kosmos mit der Erde verbunden ist? Steinkreise auf Kalkstein, sanftes grünes Gras darüber. Das, was hier ausgestreut wurde, ist lange Zeit hier und es ist woanders hergekommen. Es hat mit unserem Erbe als Menschen zu tun. Es hat mit jener Gründerzeit dieses fruchtbaren Planeten zu tun, als der Erden-Plan unser aller Leben hier auf diesem Erden-Stern begründet

wurde. Ist es dieser Ort, an dem das Sternenbewusstsein auf die Erde gebracht wurde?

Mein Geliebter! Kenne ich dich von irgendwoher? Ich fühle mich schneller als das Licht. Ich versuche mich zu erinnern, wo es alles begann. Ich trete in die Spirale des Lichtes. Ich erwarte eine Zeit, in der die Erde wieder eins sein wird. Meine Hoffnung ist eine Hoffnung auf eine universelle Liebe und eine Bruder- und Schwesternschaft, die alle Bedürfnisse der Menschen der gesamten Schöpfung und auch die der entferntesten Sterne und Daseinsebenen erfüllt und die das Wirken des ganzen Kosmos durchdringt und trägt. Ich hoffe, dass wir Menschen eine bewusste, liebevolle Verbundenheit nicht nur mit der ganzen Menschheit, sondern mit der gesamten Schöpfung kreieren, um die Ressourcen des Planeten und der Menschen zu schonen, eine verantwortungsvolle Position zu bekleiden und die Erde nicht zu zerstören.

Liebster! Meine Hoffnung ist der Antrieb zum Wandel in meinem Leben. Sie enthält meine Zuversicht, dass die Dinge, die ich mir erhoffe, auch eintreffen. Und wenn mein Vertrauen stark genug ist, bin ich überzeugt davon, dass das Gute siegen wird. Wie kann ich mein Herz wieder heilen und dir nahe sein? Ohne Hoffnung falle ich leicht in tiefe Verzweiflung und Traurigkeit. Schwere und Lethargie umgeben mich, wenn ich mutlos werde. Ich muss mich wieder finden! Und so gehe ich meinen wahren Gefühlen auf den Grund. Ich frage mich: Wo lasse ich Angst mein Leben beherrschen? Wann und wodurch bin ich um meine Sicherheit besorgt? Furcht tritt in vielerlei Gestalt in mich ein, oft ganz unterschwellig. Fürchte ich mich, dir zu sagen, was ich wirklich empfinde? Gehe ich nicht völlig aus mir heraus? Fällt es mir schwer, dir gegenüber für mein ganzes Herz einzutreten?

Mein Liebster! Ich entschließe mich dazu, ein gesundes Urteilsvermögen an Stelle meiner Ängste treten zu lassen. Ich lasse heilendes Licht in die Teile meiner selbst strömen, die kaum mehr am Leben und von Furcht übermannt sind. Ich beginne, die verhassten Teile meiner selbst zu akzeptieren, vergebe der

Vergangenheit, drücke meine Wahrheit aus und zeige dir meine Liebe. Die Welt ist nicht länger ein so gefährlicher Ort, und Menschen, die eine Bedrohung für mich darstellten, werden sich zurückziehen.

Mein Liebster! Mein Herz ist nun wieder so voll, dass ich es mit dir teilen möchte, es macht mich so überfließend, dass ich dir aus mir heraus etwas geben möchte, ich mich in dich ergießen möchte. Deine Liebe nimmt meine Geschenke entgegen. Ich mache mich leer, und danach kann ich wieder voll werden. Jedes Mal, wenn ich durch die Liebe leer geworden bin, nähre ich wieder neu meine Empfänglichkeit. Es ist ein ganz eigener Rhythmus.

Mein Geliebter! Ist nicht mein Körper mein Tempel? Ich schließe meine Augen und stimme mich von Herzen ein in meine Schale der Empfänglichkeit – mein Geschlecht, als meinen heiligen gesegneten Ort, und erlaube dem Gefühl von Sinnlichkeit und Gesegnetsein eins zu werden. Mein Geschlecht ist ein Tempel, verbunden mit meinem Herzen ist er der feste Wohnsitz des Göttlichen. Ich hebe meine Arme und öffne mein Herz und mein ganzes Wesen. Ich dehne mich aus, weit über meinen Körper hinaus, bis ich komplett als Persönlichkeit verschwinde und nur die Schale meiner Empfänglichkeit da ist. Dann erlaube ich meiner wahren Natur, sich durch meinen Körper auszudrücken. Ich drücke all meine Gefühle aus, lache, schreie, tanze, singe, weine oder schüttle mich. Ich bin einfach total. Ich halte nichts zurück, ich erlaube nur. Ich lasse die ganze Existenz und das ganze Universum in mich eindringen und mich durchdringen. Ich gehe tief in einen Raum von innerer Empfänglichkeit, Intuition und Meditation.

Mein Geliebter! Wer ist an meiner Seite, wenn der Regen fällt und fällt? Wer wird mich halten, wenn ich aufwache und weine? Ich stelle das Licht wieder her, das gerade entschwunden sein mag. Ich lasse die Dunkelheit nicht mein Herz zudecken! Ich nehme deine Hand, mein Liebster. Ich weiß, du verstehst das.

Mein Liebster! Die Göttin wohnt in jenem Schloss, das jenseits von Zeit und Verstand gebaut ist. Ich habe gehört, dass sie in diesem Schloss die Stimme von Jubel hören möchte, denn Vergnügen und Fröhlichkeit sind ihr Gewand, und aus Lachen besteht ihr Körper der Glückseligkeit. Daran werde ich mich halten und mein Heim da bauen, wo Lachen dem Tod trotzt, wo Liebe sich Gründen widersetzt, da, wo Bewusstheit auf dem Thron sitzt.

B 95 Magenta/Gold

Erzengel Gabriel

Geliebter!
Jeden Morgen sage ich laut meinen Namen. Und dann sage ich: »Heute ist ein branntneuer Tag. Will ich glücklich oder unglücklich sein?« Wenn ich das Glücklichsein wähle, bin ich darin total und bin einfach den ganzen Tag lang glücklich. Ich finde Wege, um in allem, was ich tue, Freude zu erfahren. Wenn ich das Unglücklichsein wähle, dann bin ich so unglücklich, wie ich nur sein kann, den ganzen Tag lang. Dann erlaube ich keinem einzigen Lichtstrahl von Freude, in meine Welt hineinzustrahlen, den ganzen Tag lang. So gibt mir diese Meditation den Geschmack und das Verstehen davon, dass diejenige, die das Skript meines Lebens schreibt, wirklich ich selbst bin! Ich bin die Hauptfigur in einer Inszenierung meiner eigenen Wahl.

Mein Geliebter! In seiner eigenen Form hat Nostradamos einen Krieg zwischen dem Islam und dem Christentum als den dritten Weltkrieg vorausgesehen. Nun, im Übergang vom Fischezeitalter zum Wassermannzeitalter, hat diese Zeit begonnen. Es ist ein Krieg, der aus dem Untergrund geführt wird. Im Oktober 2002 sterben Hunderte von Menschen bei einem terroristischen Sprengstoffanschlag auf der Ferieninsel Bali. Vor einigen Tagen nehmen tschetschenische Rebellen mehr als 700 Menschen in einem Moskauer Theater als Geiseln. Sie bringen riesige Sprengsätze an, um die russische Regierung zu zwingen, mit dem Krieg in Tschetschenien aufzuhören. »Allah uh Akbar« lautet der muslimische Schlachtruf, »Gott ist groß«. Das ist der Kampfesruf der

Krieger des »heiligen Krieges« gegen die westliche, christliche Welt. Obwohl die Attentate aus dem Untergrund kommen und voller Gewalt ausgeführt werden, machen sie gleichzeitig die ganze Welt aufmerksam auf die große Armut und die Unterdrückung, in der die Menschen vieler islamischer Länder leben. Armut, die teils durch die Diktatur fanatischer islamischer Regierungen verursacht wurde. Armut und Ausbeutung aber auch durch die Versuche der Unterwerfung dieser Staaten durch westliche oder christliche Nationen.

Mein Liebster! In der Marter grauenhafter Machtspiele ruft der Erzengel Gabriel auf, voneinander abzurücken, um in Frieden die Individualität jeder einzelnen Nation und ihrer Menschen wahrzunehmen und friedliche, diplomatische Lösungen zu finden. Das gilt auch für dich und mich. Zeigt er uns nicht, dass in Wahrheit das himmlische Königreich darin besteht, bewusst das Göttliche in jedem Menschen anzuerkennen – gleichgültig, welche Hautfarbe und welches Glaubensbekenntnis dieser Mensch hat! Mit seinem Licht der Liebe nährt Gabriel die vollkommene Verschiedenheit eines jeden Menschen, so auch die Verschiedenheit in unseren beiden Wesen. Aber mir erscheint es so, als hätten die frühen Menschen noch die Angst vor dem Verlust der Seele gekannt. Gegenwärtig wissen die meisten nicht einmal, dass sie eine Seele haben.

Liebster! In einer frühen, unsicheren Zeit in der Regentschaft Britanniens zog plötzlich ein schöner Komet über den Himmel und durch die Herzen der Menschen. Er ähnelte einem Drachen. Ein Komet galt zu jener Zeit als ein göttlicher Bote. Der Feuerdrache kündige eine neue Ära an. Der Himmel war klar und die Luft frisch – ein Neubeginn war möglich. Merlin erklärte, dass er selbst, Uther, und sein Sohn Arthur das Land einigen und ihm Frieden bringen würden. »Pendragon« bedeutet »erster Drache« und wurde das Symbol auf Uthers Standarte, die er später seinem Sohn Arthur vermachte.

Mein Geliebter! Als Christus geboren wurde, zog ebenfalls ein Komet mit einem Schweif am Himmel entlang. Der Erzengel

Gabriel ist offenbar der Bote guter Nachrichten! Er stand an Christus Krippe und verkündete die Geburt eines neuen Bewusstseins von wahrem Menschsein. Zuvor erschien er Maria, um ihr ihre Aufgabe zu vergegenwärtigen. Er wachte über den Propheten Mohammed, sandte Johanna von Orleans die Eingebung und prägte Zarathustra. So bin ich aufmerksam und achte darauf, wie mir Gabriel die wesentlichen Aufgaben meiner Bestimmung zeigt!

Mein Liebster! Ich habe keine Angst mehr. Ich weiß, der Tod kann uns nicht auseinander bringen. Mit dir möchte ich die Liebe mit der Unschuld und dem Wunder meines Herzens in Freude feiern, so dass wir beide in eine Seele hineinschmelzen – und unsere Verschiedenheiten sich auflösen. Wir mögen dann, eins miteinander geworden, dort ruhen, während ich jede Agonie meiner Seele, vielleicht das ganze angesammelte Leiden von vielen Leben, loslassen kann. Erlaube, Liebster, dass das Licht mich und dich als Individuum verschluckt, während es in unsere Körper strömt und die Welle des Ewigen uns berührt, um uns dann langsam wieder zurück zum Ufer des Hierseins zu bringen.

Mein Geliebter! Die Erinnerung an das Einssein mit dir, die ich in meinem Herzen halte, fühlt sich an wie eine nie versiegende Quelle der Liebe, Weisheit und göttlicher Macht. Mein Leben wird plötzlich sehr einfach und gewöhnlich. Alltägliche Aktivitäten verwandeln sich in die Qualität von Genuss. Es gilt nirgendwo anzukommen und nirgendwo hinzugehen. Jeder Moment wird eine Lehre, jeder Moment ist das Ewige.

Pfad 18

Der Liebes-Mond

B 18 Gelb/Violett
B 96 Königsblau/Königsblau

Die am Grunde meiner Seele wohnenden, verborgenen Wünsche und Vorstellungen von Liebe wollen sich ausdrücken. Mein inneres Wünschen vermischt sich mit den verschiedenen Bildern und Vorstellungen dessen, von dem ich meine, dass es mir Erfüllung bringt. Ich stelle mir zur Aufgabe, die unter der Oberfläche meines Bewusstseins verborgenen Antriebe und meine unbewusste Wunschwelt der Liebe zu ergründen.

Liebe und ihr Ausdruck in den körperlichen Bedürfnissen von körperlicher Nähe und Sexualität sind etwas sehr Geheimnisvolles. Manchmal sind da Dinge, die ich nicht ansehen will oder fürchte. Meine dunkle Seite, die Schattenseite, ist der Teil von mir selbst, den ich üblicherweise nicht betrachten will. Manchmal ist es mir nur durch das Erleben von Schmerz möglich, mich in die Gegenwart zu bringen, damit mir mein Leiden bewusst werden kann. Ich lerne daraus, dass alle Situationen zwei Seiten haben: eine offensichtliche und eine verborgene.

Ich befinde mich etwas im Ungewissen, und ich sollte mich bemühen, klar zu sehen. Täuschung kann in die unterschiedlichsten Gewänder gehüllt sein. Ich möchte nicht völlig in einer inneren Krise enden und will aus der Falschheit herausfinden. Deshalb bereinige ich meine Projektionen auf Männer, speziell jene auf meinen Partner, und entdecke dabei die Spiegelungen meiner Eitelkeiten, erkenne Fehlendes und komme aus meinen Illusionen auf den Boden der Tatsachen.

Die Natürlichkeit meiner Sinnlichkeit, die sich durch mein Hindurchgehen durch das Leid in Schönheit und Klarheit in mir manifestiert hat, ist das, was den wirklichen Kontakt zu meinem Partner herstellt. Sie bringt Veränderung und die Qualitäten von Verletzlichkeit und Vertrauen in die Beziehung zu meinem Liebsten!

Dieser Pfad verbindet die »Durchsetzungsfähigkeit und Macht« (Sphäre 7) und »Das materielle Miteinander« (Sphäre 10).

Körperregion zum Auftragen
Füße und Beine bis zur Hüfte

B 18 Gelb/Violett
Gezeitenwechsel
Ägyptische Flasche I

Geliebter!
Heute Nacht steht der Mond voll am Himmel, und ich spüre nach, welche Bereiche er in mir erhellt. Er macht mich sensibel und empfänglich. Es scheint mir so, als ob der Mond mir die tiefsten Gefühle und Bedürfnisse an Liebe spiegelt, die ich habe. Er zeigt mir mein Verhältnis zu meiner Weiblichkeit und zu den weiblichen Einflüssen außerhalb meiner selbst. Die Energien und Einflüsse des Mondes lassen mich tiefer in die Verwurzelung in mich selbst hineinwachsen, ebenso wie in die Verbindung zu meiner Familie und mit meiner Vergangenheit. Ich werde aufmerksamer dafür, wie ich mich in meinem Zuhause fühle, und in der Gemeinschaft mit dir und anderen Menschen und der Umgebung um mich herum. Der Mond führt auch die Art und Weise, wie ich meine Bindung zu dir, meinem Liebsten, und anderen Menschen eingehe, und auch, wie ich mich zu sichern und zu schützen suche. Ich lerne, sorgsam mit mir selbst umzugehen, genau wie mit dir.

Mein Liebster! Die Liebe ist ein seltenes Erblühen, sage ich dir, während der Mond den Nachtlilien zulächelt. Denn ich weiß, dass die Lilie so blass ist, weil sie den Mond liebt! Liebe ist so selten, weil sie nicht geschehen kann, solange Angst herrscht.

Wenn ich ängstlich bin, kann ich dich mir nicht nahe kommen lassen, ich kann dich nicht bis in meinen innersten Kern eindringen lassen. Mit Angst lasse ich dich nur zu einem gewissen Punkt an mich heran, doch dann stößt du an eine Wand, und es geht nicht mehr weiter. Das scheint zu bedeuten, dass Liebe nur geschehen kann, wenn ich wirklich tief empfinde. Sex und Bekanntschaft scheint für alle möglich zu sein. Aber Liebe nicht. Denn nur wenn ich keine Angst habe, habe ich nichts zu verbergen von mir, dann kann ich offen sein, Vertrauen haben und alle Barrieren fallen lassen. Dann kann ich dich tief in mich hineinschauen lassen und dich einladen, bis in meinen innersten Kern vorzudringen.

Mein Liebster! Gibt es nicht zwei Arten der Verführung? Wenn ein Mann eine Frau verführt, geht er eher angriffslustig vor. Du probierst es auf jede mögliche Weise, ergreifst die Initiative, stellst mir eine Falle, du scheust keine Mühe.

Eine Frau verführt ganz anders. Ich ergreife nicht die Initiative, stelle keine Fallen und bin nicht hinter einem Mann her. Im Gegenteil, ich bin sehr entspannt und ruhe in der Süße meines Herzens. Nach außen sieht das vielleicht so aus, als wäre ich nicht besonders an dir, dem Mann, interessiert. Und doch – ohne auch nur im Geringsten hinter dir her zu sein – jage ich dich. Das Weibliche ist sehr subtil und unentrinnbar. Ich klopfe nie an deine Tür, aber ich verfolge dich in deinen Träumen. Ich zeige dir kein Interesse, aber ich werde zur tiefsten Phantasie deines Wesens.

Liegt die Schönheit der Liebe vielleicht nicht so sehr in der Liebe selbst als in der Eroberung, mein Geliebter? Du, der Mann, machst viele Anläufe – du wirbst um mich. Aber Werbung ist nur möglich, wenn ich, die Frau, zurückweiche. Wenn du mit mir, einer Frau, an der du wirklich interessiert bist, redest, werde ich zurückweichen und du wirst vorrücken. Aber da ist immer eine Wand, und ich weiche gegen die Wand zurück, und dann bin ich gefangen. Darin besteht scheinbar das ganze Spiel, und es ist ein schönes Spiel. Du, der Mann, bist im Grunde ein Jäger, und wenn du mich, die Frau, jagen kannst und ich vor dir weglaufe und versuche, mich mal hier, mal dort zu verstecken, wenn ich mich verweigere und Nein sage, wirst du immer hitziger. Dann bist du bereit, für mich zu sterben, denn du denkst: »Diese Frau muss erobert werden!«. Du musst beweisen, dass du kein gewöhnlicher Mann bist.

Liebster! Zuerst magst du dir in deiner Phantasie eine schöne Frau kreieren, dann fängst du an, sie zu jagen und hinter ihr herzulaufen. Doch nach ein paar Tagen des Zusammenlebens mit deiner Traumfrau mag dann die ganze Seifenblase platzen. Als wärst du getäuscht worden, wird dir plötzlich bewusst, wie alltäglich eine Frau aussieht. Und du hast mich für eine Julia gehalten! Nun hast du plötzlich das Gefühl, als ob ich dich getäuscht hätte. Aber keiner hat irgendjemanden getäuscht. Nichts ist abgefallen von mir, der Frau, oder von dir, dem Mann. Nur die eigene Phantasie ist abgefallen, denn eine Phantasie kann man nicht aufrechterhalten. Je näher du mir kommst, umso mehr zeigt sich die Realität, die reine objektive Wirklichkeit. Und wenn es eine Diskrepanz gibt zwischen der Wirklichkeit und deiner Phantasie, dann kannst du sicher sein, wer besiegt wird: deine Phantasie. Die objektive Wirklichkeit kann nicht besiegt werden.

B 96 Königsblau/Königsblau
Erzengel Raphael

Geliebter!
Die Stille birgt das Unwissbare, das undurchdringliche Mysterium: Alle Seelen stehen nackt vor ihr. Alle Gesichter, auch dein Gesicht und mein Gesicht, sind aus ihr heraus geboren und kehren in sie zurück. So, wie alle Formen aus der Dunkelheit kommen und in die Dunkelheit zurückkehren. Die Welten, die kommen, sind gemacht aus Dunkelheit, und sie gehen wieder in die Dunkelheit. Dunkelheit ist die kosmische Gebärmutter, das Unverletzte. Hier ist absolute Stille.

Mein Liebster! In der ägyptischen Mythologie ist Nut die Göttin des Nachthimmels. Sie wurde auch als die Große Tiefe oder als das Himmelsgewölbe verehrt. An jedem Tag gebar sie morgens die Sonne, um sie am Abend wieder zu verschlingen. Draußen in der Nacht fühle ich mich sicher. Ich spüre die Unendlichkeit des Nachthimmels und fühle die Unermesslichkeit von Nuts Körper über mir, ihre Rätselhaftigkeit und ihr Mysterium. Während ich mein Herz öffne und vertraue, erfahre ich ein tiefes Gefühl des Einsseins mit dem Unbekannten.

Mein Liebster! Schau in meine Augen und versuche nicht, mich zu fassen, mich zu berühren. Ich entziehe mich stets deinem Griff! Schau mir in die Augen und versuche nicht, mich zu enträtseln, denn es wird dir nicht gelingen. In einer Art bin auch ich das allgegenwärtige unerforschliche Unbekannte. Schau mir in die Augen und sieh die Unendlichkeit des sternenübersäten Himmels! Schau mir in die Augen und erfasse das, was in mir größer ist als dein menschliches Verständnis. In der Unermesslichkeit meines Wesens bin ich ein Rätsel, sogar für mich selbst!

Mein Liebster! Suche ich nicht immer neue Wege, dich zu finden und dich tiefer kennen zu lernen! Ich suche immer neue Wege, um mit dir zu sein, so, wie du neue Formen suchst, mir zu begegnen, mich tiefer kennen zu lernen und mit mir zu sein. Jeder Mensch ist ein so unendliches, unerschöpfliches, unergründliches Geheimnis, dass es unmöglich ist, jemals zu sagen: »Ich kenne dich.« Ich kann höchstens sagen: »Ich habe mein Bestes versucht, aber das Geheimnis bleibt ein Geheimnis.« Und je mehr ich dich kenne, Liebster, umso geheimnisvoller wirst du. Liebe ist ein ununterbrochenes Abenteuer!

Mein Liebster! Wenn ich in deine Augen schaue, sehe ich die Weisheit der Welt darin. Und es ist keine Überraschung für mich, auch die Sanftheit des Mondes in deinen Augen zu finden, und das zarte Funkeln der Sterne. Wenn ich in deine Augen schaue, sehe ich die Traurigkeit von vielen Abschieden. Der Herbst kommt, und der Sommer stirbt. Ich sehe in deinen Augen, wie die Jahre an dir vorübergezogen sind, sehe in die Tiefen des

Ozeans und erblicke die Tiefe deiner Liebe. Wenn wir uns trennen, dann weiß ich, es wird keine Tränen geben, und keinen Abschied. Ich werde nur in deine Augen sehen. Deine Augen, so wild, so warm und so wirklich. Wie sehr ich die Welt liebe, die deine Augen spiegelt!

Unter dem magischen Schutz des Mondes wandert Morgaine im Lande Albion durch unbekannte Welten und schaut in den magischen Spiegel des Teiches. Der Name Morgaine bedeutet »die Frau, die aus dem Meer kommt«. Das Licht des Mondes erleuchtet verborgene Winkel in der Seele. Sie werden in den Spiegelungen des Teiches sichtbar.

Morgaine, die uralte Göttin, die große Königin, nutzt als Zauberin die Kraft des Mondes. Ruhig betracht sie die phantastischen Spiegelbilder der Illusionen oder Einsichten. Sie besitzt eine wache Intuition und übersinnliche Fähigkeiten, die ihr auf ihrer Reise helfen. Sie widmet sich der Heilkunst, der Sehergabe, der weiblichen Magie. Sie verkörpert die Macht des Weiblichen.

Morgaine lebte auf einer winterlosen Insel im Sommerland. Da sie heidnischen Ursprungs war und die Macht des Weiblichen verkörperte, entkleidete das Christentum sie ihrer Göttlichkeit und stufte sie zu Arthurs Halbschwester herab. Sie wurde als eine Hexe geächtet, die sich in alles einmischte und an allen Schwierigkeiten des Landes schuld sei. Doch sie wollte nur die patriarchalische Energie, die die Göttin zerstören und ersetzen wollte, herausfordern und bekämpfen. Das bedeutete für sie, dass sie ihren Halbbruder Arthur und alles, wofür er stand, bekämpfen musste.

Der Erzengel Raphael steht am Ende des Weges. Er ist ein Engel, der Heilung bringt.

Ich gehe meinen inneren Weg. Ich kenne die Kräfte der Göttin seit meinen frühesten Erinnerungen. Erst jetzt kann die alte Weisheit zurückkehren und in die Herzen jener Männer und Frauen fließen, die im tiefsten Inneren selbst die Göttin sind, ihre Kräfte wieder beleben und sehend werden möchten.

Mein Liebster! Findest du nicht, dass Liebe wertlos ist, solange sie nicht sehend wird? Dann bringt sie nur immer mehr Probleme, denn wenn nicht zwei Sehende, sondern zwei Blinde mit blinden Erwartungen zusammenkommen, werden sich die Probleme des Lebens nicht nur verdoppeln, sondern vervielfachen.

Darum werde ich still und werde bewusst. Ich werde liebevoll.

Solange ich nicht weiß, was Stille ist, solange ich nicht in tiefem Schweigen mit dir, meinem Liebsten, beisammen sitzen kann, werde ich nicht mit deinem Wesen verschmelzen können. Unsere Körper mögen sich vereinigen, aber unsere Seelen werden weit voneinander entfernt bleiben. Aber wenn unsere Seelen sich vereinigen, gibt es eine Kommunion, gibt es ein Verstehen.

Und so wandelt sich unsere Liebe zu einer Freundschaft auf dem Pfad zur Entdeckung der Geheimnisse des Lebens.

Pfad 19

Die Liebes-Sonne

B 19 Rot/Violett
B 97 Gold/Königsblau

Einen Menschen zu lieben bedeutet, eine tiefe wahrhaftige Verbundenheit und Freundschaft mit diesem Menschen zu bewahren. Gelebte Liebe kennt das feine Unterscheidungsvermögen dafür, wie meine und deine Persönlichkeit sich ausdrückt, und besteht aus dem bedingungslosen Annehmen all jener Dinge, die das Miteinander mit sich bringt.

Liebe und dauerhaft in Liebe verbunden zu sein heißt, sich aus der Dunkelheit der Unbewusstheit zu befreien. Alle Persönlichkeitsanteile, die meinem Inneren Kind im Wege sind, mache ich mir bewusst. Ich bereinige und verwandle sie. So viele Erfahrungen der Liebe gilt es zu erleben! Ich mache mir meine Ziele und Beweggründe, aber auch meine gedanklichen Muster bewusst. Ich gebe meine Überlebensängste auf und schreite voran zu einem tieferen Verstehen. Ich trete voll ins Leben und in die Liebe ein. Liebe ist Totalität, und der Zauber der Liebe ist die Unschuld. Liebe ist auch das Losgelöstsein, während ich mich völlig hingebe. Meine Leidenschaft gilt dem Erwachen.

Es braucht viel Kraft und Durchhaltevermögen gerade in den schwierigsten Umständen und widrigsten Situationen! In meinem Inneren brennt das Feuer der Verwandlung, aber dabei handle ich nicht impulsiv. Mit großem Verständnis und Vertrauen gelingt es mir manchmal, schwierige Verknüpfungen von Mustern in meiner Liebesbeziehung zu erlösen. Ich erlebe eine große Intensität in meiner Beziehung mit mir selbst und meinem Liebsten. Zugleich entwickle ich mehr und mehr Individualität.

Ich schaue in den Himmel, betrachte die Planeten und lerne von ihren Wegen, während ich auf der Erde meinen Weg gehe. Es ist die Sonne im Herzen meines Wesens, die alle Aspekte der Liebe meiner Seele steuert und lenkt. Indem ich Liebe ausstrahle und aufnehme, erlöse ich die Dunkelheit.

Dieser Pfad verbindet das »Streben nach Integrität und Selbstbehauptung« (Sphäre 8) mit der »Emotionalen und sexuellen Verbindung miteinander« (Sphäre 9).

Körperregionen zum Auftragen
Fortpflanzungsorgane, Unterleib bis Hüfte

B 19 Rot/Violett

In der materiellen Welt leben

Geliebter!
Die Sonne ist das Zentrum des Lichts. Mit dem Mond zusammen bewirkt sie das Wachstum hier auf der Erde. In der Kraft der Sonne entwickelt sich das eigene Ich und damit die eigene Macht und Autonomie des Egos. Durch die lebendige Erfahrung lerne ich. Jeden Tag geht die Sonne auf, weckt meine Aktivitäten,

den Einsatz meiner Energien, all die besonderen Qualitäten meines Herzens und legt sie zur Ruhe, wenn sie untergeht.

Die Sonne repräsentiert die Autorität der archetypischen männlichen Energie.

Mein Liebster! In meiner Liebe zu dir muss ich mein Herz für Schmerz und Freude gleichermaßen öffnen. Nur so bin ich fähig, dich zu lieben. Aber Schatten der Vergangenheit, Schatten meiner Persönlichkeit, verdunkeln das Licht meiner inneren Sonne! Ich bin nicht verwurzelt in meiner Freude, sondern in einem Gefühl von Unwert. Dieses Gefühl gibt mir den Eindruck, ganz andere Rollen spielen zu müssen!

Manchmal bewegt sich meine Lebenskraft geradezu zwischen zwei Polen hin und her: einerseits meiner gesunden Selbstverwirklichung mit dir zusammen und andererseits meiner mangelnden Kraft zur Selbstbestimmung, während ich mit dir bin. Ich zweifele, ob du mein Ich überhaupt wahrnehmen kannst. Es sind Zweifel, die daher kommen, dass ich innerlich als Kind und später von Partnern nicht gefühlt worden bin und sogar in der einen oder anderen Form verlassen wurde. So ist da Unreife in mir, Abhängigkeit. Es kommt vor, dass ich meine Kräfte in Kämpfen um die Vorherrschaft vergeude, oder in Streiten um Abgrenzung oder im Eifersüchtigsein auf dich.

Mein Liebster! Hinter den Masken der vielen Rollen, die ich spiele, ist meine Angst das Hauptmotiv! Meine Gier zerstört mich nur selbst, und der Stress, den ich mir aus meinem Gefühl von Unwert heraus mache, ist nur Grund zum Leiden. Es fehlt mir im Moment an Energie, an Motivation, an Zielstrebigkeit!

Ich muss meine destruktiven Muster darin, wie ich mich auf dich beziehe, klären. Es ist höchste Zeit für die knisternde Spannung neuer Ideen. Mein Leben ist ohne das Feuer der Begeisterung, die die Liebe mit sich bringt, langweilig. Ich muss meine Energie zurückgewinnen und neue Prioritäten setzen.

Mein Geliebter! Der Liebende, der von der Bestätigung eines Geliebten abhängig ist, dessen Liebe ist wie eine Flamme, die Öl zum Brennen braucht; aber der Liebende, der auf seinen eigenen

Füßen steht, ist wie die Sonne, die aus ihrem eigenen Feuer heraus brennt und die kein Öl braucht!

Mein Geliebter! Ich möchte zu dir kommen durch die Nebel, durch das Feuer, durch die Pflanzen, durch die tiefen sprudelnden Quellen, mit Ideen, mit Visionen, mit Worten, mit Musik, leiser, als deine Ohren hören. Lass mich dich bewegen, dich beleben, dich anregen, bis dein Körper, dein Geist und deine Seele explodieren und bis du spürst: Das Leben ist schön!

Liebster! Unser beider Intimität und Nähe sind verloren gegangen, weil ich Angst vor meiner eigenen Kraft habe. Niemand zuvor hat sie mir bisher erlaubt. Und dann ist da die Angst vor Schmerz, wenn ich mich öffne und mich verletzlich mache, dir sage, was mit mir ist und wie ich unsere Beziehung empfinde, und die Angst vor Verlust, wenn du mich nicht willst. Meine Angst ist eigentlich die Angst vor dem Wachsen, die Angst vor dem Unbekannten. Mit dir zusammen in die Liebe zu gehen ist ein Schritt dahin, meine Angst zu überwinden und das Unbekannte zuzulassen. Und doch ist jeder Schritt, den ich durch meine Liebe zu dir tiefer in die Liebe hineinmache, ein Schritt tiefer in mein eigenes Wesen hinein.

Durch die Tür der Liebe zu gehen erfordert auch meine Intelligenz und Sensibilität, weil die Liebe dich, meinen Liebsten, eine andere Person, mit einschließt. So ist der verletzliche Prozess der Auflösung von alten Verhaltensmustern, die durch Angst geprägt worden sind, in seiner Intensität verdoppelt. Aber es kann auch so viel Spaß machen! Es kann so voller Freude und Lachen sein. Spielerisch und humorvoll. Dabei muss ich ganz wach und aufrichtig sein, um all die Tretminen, die beim Sichbeziehen aufeinander entstehen, zu umgehen.

Während ich lerne, mit dir, meinem Liebsten, in der Liebe in die empfängliche Schau einzutreten, schaue ich dich einfach an und nach einer Zeit beginne ich mit dir zu räsonieren, wiederzuklingen. Ich bin nicht separat oder abgetrennt von dir. Ganz im Gegenteil. Ich, die Beobachtende, werde an einem Punkt zur Beobachteten, ich empfange dein Schauen. Wir verlieren die

Kontrolle darüber, wer wer ist. Manchmal werde ich zu dir, zum Mann, und manchmal wirst du ich, die Frau. Es kreiert sich ein Kreis zwischen uns, ein Tanz der Energie, und ein fortlaufendes Aufladen des Kreises geschieht.

Mein Lieber! Ganz intuitiv weiß ich, was gebraucht wird, und tue es, weil ich mit dir in Kontakt bin und wir beide in einem simultanen Kreislauf der Energie sind. Alle Energien von Freude und Leid, Liebe und Schmerz, Ich und Du werden so integriert.

B 97 Gold/Königsblau

Erzengel Uriel

Geliebter!
Komm mir nahe, ganz nah, mein Liebster. Dir öffne ich mein Herz und meine Sinne.

Du bist es, den ich mit meiner ganzen Liebe und mit einem tiefen Gefühl von Akzeptanz annehmen und kennen möchte!

Traditionell hat ein Mann, der Initiation in der Liebe brauchte, immer eine weise Frau gesucht, durch die er wiedergeboren werden konnte.

So finde deinen Weg zu meinen Brüsten, mein Liebster, denn sie enthalten die Quelle, den Trinkbrunnen der Weisheit, die dich auf deiner Suche nähren! Wenn ein Mann den Weg der Liebe gehen will, hat er sich dem weiblichen Prinzip des Herzens hinzugeben. Das Herz-Zentrum wird als die Fußstapfen der Göttin und des Gottes in unserer Welt beschrieben. Es ist der Ort, wo das Himmlische und das Irdische sich treffen.

So sei mein König, mein Herzallerliebster, und lass mich deine Königin sein, die weise über das Gebiet der Liebe herrscht, und ruhe fest in meinen Armen.

Mein Geliebter! Zu einer anderen Zeit weilten wir in einer matriarchalen Gesellschaft, in der ihr Männer unterbewertet wurdet, und von uns Frauen unterdrückt. Eure Rolle im Aufziehen der Kinder war nicht bekannt. Wir Frauen wurden verehrt als Leben kreierende Göttinnen, während ihr Männer als Diener behandelt wurdet. Als die Zeiten wechselten, wurdet ihr, die Männer, dann dominant durch das Entwickeln von intellektuellen Stärken. Eingeschüchtert durch die große Fähigkeit der Frauen für sinnliche Empfindungen und die Herausforderung, die das für eure männliche Geschlechterlinie bedeutete, begannt ihr Männer dann die Frauen abzulehnen. Ihr habt unser Wissen über den Körper und unsere Fähigkeit zur sexuellen Ekstase unterdrückt. Die intuitive Natur von uns Frauen wurde unterdrückt – so, wie die weisen Frauen, Hebammen und Hellseherinnen in der Zeit der Verfolgung und Hexenverbrennung in Europa und Amerika unterdrückt und verfolgt wurden.

Liebster! Es ist Zeit für eine Befreiung, die unsere beiden Geschlechter aus dem sich wiederholenden Kreislauf von Dominanz befreit. Diese Befreiung kann nur aus dem Verstehen von Schönheit von Gegensätzen geschehen. So, wie wir Frauen total weiblich werden müssen und unsere eigenen einzigartigen Fähigkeiten nun beginnen zu feiern, müsst ihr Männer auf wahrhaftige Art und Weise eure männliche Kraft erforschen und sie feiern!

Wenn du, der Mann, und ich, die Frau, wenn wir beide unsere eigene Wahrheit leben und lernen, diese Gegensätze zu einander ergänzenden Eigenschaften werden lassen, wird sich eine neue Welt entwickeln.

Mein Geliebter! Vielleicht wähle ich in dir einen sehr emotionalen Liebespartner, weil ich meine Emotionen nicht gut ausdrücken kann. Mit dir fühle ich mich tief in mir selbst erleichtert, wenn du deine Emotionen ausdrückst, obwohl ich dich nach außen hin dafür anklage. Dann bin ich in negativen Projektionen! Oder ich mache dich zu einem Idol und projiziere meine eigene ungelebte Schönheit, Stärke oder Weisheit auf dich. Wenn ich aber nicht fähig bin, meine eigene ungelebte positive Energie zu mir selbst zurückzunehmen, werde ich dich, das Objekt meiner heldenhaften Anbetung, möglicherweise enttäuschen.

Mein Liebster! Wir haben die Liebe kennen gelernt, die die Eltern uns vormachten. Verstehen aber beinhaltet, zu wissen, wie und worin der männliche und weibliche Körper und die männliche und weibliche Psyche verschieden sind und wie diese Verschiedenheiten doch zusammenpassen.

Liebster! Wir mussten wohl das Paradies verlassen, weil wir vergessen hatten, das Göttliche zu lieben. Und jetzt suche ich, als hätte ich mich verloren, nach dem Pfad der Liebe, dem Weg zurück zu deinem Herzen. Wenn ich mit dir, Liebster, streite, ist es so, als ob ich Krieg gegen mein eigenes Wesen führe. Darum versuche ich Verständnis dahin zu bringen, wo Unverständnis zwischen uns herrscht. Ich beginne die Wirklichkeit zwischen uns so zu sehen, wie sie ist: als unteilbares Ganzes. Wir sind gar nicht so sehr im Widerspruch. Wir ergänzen einander. Jene Momente, wenn ich in deine Augen schaue und ich den Gott in dir sehe, sind die Momente der Wahrheit. Wahrheit hat keine Zeit. Sie ist ewig. Sie ist jenseits von Geburt und Tod. Je mehr ich mich in diesen Momenten der Wahrheit auflösen kann, umso näher bin ich der Göttin in mir.

Mein Geliebter! Ich weiß, dass deine Seele und dein Körper zärtlich und stark genug sind, mir Vergnügen zu bereiten und den Strapazen der Unterwelt standzuhalten. Meine Blicke des Gefallens bleiben von dir nicht unerwidert. Meine Liebe zu dir und zum Leben überwindet meinen Stolz und meine Furcht. Die Herausforderung in meiner Liebe zu dir besteht im Loslassen in meine Verletzlichkeit und Empfindsamkeit hinein und darin, wieder empfänglich zu werden. Dich neu zu mir hin einzuladen. Dir liebevoll zu zeigen, was ich als nährend und belebend in deiner Männlichkeit empfinde und was ich als störend und blockierend in deiner Männlichkeit fühle. Ich lerne, wahrhaftig meiner inneren Natur gegenüber zu sein, meinem eigenen Fluss von Energie gegenüber, und lade dich in meinem Frausein ein, der Mann zu sein. Wie schön! Du nimmst diese Einladung an! Nach den Zeiten der Trennung und Sehnsucht vereinigen wir uns wieder voller Freude.

Pfad 20

Das Zeitalter der Liebe

B 20 Blau/Rosa
B 98 Flieder/Rosa

Mit meinem Inneren Kind wieder in Berührung zu kommen, ist ein wunderbarer Schlüssel zur Heilung in Liebe! Nur durch die Liebe und Hinwendung an meine Beziehung zu meinem Partner und zu anderen Menschen, die ich liebe, kann ich die Hindernisse jener Einschränkungen, die ich als Kind erfuhr, und mein Gefühl des Mangels an Liebe, das daraus resultiert, überwinden und Erfüllung finden.

Ich verliere mich nicht in Negativität, sondern schließe wieder den Kontakt zu meinem wahren Wesen. Wenn ich meine Schwierigkeiten in der Kindheit noch nicht überwunden habe, bin ich enttäuscht, dass ich die Zuwendung, die ich nötig gehabt hätte, nicht in der Art und Weise bekam und bekomme, wie ich sie gebraucht hätte und jetzt noch brauche. Ich fühle mich allein und allein gelassen, traurig.

Wenn ich mich vollständig selbst auf den Weg mache, um mich zu entdecken, wie ich wirklich bin, welche emotionalen Bedürfnisse ich habe, wie viel Zuwendung ich brauche und in welcher Form – dann kommt alles Verborgene an die Oberfläche. Diesmal übernehme ich die Autorität und bestimme für mich selbst! Ich nehme mich einfach so an, wie ich bin. Erwachen und Mitgefühl wachsen daraus. Ein neuer Kontakt zu mir selbst entsteht. Ich löse mich von meinem Traurigsein und Leiden, indem ich mir selbst und anderen vergebe. Ich kreiere Frieden jenseits meiner Ängste. Ich schaffe Verbindungen mit meinem Partner und teile mich ihm in friedlicher Form mit. Das Miteinanderteilen macht vieles leichter, verständlicher, und es öffnet neue Herzenstüren für eine tiefere Nähe im Miteinandersein. Ich knüpfe neu und anders Verbindungen innerhalb von Freundschaften und allen Beziehungen, die ich habe. Ich bewerte alle Dinge und Menschen neu und lebe eine ganz neue Art von Bestimmtheit. Liebe ist die größte Wandlungskraft.

Dieser Pfad verbindet das »Streben nach Integrität und Selbstbehauptung« (Sphäre 8) mit dem »Materiellen Miteinander« (Sphäre 10).

Körperregion zum Auftragen
Füße und Beine bis zur Hüfte, Unterleib, Brüste, Herz und um den Haaransatz herum

B 20 Blau/Rosa
Sternenkind
Kinder-»Erste Hilfe«

Geliebter!
Ich bin auch das kleine Mädchen, das dir scheu in die Augen schaut und in dir den Jungen sucht, den Bruder, der ihre Nöte kennen möchte, sie versteht, der sie liebt, so, wie sie ist, und der sie unterstützt. Suchst du nicht auch das Mädchen in mir, deine Schwester, die deine Nöte kennen möchte, dich versteht und dich liebt, so, wie du bist, und dich unterstützt? Liebe kann wandeln!

Mein Liebster! Und doch ist es so, dass ich mich festhalte, die Sicherheiten der alten Schlupflöcher und Schutznischen meiner Traurigkeit aufsuche, mich lieber zurückziehe und lieber allein mit mir bin, statt es zu wagen, mit dir zusammen das All-eins-Sein zu finden. Es fühlt sich so an, als hätte ich meinen Glauben an die Liebe verloren. Ich habe keinen Mut mehr, dir, meinem Liebsten, meine Gefühle zu zeigen.

Mein Geliebter! Es geht mir um Bewusstsein! Es geht mir um Selbstannahme und Liebe, die keine Bedingungen stellt. Mein Schlüssel zur Heilung ist es, mit dem Kind in mir wieder in Berührung zu kommen, meinem zarten und doch so rebellischen Wesen, so dass ich den leuchtenden Stern entdecken kann, das Lichtkind, das ich selbst bin. So übernehme ich die Verantwortung für mich selbst und das, was ich in Liebe brauche von dir, meinem Schönsten, meinem Liebsten, Stärksten und zugleich Zartesten, und teile mich dir mit. Ich sage dir, was es ist, das mich verletzt hat. Ich teile mit dir meinen Schmerz, meine Ängste, meine Wut, das, was ich zu kontrollieren versuche, meine ganze Traurigkeit, und auch das, was mir Gefühle von Scham bereitet. Ich gebe es dir hin. In völligem Wissen, dass es meins ist und nicht deins und im Wissen, dass ich nur heile, wenn ich mich bedingungslos zeige, mich dir zumute, werden meine Wunden im Licht der Sonne, im Wind und im Regen der Liebe, und im Licht eines neuen Vertrauens in deine Liebe heilen können.

Mein Liebster! Ich lasse los und lerne neu zu vertrauen. Ich baue eine neue Brücke zu dir, und du baust eine neue Brücke zu mir. Wir vertrauen uns einander an. Wir nehmen das Leid in uns selbst und ineinander an, das Leid, das vor uns steht, all die Schatten und Gespenster der Vergangenheit, die uns bei dem Versuch, gemeinsam auf eine höhere Ebene aufzusteigen, umgeben. Ich entdecke dich, meinen Geliebten, ganz neu. Frei von Bewertungen. In Frieden. In Kommunikation. In Wachsamkeit. In Achtsamkeit. Und in einer ganz neuen Zärtlichkeit und Liebe.

Sag mir, große Sternengöttin, Nut, du, deren Leib sich nachts am Himmel ausbreitet, um den Hintergrund der Sterne zu bilden, du, die du dich jeden Morgen öffnest für Hadit, deinen Gefährten, den Gott der Sonne, der sich dir jeden Abend hingibt. Sag mir, Göttin, welches Gebet öffnet mich für die Blüte des Lotus meines Liebsten?

Mein Liebster! Jedes Kind hat seinen Stern. Und überall, wohin ich auch gehe, gehört dieser Stern zu mir. In der Abenddämmerung, wenn sich die ersten Sterne zeigen, gehe ich hinaus, um mit meinem Stern zu sprechen. Ganz natürlich bewege ich mich und öffne mich, um meinem Stern ganz nah zu sein. Leise und lächelnd tanzt er zwischen meinen Handflächen, und die

Milchstraßen flechten mir einen Kranz ins Haar. So oft ich kann, sitze ich still da. Ich freue mich an der Natur, ich bin mit den Bäumen, bin mit den Vögeln und Tieren. Sie sind sehr unschuldig, sie gehören noch zum Garten Eden. Ich verbringe mehr Zeit in der Natur und entspanne mich.

Mein Liebster! Das kleine Mädchen in mir träumt noch ganz fest ihren Traum von Liebe. Sie träumt von Liebe und Zusammensein. Sie träumt von Nähe und Geborgenheit. Sie träumt von einem Zuhause und der Zuflucht, die sie nehmen kann in deinem Herzen, wo sie nicht abgewiesen wird, sondern verstanden. Sie träumt vom Gefühlt- und Gesehenwerden von dir, ihrem Liebsten, und dem Angenommensein in deinen Augen. Dem Angenommensein in deinen Armen. Dem Angenommensein mit deinem ganzen Körper.

Mein Liebster! Du bist mein Stern! Du bist ein Stern in deiner eigenen Art und magst von mir als dem Mädchen träumen, das deinen ganz eigenen Traum von Liebe erfüllt. Es ist wie ein Zusammenkommen von dir und mir in einer ganz neuen Weise. Wie eine Versöhnung der Gegensätze. Wie ein Ausdehnen und Verschmelzen mit dem universellen Herzen. Ich lasse meine alten Definitionen von Liebe, Herz und Sexualität fortfallen, während ein neuer Raum von Liebe und Heilung sich öffnet.

Liebster! Ich betrete mit dir den duftenden Garten und werde mit dir die Geheimnisse der Liebe teilen. Dies ist der Garten der Wahrheit. Mein Herz und meine Brüste werden weit und kleine Flammen züngeln von meinem Geschlecht meine Schenkel entlang. Ich erlebe Liebe als hätte ich sie noch nie erlebt. Ich komme in eine Zeit der Unschuld in mir zurück, die vor jener Zeit liegt, als ich mich auf meine erste Liebe eingelassen habe. Mein heiliger Ort wird weit und offen, füllt sich mit Liebe und heißt dich in Liebe willkommen.

Liebster! Du nennst mich bei meinem wahren Namen, so dass ich aufwachen kann in Liebe und Mitgefühl. Nein, mein Herz wird dein Herz nicht verlassen. In allen Verwandlungen der äußeren Formen sind es mein Herz und meine Liebe, die bleiben.

B 98 Flieder/Rosa
Erzengel Sandalphon

Mein Geliebter!
Liebe bedeutet für mich, alles beiseite zu räumen, was mir unter Zwang auferlegt wurde. Liebe bedeutet für mich, meinem Liebsten das zu kommunizieren, worin ich abgelehnt wurde und es aus meinem inneren Schatten wieder in mein Bewusstsein zu bringen – mein Weiblichsein, als Mädchen und als Frau. Ich vertraue mich in meinem Schmerz deinem Herzen an, damit im Spiegel der Bewusstheit deiner und meiner Liebe alle Negativität, die an die alten Erlebnisse gebunden ist, gehen darf und neues Verständnis wächst. Liebe bedeutet für mich, zu meinem natürlichen Wesen zurückzukehren: zur Liebe. Liebe ist eine zweite Geburt.

Mein Liebster! Liebe ist uns verloren gegangen. Liebe ist keine Frage des Tuns. Sie ist für mich eine Herzensangelegenheit, ein Teilen von Herz zu Herz, ob Schmerz, ob Leid, ob Freude oder Lust – etwas, das über meinen Körper und meinen Verstand weit hinausgeht, etwas, das uns gemeinsam weinen und lachen lässt. Liebe ist nicht Prosa, sondern Poesie, nicht Mathematik, sondern Musik.

Liebe kann ich nicht *tun*, Liebe kann ich nur *sein*.

Die Heimat von Morgaine der Fee und den Priesterinnen weiblicher Spiritualität in England war die schöne Insel Avalon, die »Insel der Glücklichen«, das magische Land. Sie lag im westlichen Meer von England, als das Meer noch nicht das Land überschwemmt hatte. Die Priesterinnen der Insel waren berühmt für ihre Fähigkeit zu heilen. Sie blickten in die Zukunft und verfügten über Wissen aller Art. Morgaine war als die Repräsentantin der Großen Göttin sehr geachtet. So war es ganz natürlich, dass man ihr den sterbenden König Arthur anvertraute, nachdem er sein Schwert Excalibur der Dame vom See zurückgegeben hatte. Es war ihm nicht gelungen, die alte Religion der Göttin mit dem patriarchalen Christentum des einen

Gottes zu versöhnen. Es ist nur der Wind des Schicksals, der den Kurs zur Befreiung der Göttin und des Gottes in der Neuen Form bewirkt, bis die Transformation geschehen kann und das Ziel erreicht ist.

Mein Liebster! Nur mit liebenden Augen kann ich erkennen, was aus der harmonischen Einheit zwischen uns beiden herausgefallen ist. Das ist wie ein umfassendes Sehen der alten Priesterin in mir, ein Sehen dessen, »was ist«, auf meiner klaren Wahrnehmung gegründet. Dabei nehme ich größere Zeiträume und übergeordnete Zusammenhänge wahr, und ich erkenne die Beschränktheit menschlicher Urteile. Nur so können alle Wesen, die wir waren und sein werden, frei sein, damit sie ihre Rolle spielen können und auf der Bühne unseres Selbst zur rechten Zeit erscheinen. Dann kommuniziere ich das, was ich sehe und fühle, durch meine Worte, durch meine Hände, durch meinen Körper, durch meine Stille, in einer Weise, die niemanden und nichts verurteilt, nicht negativiert, sondern von Herzen sieht, was ist, und motiviert und inspiriert. Dies ist dann die Einsicht meines Herzens, meiner Liebe. Etwas Stilles, Lichtes, Liebevolles, konstruktiv, frei von Rechthaberei oder Dominanz.

Ich, Frau, bin die Göttin und die Königin der Nacht. Der Mond ist mein Führer. Meine Weisheit erblüht im Mondlicht und meine Leidenschaft folgt den Gezeiten der Ozeane. Ich bin die Beschützerin der rhythmischen Zyklen der Jahreszeiten. Ich verkörpere das, von dem alle Dinge kommen, und das, wohin alle Dinge zurückkehren. Im Licht des Tages erscheine ich als eine zarte Blume, aber im mysteriösen Sprudeln des Mondlichts überströmt mein Duft den ganzen Garten. Ich berausche all jene, die vorbeikommen mit der Stimmung für Liebe. Meine Nachricht ist: Sei berauscht, lass los, sei trunken von Liebe, weil darin alle Geheimnisse von Himmel und Erde liegen.

Und du, Mann, bist der Gott und König des Tages. Du verkörperst die Macht der Schöpfung. Du bist ein Bote der Sonne. Du bist der, der die Morgendämmerung heraufbringt. Du verbreitest deine goldenen lebenspendenden Strahlen, die jedes

Blatt berühren und liebkosen, jeden mit Tautropfen benetzten Grashalm, während du Wärme und Nahrung gibst. Du bist der Öffner der Samen, der Katalysator für körperliches und spirituelles Erwachen von jedem und allem innerhalb der Schöpfung. Verschwende deine Energien nicht mit Unbewusstheit. Finde die Sonne in deinem eigenen Körper und entdecke, wie du ihre Kraft weise einsetzen kannst. Sei der Wächter der Schöpfung, nicht ihr Zerstörer.

Mein Geliebter! Ich habe nun die Macht der Frau in mir gefunden. Und ich nenne sie mit Recht Liebe. Es brauchte und braucht Zeit, die Last abzuwerfen. Aber ich bin nicht entmutigt. Du bist bei mir, Geliebter, um mir zu helfen, indem du mir die Spiegelung meiner eigenen Macht zeigst. Denn ich bin für die Liebe geschaffen, nicht für die Abhängigkeit. Ich habe mich von der Welt und anderen Menschen abhängig gemacht, ihre Last hat sich über die Jahre an mich gehängt. Ich muss in dir, meinem Liebsten, die Liebe eines Mannes finden, um mich von dieser Last zu befreien. Aber jetzt ist die Zeit der Frau. Und du, Mann, der mich gebunden hat, bist jetzt hier, um das wieder gutzumachen und mir zu helfen, mich durch deine Liebe zu mir zu befreien.

Mein Liebster! Du bist auch mein Gefährte, der, mit dem ich durch alle seine Höhen und Tiefen gehe. Ich wachse durch meine Beziehung zu dir.

Pfad 21

Das Universum der Liebe

B 21 Grün/Rosa
B 99 Helloliv/Rosa

Die Natur der Liebe ist viel stärker als ich! Sie beherrscht mich in meiner ganzen menschlichen Natur!

Mutter Natur konfrontiert mich in meiner ganzen Nacktheit. Ich steige hinab in meine Tiefe, ich suche mich in meinem Inneren. Nur die Liebe ohne Einschränkungen meines inneren Wesens gibt mir wirklich Geborgenheit, jene Geborgenheit, die mich in den Armen der ganzen Schöpfung wiegt.

Ich begegne meiner eigenen Ganzheit und durch meine Ganzheit begegne ich der Ganzheit des Menschen, der mich liebt. Das ist ein Eintritt in die universelle Liebe, eine Liebe ohne Einschränkungen des inneren Wesens. Ich löse mich von unbewussten Vorurteilen, besiege meinen Hass, erhebe mich über meine Schuldgefühle, meinen Stolz und meine Eitelkeit. Aus der Natur der Liebe heraus werde ich selbst wieder neu geboren!

Der tiefste, unbewussteste, nahezu unberührbare Teil meiner selbst, ja, der Teil in mir, der am schwersten zugänglich ist, findet durch meine bedingungslose Selbstannahme so viel Liebe, dass mein Wesen in Harmonie und Gleichgewicht kommt. Ich drücke meine kreative Freude aus, denn ich kreiere mich selbst auch immer wieder neu. Ja, ich feiere mich selbst. Die Kraft meiner Liebe zu meinem Liebsten ist frei und wild. Meine innere Schönheit strahlt. Liebe ist der Nährboden, auf dem wir alle existieren!

Diese Sphäre verbindet die »Emotionale und sexuelle Verbindung miteinander« (Sphäre 9) mit dem »Materiellen Miteinander« (Sphäre 10).

Körperregion zum Auftragen
Füße, Beine, Unterleib, Herz und Brüste

B 21 Grün/Rosa
Neubeginn der Liebe

Geliebter!
Ich öffne mein Herz einem Neubeginn in der Liebe, denn nur Liebe wird mich heil und ganz machen.

Etwas in mir möchte sterben und losgelassen werden, so dass das Neue geboren werden kann. Mutter Erde kennt den Tanz des Sterbens und der Wiedergeburt im Wechsel der Jahreszeiten. Quält mich Angst vor dem Loslassen? Meine ich, ich selbst würde sterben, wenn ich nur ein einziges Stück von mir, das dem Neuen Platz machen muss, gehen lasse?

Mein Geliebter! Leben ist die Regenbogenspirale ewigen Werdens, ewigen Wachsens, des ewigen Sichveränderns. Immer wieder kehre ich zur Göttin zurück und gehe erneut wieder fort. Ein endloser Kreislauf. Ich atme tief ein und langsam wieder aus. Ich tue, wie mir geheißen. Ich gebe mein ganzes Unwilligsein, eine neue Erfahrung von Liebe zu machen, meine ganze Angst, mich als Frau einem Mann in meiner Liebe zu zeigen, meinen inneren Kampf, meine Fluchtgedanken in den Kessel der Göttin Cerridwen hinein. Alles, was sich für mich verändern soll, was ich loslassen will oder was sterben muss, werfe ich in ihren großen Kessel, der alles verwandelt. Ich gebe alles hin, drücke alles aus. Ich sehe den Weg nach vorn nicht, stecke fest. Soll ich um Aufmerksamkeit schreien oder mich zurückziehen in Angst? Ich berachte, wie Cerridwen den Kessel still rührt, einfach weiterrührt.

Sobald sie fertig ist, legt sie ihren Stab zur Seite und greift in den Kessel, um das herauszuholen, was ich hineingegeben habe. Sie setzt es neu zusammen. Es hat sich verändert. Es ist zu meiner Energie von Bewegung und Fortschritt geworden. Es hat sich verwandelt in meinen Mut, in mein Urvertrauen dahinein, dass Liebe die einzige Möglichkeit zur Revolution ist. Darin ist meine Verletzlichkeit, das Geschenk der Ehrlichkeit meines Herzens. Ich bedanke mich bei der Göttin.

Geliebte Große Mutter! Erdmutter. Du gibst dein Lebensblut der Welt. Von deiner Kraft werde ich erfüllt. Nimm meine Tränen, mein Leid und meinen Schmerz. Lehre mich, mutig zu sein, zu lieben und mit meinem Herzen voranzugehen.

Ich bin das Ende einer Kette unzähliger Vorfahren. Aus dem Dunkel der Zeit erscheinen meine Mutter und mein Vater und ihre Ahnen. Sie stehen hinter mir, die ganze endlose Reihe, und sie geben mir Kraft, heißen mich das Leben voranzubringen und meinen Beitrag zu leisten. Ich segne sie, danke ihnen, ehre sie. Ich befreie mich von ihrem Leid, ihrer Trauer und ihrem Schmerz, all dem, was sie an mich weitergegeben haben, und gebe es an dich, Erdmutter, zurück. Ich nehme das positive Erbe an. Ich durchbreche die Kette des Leides, so dass ich die Fackel weitertragen kann. In Dankbarkeit für all die Liebe meiner Familie, deren Kind ich bin. Ich bin das Ende und der Neubeginn!

Ich spüre meine Herzensfreunde, Weggefährten, Lehrer, Meister, Erleuchtete, jene Menschen, die an mich glauben, die zu mir stehen und mir geholfen haben, dorthin zu kommen, wo ich stehe, die mich sehen und mich darin unterstützen, meinen Weg zu gehen. Ich spüre sie, erkenne ihren Wert. Ich segne sie, danke ihnen, ehre sie.

Ich sehe die Menschen, die mir ein Vorbild sind, die den Weg bereitet haben für das Leben, das ich führe. Menschen, die an das Paradies glauben und mich daran erinnern, mir treu zu bleiben, immer wieder. Ich segne sie, danke ihnen, ehre sie.

Ich bin das Ende und der Neubeginn!

Mein Liebster! Ich sehe ein Licht im Himmel. Ich strecke mich hoch zum Licht, dem Gral, dem Licht, das die Welt erhellt. Ich kann nicht glauben, dass ich von der Natur der Liebe berührt werde. Ich stehe auf und tanze den Tanz meines Lebens aus der Tiefe meiner Weiblichkeit. Das Fleckchen Erde, auf dem ich tanze, erscheint mir wie eine Schlange, ich spüre eine Energie in mir aufsteigen. Ich tanze meine volle Leidenschaft, stampfe, schreie, singe und gebe allen meinen Gefühlen dabei Ausdruck. Ich bin mein ganzer Körper. Wild und kraftvoll zeige ich mich. Meine Kleider, meine Muster verschwinden, ich bin enthüllt, so, wie ich bin, fast nackt. Ich kehre zurück zu meiner Unschuld und Natürlichkeit und lasse mich mitreißen von den Rhythmen des Universums. Mein Blut pulsiert und mein Atem geht tief. Ich tanze so total, wie ich nur kann, tanze wie verrückt, meine Füße stampfen auf der Erde, meine ganze Energie ist beteiligt, und plötzlich kommt der Moment, in dem ich erlebe, dass der Tanz von selbst geschieht. Ich mache es nicht. Es ist Tun, ohne zu tun, und ich erkenne: Ich muss die Welt nicht verändern, um sie lieben zu können. Sie verändert sich, wenn ich liebe!

Geliebter! Du empfängst mich voller Vertrauen. Ich fühle deine Berührung, genieße die Anerkennung, die sich in deinen Händen und durch deinen Körper ausdrückt. Ich lasse es geschehen. Mein Körper fließt. Du kommst, um mich zu fordern. Du behandelst mich wie eine natürliche Frau. Ich wusste nicht, was mir wirklich fehlte, bis dein Blick mir half. Du zerstörst mein ganzes Besetztsein mit Gedanken, mein ganzes Tun und Machen, nur damit ich den Tanz der Liebe fühlen kann, den du jetzt mit mir weitertanzt. Jetzt zweifle ich nicht länger daran, wofür ich eigentlich lebe. Alles andere kann ich loslassen. Was machst du mit mir? Ich möchte nah bei dir sein, weil du mich so lebendig fühlen lässt.

Mein Geliebter! Ich bin zu einem hohlen Bambus geworden, einer Passage für die Liebe. Meine innere Flöte ist geöffnet. Alles verbindet sich miteinander. Ich bin, was ich fühle.

B 99 Helloliv/Hellrosa

Erzengel Tzadkiel

Geliebter!
Ich fühle die Trennung. Mein Getrenntsein vom Licht und mein Getrenntsein von dir.

Ich bin verletzt worden in Bezug auf meinen Willen, in Bezug auf das Fühlen des Weiblichen. Ich musste ein Ego aufbauen und jetzt wieder abbauen.

Mein Ich, mein Herz, meine Seele sind verwundet.

Das bedeutet Leiden, Reinigung.

Mit meiner Geburt hier auf der Erde erlebte ich erneut eine Trennung: von meiner Mutter und von der wahren Quelle der Schöpfung.

So muss ich neu beginnen und herausfinden, wer ich bin, und meine Liebe wieder entdecken. Ich muss beginnen, mein Einssein wieder zu finden, mein Einssein mit Mutter Erde, der Muttergöttin, mit dem Licht und mit dir.

Vielleicht ist es Teil des Prozesses, für eine Weile zu vergessen, wer ich war, und mich wieder daran zu erinnern, was ich brauche, welche persönlichen Bedürfnisse ich als Frau habe. Es ist eine sanfte Erinnerung.

Mein Raum ist geschützt und respektiert. Ich atme tief ein, und ich atme genauso tief wieder aus. Ich stelle mir einen Kreis um mich herum vor, so groß, wie ich ihn brauche. Ich gehe nach innen. Ich atme so lange ein und aus, bis sich ein Fenster in meinem Herzen öffnet. Und dann fülle ich diesen Raum um mich herum mit Liebe in jeder Form, mit allem, was dazu in meinem Inneren entsteht an Gefühlen, Bildern und lange verdrängten Wünschen. Liebe, die mich erfreut, mich beglückt, mich erregt und mir ein Wohlgefühl gibt. Dann gehe ich in die Mitte all dieser Liebe, hinein in den gefüllten Kreis, und nehme all diese Liebe in alle meine Zellen auf, bis in das Mark meiner Knochen, egal, ob ich meine, sie verdient zu haben oder nicht. Ich nehme sie auf und sehe, spüre und fühle genau, wie das für mich ist, wenn ich mit Liebe erfüllt bin. Ich bade in meinem Raum der Liebe, so lange, bis ich wirklich spüre, wie die Liebe für mich selbst in meinem Herzen tanzt, wie die Liebe für mich selbst durch meinen ganzen Körper zirkuliert.

Mit Geduld schaffe ich mir einen unendlichen Raum für mich selbst, bevor ich ihn mit dir, meinem Liebsten, teile.

Mein Liebster! Die Erde ist ebenso wie alles Lebendige ein Wesen mit einem Schicksal. Sie ist mit den Menschen verbunden, so, wie wir mit ihr verbunden sind. In ihrem Inneren ist ein Lichtzentrum, umgeben von einem Energiefeld. Es wird das Licht-Gitternetz der Erde genannt. Es trägt viele Punkte, die Kraftplätze der Erde bilden.

Mein Liebster! Wir mögen hier sein, um der Erde etwas zurückzugeben und uns für Zeiten zu revangieren, in denen wir von ihr genommen haben. Trennung gibt es nur in der Vorstellung.

Es ist eine Reise der Wiederkehr.

Die schlanke Sichel des neuen Mondes steht am westlichen Himmel über Avalon. Barfuß und gemessenen Schrittes geht die große Hohepriesterin des Alten Volkes den Passionsweg hinauf, der sich wie eine Spirale um den Berg windet. Zart ist sie wie Porzellan, aber in dieser Zartheit hat sie große Stärke. Ihre Lider sind gesenkt, und sie geht sicheren Fußes. Ein schillernder Lichtschleier umhüllt sie. Sie ist völlig natürlich und frei. Vor ihr erhebt sich der Ring der Steine. Die Sterne funkelten. In vielen Nächten ist sie den spiralförmigen Weg zum Gipfel des Berges hinaufgegangen, um dem Mysterium von Zeit und Raum im Kreis der Steine nachzuspüren. Sie sah neue Welten sich erheben und versinken.

Unter dem Himmel und zwischen den alten Steinen im Steinkreis feiert sie mit ihrem Siegestanz das Leben. Als die große Tänzerin umarmt sie es und genießt es in all seinen Aspekten. Sie bringt die beiden Enden des Regenbogens zusammen: das weiße Licht oberhalb von allem, das Maskuline, und das rote Licht von der Erde, das Licht des Weiblichen als tiefes Rot. Dies ist ein Punkt der höchsten Feier. Ihr Herz ist weit geöffnet und strahlt in die Welt.

Die Hohepriesterin ist die Herrin ihres eigenen Schicksals, die sich nichts von anderen befehlen lässt. Sie tanzt den Tanz des Lebens mühelos, voller Selbstvertrauen und Glauben. Sie muss nicht kämpfen.

Der Kreis ist vollendet.

Mein Geliebter! Bin ich die Tänzerin? Bin ich nicht auch eine Zuschauerin? Du siehst das Beste in mir und hebst mich hoch zu dem, was für mich zuvor unerreichbar war. Als Wanderin zwischen den Welten bin ich, während ich in deinen Armen liege, ein Samen der beharrlichen Pflanze. Mit meiner Reife und der Fülle meines Herzens werde ich schließlich dem Wind preisgegeben und verstreut.

Die Göttin ist die Tänzerin aller Tänzerinnen, die Meistertänzerin. Sie tanzt in jedem Blatt, in jeder Blüte, in jedem Regentropfen, in jedem Fluss, in jedem Pfau. Ihr Tanz ist überall – in jedem Mann und in jeder Frau.

Die Göttin hat diese Welt nicht erschaffen – sie ist diese Welt.

Die Flügel meiner Seele können nicht brechen.

Flaschen, die noch ohne Position im Lebensbaum sind

B 100 Klar/Tiefmagenta
B 101 Hellblau/Helloliv
B 105 Koralle/Koralle

B 100 Klar/Tiefmagenta

Erzengel Metatron

Geliebter!
Nur die Einheit von Vater Licht und Mutter Dunkelheit lässt das Universum in seiner Evolution voranschreiten.

Isis enthüllt ihr Geheimnis des unteilbaren, reinen Seins. Sie verleiht die beiden Schlüssel des Göttlichen Mysteriums: den Schlüssel zur Schau der einen Wurzel und Wirklichkeit allen Seins, des ewigen Lebens, und den Schlüssel zur Erkenntnis der Kreisläufe der Natur und der eigenen Wiederkehr mit Geburt und Tod. Bei allem Wechsel der Formen ist das innerste Wesen unwandelbar!

Mein Geliebter! Wäre Gott der Liebe mächtig gewesen, hätte die Liebe von Gott verlangt, dass Gott zu Adam und Eva sagt: »Bevor ihr irgendetwas anderes esst, denkt an die zwei Bäume. Esst, so viel ihr wollt, vom Baum der Weisheit und vom Baum des ewigen Lebens, damit ihr im gleichen Zustand der Unsterblichkeit sein könnt wie ich«. Aber Gott hält Adam fern von Weisheit, er will ihn unwissend halten, damit er unterlegen bleibt. Vielleicht war er ängstlich oder eifersüchtig, dass ein Adam, der vom Baum des ewigen Lebens isst, selbst ein Gott wird!

So trage ich also keine Göttlichkeit in mir, sondern Adam und Evas Ungehorsam. Ich bin eine Sünderin, ich bin verdammt. Diese Strategie von Gott zerstört meine Würde und reduziert mich zu einem Untermenschen. Ich kann mich nur selbst hassen. Früher oder später wirst du, Geliebter, der Mensch, der mir seine Liebe anbietet, meine Wahrheit herausfinden, – eine lange Kette von Ungehorsamsein und Sünden. Und dann wirst du mich zurückweisen. Um dieser Zurückweisung zu entgehen, ist es besser, dass ich von Anfang an deine Liebe zurückweise.

Liebe ist Intimität. Liebe bedeutet, sich näher zu kommen, zwei Körper, aber eine Seele. Ich habe Angst. Meine Seele? Die Seele einer Sünderin, belastet mit bösen Taten aus vielen Leben?

Doch ist mein Schmerz selbst gewählt. Es ist der bittere Trank, mit dem das Licht in mir mein krankes Ich heilt. Die zarte Hand des Unsichtbaren lenkt das Licht in jenem Becher, und obwohl er meine Lippen verbrennt, ist er mit den heiligen Tränen des Töpfers benetzt.

Geliebter! Meine Tränen lassen die Schale, die mein Verstehen umschließt, zerbrechen. Kann ich in meinem Herzen das Staunen über die täglichen Dinge des Lebens bewahren, so nehme ich die Jahreszeiten meines Herzens hin, wie ich stets die Jahreszeiten hingenommen habe, die über die Felder streifen. Und ich werde die Winter meines Kummers mit Heiterkeit überstehen.

Überall finde ich den Ausdruck der Urkräfte des Männlichen und des Weiblichen: als heiß und kalt, Sonne und Mond, Sommer und Winter, Jugend und Alter, Leben und Tod.

Geliebter! Es gilt das Gesicht, das Herz, den Körper und die Seele meines eigenen und deines Geschlechts zu erkennen und zu verstehen und mich zu öffnen für Verletzlichkeit und Mitgefühl. Es gilt Antwort zu finden auf die Frage, worin unsere Wurzeln begründet sind: in unseren Gaben und Talenten, unserer Fähigkeiten zu lieben.

Mein Geliebter! Mein König! Die feierliche Zeremonie der Heilung ist hier das Versprechen an mein Inneres Kind: »Meine liebe kleine Prinzessin! Ich liebe dich so sehr. Ich bade dich in Düften und salbe mit dem köstlichsten Öl deinen wunderbaren Körper. Ich gebe dir deinen kleinen Reichsapfel zurück, dein Geschlecht und dein kleines Zepter. Ich erlaube dir Kontakt mit all jenen Menschenkindern, die noch im Land des Spielens und der Träume zu Hause sind. Du bist die Prinzessin des Herzens, die mit allen lachen und weinen darf, die nicht perfekt sein muss.

Sei gewiss, meine Prinzessin, dass du in meinen Armen ruhst und in meine Arme kommen darfst, wenn dein Herz dir schwer wird. Ich höre dir zu, wenn du die Strenge deines Elfenbeinturms erfährst, der so sehr deine großen Fähigkeiten als kleine Frau fördert, mit denen du einmal vorangehen sollst und es auch schon beginnst – ich unterstütze dich von ganzem Herzen.

Das Land des Herzens und der Heimat der Seele ist weit, so unendlich weit. Alles hat darin Platz, was dein Herz begehrt. Ich liebe dich. Ich bin da für dich. Alles wird da sein zur rechten Zeit.

Göttin! Du hilfst mir erkennen, dass Tod und Geburt nur kleine Episoden auf dieser wunderbaren Reise der Seele sind, so dass alle Angst verschwinden kann – die Angst vor dem Unbekannten, die Angst vor der Dunkelheit, alle Ängste. Hilf mir, die Dunkelheit zu meinem Zuhause zu machen. Lass sie meine Mutter sein, die mich nährt, so dass ich ein Teil von ihr sein kann.

Mein Geliebter! Nichts verscheucht die Dunkelheit so gründlich wie das Licht der Liebe. Liebend erfahre ich, was Liebe ist. Aber die Menschen sind knauserig. Sie warten auf die große Liebe – erst dann werden sie lieben, sonst bleiben sie in sich gekehrt. Aber selbst auf der Straße, im Vorübergehen kann man liebevoll sein! Selbst zu einem Bettler kann man liebevoll sein. Lächeln kann man. Es kostet nichts. Lächeln öffnet das Herz, und je mehr ich liebe, umso mehr blüht mein Herz auf.

Liebster! Du bist ein Mann, Schöpfer und Bewahrer des Lebens. Du bist Stärke, Liebe, Kreativität und Schutz. Du ehrst, würdigst und anerkennst meine innere und äußere Schönheit als Frau. Du verneigst dich vor meiner Weiblichkeit und der Königin in mir. Du bist geboren, in meine Augen zu blicken und dich zu finden.

Ich bin eine Frau, Kelch des Lebens. Ich bin Fruchtbarkeit, Stille, Kraft und Liebe. Ich ehre, würdige und anerkenne deine innere und äußere Schönheit als Mann. Ich verneige mich vor deiner Männlichkeit und dem König in dir. Ich bin geboren, in deine Augen zu blicken und mich zu finden.

Jetzt, da ich die Liebe kenne, werde ich alle Dinge kommen und gehen lassen, so geschmeidig sein wie der Wind und alles, was kommt, mit großem Mut auf mich nehmen. Das Leben hat immer Recht! Mein Herz ist so offen wie der Himmel.

B 101 Hellblau/Helloliv

Erzengel Jophiel

Geliebter!
Es ist der göttliche Wille, dass sich die männlichen und weiblichen Kräfte des Universums und der Erde vollständig vereinigen und Frieden miteinander finden. Durch die alten Zeitalter hinweg waren beide Kräfte abwechselnd dominant oder passiv: Mann und Frau haben immer darum gekämpft, die Vormachtstellung zu erringen, um über die Erde und übereinander zu herrschen. Um die Welt im Gleichgewicht zu halten und um Frieden zu schaffen und zu erhalten, darf keine Kraft die andere beherrschen. Dies ist das Ziel.

In dieser Zeit jetzt befreien wir uns aus einer jahrtausendelangen Phase des Patriarchats, um die ursprüngliche weibliche Kraft wieder zu finden, die mit der Liebe des Herzens vorangeht, ohne durch Macht zu dominieren. Darin liegt die Hoffnung, dass beide Kräfte sich in Harmonie finden.

Das Göttliche bezeichnete man als ein Wesen in vollkommener Ganzheit, das in höheren Dimensionen existierte. Doch auf der Erde hat man das Göttliche als Wesen mit zwei Gesichtern wahrgenommen: als männlich und weiblich. Die weibliche Energie des Göttlichen wachte über Geburt, Kreativität, Ernährung und Liebe. Die Frauen verbanden sich mit der Göttin und den Qualitäten ihrer Empfänglichkeit, ihrer Sanftheit und ihrer Fähigkeit, schöpferisch zu sein.

Die männliche Energie wachte über Tod, Zerstörung, Evolution, Struktur und Logik. Die Männer haben sich eher auf die Götter ausgerichtet, die den Lebensfunken und den Samen in sich bargen und Dinge durch Gedanken und Handlung manifestierten. Männer waren rational, stark, beschützend.

Adam und Eva mussten das Paradies und damit ihre unbewusste Glückseligkeit verlassen. Erzengel Jophiel ist jener Erzengel, der ihnen zeigte, wie sie den Garten Eden verlassen konnten. Das Wort Paradies, »Para-deos«, ist griechischen Ursprungs und bedeutet »ein geschützter Ort«. Wenn Jophiel den Weg aus dem Garten von Eden heraus kannte, dann ist er vermutlich auch jener Engel, der den Weg zurück kennt.

Adam ist Mensch, und jeder Mensch gleicht Adam. Auch du, Geliebter. Jedes Kind lebt im Garten Eden, es ist glücklich, seine Augen sind noch klar, es ist noch nicht Mensch geworden, es ist noch unbewusst – das gehört zu seinem Wachstum. Es muss erst aus dem Garten Eden vertrieben werden. Dieser Schmerz gehört zum Wachsen. Man muss das Paradies verlieren, um es wiederzugewinnen und es bewusst zu erlangen.

Es war Evas Idee, vom Baum der Erkenntnis zu essen, und jede Frau ist eine Eva. Ich spreche als Eva, die dir, Geliebtem, den Apfel reicht. Ich initiiere den Schritt – das Weibliche geht voran und reicht dir den Apfel vom Baum des ewigen Lebens, dem Baum des Wissens und der Erkenntnis. Nimm ihn, koste ihn und iss ihn auf, werde Mensch, werde bewusst, damit wir gemeinsam die Reinheit unserer Intelligenz wieder finden.

Die Schlange war uns Menschen der erste Freund!

Der heilige Gral ist ein anderes Symbol der göttlichen Gegenwart, das uns einen Blick auf die Gnade und Schönheit der anderen Welt gewährt. Möglicherweise vereinen sich im Gral der heidnische Zauberkessel, der christliche Kelch des letzten Abendmahls und der Kelch, in dem das Blut Christi aufgefangen wurde. Der Gral ist allgegenwärtig, auch wenn nicht alle Menschen ihn wahrnehmen.

Obwohl die Ritter von König Arthur auf der Suche nach dem Gral viele Meilen zurücklegten, befanden sie sich auf einer inneren Suche.

Das Abenteuer meiner inneren Suche lenkt meine Entwicklung, bis ich mein Gefühl des Kleinseins vor dir und meine Ängste vor dir sprenge und das Licht einströmen kann. Mein Ich dehnt sich aus und löst sich zeitweilig auf, ich tauche in den Geist des Grals ein und nehme seine Mysterien auf. Geliebter! Ich verbinde mich mit dem Göttlichen und bringe mit mir das Licht der nährenden weiblichen Energie der großen Mutter der alten Religion. Die Göttin der Erde enthüllt mir, wer ich bin und was ich bin, um mich in Frieden und Freiheit auf dich zu beziehen.

Der Gral sprengt ebenso dein Kleinsein wie deine Ängste vor mir. Sein Licht und deine Gottheit im Himmel enthüllt dir, wer du bist und was du bist, so dass du dich in Frieden und Freiheit auf mich beziehen kannst.

Ich bin die Frau, so, wie ich alle Frauen bin, Geliebter. Alle Frauen durch alle Zeiten hindurch: Mutter, Schwester, Geliebte und Priesterin. Ich bereue alle Verletzung und Schuld, die ich angehäuft habe gegen das Männliche. Ich trage einen unsichtbaren Olivenzweig vor mir her, während ich dich besuche. Ich gehe durch die offene Tür. Ich lasse meine Traurigkeit hinter mir und vertraue. Ich nehme Kontakt auf zu meinem Körper und bitte ihn, mir zu übermitteln, was er fühlt. Ich akzeptiere meine Gefühle, würdige sie und gebe ihnen Ausdruck. Ich sage dir, was ich fühle. Ich mache mich verletzlich vor dir. Ich spreche mit dir. Ich sage, wie es ist. Und ich nehme deine Gefühle, die du mir zeigst, und ehre sie.

Nun fühle ich das Bittere zwischen uns als süß – und der Himmel ist blau. Unsere Herzen erwachen im Gewahrsein und der Erkenntnis, dass zwischen mir und dir kein Widerstreit bestehen muss, sondern Liebe und Freude sein kann.

Das blaue Band des Friedens kreiert eine andere Form von Bindung, Verbindung zwischen uns. Meine weibliche Kraft erkennt deine männliche, meine und deine unterschiedlichen Qualitäten gleichwertig anerkennend, mit allen Führungsqualitäten des Herzens.

Ist es sind nicht die Stille und der Frieden, Geliebter, die wir miteinander teilen und die die Tiefe und Harmonie schaffen, wenn unsere Seelen sich begegnen?

Du findest die Erde unter dir – die nährenden Aspekte der Mutter, des Weiblichen, die nährenden Qualitäten der Liebe.

Ich finde den Himmel über mir – die männliche Energie des großen Vaters, den Schutz des Männlichen und die schützenden Qualitäten der Liebe.

Es kommt ein Punkt, an dem man Logik und Vernunft hinter sich lassen muss, an dem man nur auf die Natur hören darf. Das ist das »höchste Verstehen«. Ich weiß es, ich fühle es – aber ich kann es nicht in Worten ausdrücken.

B 105 Koralle/Koralle
Erzengel Azrael

Geliebter!
Je mehr wir Frauen unsere weibliche Seite leben und sie kraftvoll in der Welt manifestieren, umso stärker kann die sinnlich erotische Frau, das innere Kind, die Heilerin und die Mystikerin in uns werden.

Mein Liebster! Es ist Zeit für dich, dem Mann, dir selbst, Raum für deine weiblichen Qualitäten zu geben: dein Fühlen, dein Übernehmen von Verantwortung für deine Gefühle, um sie mir konstruktiv mitzuteilen, und in der Konfrontation mit mir, der Frau, darin stand zu halten. Inzwischen lernt ihr Männer oder habt es gelernt, mit »starken«, also selbstbewussten Frauen, Frauen die als gleichwertig angesehen werden wollen, auf Augenhöhe, im Beruf klarzukommen. Die Frauen haben ihre männlichen Qualitäten entwickelt und sind, zusammen mit ihren weiblichen Qualitäten, oft dem Mann weit voraus. Du, der Mann, hast aber gerade auch die zweite Herausforderung, nach erfolgreichem beruflichem Wettbewerb, mit Frauen zu bewältigen, nämlich jene im privaten Bereich. Es geht darum, deine funktional orientierten Kräfte zusammen mit deinen fühlenden Qualitäten, verantwortlich eingebracht, in Liebe zusammen mit mir, der Frau, im Alltag konstruktiv zu nutzen!

Mein Gefährte! Viele Männer resignieren vor der Kraft der Frauen. Sie verlieren ihre Kraft vor dem wichtigsten Schritt, nämlich sich bewusst zu machen, dass sie alleine verantwortlich für sich sind, und ihr Alleinsein dann bewusst und in Liebe mit einer Frau zu teilen beginnen. Das ist nicht eine Frau, mit der sie sich retten können, sondern eine Frau, die sie lieben! Da braucht es Qualitäten von Klarheit, Respekt, Akzeptanz und immer wieder Bewusstheit und Hinschauen was gerade ist – um mit mir, der Neuen Frau, im Alltag umzugehen!

Die vielen verschiedenen Ebenen zwischen uns, mein Liebster, verlangen differenziertes Betrachten und vielschichtiges Fühlen. Es braucht meine Adleraugen. Ich frage mich: womit fühlst du dich wohl und womit nicht? Womit fühle ich mich wohl und womit nicht? Es ist eine Lernaufgabe für uns beide, sich dem anderen Geschlecht anders zu zeigen, als bisher gewohnt. Gefühle können nicht einfach so wegrationalisiert werden. Fühlst du dich ins kalte Wasser geworfen? Ich bin alles andere als bequem, und jeder Mann mag es gerne bequem! Der nahe Kontakt mit dir lässt mich aber auch mein Verhalten überdenken, und ruft innere Prozesse von Zweifel in mir hervor. Wo mache ich Fehler und löse Reaktionen in dir aus? Welche emotionalen Räume biete ich dir und welche emotionalen Räume biete ich dir nicht? Unsere Kommunikation muss verbessert werden, damit wir ruhiger werden. Ich bemühe mich, dabei weich und rezeptiv zu bleiben.

Mein Liebster! Wenige Männer lieben wirklich Herausforderungen, bei denen wir, die Frauen, in unserer Wahrhaftigkeit und Echtheit die Herausforderer sind. Aber wir Frauen geben den

Männern hier auch die Möglichkeit der Anpassung. Es braucht immer wieder Kraft und Ruhe, um die Dinge ohne Groll zu betrachten, und zu fühlen, wo die wirkliche Bedeutung unserer Verbindung liegt. Manchmal sind die Dinge nicht so, wie sie scheinen.

Azrael ist der Todesengel, der »ewig in ein dickes Buch schreibt und ewig ausstreicht, was er schreibt«. Was er schreibt, ist die Geburt des Neuen Menschen, was er ausstreicht, ist der Name des »Alten Menschen«.

Übergänge: In schlaflosen Nächten, wenn ich in Sorge bin und trauere, wenn ich mich im Bett wälze und keinen Frieden finde, keine klare Lösung habe, besänftigt Erzengel Azrael meinen ruhelosen Geist und hilft mir zu schlafen. Ein ausgeruhter Geist und Körper sind stärker.

Der Zustand zwischen Wachen und Schlafen. Was liegt dazwischen? Der Zustand zwischen Lebendigsein und sich selbst abgetötet haben. Was habe ich in mir selbst abgetötet, weil es mir unerträglich war? Welche Botschaften tauchen dazu in meinem Inneren auf?

Azrael befreit mein Herz von Schwere, öffnet meine Augen, so dass ich die Segnungen erkennen kann, die diese Situation bereithält. Er gibt mir das Vertrauen, dass du, mein Liebster, trotz aller Widrigkeiten mir nahe bist. Azrael beschützt uns beide. Ich lerne durch deine Augen sehen, und du lernst durch meine Augen sehen. So erlangen wir ein besseres Verständnis vom Standpunkt des anderen.

Mein Gefährte! Was halten wir voreinander verschlossen? Was verstecken wir in unserer inneren Höhle, verdrängen es, weil es einmal verdrängt wurde vor einer anderen Frau, einem anderen Mann, vor dem Vater, der Mutter- oder einfach, weil wir den Schmerz nicht fühlen wollten? Was habe ich in mir tot gestellt, vielleicht um es vor Verletzungen zu schützen, vielleicht weil die Zeit noch nicht reif war es hervorzubringen, vielleicht weil ich erst andere Dinge in meinem Leben voranbringen und in die Reife zu führen hatte?

Ich wünschte Du tätest nicht so, als hättest du dich und dein Leben so im Griff. Was hast du in dir abgetötet, weil es dir unerträglich war? Was war es, dass dich veranlasst hat, hart und stark zu sein im gnadenlosen Konkurrenzkampf dieser Welt?

Mein Bester! Es ist da ein Schatten in uns – in dir ein anderer als in mir – etwas was in uns ist und nicht anerkannt wird, etwas was unterdrückt wurde und negiert, etwas zu dem wir bisher nein sagten! Ich möchte etwas ganz machen. Ich habe das Bedürfnis, einfach zu sein, nahe zu sein, für mich selbst da zu sein und genauso für dich.

Erkennst du in mir das, was du vergessen glaubtest, tief begraben unter deiner Trauer? Es ist Liebe. Ich verstehe dich und in dir jene Stimme die lauter, heller und zarter klingt als der Rest. Ich reiche dir meine Hand, und du ergreifst sie. Ich bin hier und teile dein Schicksal und deine Erfahrungen. Ich bin etwas Wertvolles und traue mir die Dinge zu. Liebe handelt. Ich halte das Feuer am Brennen. Ganz pragmatisch im Alltag. Es geht darum, zwischen uns ein gemeinsames Einverständnis zu finden. Eine Verpflichtung in Liebe und aus Liebe.

So viel kann gar nicht schief gehen. Wenn wir uns unsere menschliche Ebene erhalten, ist es egal, wie wir uns gerade einander präsentieren – die Seelenebene ist stets da und kann nicht gelöscht werden.

Es ist Liebe in Aktion. Ich denke, Liebe ist die größte Grenzüberschreitung, die es gibt.

Die Pomander

Auswahl

Pomander wirken, indem sie den Teil in uns unterstützen, der sich wohl fühlt. Pomander reinigen und schützen die eigene Aura. Wenn das Wohlbefinden gestärkt wird, kann Unwohlsein auf sanfte Art gelöst werden.

Pomander enthalten 7 mal 7, also 49 Kräuter, die für ein Jahr in Alkohol gelegt wurden, damit sie ihre Energie und ihre Duftessenzen abgeben.

Jeweils sieben Pflanzen werden durch ihre Farbsignatur einem der sieben Chakren zugeordnet. So entsteht die Gesamtzahl 49. Der weiße Pomander enthält 7 x 7 Pflanzen in einem ausgewogenen Verhältnis. Jeder der farbigen Pomander enthält alle 49 Heilpflanzen. Entsprechend der Farbe, die dem jeweiligen Chakra oder Körperbereich entspricht, werden genau jene 7 farblich entsprechend blühenden Heilpflanzen als Duftnote in den Vordergrund gebracht. Die Pomander enthalten zusätzlich Energien von Edelsteinen und Kristallen entsprechend ihrer Farbe und Energien aus dem Reich von Licht und Farbe.

Während die farbigen Öle der Aura-Soma-Flaschen direkt auf den Körper aufgetragen werden, unterstützen und stimulieren die Pomander die Wirkung der Öle, während sie direkt auf das energetische Feld um den Körper herum, das durch Wärme oder Energie fühlbar ist, bis in den Körper hinein, wirken. Sie unterstützen so die Wirkung der Öle.

Als Auswahl der Farbe des Pomanders dient die untere Farbfraktion der gewählten Aura-Soma-Flasche, oder es ist der ausgewählte Pomander zu der eigenen 4-Flaschen-Wahl aus der Aura-Soma-Beratung. Man kann den Pomander jeder Farbe wählen, die man für sich als angenehm empfindet. Bei den Pomandern spielt die Duftvorliebe eine besonders wichtige Rolle, nach der man sich die passende Farbe auswählen kann.

Die Pomander werden durch ihre Anwendung nicht individualisiert wie die Aura-Soma-Farböle, sie können mit anderen Menschen geteilt werden.

Der Weiße Pomander

Er bringt Licht, eine klare Wahrnehmung und erneuert. Er wirkt ganz besonders reinigend und klärend von allen Fremdeinflüssen, lädt das Licht der Liebe auf die Angelegenheiten, die Liebe und Klarheit benötigen.

Der Rosafarbene Pomander

Er unterstützt darin, sich selbst in allen Qualitäten und Mustern annehmen zu können und fürsorglich und liebevoll mit sich selbst umzugehen. Er bringt Wärme und Liebe, die mit dem geliebten Menschen geteilt werden können.

Der Tiefrote Pomander

Er schützt sehr tiefgreifend vor allen Fremdeinflüssen: anderen Menschen, Situationen, Lebensumständen, die Energien rauben. Er hilft, bei sich selbst und in der eigenen Kraft zu bleiben, und stellt die Füße auf die Erde. Er macht in Liebesdingen realistisch und energetisiert den Körper, die Gefühle und das Denken.

Der Rote Pomander

Er energetisiert die Sexualorgane bei Müdigkeit und Erschöpfung, erdet nach Meditationen, Massagen etc., unterstützt und aktiviert den eigenen Antrieb. Er unterstützt den Kontakt zur eigenen Energie.

Der Korallene Pomander

Er hilft, jene Dinge, die sich zeigen wollen und nach Ausdruck verlangen, wahrzunehmen, anzunehmen und aufzulösen. Unerwiderte Liebe beginnt bei jedem Einzelnen. Er unterstützt das Gewahrwerden und Loslassen von Verletzungen, die mit der Liebe oder dem Frausein/Mannsein zu tun haben, und öffnet für ein neues Gefühl von Gemeinsamkeit.

Der Orange Pomander

Er hilft, Erlebnissen, die mit Schock, Trauma, Grenzüberschreitung, Missbrauch mit körperlichem, emotionalem, mentalem oder spirituellem Ursprung zu tun haben, Eingriffen in das eigene Leben, Operationen, also allen Erlebnissen, die dann möglicherweise intensive Abhängigkeitsmuster in Liebesdingen geprägt haben, zu begegnen und sie aufzulösen. Er unterstützt dabei, die Dinge wieder zusammenzubringen, in sich zu ruhen und eine freudvolle Ich-Du-Beziehung zu kreieren.

Der Goldene Pomander

Er erinnert an den eigenen Selbstwert, jenen Kern im Inneren, der ewig ist und sein wird, und er nährt den essenztiellen Licht- und Bewusstseinsanteil in uns, der sich auf einer tiefen Ebene selbst kennt. Er löst unbenennbare Ängste, tiefe Verwirrungen und Süchte, mit denen wir der Konfrontation mit Problemen ausweichen wollen, und ermöglicht Erfüllung und tiefe Freude.

Der Gelbe Pomander

Er weckt die Frische des Geistes, die Spontaneität der eigenen Gedanken, Gefühle und körperlichen Impulse. Er macht beweglich, flexibel, gibt Leichtigkeit und Elan, zerstreut depressive Tendenzen und bringt eine Prise Humor in die Liebe und das Leben. Er löst benennbare Ängste und Verwirrung auf, bringt in Kontakt zum eigenen Selbstbewusstsein und hilft, Grenzen zu erkennen und zu setzen.

Der Olivgrüne Pomander

Er löst Ängste vor männlicher Autorität, hilft, auf das eigene Herz zu hören, Verbitterung und Verhärtung in sich selbst wahrzunehmen und loszulassen und den Mut aufzubringen, aus den eigenen Wahrnehmungen und Herzensgefühlen heraus aktiv zu werden. Er unterstützt den Mut, mit weiblichen Qualitäten die Führung in einem Liebeskonflikt zu übernehmen.

Der Smaragdgrüne Pomander

Er hilft, sich dafür zu öffnen, sich in der Liebe den notwendigen Raum zu nehmen und die eigene Herzenswahrheit zu erkennen. Er unterstützt reale Gefühle und Handlungen jenseits der Konzepte des Kopfes. Er kann eine neue Wahrnehmungsfähigkeit und einen Neubeginn mit sich bringen.

Der Türkisfarbene Pomander

Er bringt die Kreativität der Herzensliebe in Bewegung und erleichtert es, seine Gefühle spielerisch und kreativ durch die Kommunikation des Herzens auszudrücken, so, wie man seinen ganz individuellen Ausdruck über Stimme, Worte, Sprache, Bilder, körperlichen Ausdruck, Bewegung etc. entwickeln möchte. Er stärkt die Fähigkeit, Verantwortung für Gefühle und Handlungen in Liebesdingen zu übernehmen und die eigene Individualität zu entwickeln.

Der Saphirblaue Pomander

Er vertieft den inneren Frieden mit vergangenen Liebesbeziehungen und das Vertrauen in sich selbst sowie die Empfänglichkeit dafür, dass man den Partner braucht und mit ihm nährende und schützende Liebe anzieht. Er hilft in Übergangssituationen und in Situationen des Rollenwechsels und unterstützt das Vertrauen in die eigene gesund fließende Lebensenergie.

Der Königsblaue Pomander

Er hilft dabei, die eigene Isolation, das Gefangensein in sich selbst, zu überwinden und beziehungsfähig zu werden. Er öffnet die Sinne und die Feinfühligkeit und verstärkt so die sinnliche Wahrnehmung, das Sehen, das Fühlen, das Schmecken, das Riechen, das Hören. Zusätzlich unterstützt er die intuitive Wahrnehmung und dadurch Einsicht, Verstehen, Mitgefühl und Einfühlungsvermögen.

Der Violette Pomander

Er befreit Denkprozesse und hilft, die Brücke über den Kummer zu finden, die Verantwortlichkeit für sich selbst und die eigenen Bedürfnisse in der Liebe zu übernehmen. Er öffnet die Wahrnehmung für die Qualitäten von Gewahrsein, Achtsamkeit und Respekt sich selbst und dem geliebten Menschen gegenüber. Er unterstützt eine meditative Haltung und Transformationsprozesse.

Der Magentafarbene Pomander

Er bringt Aufmerksamkeit für die kleinen Alltagsdinge und den Wunsch, sie mit Liebe und Sorgsamkeit zu verrichten. Dabei ist es gleichgültig, ob es sich um Erledigungen oder Verhaltensweisen gegenüber dem Partner oder anderen Menschen handelt, die nicht in Gewohnheit oder Unbewusstheit versinken sollten, sondern als Sorgfalt und Wertschätzung in Liebe in Erscheinung treten.

Anwendung

Man gibt drei Tropfen des gewählten Pomanders auf die linke Handfläche, bringt die rechte Hand darüber und verreibt die Tropfen zwischen den beiden Handflächen.

Dann werden die Energien der Farben, Kristalle und Heilkräuter hinausgesendet in die Welt. Wir lassen sie aus unserer linken Hand als energetisches Lichtband der entsprechenden Farbe herausfließen, einmal um den ganzen Planeten Erde ziehen, und empfangen diesen Lichtstrahl wieder mit unserer rechten Handfläche. Nun werden die Hände über den Kopf gebracht. Man streicht den Duft des Pomanders in sanften kreisförmigen Bewegungen mit den Händen in das energetische Umfeld oberhalb des Kopfes, streicht dann über den Hinterkopf und den Nacken, von oben nach unten über das Hinterhauptsloch, die psychische Pforte, und klärt dort all jene Dinge, die sprichwörtlich hinter uns liegen, also vergangen sind, und von denen man sich lösen möchte.

Als Nächstes werden die Hände in kreisförmigen Bewegungen weiter über die Schläfen, die Tempel der Wahrnehmung, geführt, damit sich hier die Tore für eine erweiterte Wahrnehmung öffnen können. Nach dem Zusammenlegen beider Hände über dem Kopf bringen wir dann die zusammengelegten Handflächen hinab durch das Stirnzentrum bis zur Kehle. Dort öffnen wir sie wieder und bewegen sie über dem Kehlzentrum – die Kommunikation klärend, ein sanftes Streichen in der Aura. Dann gehen wir weiter, bis wir über dem Herzen sind, wo wir für eine Weile verweilen. Dann gehen wir in großen, kreisenden Bewegungen, die beide Hände parallel zueinander ausführen, weiter in unserem Energiefeld über die inneren Organe – Solarplexus-Chakra, Hara, Basis-Chakra – und die Beine entlang bis hinunter zu unseren Füßen. Dann geht es weiter über unsere Füße bis hinab zu Mutter Erde. Wir bitten sie, dass sie das annehmen möge, was wir ihr anzubieten haben.

Nun richten wir uns wieder auf, führen unsere Hände vor dem Körper wieder hoch und bringen die Hände in einer abschließenden Geste zusammen, um den Duft des Pomanders dreimal tief einzuatmen. Diese Atemzüge beschließen unser Ritual zur Klärung und zum Schutz der eigenen Aura.

Wenn man sich an öffentlichen Orten befindet und den Pomander unauffällig anwenden möchte, gibt man drei Tropfen auf die linke Hand, verreibt sie mit der rechten Hand und fährt dann im Abstand von einigen Zentimetern über den Kopf und um den Körper.

Die Quintessenzen

Auswahl

Meister-Quintessenzen wirken auf einer höheren Ebene als Pomander. Die Wirkungsweise der Meister-Quintessenzen ist öffnend, also bewusstseinserweiternd. Man trägt sie auf den Puls auf.

Meister-Quintessenzen schützen uns und verbinden uns mit der kosmischen Führung.

Die Quintessenzen sind »feiner« in ihrem Duft als die Pomander und auch feinstofflicher. Farblich sind sie ebenfalls heller und durchscheinender.

Die Quintessenzen stehen in Bezug zu den Meister-Flaschen, und sie tragen dieselben Namen wie die Meister-Flaschen. Die Strahlen oder Energien der Meister werden mit Hilfe des Sonnenlichtes wie auch energetisch von Pflanzen und Mineralien in der entsprechenden Farbe aufgenommen.

Die Meister stehen nicht zwischen uns und der Quelle. Es ist eher so, dass sie das Fließen der Energie von der Quelle zur Schöpfung erleichtern. Wenn wir eine Quintessenz benutzen, können wir auch bitten, dass uns die Energie von der Quelle auf einem ganz spezifischen Weg zufließen möge, ähnlich wie bei einer Anrufung.

Das Benutzen einer Meister-Quintessenz entspricht der Bereitschaft, uns für das eigene Meistern eines ganz bestimmten Bereiches der Erfahrung von Liebe und Bewusstheit zu öffnen, um diese Qualitäten in unser Leben fließen zu lassen.

Auch in den Meister-Quintessenzen sind 49 Kräuterauszüge enthalten. Die Blüten sind in noch feinstofflicherer Form als in den Pomandern. Es sind Pflanzenauszüge in Alkohol und essentielle Öle, die zusammen den Duft ausmachen. Auch in den Quintessenzen sind die Energien von Edelsteinen, entsprechend ihrer Farbe, enthalten.

Die Auswahl der passenden Meister-Quintessenz geschieht auch hier nach der Farbe der unteren Hälfte der gewählten Aura-Soma-Flasche. Wenn diese Flasche eine Meister-Flasche ist (B 50 bis B 64), dann ist natürlich die ebenso benannte Meister-Quintessenz die richtige. Jener Meister, der am Ende dieses Strahls diese feine Lichtenergie »meistert«, ist dann der dazugehörige Meister als Quintessenz für das aktuelle Lebensthema.

Anwendung

Man gibt drei Tropfen der gewählten Essenz auf den Puls des linken Handgelenks, legt den Puls des rechten Handgelenks darüber und verreibt dann die Essenz mit beiden Handgelenken.

Nun werden die Arme nach oben über den Kopf gebracht, um die Energien in die Welt hinauszusenden. Dabei spüren wir von unseren Schulterblättern ausgehend nach den Engelsflügeln, die wir uns in den Achselhöhlen als eine fedrige Substanz vorstellen können, bis hinein zu den Flügelspitzen in den Fingerspitzen. An diesem Punkt rufen wir die höchsten Qualitäten der gewählten Farbe an. Mögliche Anrufungen stehen unter den folgenden Beschreibungen zu den Quintessenzen. Während wir das tun, können wir uns unsichtbare Fingerspitzen aus der lichten Welt vorstellen, die die unsrigen berühren. Dann geben wir mit Bewegungen unserer Arme, die das Kreuzen der Handgelenke ermöglichen, die Quintessenz wie mit eigenen Flügelschlägen in unseren Lichtkörper ein. Damit bringen wir die zwei Seiten unseres Energiefeldes zusammen. Wir öffnen und schließen die Flügel, beginnen damit oberhalb unseres Kopfes und fahren dann fort vor der Stirn, die Handgelenke kreuzen sich nun über jedem Energiezentrum, bis hin zum Feld über dem Hals und hin zum Herzen, wo wir verweilen. Wenn es sich richtig anfühlt, gehen wir mit den Armen weiter den ganzen Körper an der Vorderseite hinunter, über den Solarplexus, das Hara, das Wurzel-Chakra, hinab zu Mutter Erde.

Dann, die Hände in einer Rückwärtsspirale bewegend, einer einwärts drehenden kontinuierlichen Kreisbewegung, bringen wir die Hände entlang der Vorderseite des Körpers wieder nach oben und senden die Energien in einer öffnenden Geste oberhalb unseres Kopfes nochmals hinaus in die Welt. Schließlich bringen wir die Handflächen wieder vor der Stirn zusammen und atmen den Duft der Meister-Quintessenz dreimal ein – tief hinein in unseren inneren Tempel.

Blau und Hellblau

Hellblau – El Morya

Die Anrufung ist »Der höhere Wille möge durch mich geschehen«. Ich öffne mich dafür, Frieden zu schließen und empfänglich zu werden. Ich mag mehr und mehr ein Gefühl dafür entwickeln, die nährenden und schützenden Qualitäten der Liebe zu erforschen und zu leben.

Gelb und Hellgelb

Hellgelb – Kuthumi

Die Anrufung ist »Komm zu mir«. Ich lade die positiven Energien, Freude, Leichtigkeit und Klarheit in der Liebe zu mir ein. Mein Selbstbewusstsein ist stark und stützt mein Vertrauen in meine Herzenskommunikation (besonders die mentale Kommunikation) in jenen Liebesverbindungen, die bereits bestehen oder die ich gerade knüpfe.

Rosa, Hellrosa und Königsblau

Hellrosa – Lady Nada

Die Anrufung ist »Ich verschenke meine Liebe dahin, wo sie angenommen wird, und erhalte sie mannigfaltig zurück«. Die Liebe und Nähe zu mir selbst, eine wissende und sehende Liebe ist die größte Voraussetzung dafür, mein Gegenüber lieben und annehmen zu können, so, wie es ist.

Hellgrün und Grün

Hellgrün – Hilarion

Die Anrufung ist »Ich gehe meinen Weg, lebe meine Wahrheit und liebe das Leben«. Meine eigene Identität braucht manchmal Raum und Öffnung für Neues, mehr Nähe zu mir selbst, mehr Bewegung als Starre, mehr klare Richtung, etc. Ich trenne mich von Glaubenssätzen, die mit meinem Festhalten an Angst zu tun haben und äußere Sicherheiten kreieren, um frei dafür zu sein, von Herzen zu lieben.

Klar

Klar – Serapis Bey

Die Anrufung ist »Ich löse mich von den Spinnweben der Vergangenheit und werde klar«. Ich sehe meine vergangenen Erfahrungen von Liebe in neuem Licht und löse mich von meinem Leiden. Ich fange neu an und sehe Licht und Gewahrsein in dem Menschen, den ich liebe, und vertraue mich ihm neu mit meiner Liebe und meinem Bewusstsein an.

Rot

Tiefrot – Christus

Die Anrufung ist »Meine Kraft der Liebe rebelliert gegen alles, was nicht Liebe ist«. Ich nehme Liebe als meine Stärke an, nicht als meine Schwäche, und löse mich von meinen Opferrollen der Vergangenheit. Zerstört werden kann nur das, was nicht Liebe ist.

Violett und Hellviolett

Hellviolett – Saint Germain

Die Anrufung ist »Mit meiner Liebe kreiere ich Freiheit, Gleichheit und Gemeinschaft«. Liebe bedeutet, den Bewusstseinswandel anzunehmen, der mit ihr und durch sie geschieht. Selbst wenn sie manchmal Kummer und Verlust mit sich bringt, ist sie ein Heilungsprozess; ein Prozess, der hin zum eigenen Ganzwerden führt.

Tiefmagenta und Magenta

Hellmagenta – Pallas Athene und Aeolus

Die Anrufung ist »Meine Liebe bringt Schönheit und Harmonie in den Alltag«. Die Kunst, mein Leben zu führen, Liebe zu leben und zu teilen bedeutet, meinem inneren Weg zu folgen, die richtigen Zeitpunkte zu erfühlen, die richtigen Orte aufzusuchen und dem Partner in der rechten Weise zu begegnen, da ich an meine innere Schönheit und die Schönheit des Lebens und der Liebe glaube.

Rosa und Hellrosa

Hellrosa – Orion und Angelika

Die Anrufung ist »Mit meinem Herzen begrüße ich die Morgenröte und ehre die Abenddämmerung. Liebe begleitet meine Reise durch jeden Tag und jede Nacht«. Mit frischen Augen, unschuldig wie ein Kind, ganz weich und empfindsam, lasse ich die Angst los, dass Liebe und Nähe jetzt denselben Zwang auf mich ausüben wie in meiner Kindheit.

Gold

Gold – Lady Portia

Die Anrufung ist »Liebe ist Veränderung. Ich verurteile niemanden, so, wie ich nicht verurteilt werden möchte. Liebe bedeutet gerecht zueinander zu sein«. Ich mache meinen Kopf leer von bewertenden Gedanken. Ich lade mich selbst dazu ein, mich ohne Bewertung klar in meinen guten und schwierigen Seiten zu erkennen und meine Selbsterkenntnis wertneutral und klar zu formulieren.

Orange

Hellorange – Lao-Tse und Kwan-Yin

Die Anrufung ist »Ich bin still und weiß in Liebe, wer ich bin«. Der Schmerz der Liebe bleibt, wenn wir in der Vergangenheit weilen, statt die Muster hinter dem Verschlossensein zu klären und aus dem Bauch heraus neu zu handeln.

Koralle

Hellkoralle – Sanat Kumara und Lady Venus Kumara

Die Anrufung ist »Göttlicher Vater und Göttliche Mutter, beschenkt mich mit Liebe«. Ich bringe mich in die Mitte mit jenen Mustern und der Art, wie sich Vater und Mutter auf mich bezogen haben, was nun die Muster prägt, mit denen ich mich vor meinem Partner schütze oder mich auf ihn beziehe. Ich bin die Neue Frau und liebe den Neuen Mann.

Türkis und Helltürkis

Helltürkis – Maha Chohan

Die Anrufung ist »Mein eigenes Herz ist mein größter Lehrer und Meister«. Ich begegne mir selbst und meinen Gefühlen ehrlich, bevor ich sie ausdrücke oder schweige. Liebe und Beziehung baue ich von meinen Gefühlen her auf, zu mir, zum »Du«, zur Natur, zu allem.

Grün

Smaragdgrün – Djwal Khul

Die Anrufung ist »In der Wahrheit meines Herzens schließe ich keine Kompromisse«. In meiner Lebensaufgabe darf Liebe nicht etwas sein, das mich behindert. In meiner ehrlichen Suche bin ich die Gefährtin in Liebe, wie ein ziehender Stern. Du bist mein Gefährte der Liebe, wie ein ziehender Stern, so lange der Magnetismus unserer gemeinsamen Liebe unsere Bahnen nahe beieinander hält.

Oliv und Helloliv

Helloliv – Der Heilige Gral und der Solar Logos

Die Anrufung ist »Liebe kommt zu mir in den höchst unerwarteten Momenten«. Mein Mut, mich mit meinem Herzen und meinen Gefühlen zu offenbaren, ist eine Stärke. Mein Vertrauen in das Mysterium der Liebe füllt mich wieder und wieder mit der Erwiderung von Liebe und dem Licht der Bewusstheit.

Die ArchAngeloi-Essenzen

Auswahl

Die ArchAngeloi-Essenzen sind erst vor kurzem bei Aura-Soma entstanden.

Sie unterstützen uns, unsere Gaben und die Geschenke der Liebe leichter zu entdecken und zu entfalten. Sie wirken auf den Ätherkörper, wecken unsere Erinnerung und rufen unsere ursprünglichen Absichten ab. Jede einzelne Essenz inspiriert mit ihren spezifischen Qualitäten dazu, ein lichterfülltes Wesen zu werden und das Liebespotential kreativ zu entfalten.

ArchAngeloi-Essenz Michael
öffnet das Herz und hilft, Ängste loszulassen

ArchAngeloi-Essenz Gabriel
fördert die Fähigkeit, aufrichtig zu sich selbst zu sein

ArchAngeloi-Essenz Raphael
bringt Frieden und ein Gefühl von Wohlsein und Ganzsein

ArchAngeloi-Essenz Uriel
fördert die Klarheit intuitiver Wahrnehmung

ArchAngeloi-Essenz Sandalphon
klärt Themen von Abhängigkeit und Gemeinschaft

ArchAngeloi-Essenz Tzadkiel
kreiert ein neues Verständnis in der Liebe

Archangeloi-Essenz Metatron
hilft, neue Qualitäten und Potentiale in sich zu stärken

Archangeloi-Essenz Jophiel
bringt Wahrnehmung von größerer Wahrheit und Harmonie

Anwendung

Bilde mit deinen Armen eine empfangende Geste, wie eine Schale. Sprühe dann aus deiner rechten Hand mit der ArchAngeloi-Essenz über deine linke Schulter, über deinen Kopf und über deine rechte Schulter. Bewege dann deine beiden Arme wie Engelsflügel durch dein Energiefeld und verweile mit gekreuzten Handgelenken vor dem Herzen, bevor du weiter den Körper hinuntergehst. Sitze danach eine Weile still und erlaube der Essenz vollständig von deinem Energiefeld aufgenommen und integriert zu werden.

Die praktische Anwendung von Aura-Soma-Essenzen

Du bist die Farben, die du wählst.
Vicky Wall, Gründerin von Aura-Soma

Einzelberatung

Zur Auswahl von Aura-Soma-Flaschen kann man eine entsprechende Beratung bei einem/r ausgebildeten Aura-Soma-BeraterIn oder Aura-Soma-LehrerIn in Anspruch nehmen. In dieser nichteingreifenden selbstwählenden Seelentherapie, die Aura-Soma darstellt, wählen Sie vier Aura-Soma-Flaschen aus, durch die sich Lebenssituation, Vergangenheit, Gegenwart und Zukunft enthüllen. Sie können sich allein mit einem Partnerschaftsthema oder dem Anliegen, einen Partner zu finden, in eine Aura-Soma-Beratung begeben. Man kann auch in mehreren aufeinander folgende Beratungen feststellen, dass die Themen bereits benutzter Aura-Soma-Flaschen verarbeitet wurden und nun neue Aspekte auftreten, durch die man sich noch weiter für das Leben und die Themen der Liebe öffnen kann. Der eigene Weg durch die Farben ist unbegrenzt!

Die Wirkungsweisen der Farben haben eindeutige Entsprechungen zu den verschiedenen aktuellen Themen des Körpers, der Gefühle, der Gedanken und der Seele. Sie sind ein Spiegel für das Bewusstsein und den Körper. Der oder die ausgebildete BeraterIn oder LehrerIn wird die Lebensthemen, die durch die Farben in den einzelnen Flaschen gespiegelt sind, in respektvoller und nicht eingreifender Weise interpretieren. Fortgeschrittene Berater können auch eine Aura-Soma-Flaschenauswahl auf dem Lebensbaum interpretieren, wenn das gewünscht ist.

Vielleicht haben Sie bereits die eine oder andere Flasche erworben und eine Beratung genutzt. Dann können Sie sich durch das Lesen der Texte zu den Flaschen inspirieren lassen und ausprobieren, welche Farbkombination zum Thema Partnerschaft in Ihrem Leben am meisten Resonanz findet.

Ich selbst gebe Einzelberatungen, Paarberatungen, Beratungen in Konflikt- oder Übergangssituationen oder in Bezug auf den Lebensbaum. Meine Kontaktadresse steht im Anhang.

Paarberatung

Wenn Sie eine Frage beschäftigt, können Sie mit dieser Frage vier Aura-Soma-Flaschen auswählen. Sie können diese Auswahl auch mit einem Partner treffen: Zuerst stellt der eine seine Frage und wählt die vier Flaschen aus, dann der andere.

Die erste Flasche zeigt das eigentliche Thema, mit dem Sie sich tatsächlich innerlich beschäftigen: Worum geht es in Wirklichkeit? Was ist die grundlegende Frage in Bezug auf den Partner oder in der Beziehung als Ganzes? Was ist die Übereinstimmung zwischen Ihnen? Was waren die bewussten Motive, eine Beziehung miteinander einzugehen? Was sind jetzt die Gründe, die Beziehung zum Partner aufrechtzuerhalten?

Die zweite Flasche zeigt, wofür Sie in Zusammenhang mit dem Partner empfänglich und offen sind: Was war die Grundenergie, die die Beziehung bewirkt hat? Welche Energien und Ereignisse ziehen Sie an? Was lassen Sie an sich heran? Was ergänzt sich mit dem Partner und was prallt mit ihm zusammen? Anhand der zweiten Flaschen von beiden Partnern wird deutlich, an welcher Thematik miteinander gearbeitet wird. Was ist jetzt die Grundenergie, die Ihre Beziehung zusammenhält oder schwierig macht? Die zweite Flasche enthüllt das Hauptthema der Beziehung, mit all den Reibungspunkten und Konflikten wie auch das

Potential an Liebe, Mitgefühl, Verstehen und Verständnis für sich selbst und den anderen.

Die dritte Flasche offenbart, was Sie von sich zeigen und nach außen geben. Wie wirken Sie auf den Partner? Was bekommt er von Ihnen? Wie beeinflussen Sie ihn? Was sind die wichtigsten positiven und bejahenden Qualitäten, die Sie mit dem Partner gemeinsam leben? In welchen Bereichen verstehen Sie sich gut? Oder bestehen Konflikte, die sich in den Farben der zweiten Flasche zeigen?

Die vierte Flasche zeigt die Antwort, den Schlüssel. Sie weist auf Wege hin, wie die offenen Fragen zu bewältigen sind, wie Konflikte zu bereinigen sind und Neues ausprobiert werden kann. Hier kann sich offenbaren, was letztendlich die gemeinsamen Aufgaben in Bezug auf das innere Wachstum und Selbstentfaltung sind. Hier können negative Zustände oder Konflikte oder Haltungen beendet werden.

Wenden Sie sich allein oder mit dem Partner der Flasche/den Flaschen zu, die passend sind, um mit den entsprechenden Themen zu arbeiten und mehr Harmonie zu erreichen.

Die Anwendungsweise ist bei der jeweiligen Flaschenbeschreibung unter »Anwendung . . .« beschrieben.

In der Reihenfolge nimmt man zuerst die Flasche der zweiten Position, dann die der dritten Position, der vierten Position und zum Schluss die erste Flasche. Doch die letztendliche Entscheidung über die Reihenfolge liegt in der *eigenen Intuition*!

Sexuelle Probleme und Partnermassage

Bei Problemen helfen die ausgewählten Aura-Soma-Flaschen ebenso dabei, wieder Zuwendung zu sich selbst wie auch zueinander zu finden und sexuelle Probleme zu lösen. Sie helfen dabei, sich einander in einer Liebesbeziehung wieder anzunähern und eine zärtliche, liebevolle und einander raumgebende Haltung für die eigenen Bedürfnisse und die des anderen zu entwickeln. Sich gegenseitig mit selbstgewählten Flaschen zu massieren ist eine schöne Möglichkeit, sich einander liebevoll zuzuwenden und sich vor dem Liebesakt zu entspannen. Dafür wählt jeder eine bestimmte Aura-Soma-Flasche aus und gibt sie dem Partner zum Massieren.

Rosa-Kombinationen bringen besonders die Qualität von Wärme, Fürsorge und Zärtlichkeit in die Sexualität. So hat sich die B 81 Rosa/Rosa bei Impotenz bewährt, wenn die Partnerin ihrem Mann dieses Öl auf seinen Penis und seine Geschlechtsteile aufträgt. Auch die B 84 Rosa/Rot ist in Verbindung mit dem Liebesakt eine wunderbare Flasche. Wenn eine Frau ihre Gefühle in sich zurückgezogen hat und auf Sexualität »frigide« reagiert, mag sie es besonders genießen, eine liebevolle Massage ihrer Brüste und ihrer Genitalien mit einem von ihr gewählten Aura-Soma-Öl zu empfangen. Wichtig ist dabei, die Grenzen des Partners nicht zu überschreiten und sich zu vergewissern, was gewünscht wird bzw. was als angenehm empfunden wird.

Auch die B 5 Gelb/Rot hat sich als erotisch stimulierend bewährt, geschüttelt ergibt sie Orange und alle Orange-Kombinationen regen gute Körpergefühle an und ein wohliges, warmes, lustvolles Empfinden.

Königsblau, wie die B 96 und andere Königsblau-Kombinationen, kann helfen, die Sinne wieder zu öffnen: das Riechen, das Schmecken, das Fühlen und das Schauen.

Möchte ein Partner dem anderen etwas von dem Öl auftragen, so geht man folgendermaßen vor:

Die Flasche wird vom gebenden Partner in die *rechte* Hand genommen und über dem Körper des Partners, auf den das Öl aufgetragen wird, geschüttelt. Dabei berührt man die ganze Zeit mit der *linken* Hand den Körper des Partners, um in Kontakt mit ihm zu bleiben. Dann schüttet man die Emulsion in seine *linke*

Hand und trägt sie dort auf, wo der Partner es mag, bzw. an den in diesem Buch beschriebenen Bereichen am Körper.

Sollen es erotisch anregende Massagen sein, so können mit den Ölen die Brüste und Schamlippen der Frau ebenso wie der Penis, die Hoden und der gesamte Geschlechtsbereich des Mannes mit einbezogen werden. Wichtig ist, dass tatsächlich das Öl der ausgesuchten Farbkombination benutzt wird. So können Paare in einem gemeinsamen Massageritual den Partner bitten, die selbstgewählte Flasche anzuwenden. Die Berührungen sollten sanft, weich und liebevoll sein. Entdecken Sie sich immer wieder neu!

Was ist in einer Aura-Soma-Flasche und wie wende ich sie an?

In jedem Fall steht die eigene Wahl der Aura-Soma-Flaschen und die eigene intuitive Entscheidung, wo man sie auf den Körper auftragen möchte, an erster Stelle. Aura-Soma ist eine nicht eingreifende Seelentherapie. Verlässt man sich auf seine innere Stimme, wird sie zu einer ganz bestimmten Farbkombination führen, und auch das Gefühl, auf welchen Bereich des Körpers sie aufzutragen ist, wird sich einstellen.

Die Aura-Soma-Flaschen sind einfach in der Anwendung. Die selbstgewählten Flaschen nehmen die persönlichen Schwingungen des Benutzers auf. Sie korrespondieren mit dem Benutzer und seiner Umgebung. Deshalb sollten Sie die Flaschen nicht von anderen am Glas berühren, halten oder gar schütteln lassen!

Wenn man eine Flasche transportieren möchte, fasst man sie mit der linken Hand am Verschluss an. Das gilt auch dann, wenn jemand anderes sie anfasst.

Im unteren Teil der Flasche befinden sich auf einer wässrigen Basis beruhende wasserlösliche Pflanzenauszüge – ihre Essenzen entsprechen der Farbe. Es sind 7 x 7 = 49 Kräuter (7 Chakren und jeweils 7 der Farbe ihrer Blüte nach zugeordnete Kräuter) in ihnen enthalten.

Im oberen Teil der Flasche befindet sich eine aus Olivenöl bestehende Trägersubstanz, in der ätherische Öle gelöst sind. In beiden Fraktionen sind die Energien von Edelsteinen und Kristallen entsprechend ihrer Farbe enthalten. Im Herstellungsprozess der öligen und wässrigen Lösung werden alle Stoffe durch Schütteln der Flüssigkeiten miteinander vermengt. Die leuchtenden Farben erhalten die Flüssigkeiten durch Gemüse- oder Pflanzenfarben. Es sind nur Ingredienzien natürlichen Ursprungs in den Farbölen enthalten, doch auch ohne Haltbarkeitsstoffe sind sie unbegrenzte Zeit haltbar!

Zum Auftragen des Inhalts der Flasche hält man sie in der linken Hand, schraubt den Verschluss ab und nimmt sie auf jene Weise in die linke Hand, dass der Ringfinger die eine »Schulter« der Flasche hält, der Mittelfinger auf dem Flaschenhals liegt und der Zeigefinger die andere »Schulter« der Flasche hält. Der Daumen ist unter der Flasche und hält sie. Die Flasche fest im Griff, schüttelt man sie in der eigenen Aura, über dem eigenen Körper oder über der Körperpartie, dort, wo das Öl auftragen werden soll. So kann der Inhalt der Flasche unsere Schwingung, also unsere derzeitige Verfassung, aufnehmen und sie einschließlich ihres Inhalts potenzieren.

Aus der Öl-Wasser-Kombination ist nun eine gut aufzutragende Emulsion geworden, die man in dic rechte Hand gibt und auf die entsprechende Körperpartie aufträgt.

Man kann dabei auch den Farbbereichen der Chakren folgen. Bei der Vorgehensweise nach den Chaken-Farben sucht man sich zum entsprechenden Körperbereich die Farbe des nächstliegenden Chakras – entsprechend der Farbkombination der Aura-Soma-Flasche. Man trägt dann die verschüttelte Emulsion ringförmig in der jeweiligen Farbzone des Chakras auf, etwa zehn bis zwanzig Zentimeter breit, um den Körper herum. Beim Auftragen ist es wichtig, dass ein breites Band rund um den Körper beschrieben wird und die Wirbelsäule im Bereich des Rumpfes immer einbezogen ist. Folgen Sie dabei der Beschreibung in »Körperzonen zum Auftragen«.

In den einzelnen Sphären und Pfaden des hier beschriebenen Lebensbaumes stehen auch Angaben über körperliche Bereiche, nach denen man sich bei der Anwendung und dem Auftragen der Inhalte der Aura-Soma-Flaschen richten kann.

Das Aura-Soma-Öl kann generell überall auf dem Körper aufgetragen werden. Folgen Sie Ihrem eigenen Gefühl. Es gibt kein Zuviel oder Zuwenig. Lassen Sie die eigene Intuition dabei als höchste Führung zu!

Rot sollte nie oberhalb der Taille angewendet werden, da Rot aktivierend wirkt und das Herz nicht in Richtung Herzrasen aktiviert werden soll.

Die Beziehungsflasche

Das Errechnen der Beziehungsflasche ergibt sich aus einem Zusammenspiel von Astrologie und Numerologie. Zahlen sind Träger bestimmter Schwingungen und Symbole. So ist es möglich, aus den Geburtsdaten von zwei Menschen die Flasche zu errechnen, die die gemeinsame Aufgabe repräsentiert bzw. das übergeordnete Thema einer Beziehung zeigt: die Herausforderungen, Tendenzen und das Zusammenspiel.

Die Beziehungsflasche wird wie folgt errechnet:

- Beide Geburtsdaten addieren (Tag, Monat und Jahr).
  Daraus ergibt sich eine zweistellige Summe:
  Die Quersumme aus beiden Summen errechnen.
  Zum Beispiel: 36 und 42. Das heißt: 3 + 6 + 4 + 2 = 15.
  Die B 15 ist die Beziehungsflasche.
- Liegt diese Zahl höher als 22, so wird erneut die Quersumme errechnet.
  Zum Beispiel: 3 + 6 + 8 + 6 = 23.
  Von 23 ist die Quersumme: 2 + 3 = 5.
  Die B 5 ist die Beziehungsflasche.
- Wenn die Zahl 22 ist, so ist die Beziehungsflasche die B 22.

Die gemeinsame Flasche für Paare

Wenn Paare eine gemeinsame Flasche anwenden wollen, so ist auch das möglich. Sie sollten entweder ihre Beziehungsflasche wie oben beschrieben errechnen oder sich vor das ganze Aura-Soma-Set setzen und sich bewusst für eine gemeinsame Flasche entscheiden. Wenden Sie diese Flasche für sich und miteinander an, dann vermischen sich beide Energien miteinander und werden zu einem neuen gemeinsamen Ganzen. Sie betreten eine neue gemeinsame Aura und damit möglicherweise eine neue Ebene in Ihrer gemeinsamen Beziehung. Beide Partner bringen durch ihr Schütteln der Flasche ihre eigene Energie hinein, und etwas, das gemeinsam gelebt wird, wird durch das Auftragen der Emulsion angeregt, sich in einen Harmonisierungsprozess hineinzubewegen. Das kann einem neuen Gleichgewicht innerhalb der Beziehung gut tun, eine neue bewusstere Bindung kreieren und auch unerwünschte, aus dem Unterbewusstsein hochkommende Hindernisse bewusst machen. Wenn das so ist, ist es wichtig, sie als Teil eines inneren und äußeren Veränderungsprozesses anzusehen und sich einander ehrlich mitzuteilen.

Nach dem Auftragen

Nach dem Auftragen wird die Flasche nun wieder verschlossen, beide Lagen entmischen sich und gehen wieder in ihren Ausgangszustand zurück. Die Wirkung dieser Einreibungen hält einige Stunden an. Sie harmonisiert Körper, Seele, Geist und kreiert ein entsprechendes Gleichgewicht.

Benutzen Sie am besten nicht mehr als eine Flasche, bis sie aufgebraucht ist. Wenn Sie mehrere Flaschen hintereinander benutzen, sollten Sie zwischen dem Benutzen der einzelnen Flaschen Pausen einlegen.

Man kann auch eine Flasche aus der Beratung, die ein ganz besonders aktuelles Lebensthema anspricht und ausbalanciert, mehrfach hintereinander anwenden – so lange, bis man das Gefühl hat, dass dieses Thema erledigt ist.

Manchmal möchte man zwei Flaschen gleichzeitig anwenden. Das ist auch möglich. Sie sollten aber am besten auf verschiedenen Körperpartien aufgetragen werden oder zu unterschiedlichen Zeiten: zum Beispiel die eine morgens, die andere abends.

Es kann auch so sein, dass man das Interesse an einer Flasche verliert, obwohl sie noch nicht aufgebraucht ist. Wenn man sich zu einer neuen Flasche hingezogen fühlt, wird die alte Flasche für andere Anlässe und einen anderen Zeitpunkt liebevoll beiseite gestellt. Danach beginnt man mit der Benutzung der neuen Flasche.

Körperzonen zum Auftragen

Generell können die verschiedenen Farben und Farbkombinationen ringförmig um den Körper herum, etwa 20 Zentimeter breit, die Wirbelsäule eingeschlossen, aufgetragen werden. Dabei kann man sich nach den Farben der Öl- oder Wasserfraktion in der Flasche richten, also der oberen oder der unteren Fraktion, oder nach der dritten Farbe, die sich durch das Verschütteln ergibt.

Rot
Füße, Beine bis zum Steißbein

Rosa
Geschlechtsorgane, bei der Frau auch die Brüste, Herzbereich, der Unterleib einschließlich Kreuzbein

Koralle
Unterer Bauch einschließlich Kreuzbein, bei der B 87 zusätzlich eine Linie entlang der rechten Körperseite, vom Ohrläppchen beginnend bis zur linken kleinen Zehe

Orange
Gesamter Bauchbereich einschließlich der Lendenwirbelsäule, bei der B 26 zusätzlich eine Linie entlang der linken Körperseite, vom Ohrläppchen beginnend bis zur linken kleinen Zehe

Gold
Im Bereich etwas oberhalb des Bauchnabels bis zum Zwerchfell ringförmig einschließlich Wirbelsäule

Gelb
Zwerchfell, der ganze Bereich unterhalb des Brustbeins ringförmig einschließlich Wirbelsäule

Olivgrün
Im Bereich unterhalb des Rippenbogens, also zwischen Zwerchfell und Herz, ringförmig einschließlich Wirbelsäule

Grün
Brustkorb, der ganze Herzbereich einschließlich der Rückenpartie und der Wirbelsäule

Türkis
Oberer Brustbereich einschließlich des oberen Rückens und der Wirbelsäule

Blau
Hals, Kehle und Nacken

Königsblau
Stirn und um den oberen Nacken herum, im Bereich des 7. Halswirbels

Violett
Ringförmig um den Haaransatz herum

Magenta
Auf jede Körperpartie, die die heilenden Qualitäten der Liebe benötigt

Reinigen der Flaschen

Verändern sich die Öle in der Farbe oder entstehen Ausflockungen und Schlieren, so verringert sich ihre Heilwirkung nicht. Die Flaschen sind zu jedem Zeitpunkt der Spiegel der eigenen Seele. Dabei können Prozesse in Gang kommen, die dem eigenen Ganzwerdungsprozess dienlich sind. Das, was mit einer Flasche angesprochen und berührt wird, kann durch Benutzen und Anwenden der Emulsion ein neues Gleichgewicht erfahren, und die eigene Fähigkeit zu lieben kann wachsen. Energetisch reinigen kann man die einzelnen Flaschen, indem man etwas Salz in Wasser auflöst und sie in dieses Salzwasserbad stellt und darin 1–3 Tage belässt. Man kann die Flaschen zur Reinigung auch in eine Amethystdruse oder in hochwertiges trockenes Salz stellen.

Eine energetisch sehr feine Reinigung entsteht folgendermaßen: Man träufelt einen Tropfen Serapis Bey Meister-Quintessenz auf ein Seidentuch oder ein sauberes Papiertaschentuch und reibt damit vom Verschluss abwärts rundherum an der Flasche herunter.

Eine Meditation für den Mann

Meditationen stärken unsere Kräfte und helfen, inneren Ballast loszulassen. Der Körper ist ein Tempel. Duschen oder baden Sie möglichst vor dieser Meditation, und tragen Sie saubere Kleidung. Während der Meditation ist es wichtig, ungestört zu sein.

Nehmen Sie sich für die folgende Meditation mindestens 30 Minuten Zeit. Zu Beginn sollte sie täglich einmal an 21 aufeinander folgenden Tagen stattfinden. Wählen Sie einen Pomander, eine Quintessenz oder eine ArchAngeloi-Essenz, die Sie wie beschrieben anwenden.

Penismeditation

1. Schritt
Sitz bequem im Schneider- oder Lotussitz und schließe deine Augen. Stimme dich in die Kraft deines Penis ein. Stell dir dein Geschlechtsteil als einen Lichtstab vor. Fühle, wie das Weiche und die Wärme deines Penis sich verstärken und diese Energie strahlend wird. Lass dieses Strahlen sich weiter ausdehnen und emotionale Verletzungen im Penis schmelzen. Lass alles, was sich hart anfühlt an deinem Penis, von Wärme und Licht schmelzen. Der Penis ist dein positiver Pol der Liebe. Von hier gibst du sanft und einfühlsam oder dynamisch und kraftvoll Liebe. Erlaube den frei werdenden Energien in dein Herz aufzusteigen und deinen ganzen Körper zu füllen.

2. Schritt
Wenn dein Körper mit Energie gefüllt ist und dein Herz sich öffnet, sag dreimal laut: »Ich bin Penis.« Fühle tatsächlich deinen ganzen Körper als einen riesigen Penis. Lass deinen Kopf und alles andere verschwinden. Du bist einzig ein großer Penis. Erlaube dir selbst zu verschwinden und nur der Penis, eine Kraft von Licht, Wärme und Dynamik, zu sein.

3. Schritt
Erlaube deinem Körper als Penis seine einzigartige Energie, seine dynamische Kraft auszudrücken. Vielleicht fühlst du dich selbst wild, oder vielleicht fühlst du dich auch still. Drück das mit deinem Körper und deiner Stimme aus. Sanft oder kraftvoll. Wenn du dabei von lustvollen Gefühlen überschwemmt wirst, lass sie zu, bleibe aber dabei mit

deinem Herzen verbunden. Wenn ein wildes Tier aus dir wird, erlaube auch das. Lass deine Energie anwachsen, bis du den Himmel damit öffnest, das ganze Universum. Wenn du zum Gott der ganzen Schöpfung wirst, erlaube auch das. Der Penis ist all das. Du bist der Penis.

4. Schritt

Wenn deine Energie zum Höhepunkt kommt, deine ganze Kraft erreicht ist, bleib sitzen oder leg dich hin und bring sie zu deinem Dritten Auge, dem energetischen Punkt zwischen beiden Augenbrauen. Dies bringt dich in direktem Kontakt mit deiner Intuition. Bring deine Energie dorthin, indem du deine ganze Aufmerksamkeit völlig dorthin richtest. Wenn du die ersten Schritte voll ausgeschöpft hast, öffnet sich vom Damm in der Mitte deines Beckenbodens aus, weiter dann in deiner Wirbelsäule, automatisch ein Kanal und deine Energie wird vom Dritten Auge aufgenommen. Die sexuelle Energie verwandelt sich in Bewusstheit. Je totaler und wilder du in den ersten beiden Schritten bist, umso tiefer ist deine Erfahrung in diesem Schritt. Lass dich schließlich in einen tiefen entspannten Zustand fallen. Wenn du willst, leg dich dazu hin.

Eine Meditation für die Frau

Meditationen stärken unsere Kräfte und helfen, inneren Ballast loszulassen. Der Körper ist ein Tempel. Duschen oder baden Sie möglichst vor dieser Meditation, und tragen Sie saubere Kleidung. Während der Meditation ist es wichtig, ungestört zu sein. Nehmen Sie sich für die folgende Meditation mindestens 30 Minuten Zeit. Zu Beginn sollte sie täglich einmal an 21 aufeinander folgenden Tagen stattfinden.

Die meisten Meditationen sind von Männern für Männer konzipiert worden. Stimmen Sie sich in Ihre Weiblichkeit ein, und vertrauen Sie ihr: Lieben Sie sich selbst. Wenn Sie sich darauf eingestimmt haben, *wer* und *was* Sie als Frau sind, und es bis zur Quelle verfolgt haben, dann sind Sie auf dem richtigen Weg.

Wählen Sie einen Pomander, eine Quintessenz oder eine ArchAngeloi-Essenz und wenden Sie sie wie beschrieben an.

Brustmeditation

Setz dich bequem hin, so dass du entspannt bist, vielleicht im Schneider- oder Lotussitz. Konzentriere dich dann einfach auf deine Brüste. Konzentriere dich dabei nicht auf eine deiner Brüste. Konzentriere dich auf beide gleichzeitig. Fühle sie, liebe sie und akzeptiere sie – genauso, wie sie sind. Lege dazu vielleicht deine Hände wie Schalen ganz leicht über jede Brust. Gib ihnen Raum, drücke nicht. Mach das mit einer entspannten Leichtigkeit und mit dem Gefühl, dass du in deine Brüste hineinschmilzt, mit ihnen verschmilzt, mit ihnen eins wirst. Erlaube all dem, was geschehen will, zu passieren. Emotionale Verletzungen mögen dazu geführt haben, dass dieser, dein positiver Pol der Liebe mit einem energetischen Abwehrschild umgeben ist. Lass Verspannungen und unterdrückte Gefühle, Trauer, alles, was du fühlst, los. Mache weiter. Spüre weiter, bis du dir zu den verborgenen Kräften Zugang verschaffst. Fühle die feinen Qualitäten von Kreativität deine Brüste durchwirken und zarte feine Gefühle annehmen. Konzentriere dich einfach auf deine Brüste, werde eins mit ihnen, vergiss den gesamten Körper. Bewege dein ganzes Bewusstsein hin zu deinen Brüsten und vieles wird geschehen. Nimm die feinen inneren Empfindungen in deinen Brüsten wahr. Wenn du das tun kannst, wenn du dich nahe den Brustwarzen konzentrieren kannst, wird dich nach einer Zeit eine Süße, eine reife Süße, einhüllen. Sie wird um dich herum pulsieren, innerhalb von dir, außerhalb von dir, um dich herum, über-

all – ein tiefes Gefühl von Süße. Entspann dich, schmilz dahin und fühle, dass du nicht mehr bist, dass nur noch die Brüste sind.

Viele unbekannte Düfte mögen sich um dich herum einstellen. Die Brüste können eine Quelle von sehr empfindsamen Düften sein, die nicht von dieser Welt sind, die nicht chemisch hergestellt werden können. Du wirst anders werden, weicher, liebevoller. Lass dein Herz dabei lebendig werden und sich mit Energie aufladen.

Deine Brüste sind dein Ausdruck wahrer Weiblichkeit. Beziehe sie auch während deines Liebesspiels intensiv mit ein. Leichte, liebkosende Berührungen haben ausdehnende Wirkung und lösen sprühende Empfindungen aus und ein angenehmes Echo in der Vagina. Sie weitet sich und wird bereit, den Mann und den Penis zu empfangen. Lass die Liebkosungen liebevoll und weich sein. Spüre deine Brüste innerlich, sooft du am Tage daran denkst, was immer du gerade machst. Halte sie manchmal. Die Brüste sind das Eingangstor der Liebe für die Frau.

Anhang

Wo Sie welche Aura-Soma-Flasche im Text finden

B 106/Opakes Helloliv/Opakes Flieder
Erzengel Raziel

Mein Geliebter!

Liebe ist ein himmlisches Geheimnis, voller Stille und Mysterien. Es gibt eine Vibration, die wir spüren, wenn uns Liebe entgegengebracht wird. Es gibt auch eine Vibration, die aus unserem Inneren entsteht, wenn wir jemandem Liebe entgegenbringen. Jeder Moment der Liebe ist immer ein Wagnis, geboren aus dem Urvertrauen, dass es gut geht, dass wir einander vertrauen können und angenommen sind, denn Liebe zeigt uns einander sehr nackt.

Mein Liebster! Mein Plan ist mir verloren gegangen. Meine innere Landkarte, um welchen Weg es sich handelt mit mir und dir. Ich bin voller Tränen, im Schmerz der Liebe, die nicht leben kann. Ich rätsele um Situationen und Umstände, in denen ich hätte vorwärts gehen können, mich aber zurückgehalten habe.

Es gibt einen Magnetismus, Ähnliches wird immer durch Ähnliches angezogen. So schaffe ich mir das passende Äquivalent. Wenn ich nicht bewusst genug bin, es zu durchschauen, leide ich weiter, trauere und habe das Gefühl, Liebe verloren zu haben oder nicht haben zu können.

Geliebter! Unsere Fratzen. Unsere Masken. Unsere Maßlosigkeiten. Unser Wille, den anderen zu unterwerfen. Das Aufblähen und sich stark fühlen in kalter Ego-Manier, und das Zuschlagen. Das Ausharren des Gegenübers im schrillen Gefühl erneuten Ausgeliefertseins und Schmerz. Mangel beherrscht unser Bewusstsein. Der Mangel sich einzugestehen, dass man Angst hat. Angst vor Nähe. Konstrukte und Kartenhäuser die man sich aufgebaut hat in der Illusion, so funktioniere es, brechen kurz über lang zusammen. Die Manipulation, auf diese Weise könnte man kriegen, was man braucht und sich nicht offen machen, hält nicht durch. Liebe ist keine Handelsware. Du gibst mir das, und ich gebe dir dies und jenes dafür zurück. Das sind Schutz- und Vermeidungsstrategien.

Zwangsläufig spiegelt sich jeder innere Notstand im Außen, wodurch es zu Problemen mit Sexualität, Partnerschaft und einem Mangel an den benötigten materiellen Mitteln kommt.

Mein Gefährte! All die Probleme mit meinem Willen und deinem Willen, all die materiellen Notwendigkeiten, Wut, Frustration und das Festhalten an alten Sicherheiten, machen sichtbar und lassen uns merken, dass wir nach friedlichen und uns beide nährenden und zuträglichen Lösungen suchen müssen.

Liebster! Nimm deine Macht und verwandle sie in positives und konstruktives Kraftvollsein. Enttarne deine Schutz- und Verteidigungsmuster, erkenne deine Strategien. Bestimme in Freude und bejahend über dich selbst, dein Leben und deine Liebe. Es braucht eine klare Ausrichtung mit Entschlossenheit und Veränderung. Wir stehen immer vor der Entscheidung für die Liebe oder für die Angst.

Jede Krise trägt die Frage an uns heran: »Was will ich?«, »Will ich so weitermachen?«, »Was möchte ich ändern?«, »Mit wem will ich zusammen sein?«, »Was ist mir wichtig?«, »Was soll zuerst kommen?«, »Was will ich erreichen?«, »Was will ich so nicht mehr?«, »Wie viel will ich einsetzen?«, »Was will ich wirklich?«

Was will ich also ändern oder festigen? Um das Ziel, Liebe und Zusammensein wirklich zu erreichen, lasse ich mich nicht von den Wendungen dorthin beirren, erstarre nicht in ihnen und gebe nicht zu früh auf. Alles, was kostbar ist, braucht auch seine Zeit. Jeder Lebensweg kennt den Rückschritt. Es ist der Schritt der Sammlung und des Schwungholens. Wer springen will, geht zuerst ein paar Schritte zurück. Es ist wie ein notwendiges Anlaufnehmen.

Mein Gefährte! Am Beginn eines jeden Weges muss eine Entscheidung getroffen werden. Gehe ich oder gehe ich nicht? Der Göttliche Weg ist wie ein Labyrinth. Es gibt in unserem Leben immer wieder Situationen, in denen verschiedene Türen offen stehen. Wir können aus mehreren Möglichkeiten wählen. Solange alles offen ist, bin ich ungebunden. Aber wenn eine solche

Phase zu lange dauert, wird das Unbehagen größer, denn dort, wo sich verschiedene Wege auftun, ist meist ein schöner Platz, aber kein Fortkommen. Wenn ich ein Ziel haben will, muss ich mich entscheiden, den Weg dorthin zu nehmen. Das bedeutet zugleich, die anderen Wege nicht zu wählen.

Grenze und Weg. Ich setze meine Grenzen neu. Man kann Grenzen respektieren oder auf ihnen herumtreten, oder gar an ihnen festkleben. Gute Grenzen jedoch tun neue Räume auf, und es entsteht die Freiheit zu einem Weg.

Meine Geschichte formt meinen Weg. Wenn ich es zulasse, so dient mir alles. Das ist ein Teil des Geheimnisses des Lebens. Das Ankommen in meiner Mitte gibt mir neue Kraft.

Mein Liebster! Du machst mir das Leben leicht oder schwer, du beflügelst mich oder behinderst mich, so wie ich dich liebe oder hasse. Ich begegne mir selbst, den Schatten und Abgründen, wie auch der Kraft und den Möglichkeiten in mir.

Mein Gefährte! Der Weg aus meinem Labyrinth heraus ist gleich lang wie der Weg nach innen. Die Zuwendung zu dir verdient die gleiche Zeit, die gleiche Mühe, die gleiche Geduld wie mein Engagement für das Ziel der Mitte. Erzengel Raziel ist ein Engel der Ermächtigung die *richtigen* Dinge zu tun, im *Wunder des Momentes* gegenwärtig sein, und sich selbst nicht zu verlieren. Wie ein Blitz trifft mich die Einsicht. Der Dämon sinkt in die Erde und verliert die Macht über mich. Ich verwurzele mich in meiner innerer Stärke, die aus meiner Seele kommt, tief aus meinem Herzen, aus dem Teil in mir, der heil ist und wo ich innere Sicherheit und Stärke fühle, verbunden mit der Quelle der Liebe, des Lichts und des Seins.

Literaturhinweise

Belli, Giaconda: Wenn du mich lieben willst. dtv 2002

Benedikt, Heinrich Elijah: Die Kabbala. Verlag Hermann Bauer 1995

Booth, Mike: Aura-Soma Tarot. Aquamarin Verlag 1997

Booth, Mike: Aura-Soma Equilibrium. Die wahre Bedeutung der Namen. Aquamarin Verlag 2002

Courtenay, Edwin: Die Meister erinnern sich. Edition Sternenprinz 1998

Ferguson, Anna-Marie: Avalon Tarot. Verlag Neue Erde 1997

Gibran, Khalil: Der Prophet. Walter-Verlag 1983

Jackson, Adam: Die zehn Geheimnisse der Liebe. Knaur Verlag 1997

Long, Barry: Briefe in Liebe. Param Verlag 2002

Marashinisky, Amy Sophia: Göttinnen Geflüster. Schirner Verlag 2000

Myss, Caroline: Chakren – die sieben Zentren von Kraft und Heilung. Knaur Verlag 2000

Neruda, Pablo: Liebesgedichte. dtv 1996

Oppeln-Bronikowski, Dietrich von: Lemuria. Falkverlag 1997

Osho: Das Buch der Frauen. Ullstein Taschenbuch 2004

Osho: Das Buch der Männer. Ullstein Taschenbuch 2004

Osho: Mann und Frau. Goldmann Verlag 1998

Osho: Neo-Tarot. Osho Verlag, Köln

Ziegler, Gerd: Tarot, Spiegel der Seele, Handbuch zum Aleister Crowley-Tarot. Urania Verlags AG 1988

Ziegler, Gerd: Tarot, Spiegel deiner Beziehungen. Urania Verlags AG 2000

Zimmer Bradley, Marion: Die Nebel von Avalon. Fischer Verlag 2000

Aura-Soma-Infoadressen

Für Aura-Soma-Berater in Ihrer Nähe kontaktieren Sie:
K. Deutschmann Aura-Soma-Information und Kommunikation
Tel.: 08142–440853
E-Mail: *khushbudeutschmann659@hotmail.com*

Bezugsquellen für Aura-Soma-Produkte:
www.camelot-cl.de

Aura-Soma Produkte: Camelot Farb- und Duftessenzen GmbH
Tel.: 02056–93 140
E-Mail: *camelot-gmbh@t-online.de*

Kontakt zur Autorin

- Aura-Soma-Einzelberatungen und Beratungen für Paare
- Aura-Soma-Wochenenden
- Alle Ausbildungskurse zum/r Aura-Soma-Berater/In

Darsho Marlies Willing
Aura-Soma-Beraterin und -Lehrerin
Brabanterstrasse 31
50672 Köln

Homepage: http:// *www.weg-des-herzens.com*
E-Mail: *info@weg-des-herzens.com*

Tel.: 0221–56 15 24
Mobil: 0177–76 36 601
Bitte Informationsmaterial bei mir anfordern.
Die Aura-Soma Produkte sind bei mir erhältlich.